KB057534

죽음의 풍경을 그리다

08

우리는 생사학을 조금은 다르게 정의해 보려 했다. 생사학은 '생과 사의 단절'보다는 '생과 사의 연속'을 의식하면서 죽음에 대해 묻는 학문이라고 잠정적으로 정의해 본 것이다. 우리는 삶이 죽음에 미치는 영향, 그리고 죽음이 삶에 미치는 영향이라는 이중적인 영향 관계 속에서 생과 사의 문제를 파악해 보려 했다. 삶의 내용, 삶의 방식, 삶의 의미 등의 문제는 필연적으로 죽음에 대처하는 우리의 자세에 영향을 미칠 것이다. 그러므로 '좋은 죽음'은 사실 '좋은 삶'으로 환원될 수 있는 것인지도 모른다. 잘 살았다면 잘 죽을 수 있지 않을까? '나쁜 죽음'은 '나쁜 삶'의 기호일 것이다.

죽음의 풍경을 그리다

한국적 생사학을 위하여

한림대학교 생사학연구소 엮음

※ 이 저서는 2012년 정부(교육부)의 재원으로 한국연구재단의 지원을 받아 수행된 연구임(NRF-2012S1A6A3A01033504).

서문

'한국적 생사학'이란 무엇인가? 그러나 이 물음을 던지기 전에 우리는 몇 가지 이론적 · 방법적 난점과 만나게 된다. 먼저 이론적 난점부터 이야기해 보자. 우선 생사학(生死學)은 말 그대로 '생사(生死)'의 문제를 탐구하는 학문일 것이다. 그런데 '생사'를 묻는다는 것은 인간의 존재/비존재, 인간의 있음/없음에 대해 묻는다는 것을 의미한다. 그렇다면 인간의 탄생에서 죽음까지, 심지어는 그 죽음 이후까지도 묻겠다는 것이 생사학인가? 그러나 이것은 하나의 학문이 다룰 수 있는 주제는 아니다. 삶과 죽음에 관계되지 않은 어떤 인간적인 문제가 있을 수 있단 말인가? 그리고 죽음이라는 보이지 않는 실체를 어떻게 물을 수 있단 말인가? 그렇다면 먼저 연구 대상을 구체적으로 가시화할 필요가 있다.

그래서 우리는 생사학을 조금은 다르게 정의해 보려 했다. 생사학은 '생과 사의 단절'보다는 '생과 사의 연속'을 의식하면서 죽음에 대해 묻는 학문이라고 잠정적으로 정의해 본 것이다. 우리는 삶이 죽음에 미치는 영향, 그리고 죽음이 삶에 미치는 영향이라는 이중적인 영향 관계 속에서 생과 사의 문제를 파악해 보려 했다. 삶의 내용, 삶의 방식, 삶의 의미 등의 문제는 필연적으로 죽음에 대처하는 우리의 자세에 영향을 미칠 것이다. 그러므로 '좋은 죽음'은 사실 '좋은 삶'으로 환원될 수 있는 것인지도 모른다. 잘 살았다면 잘 죽을 수 있지 않을까? '나쁜 죽음'은 '나쁜 삶'의 기호일 것이다.

그러나 생과 사의 문제가 여기에서 멈추는 것은 아니다. 한 사람의 죽음은 그 사람의 단순한 사라짐이 아니다. 다시 말해서 죽은 자는 세계 안에서 죽은 자로서 새로운 생명을 지속한다. 이것은 지극히 인간적인 죽음 방식이다. 육체적인 죽음을 죽음의 전부이지 않게 하는 것, 죽음 이후에도 지속적으로 세계에 영향을 미치는 것, 인간의 죽음 문화는 그러한 방식으로 구축된다. 우리 문화는 이제는 '죽음'으로 존재하는 무수한 인간의 산물이다. 그러므로 죽음이 삶에 미치는 영향의 문제를 탐구하지 않을 수 없다. 문화적으로 죽음은 끝이 아니며, 새로운 시작이기 때문이다.

이러한 맥락에서 생사학은 '생과 사의 단절'이 아니라 '생과 사의 연속'의 구도 속에서 생사의 문제를 탐구하는 학문이라고 가정해 본 것이다. 다시 '한국적 생사학이란 무엇인가?'에 대해 질문해 보자. 앞의 맥락을 염두에 둔다면 첫째, '한국적 생사학'은 한국인의 삶이 한국인의 죽음 방식에 미친 영향의 문제를 이야기해야 한다. 둘째, '한국적 생사학'은 한국인이 죽음으로부터, 죽은 자로부터, 죽음 방식으로부터 어떤 영향을 받는지를 이야기해야 한다. 즉 한국인의 사회적 · 문화적 · 역사적 맥락에서 생과 사의 이러한 순환적 영향 관계를 묘사하는 것이 '한국적 생사학'의 과제일 것이다.

그렇다면 '한국적 생사학'의 밑그림을 그리기 위한 가장 좋은 방법은 무엇인가? 그동안 '한국인의 생사관'의 실체를 해명하려 했던 여러 시도가 있었다. 가장 편리한 가정은 생사관이 주로 종교의 전유물이라고 전제하는 것이다. 한국문화가 '다종교 문화'였던 것처럼, 한국인의 생사관도 여러 겹으로 이루어진 중층적인 것이라고 가정했던 것이다. 따라서 불교, 유교, 무속, 기독교 같은 개별 종교 전통의 생사관을 묻고 나서, 그러한 종교적 생사관들이 중층적 · 종합적으로, 또는 역사적으로 단절과 연속을 겪으면서 한국인의 생사관을 형성했다고 가정했던 것이다. 혹은 죽음의 몇 가지 영역을 설정하고 나서 상례와 제례는 유교가, 억울한 죽음이나 갑작스러운 죽음의 문제는 무속이, 내세의 문제는 불교가 각자 분담했으며, 기독교의 유입 이후에 이러한 도식이 붕괴되었다고 진단하는 것이 일반적이었다.

그러나 설령 이러한 전통적인 죽음의 도식을 우리가 받아들인다 하더라도, 각각의 종교적 생사관이 종합적으로 작용하는 모습을 살피기는 쉽지 않다. 또한 한림대 생사학연구소의 총서 가운데 유교, 불교, 무속, 기독교의 생사관을 다룬 책들이 이미 출간되어 있다. 그래서 우리는 조금 다른 접근을 시도하려 한다. 이 책에서는 종교별 생사관보다는 한국인의 죽음문화를 구성하는 각 요소에 주목한다. 제1부에서는 여전히 현재의 우리에게 의미 있는 것으로 여겨지는 전통적인 죽음문화의 요소들을, 제2부에서는 현재 우리의 죽음문화에서 논란의 대상이 되는 문제들을 선정하여 다룬다. 전체 주제를 통해 우리는 죽음이 삶에 미치는 영향의 문제뿐만 아니라, 삶이 죽음에 미치는 영향의 문제를 짐작해 보려 했다.

'한국적 생사학'을 묻는 이 책은 완결된 해답이 아니라 문제의 노출을 지향하고 있다. 이러한 주제별 접근을 통해 생과 사의 연결고리를 좀 더 섬세하게 묘사하는 것이 이 책의 목표였기 때문이다. 이 책의 제목을 '죽음의 풍경을 그리다'라고 한 것은 생과 사의 연결지점을 좀 더 전체적으로 풍부하게 확대해서 볼 필요가 있다는 문제의식 때문이었다.

이 책은 현재 우리의 죽음문화에 대한 자화상을 그려보고자 시도한 것이다. 붓을 들기에 앞서 그림의 소재를 찾았다. 죽음에 관한 사회적 · 문화적 · 역사적 개념 가운데 매우 구체적이고 세부적인 주제들을 선별해 보았다. 그것들은 서로 연결되어 있고 영향을 주기도 하면서 한국의 죽음문화를 형성했다. 그것들이 죽음의 풍경을 남김없이 보여주는 것은 아닐지라도, 지나치게 막연하고 어렴풋한 그 이미지를 다소 선명하게 드러내 줄 것이라고 기대한다.

무엇보다 한국 전통사회의 죽음 이해에 관련된 상여, 꼭두, 신주, 귀신, 영매, 제사, 족보, 장례라는 주제들은 한국문화 특유의 죽음관을 보여주는 것들에 해당한다. 이들 개념을 둘러싼 인식이 조선후기 혹은 근대초기까지도 어느 정도 이어지다가 현대에 들어 급격히 변화한 양상에 대해 하나하나 살피는 일이 우선적으로 필요하다고 생각했다(제1부). 그 이해를 바탕으로 자살, 고독사, 존엄사, 장의사, 화장, 재해, 테러, 근사체험과 같이 최근에 사회적 이슈가 되고 있는 주제들에 대해 접근해 보고자 했다(제2부). 우리가 죽음이라는 문제 앞에서 그저 당혹스러움을 감추지 못하고 갈팡질팡하는 이유가 죽음문화의 단절, 죽음문화의 부재에 있는 것이라면, 이와 같은 접근 방법이 현대 한국의 죽음문화를 비판적으로 성찰하는 하나의 계기가 되리라고 보았다.

우리가 가장 의식했던 부분은 각각의 주제들을 사회적 · 문화적 · 역사적 맥락 안에서 어떻게 '문제화'할 것인가 하는 점이었다. 그래서 각 전문 분야의 고유한 시각을 살리면서도 각각의 주제들이 현재 한국사회에서 갖는 위상과 의미에 대한 비판적 관점을 유지하고자 노력했다. 이른바 문화비판적 견지에서 사회문화적인 함의를 가질 수 있는 인문학의 융복합적 연구란 이러한 노력이 조금씩 쌓여가면서 서서히 실현되는 것이라 여겨진다.

이 책은 '생사학이란 무엇인가: 한국적 생사학의 정립을 위한 시론'이라는 제목으로 기획된 한림대 생사학연구소의 공동연구에서 비롯되었다. 이 공동연구 프로젝트를 위해 연구소에서는 2014년 4월에 연구기획팀을 조직하여 본격적인 저서 구상에 들어갔다. 5월부터는 매월 정기적으로 공동서서 연계 콜로키움을 진행하면서 관련 주제에 대해 강연을 듣고 논의하는 기회를 가짐으로써 자연스럽게 각 분야의 집필진을 거의 확정할 수 있었다. 이어 9월부터 10월에 걸쳐 세 차례의 연구발표 워크숍을 통해 각각의 초고에 대한 자유로운 의견 교환이 이루어질 수 있었다.

한 권의 공동저서 출간을 위해 일 년 남짓 연구팀이 가동된 셈인데, 그 덕분에 단발적인 출간에 그치지 않고 각각의 주제와 관련된 연구 내용을 공유하는 동시에 서로 다른 다양한 의견을 수렴하는 자리가 되었다. 기술적인 면에서도 처음부터 대중적인 교양서를 지향하고자 했지만, 전문적인 논문 쓰기에 익숙한 연구자들이 읽기 쉬운 글쓰기로 전환하는 것은 생각처럼 바로 되는 일은 아니었다. 우리가 제안한 기획 취지에 공감하면서, 여러 차례 방향을 조정하고 형식을 다듬어 나가는 과정에 적극 동참해준 집필진에게 깊이 감사드리는 바이다. 이 책은 지금 이곳에서 우리가 그릴 수 있는 죽음의 풍경을 연하게나마 스케치해본 것이다. 이 책을 읽는 분들이 이 거친 밑그림에 덧칠을 하고 거기에 색을 입혀 죽음의 풍경화를 완성해 주기를 기다린다.

2015년 5월

한림대 생사학연구소 총서 편집위원회

차례

죽음의 풍경을 그리다

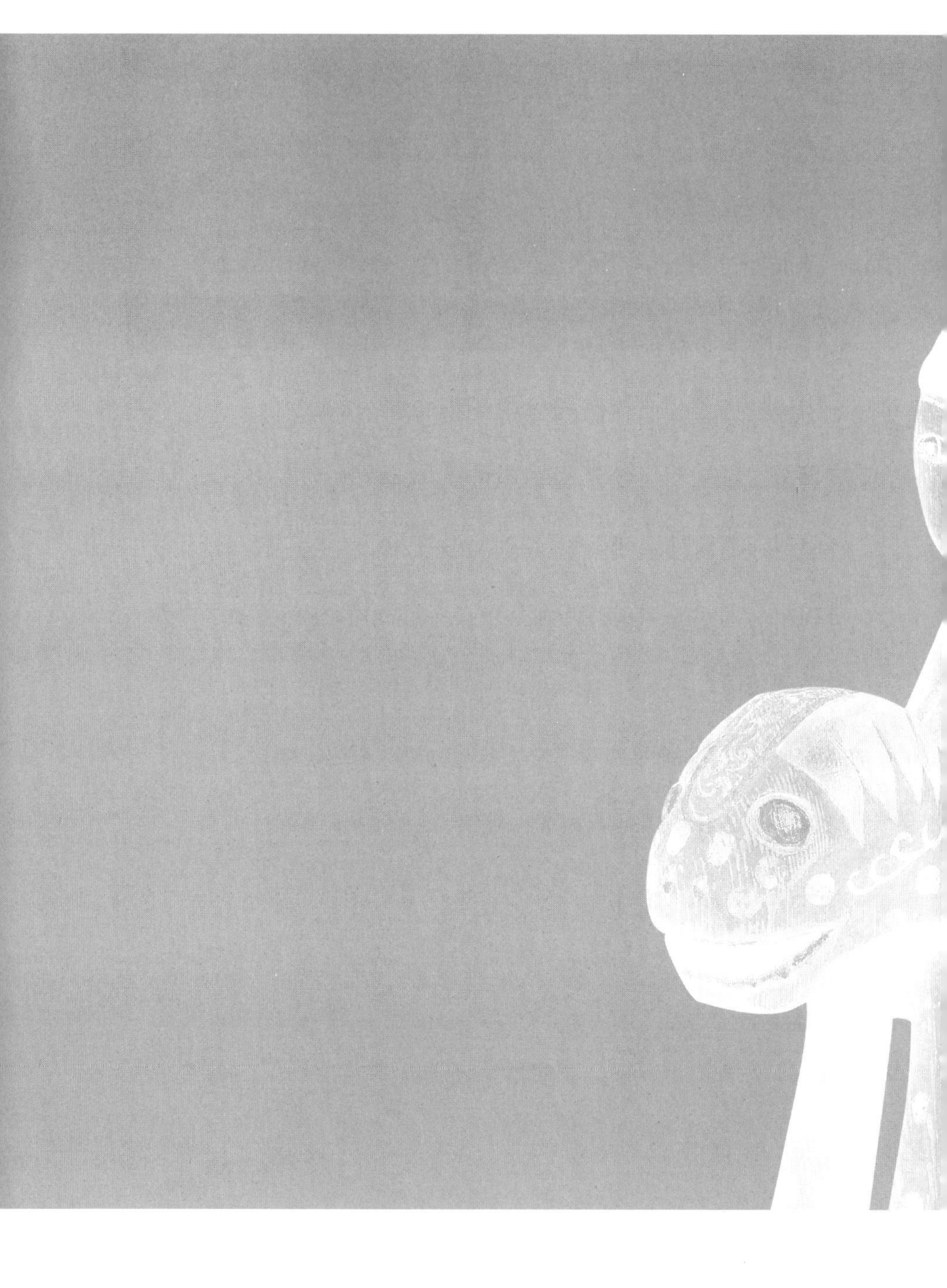

제 1 부

과거의 죽음 풍경

죽음의 집에 대한 상상력

임 현 수

혹시 상여라는 말이 낯설게 느껴지지 않습니까. 만약 그런 분이라면 비교적 젊은 세대에 속할 가능성이 높습니다. 왜냐하면 요즘 세상에 상여 볼 일이 흔치 않을뿐더러 상여를 자주 접하며 살던 세대는 주로 나이 지긋한 연배에 속한 분들이 많기 때문입니다. 물론 아직도 지역에 따라서는 상여를 여전히 사용하는 곳도 있기는 있습니다. 하지만 대개의 경우 상여를 보려면 박물관이나 민속경연대회 같은 곳에 일부러 시간을 내서 찾아가야 하는 것이 현실입니다. 상여는 상례 때 사용하는 기구입니다. 상여는 망자의 시신을 집에서 장지까지 옮길 때 소용됩니다. 오늘날에는 자동차를 이용하여 망자를 모시는 것이 일반적이지만 예전에는 상여를 이용하였습니다. 자동차와 상여는 상례에서 망자를 한 지점에서 다른 지점으로 운구한다는 점에서 같은 기능을 합니다. 그렇지만 각각이 함축하고 있는 의미는 매우 다를 것 같다는 예감이 듭니다. 이 글은 전통 상례문화의 한 요소였던 상여를 알아봄으로써 죽음을 대하는 우리의 태도를 되돌아보려는 의도로 마련되었습니다. 역사의 저편 가까이에서 소실점 주변을 허우적거리는 상여를 지금 여기에서 거론할 필요가 어디에 있는지 찾아보려는 것이 이 글의 목적입니다.

상여와 영구차에 대한 기억

유년의 추억 가운데 유독 나이가 들어서도 사라지거나 희미해지는 일 없이 어느 계기가 주어질 때마다 문득 떠오르는 장면들이 있습니다. 세발자전거를 타다가 옆집 여자 아이가 신고 있던 슬리퍼에 밟혀 엄지발톱이 빠진 일이든가, 나보다 훨씬 큰 개를 겁도 없이 만지려다 손목을 물려서 된통 고생한 일 등이 그런 기억의 단편들이지요. 그 집 노인이 동네 유지였다는 사실을 알게 된 것은 나중 일이었던 것 같습니다.

어린 소년의 눈에 비친 그의 죽음은 한 가족의 사건이 아니라 마을 사람들 모두의 관심사로 보였습니다. 그것이 아니라면 그토록 몇 날 며칠 동안 온 동네가 소란스럽지는 않았을 테니까요. 그때 그 기억 중에서도 여러 사람

1960년대 상여 행렬. 출처: 국립민속박물관 도록, 『그 따뜻한 이별의 기억』, 2010.

의 어깨에 떠메어져 구름같이 모여든 인파를 가르며 저 멀리 아스라이 사라져간 상여의 이미지가 아직도 눈에 선합니다. 사실 그 상여의 모습이 어땠는지를 세세히 묘사할 수는 없습니다. 그저 철부지 어린 아이가 보기에 크기가 무척이나 커서 마치 집 한 채가 통째로 어디론가 옮겨지는 것 같은 느낌을 받았다고나 할까요.

상여를 보았을 때가 정확히 몇 년도인지는 잘 모릅니다. 학교에 들어가기 전이었던 것 같기도 하고 그렇지 않았던 것 같기도 합니다. 이 두 가지 가능성을 모두 감안하면 아마도 1960년대 말과 1970년대 초 사이에 있었던 일이 아닐까 짐작됩니다. 어쨌든 그 후로 더 이상 동네에서 상여가 나가는 장면을 접한 기억은 없습니다. 학교를 다니면서부터는 영구차를 자주 보았던 기억이 납니다. 학교가 도로변에 위치한 까닭에 영구차가 지나다니는 것을 심심치 않게 보았습니다. 그 당시 영구차는 버스를 개조해서 만든 것이었습니다. 버스 뒤쪽에 관을 안치하는 공간을 별도로 만들어 놓은 것 이외에는 일반 버스와 다를 것이 없었습니다. 물론 버스 표면에 이런저런 장식으로 영구차를 의미하는 표식을 해서 누구나 한번 보면 무엇이 지나가는지를 쉽게 알 수 있었습니다. 상례에 참여하는 사람들은 이 영구차를 타고 망자와 함께 장지로

리무진을 개조해서 만든 최신 영구차.

향했던 것입니다.

상여의 퇴장과 그 배경

상여는 오래전부터 상례 때 망자의 시신을 장지로 운구하기 위해서 사용되었습니다. 기록에 따르면 조선시대 이전부터 상여를 이용하였던 것으로 확인됩니다. 상여가 삶의 현장에서 점차 퇴거하기 시작한 것은 근대 시기 이후에 나타난 현상입니다. 특히 1960년대와 70년대 근대화 과정이 가속화된 시기는 상여의 퇴락을 돌이킬 수 없게 만들었습니다. 그 원인을 따져보기 전에 상여가 상례에서 제 기능을 발휘하기 위해서 필요한 몇 가지 조건을 언급하고자 합니다. 우선 장지까지 이동 거리가 너무 멀지 않아야 합니다. 상여는 여러 사람이 어깨에 메고 이동하는 상구이기 때문에 목적지가 지나치게 멀면 가용성이 현저하게 떨어집니다. 또한 상여를 멜 수 있는 인적 자원이 충분해야 합니다. 상여의 크기에 따라 다르지만 한번 상여를 메는 데 동원되는 인원은 최소 10인~20인 정도가 필요합니다. 상여는 주로 목재로 제작되기 때문에 상당히 무게가 나갑니다. 건장한 청장년층이 아니면 상여를 메

상두계의 상두꾼들. 출처: 임재해, 『전통상례』.

는 상두꾼으로 참여하기 어렵습니다. 이처럼 상여를 메는 일은 어렵고 궂은 일입니다. 초상이 났을 때 누구라도 기꺼이 참여할 수 있는 환경이 마련되어 있지 않으면 상여를 메는 일 따위는 애초부터 불가능한 것입니다. 여기서 마을 공동체의 중요성이 부각됩니다. 마을 공동체는 주민들 간의 상호부조를 통해서 일상의 대소사를 처리하는 데 핵심적인 역할을 담당하였습니다. 요컨대 마을 공동체가 활성화되어 있어야 상여를 메는 일도 가능한 것입니다.

1960년대를 기점으로 빠르게 진행된 근대화는 산업화 및 도시화를 빼놓고는 거론할 수 없으리라 생각합니다. 도시를 중심으로 진행된 산업화는 지역별 인구 분포에 상당한 변화를 초래했습니다. 일자리를 찾아서 농촌 인구가 도시로 몰리는 대규모 이농 현상이 가파르게 진행된 것입니다. 시간이 지날수록 도시의 인구밀도는 점점 높아지고 농촌 지역은 공동화될 수밖에 없습니다. 국가 전체가 도시 중심으로 재편되는 과정을 거쳤던 것이지요. 낮은 인구밀도와 노인층이 대다수를 차지하는 오늘날의 농촌 현실은 이와 같은 근대화 과정이 낳은 결과입니다. 이러한 사회변동이 인간관계에도 심각한 변화를 초래하리라는 점은 말할 필요도 없습니다. 오래전부터 농촌 지역에서 중요한 역할을 담당했던 마을 공동체는 인구의 도시 집중으로 말미암아 해체의 운명을 맞이하였고, 익명성을 바탕으로 형성된 도시에서 친밀한 마을 공동체가 새로이 탄생할 리는 만무한 것입니다.

이러한 근대화 과정은 상여가 우리의 시야에서 점차 사라질 수밖에 없었던 주요 원인이었습니다. 도시화가 지닌 여러 특성 가운데 삶의 공간과 죽음의 공간이 분리되는 현상에 주목할 필요가 있습니다. 좀 더 정확히 말하자면 삶의 공간에서 죽음의 공간을 배제하는 경향이 도시화 과정에서 두드러지게 나타납니다. 도시화가 진전되기 이전 전통적인 향촌 질서 하에서는 삶의 공간과 죽음의 공간은 분리되지 않았습니다. 예를 들어 산 자들의 거주지와 조상 묘지는 동일 공간 안에 서로 뒤섞여 있었습니다. 두 공간 사이의 거리가 물리적으로 얼마나 가깝고 먼가의 차이만 있을 뿐, 양자는 늘 서로의 곁에서 공존하는 관계를 유지하였습니다.

그러나 근대화에 따른 도시화 작업은 도시 전체를 사전에 입안된 계획에 따라 정비하는 과정에서 죽음의 공간을 최대한 축소하거나 지정된 특별 구역에 한정하거나 도시 외곽으로 배제하는 경향을 짙게 드러냅니다. 삶의 공간에서 죽음의 공간을 추방시킨 것입니다. 사정이 이렇다보니 도시 거주자들은 상을 당하였을 때 장지를 도시 밖에서 구할 수밖에 없는 경우가 대부분입니다. 도시 안에서는 시신을 매장할 장소를 쉽게 구할 수 없기 때문입니다. 이런 상황에서 상여의 쓰임새가 현격하게 줄어드리라는 점은 불을 보듯 뻔한 일입니다. 장지까지 이동 거리가 멀기 때문에 상여보다는 자동차를 이용하여 시신을 운구하는 편이 훨씬 효과적이겠지요.

또한 마을 공동체의 해체도 도시에서 상여가 기능하지 못하게 된 주요 원인입니다. 상여를 멜 수 있는 인적 자원의 부재는 당연히 상여의 퇴락으로 이어질 수밖에 없습니다. 지금까지 상여가 상례 현장에서 퇴장하게 된 배경을 설명하였습니다만 그렇다고 해서 완전히 사라졌다고 말하는 것은 아닙니다. 지금도 마을 공동체가 어느 정도 유지되는 지역에서는 상여가 상례 현장에서 등장합니다. 물론 상여를 아직도 쓰고 있는 지역은 매우 제한되어 있습니다. 어느 정도 예견하시겠지만 도시보다는 농촌 지역 등지에서 아직까지 상여를 사용하는 사례를 찾아볼 수 있습니다.

현재 사용되는 상여라 하더라도 시내의 흐름에 따라 구조나 형태, 장식 등의 측면에서 전통적인 상여와 차이점을 보이기도 합니다. 예를 들어 전통적으로 상여는 나무를 이용하여 틀을 짜고 천으로 관이 안치된 내부를 가리는 방식으로 제작하는 것이 일반적입니다. 제작 방법도 복잡하고 비용도 만만치 않게 들어갑니다. 이러한 목상여 대신 제작 방식도 간편하고 비용도 적게 들어가는 상여로서 지상여를 이용하는 곳이 많습니다. 지상여는 세간에서는 꽃상여라고 지칭하기도 하는데 철사 등을 이용하여 틀을 만들고 외부를 종이로 장식합니다. 지상여는 사용 후에는 태워 버리는 일회용 상여이기도 합니다. 상여는 장지에서 불에 태워 없애는 것이 원칙이라고 할 수 있습니다만 목상여의 경우에는 비용 등의 사정이 있어서 그렇게 할 수는 없겠지요. 목상여는 사용 후에는 상엿집에 잘 보관해서 나중에 상이 났을 때 다시 쓰는 것이 관행입니다. 좀 더 간편하고 실용성을 강조하는 시대에 지상여 같은 변형 상여가 출현한 것은 어찌 보면 당연한 일이라고도 할 수 있겠지요.

그뿐만이 아닙니다. 상여가 죽음과 관련된 용구인 만큼 종교의 영향을 받은 변형 상여가 출현하기도 하였습니다. 기독교 교회나 불교 사찰에서 신도들의 상례에 사용하기 위하여 만든 상여가 그런 경우에 해당합니다. 기독교식 상여에는 십자가 장식이 들어간 천을 두른다든지 예수의 상을 조각하여 끼워 넣기도 합니다. 불교식 상여는 만(卍) 자 장식을 사용하는 사례가 많습니다. 이렇게 종교적으로 변형된 상여는 망자의 영생이나 극락왕생을 기원하는 의미가 반영된 것이라고 해도 틀림없겠지요. 여기서 상여가 시대적 풍조나 주변 환

지상여

종교의 색채가 가미된 상여

경에 적응하는 현상을 확인할 수 있습니다.

역사적으로 볼 때 상여는 시대의 흐름에도 불구하고 늘 변함없는 모습을 유지한 것은 결코 아니었습니다. 현재 국내에는 제작된 시기가 꽤 오래되어 문화재로 등록된 전통 상여가 몇 채 보존되어 있습니다. 이 상여들은 주로 조선시대에 제작된 것들인데 형태나 장식의 측면에서 다양성을 보여줍니다. 이 점은 전통 상여에 대한 정보를 담고 있는 문헌자료와 비교하면 더욱 분명하게 드러납니다. 상여와 관련된 문헌 자료는 주로 상여를 제작하는 방법을 제시하고 있습니다. 문헌에 따라 상여 그림을 구체적으로 예시하는 경우도 있습니다. 현존하는 실물 상여를 이와 같은 문헌 자료의 상여 제작법과 비교해보면 흥미로운 점이 나타납니다. 실물 상여의 구성물에 문헌 자료에 없는 요소가 새롭게 들어가 있는 사례를 발견하는 경우가 그렇습니다.

청풍부원군 상여.
춘천국립박물관 소장.

예를 들어 상여를 유심히 들여다보면 인물이나 동물 형상의 나무 조각상이 주위에 배열되어 있는 것을 확인할 수 있습니다. 이 나무 조각상은 전문가에 따라서는 '꼭두'라고 부르기도 합니다만, 어떠한 문헌도 상여 제작에서 이것을 언급한 적이 없습니다. 이 나무 조각상의 기원에 대해서는 아직 정설이 없지만 대체로 조선 후기부터 유행하기 시작했다고 보는 관점이 지배적입니다. 그렇다면 조선 후기의 상여는 기존의 상여 제작 매뉴얼을 그대로 따르는 대신 새로운 변화의 바람을 주입하고 있었다고 평가해도 무리는 아니지 않을까요. 물론 그 변화가 의미하는 바가 무엇인지는 별개의 문제로 하고 말입니다.

그런데 상여의 역사적 변천에 관해서 말하자면 문헌 자료도 예외는 아닙니다. 상여의 제작 방법을 언급한 문헌 자료를 보면 내용이 일률적이지 않습니다. 문헌이 기술된 시기도 다르고, 그에 따라서 상여의 구조나 장식 등에 대한 언급도 다릅니다. 각 시기마다 상여에 대한 이해도에 차이가 있었을 것으로 짐작되는 대목입니다. 여기서 문득 한 가지 의문이 떠오릅니다. 문헌 자료나 실물 자료를 통해서 바라본 상여의 모습이 고정된 것이 아니었다면 과연 상여의 본질이란 무엇인지가 새삼스럽게 궁금해지는 것입니다. 다시 말해 상여가 역사적인 변화를 피할 수 없었음에도 불구하고 상여의 정체성을 유지할 수 있었던 원인은 무엇인지 묻는 것입니다.

꼭두가 배치된 상여.
안동민속박물관 소장.

이러한 물음을 해명하기 위하여 상여의 기원을 찾아 거슬러 올라가는 방법이 있습니다. 기원의 시점에서부터 가장 최근에 이르는 상여의 변천사를 훑어보고 거기서 나타나는 불변적 요소를 확인하는 방법이 가장 이상적이겠지요. 그러나 기원의 시점이란 늘 상상의 영역에 속한 것이라서 상여의 원초적인 형태를 찾는 일은 거의 불가능합니다. 무엇보다도 실물 상여가 거의 남아 있지 않은 상황은 상여의 역사를 재구성하는 데 가장 큰 장애가 되고 있습니다. 다만 문헌 중에서 상여를 언급한 사례들을 시간의 선후에 따라 배열한 후 상호 비교를 통해서 일관적 요소를 찾아낼 수 있다면 그것도 한 가지 대안이 될 수 있지 않을까 생각합니다.

『주자가례』와 『오례의』의 대여

오늘날에는 시신을 장지까지 옮기는 기구를 가리키는 용어로 '상여(喪輿)'라는 말을 주로 사용합니다만, 기실 조선시대까지만 해도 상여 이외에도 다양한 용어들이 쓰이고 있었습니다. 예를 들어 문헌 자료를 살펴보면 '대여(大輿)'나 '소여(小輿)'라는 용어가 나옵니다. 대여나 소여가 나오기 전에는 '유거(柳車)'나 '이거(輀車)'라는 말도 사용된 적이 있다는 것을 확인할 수 있습니다. 상여라는 말은 이처럼 다양한 용어들을 포괄하는 유적(類的) 범주로 이해해도 무방할 것 같습니다.

그런데 여기서 한 가지 흥미로운 점이 눈에 띕니다. 상여와 관련된 용어들을 주의 깊게 살펴보면 상여의 역사에서 중요한 분기점이 될 만한 흔적이 반영되어 있습니다. 『조선왕조실록』 세종 28년(1446년)의 기록을 보면 시신을 옮길 때 차후로는 유거 대신 『주자가례(朱子家禮)』에 나와 있는 바와 같이 어깨에 메는 상여를 사용하라는 이야기가 나옵니다. 세종의 부인인 소헌왕후가 죽은 후 상례를 준비하는 과정에서 내려진 결정이었지요. 이런 결정을 내린 배경으로 조선의 도로가 넓고 평평하지 못해서 유거를 쓰기에 불편하다는 이유를 듭니다. 유거는 바퀴가 달린 수레 형태의 상여인데, 조선의 도로 상태가 유거를 쓰기에는 적합하지 않았다는 의미입니다.

종전까지 이용했던 수레 형태의 상여에서 어깨에 메는 상여로 바꾼 것은 상여의 역사에서 중요한 전환점이라고 할 수 있습니다. 이는 겉으로 보기에 실용적인 관심에서 나온 결정으로 평가할 만합니다. 하지만 어깨에 메는 상여를 이용하라는 지시가 나온 배경에는 『주자가례』라는 책이 있다는 점을 간과해서는 안 됩니다. 주지하는 바와 같이 조선은 성리학의 나라입니다. 『주자가례』는 성리학의 가르침을 현실 생활 속에 구현하는 데 기본 지침이 되는 책 가운데 하나입니다. 이 책이 조선시대 예법의 근간이 되었으리라는 것은 당연하지요. 그러므로 어깨에 메는 상여로 대체하기로 결정한 것은 실용적인 관심 이외에 성리학의 입장에 충실하려는 태도가 작용했기 때문으로 해석하는 것이 타당합니다.

『주자가례』를 보면 앞에서 말한 어깨에 메는 상여란 바로 대여를 말하는 것이었음을 확인할 수 있습니다. 대여를 쓰는 이유로 유거 제작법이 너무 복잡하고 세밀해서 사람들이 행하기 어렵기 때문이라고 말합니다. 『주자가례』에 제시된 대여 제작법을 일일이 소개할 필요는 없겠지요. 다만 대여는 크게 세 부분으로 구성됩니다. 사람들이 상여를 운반하기 위해서 직접 어깨에 메는 멜대 부분, 관을 안치할 4면의 평상 부분, 밖에서 안이 보이지 않도록 가려줄 본체 부분이 그것입니다. 본체는 죽격(竹格)이라고도 하는데, 대나무를 이용하여 뼈대를 만든 후 비단으로 덧씌웁니다. 죽격은 두 부분으로 구성됩니다. 윗부분은 촬초정(撮蕉亭)이라 하는데 마치 집의 지붕과 같습니다. 아랫부분은 유만(帷幔)이라고 부르는 휘장으로 집의 벽면처럼 내부를 가려주지요. 본체의 네 귀퉁이에는 유소를 드리우는 등 장식을 하기도 합니다. 『주자가례』는 대여를 장식하는 행위를 원칙적으로 허용하지만 지나치게 화려하게 꾸미지는 말아야 한다고 강조합니다.

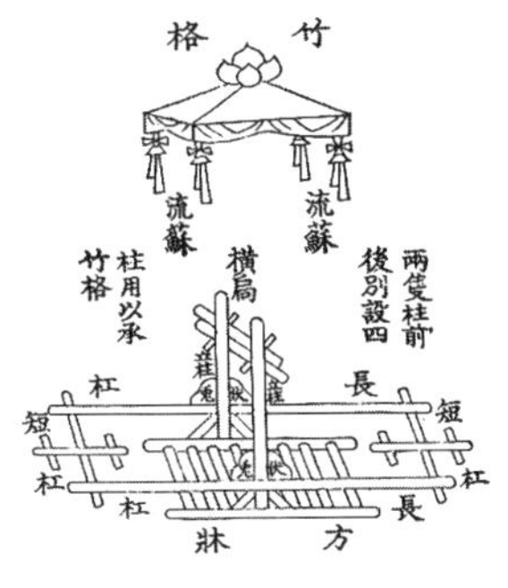

『주자가례』 대여.
위의 그림에서 죽격 아래 부분에 드리워진 네 면의 휘장이 지나치게 짧게 묘사되어 있다.

세종 때 유거에서 대여로 상여를 바꾸도록 조치한 규정을 액면 그대로 받아들이면 왕실에서 사용한 대여의 형태가 『주자가례』에서 제시한 것과 동일하리라 추측할 것입니다. 과연 그럴까요? 다행히 당시 왕실에서 사용한 대여의 구조와 형태를 알 수 있는 자료가 남아 있습니다. 이 자료에 나오는 대여와 『주자가례』의 대여를 비교하면 동일성 여부를 바로 알 수 있겠지요. 이 자료란 다름이 아니라 『오례의(五禮儀)』(1451년)입니다. 이 텍스트는 세종 때 저술된 것으로서 국가 예제의 방법과 절차 등을 규정하였습니다. 『오례의』는 원래 따로 독립된 책으로 간행되지 않고 『조선왕조실록』에 포함되어 있었습니다. 『오례의』의 내용은 나중에 성종 때에 간행된 『국조오례의(國祖五禮儀)』(1474년)에 다시 수록됩니다.

『오례의』 가운데 흉례(凶禮), 즉 상례 부분을 살펴보면 대여를 만드는 방법이 나옵니다. 게다가 친절하게도 대여를 묘사한 그림까지 예시되어 있습니다. 『주자가례』와 『오례의』에 각각 묘사된 대여 그림을 비교하면 예상과 달리 동일하기는커녕 서로 다른 점이 많다고 느낄지도 모릅니다. 양자는 세부적으로 보면 분명 차이점을 부인할 수 없습니다. 하지만 구조적으로는 동일하다는 점을 간과할 수 없습니다. 『오례의』에 묘사된 대여는 멜대, 4면의 평상, 본체 세 부분으로 구성되어 있습니다. 구조적으로 『주자가례』의 대여와 다를 것이 없습니다. 다만 규모나 장식적인 측면에서 차이가 있을 뿐입니다. 본래 『주자가례』는 사대부 계급의 예법을 기술한 책입니다. 따라서 『주자가례』의 대여가 왕실 대여에 비하여 규모나 장식의 측면에서 작거나 훨씬 소박할 수밖에 없습니다. 이러한 차이에도 불구하고 양자는 같은 뿌리에서 나왔다고 할 수 있을 정도로 구조적인 유사성을 보여줍니다.

이 점을 좀 더 자세히 알아보기 위해서 대여 본체를 예로 들어볼까 합니다. 우선 왕실 대여 본체를 지세히 관찰하면 눈에 띄는 몇 가지 부분이 있습니다. 본체는 나무로 틀을 짠 다음 비단 같은 천을 이용하여 겉을 덮습니다. 우선 집의 지붕처럼 생긴 부분이 보이고, 그 아래 집의 벽면처럼 보이는 부분이 있습니다. 이 두 부분을 각각 별갑(鼈甲)과 현벽(懸壁)이라고 부릅니다.

별갑 맨 꼭대기는 연꽃 모양의 장식으로 꾸미는데 이를 정자(頂子)라고 합니다. 정자의 재질은 구리입니다. 별갑의 네 귀퉁이는 나무를 이용하여 용을 조각하여 끼우고, 용 입에 고리를 매달아 유소를 장착합니다. 현벽의 사면에는 진용(振容)을 빙 두르지요. 진용은 명주로 짠 옷감에 꿩을 그려 넣은 장식입니다. 이에 비하여 『주자가례』의 대여 본체는 소박하다 못해 초라한 느낌마저 듭니다. 정자도 없고, 용 조각도 없고, 진용도 없습니다. 죽격의 네 귀퉁이에 유소를 매다는 것 외에는 별다른 장식을 하지 않습니다. 그렇지만 왕실 대여와 『주자가례』의 대여 본체는 가옥의 지붕과 벽처럼 두 부분으로 이루어진 것이 전체적으로 동일한 형태를 보여줍니다. 단지 규모나 재질, 장식의 유무 등에서 차이가 날 뿐입니다.

그렇다면 여기서 한 가지 의구심이 생깁니다. 『오례의』에 나오는 왕실 대여가 기존의 유거를 포기하고 『주자가례』의 대여를 모델로 삼아서 만들어진 것이라면, 양자 사이에 존재하는 차이는 어디에서 기인하는 것인지가 궁금한 것입니다. 이러한 물음을 해명하기 위해서 왕실 대여를 기존의 유거와 비교하는 절차가 필요할 것 같습니다. 왕실 대여가 유거와 철저히 단절한 것인지, 아니면 일정한 범위 안에서 연속성을 유지한 것인지 확인할 수 있다면, 『주자가례』의 대여 모델을 통해서 설명할 수 없었던 왕실 대여의 진면목을 이해할 통로가 열리지 않을까요.

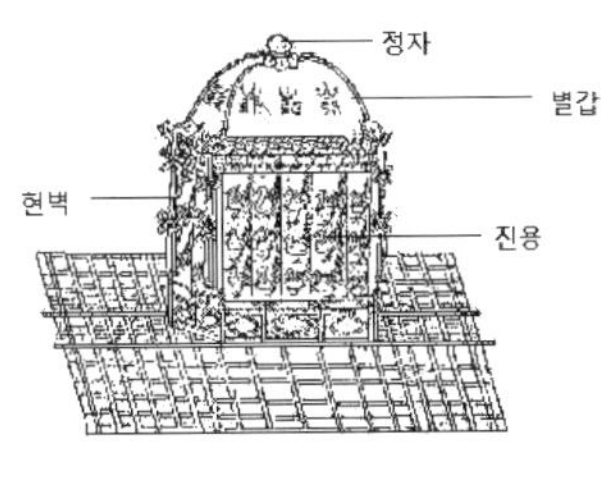

『오례의』 대여

유거와 대여의 연속성

세종 28년에 유거를 폐지하는 조치가 내려졌다고 말한 바 있습니다. 그렇다면 당시 유거의 형태는 어떤 것이었을까요. 『조선왕조실록』은 유거에 대한 정보를 담고 있는 문헌입니다. 여기에는 유거를 제작하는 방법이 실려 있습니다. 유거는 대여와 달리 수레 형태의 상여입니다. 유거는 크게 수레 부분과 본체 부분으로 구성됩니다. 그러므로 유거 제작법에는 수레 만드는 방법과 본체 만드는 방법이 포함됩니다. 『조선왕조실록』 중에서 유거 제작법을 언급한 대목은 세종 4년(1422년)의 기록입니다. 유거 제도를 폐지하기로 결정하기 24년 전에 있었던 일이지요. 분명한 것은 이때까지만 해도 상례 때 유거를 사용했다는 점입니다. 더불어 유거 제작법 중에서 한 가지 아쉬운 점이 있다면 유거 그림이 빠졌다는 사실입니다. 왕실 대여만 해도 그림이 예시되어 있어서 이해하는 데 많은 도움이 된 바 있습니다.

이와 같은 불편함에도 불구하고 유거와 왕실 대여를 비교하는 데는 아무런 지장이 없습니다. 가장 큰 차이점은 당연히 운반 방식에 있습니다. 유거가 수레를 끌어서 이동하는 방식을 취한다면 대여는 어깨에 메는 방식을 취합니다. 제작하는 방법과 구조의 측면에서 양자 사이에 분명한 단절이 존재합니다. 이 자리에서 굳이 그 차이를 세부적으로 거론할 필요는 없을 것 같습니다. 이보다 우리 관심을 끄는 부분은 본체입니다. 앞서 왕실 대여의 본체를 묘사한 바 있습니다만 지금부터 소개하는 유거의 본체와 비교해 보시기 바랍니다. 유거의 본체도 왕실 대여처럼 나무로 틀을 짠 후에 천으로 겉을 덮습니다. 본체는 별갑이라 부르는 윗부분과 용유(龍帷)라 부르는 아랫부분으로 구성됩니다. 전체적으로 가옥을 연상케 하는 본체의 형상에서 별갑은 지붕에 해당하고, 용유는 벽면에 해당한다고 할 수 있습니다. 본체의 윗

부분을 별갑으로 지칭한 데는 그 모습이 마치 자라 등과 유사하기 때문입니다. 아랫부분인 용유는 4면의 휘장으로 표면에 용을 그려 넣습니다.

별갑의 맨 꼭대기는 제(齊)라고 하는 장식을 부착하고, 가장자리에는 도끼 문양, 불꽃 문양, 두 마리의 뱀이 서로 등진 문양을 그립니다. 유거 본체에서 별갑과 용유는 황변이라고 하는 4면의 테두리를 사이에 두고 이어집니다만, 이 황변 표면에 구름의 문양과 용머리 문양을 새깁니다. 황변의 네 모퉁이에는 유소를 매달아 아래로 드리웁니다. 한 가지 주목할 만한 장식으로 지(池)라고 부르는 것이 있습니다. 지는 3면의 황변 끝 부분에 매다는 대나무로 만든 통을 말합니다. 지 아래로는 동어(銅魚)를 매답니다. 그런데 동어의 위치는 좀 더 정확히 말해서 지와 진용(振容) 사이라고 되어 있습니다. 진용은 용유의 4면에 드리워진 천 장식인데, 표면에 꿩을 그려 넣지요. 진용이 위에서 아래로 드리워지는 지점은 지 바로 아래입니다. 그러므로 지와 동어와 진용은 함께 연결된 것으로 보아도 무방합니다. 어약불지(魚躍拂池)라고 하는 말이 있습니다. 이는 유거가 장지로 이동하는 과정에서 지와 동어와 진용이 함께 움직이면서 자아내는 형상을 묘사한 말입니다. 물고기가 연못 위로 뛰어오르며 사방으로 물방울이 튀는 모습을 가리키지요.

지금까지 살펴본 유거 본체의 모습은 왕실 대여와 비교할 때 대동소이하다고 하지 않을 수 없습니다. 각 부분을 지칭하는 용어가 다르기도 하고, 아예 사라졌거나 변형된 모습으로 나타난 부분도 있습니다. 하지만 전체적으로 볼 때 양자는 뚜렷한 연속성을 지닌 것으로 평가할 만합니다. 둥근 지붕 모양의 위쪽 별갑 부분과 사면의 휘장으로 둘러싸인 아랫부분으로 구성된 본체는 유거와 왕실 대여가 서로 동일한 구조로 이루어진 것임을 입증해 줍니다. 또한 진용이나 유소와 같은 장식은 유거에서 대여로 그대로 이어집니다. 별갑의 꼭대기를 장식했던 정자나 제는 동일한 것을 그저 용어만 달리

했을 뿐입니다. 대여의 네 모퉁이에 끼운 용 조각은 유거의 황변에 새겨 넣었던 용머리 문양을 3차원의 형상으로 바꿔서 존속시킨 것입니다. 물론 유거에 있었던 지와 동어가 대여에서 사라진 것은 큰 변화라 할 수 있겠지요.

『조선왕조실록』의 유거 제작법에는 그림이 포함되어 있지 않다고 말한 바 있습니다. 그런데 조선시대 유거 이미지를 상상하는 데 참조할 만한 자료가 있어서 잠시 소개할까 합니다. 중국 송나라 때 섭숭의(聶崇義)가 저술한 『삼례도(三禮圖)』(962년)는 유거 이미지를 떠올리는 데 유용한 자료입니다. 이 책에 실린 유거 그림은 앞서 언급한 유거 본체의 모습과 거의 일치합니다. 다만 지와 동어의 모습을 정확하게 묘사하지 않은 점은 아쉬움으로 남습니다. 이 그림과 왕실 대여 이미지를 보면서 양자를 비교해 보시기 바랍니다.

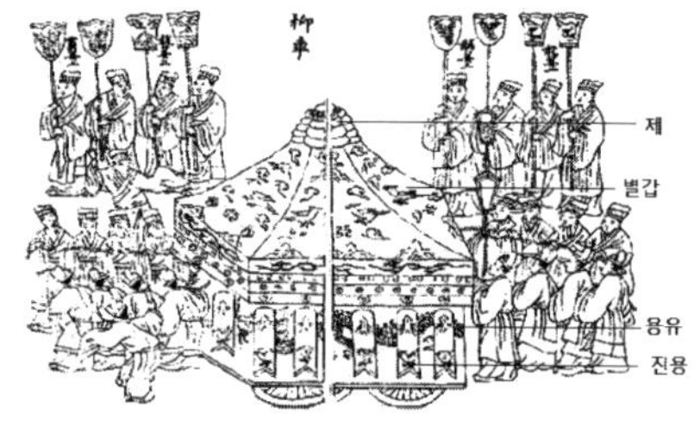

섭숭의 『삼례도』 유거.

이상의 논의에서 다음의 사실이 분명해졌습니다. 세종 당시에 단행된 유거에서 대여로 상구를 바꾸는 조치는 『주자가례』의 영향을 받아 이루어진 것이었습니다. 수레 형식에서 메는 방식으로 전환하였기 때문에 얼핏 보기에 양자는 완전히 다른 형태의 상여라고 추측되었습니다. 하지만 검토한 바에 따르면 양자의 연속성은 결코 단절되지 않았습니다. 두 상여 사이에 변화 속의 동일성이 유지되고 있었던 것이지요.

이쯤에서 또 하나의 의문이 제기됩니다. 유거와 같은 형태의 상여가 나오게 된 배경은 무엇일까, 다시 말해서 유거는 무엇을 모델로 하여 만들어졌을까 하는 것입니다.

유거와 식관

『조선왕조실록』 세종 4년의 기록에는 유거 제작법이 소개되어 있습니다. 여기서 앞의 물음과 관련하여 눈에 띄는 대목이 있습니다. 그것은 유거를 만드는 데 참조한 문헌이 어떤 것이었는지를 밝히는 대목입니다. 몇 가지 문헌이 거론됩니다. 그중에서도 가장 오래된 동시에 다른 문헌들의 인용 출처가 되는 책이 『예기(禮記)』입니다. 다시 말해서 『예기』는 유거를 만드는 데 기본 모델을 제공한 책이었던 것입니다. 아시는 바와 같이 『예기』는 유교 경전 가운데 하나로서, 예의 본질 및 각종 예법을 논하는 책입니다. 유거가 『예기』의 가르침을 토대로 만들어졌다는 사실은 상여의 본질을 이해하는 데 어떤 실마리로 작용할지도 모른다는 예감을 들게 합니다. 왜냐하면 유거가 특정 종교의 경전에 근거하여 제작되었다는 사실이 유거에 입혀진 의미론적 영역을 들추어내는 데 결정적인 요인으로 작용할 가능성이 높기 때문입니다.

그렇다면 『예기』에는 상여에 대하여 어떤 내용이 적혀 있을까요. 『예기』의 여러 편들 중에서 상여를 언급한 부분은 「상대기(喪大記)」 편입니다. 여기에는 지금까지 말했던 유거니 대여니 상여니 하는 말은 전혀 나타나지 않습니다. 대신 식관(飾棺)이란 말이 나옵니다. 식관이란 문자 그대로 관을 장식한다는 의미입니다. 상여의 기원이 관을 장식하는 데서 비롯되었음을 짐작할 수 있는 단서입니다. 만약 관을 장식하고자 했던 이유를 밝힐 수 있다면 상여의 본질을 이해하는 데 한 걸음 더 다가갈 수 있지 않을까요.

「상대기」 편에 소개된 식관의 방법은 신분에 따라 다릅니다. 임금(君)과 대부(大夫), 사(士)의 식관법이 각각 별도로 기술됩니다. 각 신분에 따른 식관법의 차이는 규모나 장식에서 나타날 뿐 구조상으로는 동일성을 유지합니다. 다시 말해서 신분이 높을수록 규모도 크고 장식도 더 화려하지만 전체적인 형태는 동일하다는 의미이지요. 지면이 제한되어 있으므로 세 가지 식관법을 모두 소개할 수는 없겠지요. 여기서는 임금의 식관법을 간단히 언급하고 넘어가겠습니다. 우선 오해하지 말아야 할 것이 식관이라고 해서 관 위에 직접 무언가를 장식한다는 뜻은 아니라는 점입니다. 식관은 나무 뼈대에 천을 씌워 만든 덮개로 관을 덮은 연후에 행합니다. 관 덮개는 크게 위아래 두 부분으로 구분됩니다. 윗부분은 황(荒)이라 부르고, 아랫부분은 유(帷)라고 합니다. 황의 꼭지 부분은 제(齊)라고 하는데, 비단을 이용하여 원형을 갖추어 설치합니다. 황의 가장자리는 도끼 문양, 불꽃 문양, 아(亞) 자 문양을 그려 넣습니다.

유는 황 아래쪽으로 네 면의 주위를 두른 휘장입니다. 유에는 용 문양을 그립니다. 황의 가장자리, 즉 황과 유가 만나는 부분에는 지(池)를 설치합니다. 지는 대나무를 이용하여 만든 긴 통에 푸른 베를 입혀서 만듭니다. 지 아래로는 진용(振容)이 걸립니다. 진용은 꿩을 그려 넣은 비단으로 지 아래로 늘어뜨려져 바람이 불면 깃발처럼 펄럭이도록 되어 있습니다. 또한 지 아래에 부착하는 것으로 동어(銅魚)가 있습니다. 장지를 향해 가는 과정에서 동어가 흔들리면서 지를 추켜올리면 덩달아 진용도 펄럭이게 되는 효과를 자아냅니다. 그러면 이렇게 장식된 덮개는 어떻게 운반될까요. 「상대기」를 보면 식관이 끝난 영구는 수레에 실어 옮깁니다. 그러니까 관과 덮개를 모두 수레에 실어 나르는 것이지요. 수레는 관 덮개 앞뒤로 연결된 끈을 사람들이 잡아끌며 옮깁니다.

지금까지 「상대기」의 식관을 말씀드렸습니다만, 이를 『조선왕조실록』의 유거와 비교하면 깜짝 놀랄 만큼 유사하다는 사실을 알 수 있습니다. 유사함을 넘어 거의 일치한다고 해도 과언이 아닙니다. 물론 유거의 별개 부분을 식관에서는 황이라고 부른다든지, 유거는 진용을 유의 네 면에 빙 둘러 설치하는 데 반해 식관할 때는 지와 동어에만 부착하는 등의 차이는 있지만 전체적으로 양자는 동일한 형태를 갖추고 있습니다. 운반법도 유거와 식관은 동일합니다. 앞서 언급하지 않고 넘어갔지만 유거도 식관처럼 끈을 사람이 끌고 잡아당기며 운반됩니다. 식관의 형태를 그림으로 복원한 자료를 유거 이미지와 비교해 보시길 바랍니다.

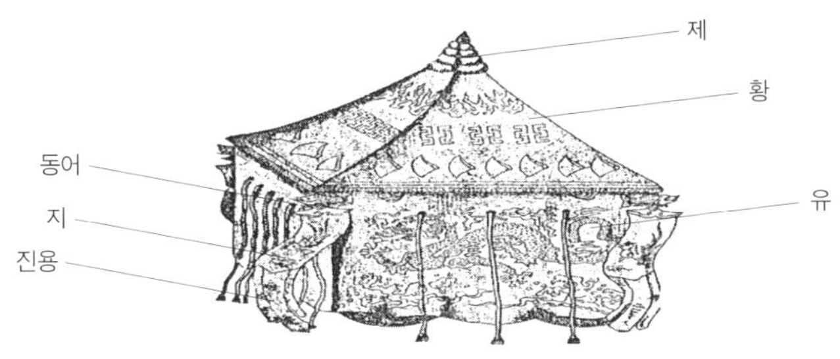

복원된 식관 이미지.
출처: 흐로트(J. J. M de Groot)의 『중국의 종교체계(The Religious System of China)』, 1892

상여는 망자의 집

1446년 세종대에 실행되었던 개선책은 상여의 역사에서 하나의 전환점을 이루는 것이었습니다. 수레 형식의 상여에서 메는 상여로의 전환은 성리학이 이념적 토대였던 조선이 『주자가례』를 통해 삶의 전반에 걸쳐 예법 개혁을 성취하고자 했던 의도가 낳은 성과 중 하나였다고 평가할 수 있습니다. 『주자가례』에 묘사된 대여에서 출발하여 왕실 대여를 거쳐 『예기』 식관 규정에 이르렀던 비교 작업은 상여들 사이의 세부적인 차이가 실은 공고한 연속성에 기반을 두고 나타난 것에 불과하다는 점을 확인시켜 주었습니다. 이러한 연속성의 뿌리는 『예기』 식관 규정이었습니다. 식관 규정에서 언급한 상여 제작법은 조선시대 왕실 대여까지 면면히 이어졌던 것입니다. 그렇다면 여기서 상여의 본질은 무엇인가라는 물음에 답할 수 있는 기초가 마련되었다고 할 수 있지 않을까요. 상여의 변천사를 가로지르며 지속되었던 동질성이야말로 상여의 본질을 밝히는 단서가 될 수 있을 테니까요.

상여의 정체성을 형성하는 바탕이라고도 할 수 있을 그 동질성이란 다름이 아니라 상여는 집을 형상화한 것이라는 점입니다. 이 점은 앞서 언급한 문헌들에서도 상여 제작 방법을 소개하는 과정에서 언뜻언뜻 비쳐진 사실이기도 합니다. 예를 들어 『오례의』를 보면 별갑을 궁륭(穹窿) 형태로서 가옥의 지붕과 같다고 묘사합니다. 유거 제작법을 언급한 『조선왕조실록』 세종 4년의 기록에는 본체를 형성하는 나무틀을 가리켜 대들보(樑)나 용마루(棟) 같이 가옥의 구조물을 가리키는 용어로 지칭합니다. 유거의 전체 형상을 가리켜 궁실(宮室)이라고 말하는 대목에 이르러서는 유거가 의심의 여지없이 가옥의 축소판이라고 하는 사실을 확인할 수 있습니다.

『예기』의 식관 규정을 해설하였던 주석가들도 상여 본체를 집의 형상을 지닌 것으로 이해하기는 매한가지였습니다. 예를 들어서 중국 한나라 때 활동했던 정현(鄭玄, 127년-200년)은 식관을 통해서 제작된 상여를 유거라는 용어로 지칭하면서 궁실을 상징하는 것으로 이해합니다. 물론 정현이 궁실이란 말을 사용한 것은 임금의 식관을 대상으로 했기 때문입니다. 하지만 제후나 사의 식관도 가옥으로 이해한 것은 분명합니다. 이와 더불어 정현의 견해에서 한 가지 확인할 수 있는 사실은 유거는 식관과 구별되었던 것이 아니라 애초부터 동일한 대상을 지칭하는 용어였다는 점입니다.

지금까지 상여가 망자의 집이라고 하는 점이 분명해진 이상 다음의 의문이 드는 것은 어쩔 수 없습니다. 왜 굳이 산 사람들은 집의 형상을 갖춘 상구를 제작하여 망자를 모시고자 했을까요. 이 점에 대해서는 여러 가지 해석이 가능하리라고 봅니다. 이 글을 읽으시는 분들도 한번 나름대로 생각해보시면 어떨지요.

한 가지 해석으로서 식관 규정이 유교의 경전인 『예기』에 언급된 점에 착안하여 효를 강조하는 관점이 있습니다. 유교는 망자를 죽은 사람으로 대하는 태도를 마땅치 않게 생각합니다. 비록 돌아가셨지만 산 사람처럼 대하는 것이 어진 사람으로서 갖추어야 할 기본적인 자세라는 것이지요. 물론 망자를 온전히 산 자를 대하는 태도로 대하는 것도 어리석은 행동이라고 비판합니다. 유교는 이처럼 죽었지만 죽은 것이 아닌, 살았지만 산 것이 아닌 상태를 신명(神明)이란 개념으로 설명합니다. 그러므로 망자는 신명의 도(道)로서 대우해야 하는 것이 유교의 가르침입니다. 자식으로서 돌아가신 부모를 상여에 태워 모시는 것은 신명의 예를 취하는 것입니다. 상여란 살아 있는 자식이 돌아가신 부모에게 상례에서 드리는 효의 물질적 징표가 아닐까 생각합니다. 앞서 언급한 바 있는 정현은 식관이란 길거리와 무덤 주위에 몰려 있는 많은 사람들로 하여금 돌아가신 부모님을 기피하지 않도록 하기 위하여 행하는 것이라고 해석한 바 있습니다. 이러한 관점도 부모님을 살아 있는 사람처럼 모심으로써 다른 사람들이 외면하지 않도록 힘쓴다는 점에서 효를 강조하는 입장과 궤를 같이 하는 것으로 이해할 수 있겠지요.

에필로그

상여의 본질을 찾아 그 변천사를 더듬는 과정에서 한 가지 놓친 점이 있습니다. 왕실 대여와 유거, 임금의 식관을 중심으로 이야기를 전개하다 보니 왕실 이외의 영역에서 사용되었던 상여에 대하여 별다른 주의를 기울이지 못했습니다. 간단히 말해서 조선시대 양반과 일반 서민의 상여는 왕실 대여를 모델로 제작되었습니다. 규모나 장식은 축소되었지만 구조와 형태는 동일하다고 보아도 무방합니다.

성종 때 나온 『국조오례의』에는 왕실 대여 이외에 대부, 사, 서인의 대여를 제작하는 방법이 별도로 기술되어 있습니다. 여기를 보면 대여 본체의 구조와 형태가 왕실 대여와 별다른 차이가 없다는 점을 확인할 수 있습니다. 대여의 네 귀퉁이에 왕실 대여에 끼우는 용머리 대신 봉황의 머리를 조각한다든지 하는 몇몇 차이만 제외하고는 말입니다.

1844년 이재(李縡)가 서술한 『사례편람(四禮便覽)』을 살펴보면 소여에 대한 언급이 있습니다. 대여란 망자를 모시는 데 더할 나위 없이 훌륭한 것이지만 가난한 사람에게는 경제적으로 큰 부담으로 작용하기 때문에 소여를 써도

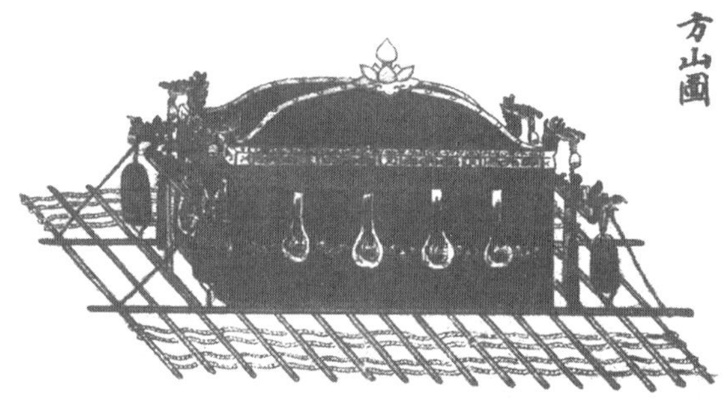

1798년 『읍혈록(泣血錄)』에서 윤행임(尹行恁)이 자신의 어머니 상례를 치르면서 사용했던 대여.

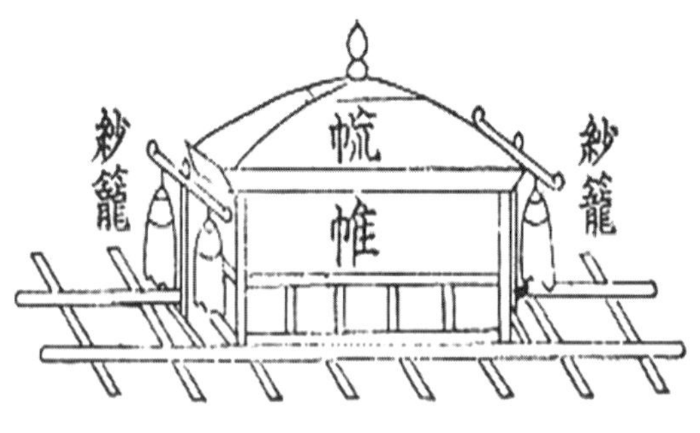

『사례편람』 소여.

무방하다는 것입니다. 소여를 만드는 법은 기본적으로 대여와 동일하지만 장식이 매우 소박하다는 점이 다를 뿐입니다.

산청전주최씨고령댁상여.
국립민속박물관 소장.

지금까지 간략한 논의를 통해서 조선시대 양반과 서민들의 상여도 가옥의 축소형이라고 하는 사실은 분명합니다. 왕실과 서민에 이르기까지 상여를 망자의 집으로 생각한 점은 동일하다고 하겠습니다. 오늘날 박물관 등지에 보존된 전통 상여의 형태를 보면 앞서 소개한 것들과 비교하여 약간 다른 점이 발견됩니다. 특히 지붕이 별갑형이 아닌 상여의 모습이 눈에 들어올 수도 있습니다. 하지만 그러한 차이에도 불구하고 현존 실물 상여 역시 가옥의 형상화인 점은 변함없습니다. 상여의 본질을 연구하기 위하여 어쩌면 집에 대한 상상력이 필요할지도 모른다는 생각을 하면서 이 글을 마칩니다.

더 읽어 볼 만한 글

- 『주자가례』, 임민혁 옮김, 예문서원, 1999.
- 임재해, 『전통상례』, 대원사, 1990.
- 박종민, 「한국상여의 변용과정 연구」, 한국학중앙연구원 박사학위논문, 2010.
- 장철수, 「상여」, 『한국민족문화대백과사전』, 한국정신문화연구원, 1991.
- 정종수, 「상여고」, 『생활문물연구』 창간호, 국립민속박물관, 2000.

삶과 죽음을 이어주는 틈의 존재

김 옥 랑

꼭두는 무엇인가요? 대부분 꼭두라는 말을 들으면 꼭두각시나 꼭두극을 떠올리는 사람이 많을 것입니다. 각시 모양의 꼭두가 꼭두각시이고, 일정한 형상에 줄이나 막대를 달아서 극(劇)으로 공연한 것이 꼭두극이므로, 그렇게 연상할 수 있다고 생각합니다. 하지만 정작 그 바탕이 되는 꼭두의 의미를 모르는 사람들이 많습니다. 꼭두라는 말은 15세기 중엽의 문헌에서 찾아볼 수 있습니다. 한글이 만들어지면서, 곧바로 등장한 것으로 봐서 당시 흔하게 쓰였던 말이라고 보입니다. 처음에는 "곡도" 혹은 "곡두"라는 말로 사용되었으며, 나중에 꼭두로 정착됩니다. 1463년 『묘법연화경』에 나타난 구절, "환(幻)은 곡되오 화(華)는 허공(虛空)에 꽃이라."에서 볼 수 있듯이, 그 말의 뜻은 "환상적인 존재" 혹은 "비일상적인 존재"라는 것입니다. 한국인이 현재 사용하는 "꼭두새벽", "꼭두배기", "꼭두머리" 등의 단어가 시간과 공간에서 가장 첫 부분을 뜻하는 것도 이와 연관이 있습니다. 이 단어들은 하루 가운데 제일 빠른 때나 제일 윗부분에 있는 위치를 일컫는 말이니까요. 꼭두라는 말은 일상적인 시간과 공간에서 맨 처음이나 맨 위와 같이 이쪽과 저쪽 사이의 경계 지대를 가리키고 있습니다. 이 영역은 일상과 비(非)일상의 경계에 있는 것이며, 그 주요 특징은 바로 초월성 혹은 환상성의 성격입니다. 이 단어가 상여에 위치해 있는 한국의 전통 나무 조각상을 가리키는 말로 사용된 것은 도대체 어떤 연유인가요? 그리고 그 기본 성격은 무엇일까요? 이 글에서 이 물음에 대한 답변을 해 드리고자 합니다.

꼭두의 두 가지 맥락: 상례와 상여

꼭두는 망자(亡者)의 시신을 빈소에서 묘지까지 옮기는 상여에 위치해 있습니다. 상여가 상례에서 빼놓을 수 없는 중요성을 띠고 있다는 점에서 꼭두-상여-상례는 서로 밀접하게 연관되어 있습니다. 그래서 꼭두를 이해하기 위해서 상례와 상여라는 두 가지 맥락을 살피는 것이 필요합니다. 하지만 이 책의 다른 부분에서 상례와 상여에 대해 상술하고 있기 때문에 꼭두의 성격을 잘 드러내는 점에 국한해서 간단하게 논의하고자 합니다.

상례는 조선시대 관(冠) · 혼(婚) · 상(喪) · 제(祭)의 네 가지 통과의례 가운데 하나입니다. 통과의례는 일상이 정지되는 시기, 혹은 일상과 일상의 사이에 존재하는 비(非)일상의 영역에서 이루어집니다. 한마디로 상례를 요약한다면 그것은 '조상(祖上)을 만들어 내는 의례'라고 할 수 있습니다. 조선시대의 사람들은 후손이 조상과 관계를 맺으면서 이루어지는 삶에 대단한 중요성을 부여하였습니다. 그래서 죽은 자가 조상이 되는 과정은 모든 이의 관심거리가 되었습니다. 조상은 아무렇게나 만들어지는 것이 아니라, '올바른' 절차를 거쳐야 되는 것입니다. 세상을 떠난 나음에 조상이 되기 때문에, 조상은 생전(生前)처럼 살아 있지 않습니다. 하지만 조상은 후손과 지속적인 관계를 맺으면서 움직이고 있기 때문에 소멸되어 사라져 버린 상태도 아니지요. 그래서 조상은 '죽었으면서도 죽지 않은 존재'입니다. 이런 모호한 상태가 근대적 관점에서는 쉽게 이해될 수 없습니다. 왜냐하면 근대적 관점은 삶과 죽음 사이의 단절을 당연하게 보면서, 그 밖의 다른 관점을 '틀린 것'으로 모두 배척해 버리기 때문입니다. 근대적 세계관은 죽음 이후의 삶을 상정하지 않으며, 삶과 죽음은 서로 분리되어 있는 것으로 봅니다. 죽음은 우리가 정복하고 통제해야 할 적대적인 것으로 간주되는 것입니다. 상례의 중요성은 그 과도기(過渡期)적 성격에서 유래하는데, 근대적인 관점에서는 '이것도 저것도 아닌' 혹은 '이것이면서도 동시에 저것이기도' 한 이런 모호성을 당혹스럽게 여겨서, 가능한 한 빨리 없애 버리려고 합니다. 그래서 될 수 있는 한, 상례에 대한 주제를 회피하며, 합리화와 간소화의 명목으로 억압하기 일쑤입니다. 상례가 공간적 · 시간적으로 정상(正常)성의 범주에서 벗어나 있으므로 상례는 늘 구조적으로 불안정하며 불안감을 만들어 내기 때문입니다.

상여는 망자가 평소에 살던 거주지를 떠나서 죽음 이후의 다른 곳으로 이동할 때 사용하는 것입니다. 우리가 묘지를 산소(山所)라고 부르는 것에서 잘 나타나듯이, 예전에 묘지는 마을에서 떨어진 산에 자리 잡는 경우가 많았습니다. 산이 망자의 새로운 거처였던 것입니다. 상여는 묘지로 옮겨 가기 위한 운반 수단입니다. 상여가 조선시대 상류층의 운송 수단인 가마와 유사성을 갖는 것도 이 때문이지요. 따라서 상여는 망자를 위하여 특별히 제작한 가마라고 할 수 있습니다. 조선시대의 가마는 신분에 따라서 이용할 수 있는 권한이 제한되어 있었으므로, 일반 서민들이 생전에 가마를 타는 것은 드문 일이었습니다. 가마는 오로지 신분이 높은 자들에 한하여 허용되었습니다. 반면 상여는 지위 고하를 막론하고 누구라도 이용할 수 있었습니다. 마지막 여행길에는 신분에 관계없이 모두 가마를 탈 수 있었던 것입니다. 가마에는 엄격했던 신분의 경계가 상여에는 적용이 되지 않았던 것입니다. 이렇듯 상례와 상여는 일상적 구조의 위계가 중지되면서 나타나는 임계(臨界)성 혹은 경계(境界)성을 특징으로 합니다. 그리고 이런 과도기적 성격은 바로 꼭두에 집약되어 나타나는 것입니다.

상여를 구분하는 방식은 여러 가지이지만, 계층 별로 구분하면 왕실 상여, 사대부 상여, 그리고 서인(庶人) 상여의 세 가지 유형으로 나타납니다. 왕실 상여는 양반과 서민들의 상여의 모델 역할을 하였는데, 『국조오례의』나 『국장도감의궤』와 같은 자료에 그에 관한 내용과 이미지가 있기 때문에 실제 모습을 추정하는 일은 어렵지 않습니다. 더구나 현재 숙종 1년(1675년) 청풍부원군 김우명의 상례 때 사용했던 상여 및 흥선대원군의 아버지인 남연군의 이장 때 사용한 후 남은들 상여(1847년)가 남아 있어서 왕실에서 사용했던 상여의 흔적을 찾아볼 수도 있습니다. 사대부 상여는 왕실 상여의 규모가 축소된 형태이며, 대체로 『주자가례』의 규범에 충실하게 따르고 있어서 가능한 한, 화려한 장식이 자제되는 경향을 볼 수 있습니다. 반면 서인의 상여는 이런 규범에 제약을 받지 않고 화려하고 자유로운 스타일을 보여주기 때문에 꼭두의 다양성을 파악하는 데 가장 좋습니다. 현존하는 전주 최씨 고령댁 상여가 그 예로서, 19세기 민간 부호층의 상여 모습을 잘 보여주고 있습니다.(철종 7년, 1856년에 제작)

상여 제작은 수개월에 걸쳐 여러 장인의 노력이 필요한 일이었기 때문에 적지 않은 비용이 들어야 했습니다. 상여를 마을 공동으로 관리한 것도 이런 이유 때문으로 보입니다. 조선시대 상례에서 필수적이었던 상여는 당시 건축, 공예, 회화, 조각 등이 망라된 종합 예술품이라고 해도 과언이 아닙니다. 특히 꼭두는 상여에서 가장 눈에 띄는 것으로 다양한 양식과 독특한 분위기를 지니고 있습니다.

꼭두라는 말

꼭두를 하나의 현상으로서 소개하기 전에 꼭두라는 말에 대해 잠시 언급할 필요가 있다고 생각합니다. 우선 꼭두각시에 대해 생각해 보고자 합니다. 꼭두라고 하면 곧바로 꼭두각시를 연상하는 사람이 적지 않기 때문입니다. 꼭두각시는 각시 모양의 꼭두를 가리키는 말입니다. 꼭두극은 꼭두각시 이외에도 여러 형상을 만들고, 거기에 줄이나 막대를 달아서 사람들이 즐길 수 있도록 공연한 극(劇)을 지칭한 것입니다. 여러 꼭두 가운데 어째서 각시 꼭두가 꼭두 전체를 가리키게 되었는지는 분명하지 않습니다. 그러나 예쁜 색시가 금방 눈에 띄는 것처럼 꼭두 중에서 각시 꼭두가 대표로 등장한다고 해서 별로 이상하지는 않습니다. 사람들의 눈길을 끄는 각시 꼭두가 점차 꼭두극에 출연하는 여러 가지 꼭두를 대표하게 되었다고 보입니다. 현재 한국인들에게 꼭두각시라는 말은 그리 긍정적인 의미를 가지고 있지 못합니다. 왜냐하면 꼭두각시라는 말은 '자기 뜻으로 움직이지 못하고 조종당하는 존재' 즉 '괴뢰'라는 의미로 각인되어 왔기 때문입니다. 20세기에 들어와서 이런 부정적인 의미가 더 강해지게 되었습니다. 왜냐하면 근대적인 인간관은 자아의 독립성을 강조하기 때문이지요. 게다가 꼭두각시에 대한 부정적 의미가 한국전쟁 이후에 더욱 더 심해졌습니다. 냉전 시대에 남북이 서로를 꼭두각시라고 비난했던 것입니다. 이런 점을 살펴보면 우리는 그동안 꼭두각시의 진정한 의미를 왜곡해 왔다고 볼 수 있습니다. 꼭두각시가 대표하는 꼭두는 줏대 없이 남에게 조종당하는 존재가 아니라, 이 세상과 저세상의 경계선에서 양쪽의 한계를 뛰어넘는 초월적인 존재이기 때문입니다.

꼭두라는 명칭은 옛날부터 있었지만, 그것이 본래 상여를 장식하던 나무 조각상에 붙여졌던 것은 아닙니다. 그 명칭은 필자가 1998년 『한국의 나무

꼭두』라는 책을 간행할 때(김옥랑 편, 『한국의 나무꼭두』, 열화당, 1998), 이두현 교수와 함께 논의하여 비로소 상여 목장식품에 붙인 것이기 때문입니다. 즉 꼭두라는 명칭은 '환상적 존재'라는 우리말의 원래 의미를 살려서 상여 장식품을 지칭하기 위해 십 수 년 전에 등장한 것입니다. 그렇다면 그 이전에는 상여 목장식을 지칭하는 용어가 존재하지 않았다는 말인가요? 바로 그렇습니다. 『조선왕조실록』에 나타나는 '목우(木偶)'나 '목인(木人)' 같은 용어도 상여 장식품을 지칭하는 용어가 아닌 것은 분명합니다. 상여 목장식에는 그동안 붙여진 이름이 없었습니다.

그렇다면 이것이 뜻하는 바가 무엇인지 생각해 볼 필요가 있습니다. 여기서 두 가지로 생각해 볼 수 있을 것 같습니다. 하나는 그동안 거기에 이름 붙일 필요가 없었다고 생각하는 것입니다. 그리고 다른 하나의 생각은 이름을 붙일 수가 없었다고 보는 것입니다. 우선 첫 번째 경우부터 살펴보겠습니다. 상여 목장식이 이름을 갖지 못한 것은 조선시대 양반층이 그것에 관심이 없었다는 것을 뜻합니다. 만약 그것이 양반층의 관심사였다면 조선시대 문헌에 틀림없이 그에 관한 내용이 남아 있었을 것입니다. 조선시대 문헌에 그에 대한 명칭이 남으려면 문자를 사용하는 양반층의 관심을 받아야 하기 때문입니다. 상여 목장식의 명칭을 조선시대 문헌에서 찾을 수 없는 것은 그것이 문자사용 층인 양반의 관심사가 아니었기 때문이었다고 볼 수 있습니다. 하지만 조선시대 서인층이 남긴 구전문화에서 그 흔적을 찾아볼 수 있지 않을까요? 그럴 가능성이 열려 있지만 구체적 단서는 아직 찾지 못한 상황입니다. 두 번째는 상여 목장식에 이름을 붙일 수 없었기 때문에 이름이 없었다고 보는 것입니다. 바로 꼭두가 지닌 '경계(境界)적인 존재'로서의 성격으로 인해 이름을 붙이기 어려웠다는 설명입니다. 꼭두는 이 세상과 저세상, 혹은 삶과 죽음, 인간과 초월적 존재의 '틈'에 있는 존재입니다. 이처럼 여러 가지의 경계선이 서로 교차되는 지점에 있는 존재가 꼭두이므로 '명칭의 질서 저 너머'에 있었다고 하는 것입니다.

이렇게 본다면 꼭두가 사람의 모습을 하고 있다고 해서 거기서 단지 인간의 차원만을 볼 경우에 꼭두의 성격을 제대로 파악하지 못했다고 할 수 있습니다. 꼭두를 지칭할 때, '인형'이라는 말이 부적절하다고 필자가 주장하는 것은 그 말이 일본어에서 차용되었기 때문만이 아닙니다. '목인(木人)'이라는 말도 마찬가지입니다. 중요한 점은 '인형'이나 '목인'이란 말이 너무 협소하게 인간 중심적인 관점을 강조하고 있는 것입니다. 필자가 꼭두를 서양 종교 전통의 천사(天使)와 구조적으로 비교될 수 있다고 보는 것도 이런 생각에 의한 것입니다.

이름이 없던 임계 상태에서 '꼭두'라는 이름이 붙여진 지금의 존재로 바뀐 변화가 의미하는 것이 무엇일까요? 그것은 전통적 상례의 쇠퇴와 함께 상례에서 점차 상여가 사용되지 않으면서 꼭두의 맥락이 바뀌게 된 것과 관련이 있습니다. 전통적 목상여가 영구차로 대체되면서 한편으로 상여 장식 역시 쓸모없게 되어 폐기처분되었고, 다른 한편으로는 상여에서 해체된 부품들이 떠돌아다니게 된 것입니다. 그렇게 유통되던 것 가운데 일부가 1980년대에 수집가의 눈에 띄게 되었고, 점차 전통 예술로서의 가치를 인정받게 되면서 새로운 아이덴티티를 얻게 되었습니다. 전통상여의 장식품에 '꼭두'라는 명칭이 붙게 된 것은 바로 이런 맥락의 변화가 있었기 때문에 가능하였습니다. 실제 상례에서의 자리를 잃게 되면서, 비로소 꼭두의 명칭이 만들어지고, 예술로서의 지위를 얻게 되었다는 점은 참으로 역설적입니다.

현상으로서의 꼭두

꼭두를 하나의 현상으로 본다는 것은 선입견 없이 나타난 그대로의 꼭두를 서술하겠다는 태도입니다. 가능한 한, 관찰자의 주관이 개입되는 것을 차단하고 꼭두의 모습에 충실하고자 하는 자세를 취하는 것입니다. 이런 관점을 견지하면서 필자는 이제 여섯 가지의 꼭두를 두 부류로 나누어 설명하고자 합니다. 하나는 인물 모습이고 또 다른 하나는 용과 봉황의 모습입니다. 그리고 인물상 꼭두는 다시 네 가지로 나눌 수도 있고, 두 가지 유형으로 나눌 수도 있습니다.

1. 인물상 꼭두

1) 길을 인도하는 꼭두: 안내(案內) 꼭두

이 유형의 꼭두는 낯설고 험한 길을 가고 있는 망자를 인도하고 안내해 줍니다. 이 꼭두는 혼돈 속에서 새로운 길을 열어주는 존재로서, 수수께끼를 푸는 존재와도 같습니다. 미로 속에서 길을 찾는 것은 수수께끼의 답을 얻는 것에 비유할 수 있기 때문입니다. 안내 꼭두는 어둠속에서 빛을 밝혀 길을 찾아주는 이미지를 지니고 있습니다. 그런 이미지에는 인도함, 불을 밝힘, 문제를 풀어냄, 찾아감, 헤쳐나감 등의 성격이 포함됩니다.

조선 후기 안내 꼭두

2) 나쁜 기운을 물리치는 꼭두: 호위(護衛) 꼭두

망자는 이미 자신이 살던 익숙한 세상으로부터 떠났지만, 아직 안식의 거처에는 도달하지 못한 상태입니다. 즉 그는 '이미'와 '아직'의 경계 지역에 머물러 있습니다. 이렇게 구별이 안 되는 영역, 혹은 미분화된 영역에서는 갖가지 삿된 것과 나쁜 기운이 출몰할 수 있습니다. 호위 꼭두는 이런 삿된 존재나 나쁜 기운을 물리치는 강력한 힘을 가지고 있습니다. 이 꼭두를 보면 대개 표정과 동작이 강인하며, 망자를 지키기 위한 무기를 들고 있습니다.

20세기 초
호위 꼭두

3) 거추장스런 일을 도맡아주는 꼭두: 시중 꼭두

시중 꼭두의 특징은 동작이 다소곳하고, 조용한 분위기가 두드러진다는 것입니다. 주된 임무는 여행하는 망자를 보살펴주는 것입니다. 눈에 잘 띄지 않지만 꼭 필요한 일을 묵묵히 하는 모습이 시중 드는 꼭두에 잘 나타나 있습니다. 허드렛일이 사소한 듯이 보이기 때문에 그 중요성을 과소평가하는 경우가 종종 있습니다. 그러나 혼돈을 정리정돈해서 질서를 세우는 일은 그야말로 우주적 중요성을 지니고 있습니다. 시중 꼭두의 과장되지 않은 자세 속에서 정말 중요한 일을 하고 있는 이의 마음을 읽을 수 있습니다. 이 꼭두의 동작과 표정을 보면 거기에 깃들어 있는 배려의 마음이 향기처럼 은은하게 전해져 옵니다.

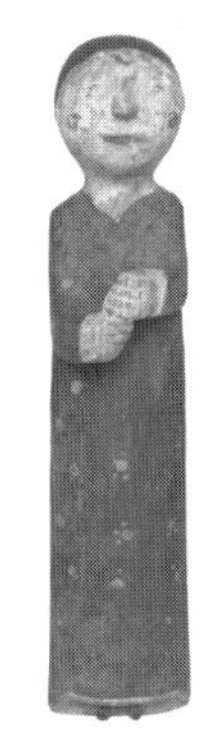

조선 후기
시중 꼭두

4) 마음을 달래주고 즐겁게 하는 꼭두: 광대 꼭두

힘든 여행을 하는 이의 슬프고 허전한 마음을 달래기 위한 효과적인 방법은 즐거운 활기를 불어넣어 분위기를 일신하는 것입니다. 악기를 연주하고 노래하며 같이 웃을 수 있다면 슬픔은 더 이상 우리를 사로잡을 수 없을 것입니다. 좌절과 허망함에 붙잡히지 않는 자세는 우리의 한계를 받아들이면서도 새로운 지평이 열리는 것을 기다리게 합니다. 광대 꼭두는 악기를 연주하고, 춤을 추며, 곡예를 하는 사람의 모습을 하고 있습니다. 그리고 이런 모습의 분위기는 한국의 전통적 상례의 풍경과 연관되어 있습니다. 우리는 한국의 전통 상례에서 두 가지 상반되는 것 같은 모습을 볼 수 있는데, 한편에서 울음이 끊이지 않게 하면서, 다른 한편에서는 잔칫집처럼 홍겨운 분위기를 만들어 냅니다. 전라남도 진도의 다시래기(출상(出喪)하기 전날 밤에 이루어지는 홍겨운 놀이로서 꽹가리, 징, 장구, 북의 악기에 맞춰 노래와 춤, 재담이 행해진다)는 그 대표적인 것입니다.

조선 후기
광대 꼭두

위에서 인물상 꼭두의 네 가지 유형을 소개하였습니다. 이를 꼭두의 지향성(指向性)을 기준으로 구분하면 다시 두 유형으로 나눌 수 있습니다. 하나는 밖의 문제에 대처하는 꼭두(안내하기와 호위하기)이고, 다른 하나는 안의 문제에 대처하는 꼭두(시중들기와 홍겹게 하기)가 그것입니다. 이런 구분은 전자(前者)의 주된 방향이 밖으로 향해 있는 반면, 후자(後者)는 안을 향해 있기 때문에 그 향해 있는 방향을 기준으로 한 것입니다. 밖을 향해 있는 꼭두가 하는 것은 향도(嚮導)의 역할, 그리고 안을 향해 있는 꼭두가 하는 것은 봉양(奉養)의 역할입니다. 향도는 '길을 이끌고 안내한다'는 뜻이 있으며, 밖으로 향하는 의지가 깃들어 있습니다. 그래서 앞장서서 이동을 이끌고, 호위의 역할을 합니다. 이렇듯 향도 꼭두의 전체 분위기에는 횃불을 든 수호자, 인솔자의 이미지가 담겨 있으며, 그 이미지에 적합한 강인한 의지 및 책임감이 배어 있습니다. 반면 봉양 꼭두는 안에서 지극한 정성을 기울여 모시는 역할을 합니다. 내부의 혼란을 다스리며, 위로와 치유를 행하는 것입니다. 불편함이 없이 보살펴 시중을 드는 한편, 망자의 근심 걱정을 덜어드리기 위해 광대와 같은 재주도 부립니다. 그리고 이런 봉양은 막힌 것을 풀어 주고, 모든 것이 잘 순환되도록 만듭니다. 그리고 이런 점에서 물의 이미지와 연결됩니다. 위에서 아래로 자연스럽게 흘러내리는 물처럼 순리(順理)함으로써 편안함을 만들어 내는 것입니다. 봉양 꼭두의 전체 분위기는 부드럽고 따뜻하며 밝아서, 결코 거칠고 어둡지 않으며, 물이 흐르듯이 자연스럽습니다. 슬픔을 포용하면서도 거기에 머물러 있지 않으며, 이질(異質)성을 배척하지 않고, 따뜻한 공감을 보이기 때문에 서로 웃음을 지을 수 있는 것입니다.

앞에서 언급한 대로, 이런 인물상 꼭두는 사람을 닮았지만 사람만을 표상하였다고 볼 수 없습니다. 여기서 인물상 꼭두는 동물 및 초월적 존재와 절대적으로 다른 영역에 있지 않고, 서로 긴밀하게 관계를 맺으면서 넘나들 수 있기 때문입니다. 그래서 인물상 꼭두는 다음에 소개하는 비인물상 꼭두와 분리되어 있다고 볼 수 없습니다.

2. 비인물상 꼭두: 용과 봉황

예로부터 용과 봉황은 동아시아에서 상서로운 초월성을 나타내는 대표적 존재입니다. 이 둘은 현세적 정치권력의 중심인 왕권을 드러내기도 하고, 지상의 영역을 넘어서 초월적 세상을 보여주는 상징이기도 합니다. 우리가 용과 봉황에게서 받는 느낌은 삶과 그 너머를 관통하는 엄청나게 강력한 기운입니다. 제가 보기에 상여에 용과 봉황의 문양이 나타나는 이유도 생명력의 근원으로서의 그런 기운이 가득하도록 만들기 위해서가 아닐까 생각합니다. 그렇게 되면 망자가 생명의 근원으로 되돌아가 또 다른 삶으로 이어지게 될 것이라고 볼 수 있으니까요.

1) 용

상여에서 용은 맨 위 그리고 앞뒤에서 볼 수 있는데, 거의 황룡과 청룡이 서로 얽혀 있는 모습으로 나타납니다. 위에서 용은 수평적으로 얽혀 있고, 앞뒤에서는 수직적으로 얽혀 있습니다. 어느 경우에나 황룡과 청룡은 서로 반대 방향을 보고 있습니다. 또한 상여 지붕이 연꽃이나 집 모양이 아니라, 반원형일 경우에 앞뒤 겉면에 용의 얼굴이 부조(浮彫)된 판이 설치되는데, 이를 용수판이라고 부릅니다. 용수판에는 용의 얼굴과 몸체가 다양한 방식으로 장식되어 있으며, 물고기를 물고 있는 용의 모습도 볼 수 있습니다. 이를 통해 용과 물의 긴밀한 연관성을 확인할 수 있습니다. 용은 물에서 머물고, 물을 따라 흐르다가 하늘로 올라가며, 물이 지닌 변화의 힘이 용을 통해 표현되는 것입니다.

조선 후기 일자 용과 안내꼭두

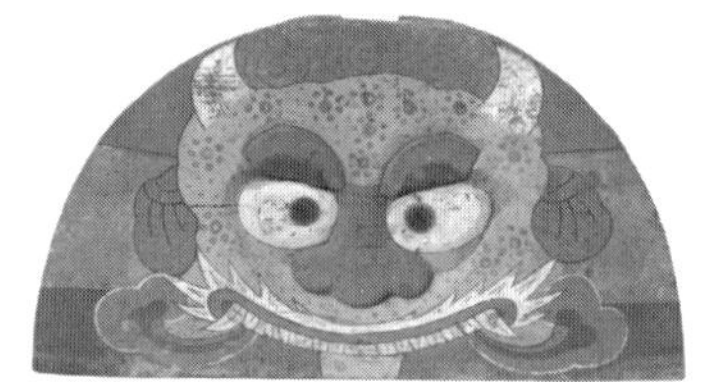
조선 후기 용수판

2) 봉황

원래 봉황은 암수 한 쌍을 가리키는 단어로서 '봉'(鳳)은 수컷, '황'(凰)은 암

컷을 나타냅니다. 하지만 여기서는 암수의 구분 없이 사용하겠습니다. 봉황의 위치는 상여의 네 모서리입니다. 봉황은 불새이며, 불의 이미지를 상징합니다. 벌레를 먹고 살며, 땅에 매어 있는 지상의 새와 달리, 봉황은 불을 토하고, 불과 한몸이 되어 불처럼 지상의 중력을 벗어납니다. 봉황은 땅을 박차고 하늘로 오르는 힘을 나타내는 것입니다. 네 모퉁이에 있는 봉황의 입에는 유소(流蘇: 실로 매듭을 만들어 늘어뜨린 술)가 달려 있으며, 방울이 매달려 있기도 합니다. 그 밖에도 상여 몸체에 적지 않은 새의 형상이 눈에 띄는데 바로 상여의 부품을 연결하여 고정시키는 이음새 역할을 하는 것입니다. 이런 새의 모습도 봉황처럼 또 다른 차원의 세상으로 비상하는 여정을 나타냅니다.

조선 후기 봉황

꼭두의 기본 성격

꼭두 가운데 여러 가지 동물이 서로 섞여 있거나, 동물과 식물이 혼합되어 있어서 모호하게 여겨지는 것이 있습니다. 이러한 꼭두는 일상세계의 경계선이 흔들리고, 서로 스며들기 때문에 만들어집니다. 일상에서는 분명했던 경계가 흐릿해지거나, 융합되어 이제 비(非)일상의 영역에 와 있음을 나타내는 것입니다. 사람 모습의 꼭두가 이러한 혼합적인 성격의 동물 등에 타고 있을 경우, 그 꼭두는 신선이나 저승의 메신저처럼 초인간적인 존재입니다. 이처럼 일상의 경계가 융합되어 나타나는 꼭두의 모습은 그 꼭두가 천상계와 같은 비(非)일상의 영역에 속해 있음을 나타내거나, 이 세상에서 저세상으로 움직이는 존재론적 변환 과정에 있음을 보여주는 것입니다. 꼭두의 식물적 이미지 가운데 두드러진 것으로 연꽃과 연잎이 있는데, 이것 또한 마찬가지의 존재론적 변형을 의미합니다. 연꽃은 진흙 속과 같은 이승에서 벗어나 피안에서 아름답게 재생하는 뜻을 담고 있습니다. 이처럼 인간과 동물, 동물과 동물, 그리고 동물과 식물의 경계를 가로질러 표현하는 것은 꼭두의 성격을 보여주는 대표적인 방식입니다.

공간적으로 꼭두는 '여기'에 있으면서 '저기'를 보여주고, '저기'의 관점에서 '여기'를 볼 수 있게 합니다. 꼭두는 '여기'와 '저기'가 서로 단절되지 않고 연결되어 있다는 것을 깨닫게 하며, 양쪽을 거울처럼 비춰볼 수 있게 합니다. 그리고 꼭두는 죽음 '이전'과 '이후'가 절벽처럼 단절되어 있다는 그동안의 상식을 다시 생각하게 만듭니다. 꼭두를 통해 '다음' 삶의 관점에서 지금의 삶을 되돌아볼 수 있게 되는 것입니다. 그동안 우리가 수용했던 대체적인 관점은 이 세상과 저세상을 절대적으로 나누고, 일방통행적인 방향으로만 보도록 하는 것이었던 반면, 꼭두가 제시하는 관점은 양쪽을 소통시켜서 그동안의 폐쇄성을 뛰어 넘을 수 있게 합니다. 저 너머의 공간과 시간을 느끼게 되면 지금 여기의 삶이 보다 풍요롭게 될 수 있는 기회가 열리는 것입니다. 의식과 무의식의 관계도 마찬가지입니다. 현실의 의식에만 매어 있던 우리에게 꼭두는 무의식과 꿈의 영역을 보여줍니다. 낮의 삶을 제대로 누리려면 밤의 숙면(熟眠)이 필수적이듯이 의식과 무의식은 서로를 필요로 하는 것입니다. 의식이 무의식을 무시하거나, 무의식이 의식을 꼼짝 못하게 만드는 것은 결국 스스로 자신을 마비시키고 파괴하게 됩니다. 그래서 양자의 균형, 즉 빛과 어둠의 조화, 그리고 일상성과 초월성의 활발한 교환이 필요하다는 것을 꼭두는 일깨워 주는 것입니다. 꼭두는 빛과 그림자 가운데 어느 한쪽만 편식하지 않고 균형을 유지하는 존재이기 때문입니다.

꼭두의 복합적인 성격은 꼭두가 일상과 비(非)일상, 인간과 비인간, 꿈과 현실, 삶과 죽음의 사이에 있는 존재이기 때문에 나타납니다. 꼭두가 여러 가지 인물상과 동물 (혹은 식물)의 모습을 하고 있고, 표정과 동작이 다양한 것도 이런 점에 기인하는 것입니다. 그래서 꼭두는 굳셈과 부드러움, 신중함과 쾌활함, 슬픔[哀]과 즐거움[樂]의 분위기를 모두 가지고 있습니다. 꼭두의 색깔은 슬픔과 엄숙함의 단색(單色)이 아니라, 다채롭고 따뜻합니다. 꼭두에는 삶과 죽음을 단절로 파악하지 않고, 우주의 넓은 맥락 속에서 바라보았던 한국인들의 여유로운 관점이 그대로 드러나 있습니다. 이와 같이 꼭두에는 상례와 상여의 경계적 성격에 더하여 이런 특징이 보다 집약적으로 함축되어 있습니다. 필자는 우리가 꼭두를 볼 때 느끼는 예술적, 영성적 강렬함이 바로 여기에 기인하고 있다고 생각합니다. 꼭두에는 이승-저승, 일상-비일상, 삶-죽음, 의식-무의식, 현실-꿈 등의 경계적 성격이 몇 겹으로 강렬하게 압축되어 나타나 있는 것입니다.

현대 한국문화에서 꼭두의 의미

현재 상례에서 전통적 상여는 더 이상 사용되지 않습니다. 가끔 종이로 만든 "꽃상여"라는 것이 쓰이고 있지만, 전통 목상여와는 아무런 연관도 없는 것이어서, 꼭두와 이어지는 어떤 점도 찾을 수 없습니다. 1960년대 후반부터 정부가 『가정의례준칙』을 만들어 상례의 간소화를 권장한 이래, 영구차 사용이 증가하면서 상여의 사용은 점차 감소하였고, 상여의 전통이 사라짐과 함께 꼭두 역시 원래의 맥락에서 찾기 힘들게 되었습니다. 앞서 언급했듯이 역설적인 점은 이런 변화 속에서 꼭두가 수집되기 시작하고 예술품의 지위에 오르게 되었으며, 자신의 이름을 얻게 되었다는 것입니다. 이제 꼭두는 이전에 처했던 맥락과는 다른 환경에서 자신의 모습을 갖게 되었습니다. 저는 이렇게 변화된 맥락을 고려하면서 현대 한국문화에서 꼭두가 지니는 의미를 다음과 같이 정리할 수 있다고 봅니다.

첫째, 꼭두는 우리가 함께 사는 존재라는 것을 일깨워줍니다. 꼭두는 상부상조하는 공동체적 정신을 표현하기 때문입니다. 전통적 인간관계는 반드시 상례를 전제하고, 이를 함께 모여 치르면서 돈독해졌습니다. 상례에서 가장 인력이 필요한 부분이 바로 상여를 메고 운반하는 것이었으며, 이를 위해 마련된 것이 상포계입니다. 꼭두에는 이와 같은 전통적 공동체 정신이 집약적으로 나타나 있습니다.

둘째, 꼭두는 서로 분리된 것을 연결해 주는 존재, 이어주는 존재입니다. 꼭두는 경계적인 영역에 위치해 있으면서 서로 다른 차원을 이어주는 역할을 합니다. 꼭두는 이 세상과 저 세상, 현실과 꿈, 의식과 무의식, 일상과 비(非)일상의 영역을 연결해줍니다. 꼭두는 그 사이에 위치해 있으면서 서로 나누어진 세계를 연결시켜주는 존재인 것입니다. 그래서 꼭두는 "열고 닫는 문"과 같은 존재라고 할 수 있습니다. 비교하자면 서양 기독교의 천사(天使) 혹은 그리스 신화에 나오는 전령의 신, 헤르메스(Hermes)와 나란히 세울 수 있습니다.

셋째, 꼭두는 위로(慰勞)와 치유(治癒)를 행하는 존재입니다. 꼭두는 안내하고, 호위를 하며, 지극한 정성을 기울여 불안에 빠진 이를 도와줍니다. 꼭두는 망자를 불편함이 없도록 보살펴 주며, 근심 걱정을 덜어주기 위해 광대와 같은 재주도 보여줍니다. 이렇게 꼭두가 위로와 치유의 성격을 갖는 것은 경계적 존재로서 자신이 당한 박해의 경험과 무관하지 않을 것입니다. 경계적 존재는 이쪽과 저쪽 모두에 "속하면서 속하지 않는" 이중적 성격을 지니기 때문에 종종 이쪽과 저쪽 모두에게 배척을 당하기도 하기 때문입니다. 이런 점은 30년 전에는 아무도 관심을 기울이지 않아 꼭두가 버려진 채로 있었다는 것을 생각해보면 쉽게 이해할 수 있을 것입니다. 이러한 따돌림과 소외에 대해 꼭두는 보복을 행하는 대신, 배척을 당하는 모든 존재에게 따뜻한 돌봄과 애정의 자세로 응답할 것입니다.

넷째, 꼭두는 삶과 죽음의 의미를 다시 생각하게 해주는 존재입니다. 삶과 죽음은 서로 뗄 수 없이 연결되어 있습니다. 하지만 우리는 삶과 죽음을 이분법적으로 분리시키고 태연하게 살아갑니다. 꼭두는 우리에게 죽음을 잊지 않고 있어야 제대로 삶을 살아갈 수 있다는 것을 가르쳐 줍니다. 꼭두를 통해 우리는 그동안 얼마나 편향된 삶을 살아왔는지 되돌아보고 불균형을 바로 잡을 수 있습니다.

전통 상례가 사라져감에 따라 꼭두가 이전의 전통 상례에서 행하던 일은 변화를 맞이할 수밖에 없게 되었습니다. 이럴 경우 흔히 두 가지의 방향만이 남게 됩니다. 하나는 시대의 변화에 따라 사라지는 방향으로 가는 것입니다. 다른 하나는 이전의 맥락을 떠나서 그 정신을 해당 문화의 전체로 확산시키는 것입니다. 필자는 두 번째 방향이 바람직하다고 생각합니다. 그래서 필자는 이제 꼭두가 이전 상례의 맥락을 떠나 현대 한국문화 전반에서 자신의 의미를 새롭게 나타내야 할 때라고 보는 것입니다.

마무리를 하면서 저는 "현재 우리가 꼭두로부터 얻을 수 있는 점은 무엇인가?"라는 질문에 답변하는 형식으로 앞에서 언급한 내용을 다른 방식으로 말씀드리고 싶습니다.

첫째, 꼭두는 우리에게 혼자만이 아니라, 모두 같이 잘 살아 가야 한다는 것을 가르쳐줍니다. 그리고 자신에게 생소한 이질성에 마음의 문을 닫지 말고 살라는 것, 위로와 치유의 삶을 살라는 것, 또한 죽음을 잊지 말고 살라는 것을 늘 일깨워줍니다.

둘째, 꼭두는 우리에게 창조적 상상력의 중요성을 일깨워줍니다. 특히 꼭두는 우리에게 소외의 경험과 창조성의 관계를 다시 생각하게 합니다. 창조적 상상력이란 "사이" 혹은 "틈"에서 생겨나는 것입니다. 기존의 선(線)들이 교차하거나 엉키는 곳에서 창조의 공간이 열립니다. 창조성은 기존의 상투적인 틀을 대체하는 곳에서 등장하는 것이기 때문입니다. 교차와 접합 혹은 융합을 통해 이질성을 경험하는 곳에서 창조가 나타나는 것입니다. "사이" 혹은 "틈"의 존재인 꼭두는 우리에게 이런 점을 가르쳐줍니다.

셋째, 꼭두는 우리에게 전통의 중요성을 다시 생각하게 만듭니다. 새로운 창조는 뜬금없이 나타나는 것이 아닙니다. 우리가 물려받은 전통을 현재에 맞춰 재해석하면서 창조적인 것이 나타나는 것입니다. 우리의 전통을 왜 우리가 소중하게 여겨야 하는지 이유가 바로 여기에 있습니다. 특히 이름 없는 백성의 문화는 엘리트 문화보다 우리에게 더 깊이 스며들고, 오랫동안 큰 영향을 미치기 마련이므로 더욱 중요하게 간주되어야 합니다. 이런 점에서 우리의 문화유산 꼭두가 우리에게 던져주는 소중한 메시지가 있다고 생각합니다.

더 읽어 볼 만한 글

- 『한국의 나무꼭두: 한국기층문화의 탐구 7』, 김옥랑 편, 열화당, 1998.
- 『한국의 나무꼭두: 또 다른 여행길의 동반자』, 옥랑문화재단 저, 옥랑문화재단, 2007.
- 『꼭두랑 놀자』, 김영 글, 구본창 사진, 청년사, 2010.
- 『한국의 꼭두: 또 다른 여행길의 동반자』(소도록), 동숭아트센터 글, 구본창 사진, 옥랑문화재단, 2010.
- 『꼭두는 왜 고래 입속으로 들어갔을까?』, 김옥랑 글, 이유정 그림, 들녘, 2013.

신주

영혼을 부르는 죽음의 둥지

이욱

제사 때면 지방(紙榜)을 씁니다. '현고조고학생부군신위(顯高祖考學生府君神位)', '현고조비유인○○○씨 신위(顯高祖妣孺人○○○氏 神位)' 등 각 위마다 붓펜으로 한 자 한 자 쓴 후 이를 지방틀에 붙입니다. 먼 훗날 자식들이 이 세상 사람이 아닌 당신을 위해 '현고학생부군신위'또는 '현비 유인 ○○씨 부인'이라 쓴 글을 보고 찾아갈 수 있을까요? 한자를 공부해 두어야 할까요? 사는 동안 몰랐던 것도 죽으면 알 수 있는 능력이 생기겠죠. 지방 대신 사진을 사용하면 찾아갈 수 있겠죠. 지방은 신주(神主)의 대용품입니다. 지금은 각 가정에서 제향을 지낼 때마다 지방을 사용하기 때문에 신주를 보기란 쉽지 않습니다. 조선시대 역시 사당에 신주를 모시고 제향을 지내는 것은 양반가에서나 가능한 일이었습니다. 그럼에도 불구하고 조선시대 신주는 종교문화의 중심에 있었습니다. 조상은 신주를 통해 구체화되고 의례화되었습니다. 신주는 어떤 모양일까요? 그리고 왜 만들었을까요? 조선시대 신주의 탄생이 간직한 종교적 의미를 국왕의 신주를 통해 살펴보고자 합니다.

신주는 그 대상을 형태나 색깔로 표상하지 않습니다. 사찰에 가면 다양한 부처님과 보살님의 형상을 볼 수 있습니다. 성당에 가면 예수님과 성인들의 상이 있습니다. 조선시대에도 신이나 인물의 형상을 본뜬 초상화나 조각상을 모신 사당이 있었습니다. 이러한 초상이나 조각상은 실제와의 형태적 유사성이 중요합니다. 고인의 외향적 모습을 통해 그를 표상하기 때문입니다. 물론 보이지 않는 신들을 형상화하는 경우 그 사실성이 의문시됩니다. 그럼에도 불구하고 경전이나 신화 또는 신앙 속에 굳어진 상상력의 이미지와 표상된 이미지 사이의 유사성이 중요한 부분을 차지합니다.

그러나 신주는 이미지나 형상을 통해 특정 대상을 나타내지 않습니다. 형상으로 본다면 신주는 상호 구별이 없습니다. 신주는 오히려 규정된 법식에 어긋나지 않게 만드는 것이 중요합니다. 재질이나 크기, 그리고 모양이 규정에 어긋나면 신주로 간주되지 않습니다. 신주는 형태적 측면에서 볼 때 '개별성'이 아니라 '정형성(定型性)'을 특징으로 삼습니다. 이러한 정형성은 신주의 인위성과도 연관되어 있습니다. 신주는 뽕나무 또는 밤나무를 사용합니다. 하지만 무속이나 민간신앙에서 볼 수 있는 신간(神竿)과는 다릅니다. 신간은 나뭇가지의 원형이 남아 있지만 신주는 나무를 자르고 다듬어 정형화된 모형으로 제작한 것입니다.

조선시대 일반적인 신주는 두 개의 나무 조각을 앞뒤로 붙여 만들었습니다. 이러한 형식의 신주는 송대 유학자 정이(程頤)가 처음 만들었다고 알려져

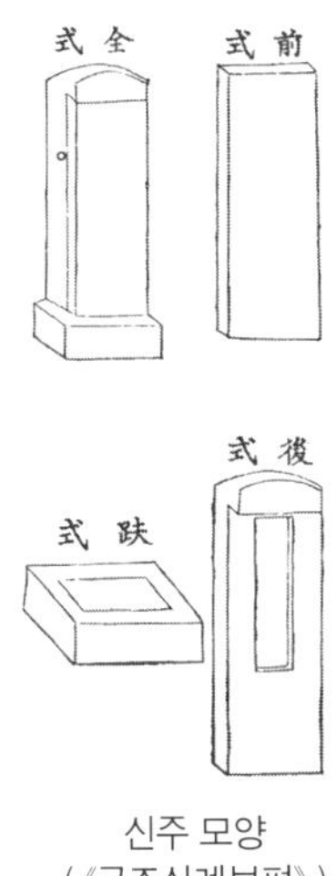

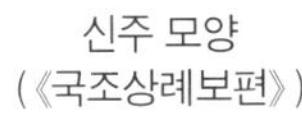

신주 모양
(《국조상례보편》)

영친왕의 생모인 순헌귀비 엄씨의
신주(칠궁 내 덕안궁(德安宮) 봉안)

있는데 주자(朱子)의 『가례(家禮)』에 그 제작 방법이 실려 있습니다. 이에 의하면 신주는 몸과 받침대 부분으로 구분되고, 몸은 다시 전신(前身)과 후신(後身)으로 나누어집니다. 후신은 높이 1자 2치에 너비가 3치, 두께가 1치 2푼의 판인데 윗 부분을 둥글게 만듭니다. 그리고 판의 앞부분 중 위에서 1치 정도를 남겨 두고 나머지 부분을 두께의 3분의 1 정도로 깎아 내면 옆에서 볼 때 'ㄱ' 자 같이 턱이 생깁니다. 깎아 낸 부분의 가운데에 길이 6척 폭 1척, 깊이 4분이 되는 홈을 파는데 이 홈을 '함중(陷中)'이라 부릅니다. 함중의 양 옆에 구멍을 뚫어 통하게 합니다. 이 함중은 죽은이의 관직과 성명, 그리고 자(字)를 기록하는 곳입니다. 전신(前身)은 앞서 신주의 턱 아래 깎아 낸 부분의 크기와 같이 합니다. 함중에 관직과 성명을 기록한 후 전신으로 막으면 깎아 내기 전과 같은 모양이 되죠. 이렇게 전신과 후신을 합쳐서 받침대[趺式]에 끼웁니다. 받침대는 사방 4척, 두께 1척 2푼의 판의 가운데에 홈을 파서 신주를 세울 수 있도록 만듭니다. 위 그림에서 '전식(全式)'은 전신과 후신을 합쳐서 받침대의 홈에 끼운 모양입니다.

이러한 신주 모양은 개별 인물의 모습을 형상화한 것이 아닙니다. 오히려 우주의 질서를 담고 있습니다. 높이가 12치인 것은 12개월을 나타내고, 너비가 30푼(3치)인 것은 한 달이 30일인 것, 두께가 12푼(1치 2푼)인 것은 하루의 시간을 나타내고, 받침대가 사방 4치인 것은 사계절을 나타냅니다. 즉, 우주적인 시간의 질서를 신주의 치수를 통해 구체화시킨 것이죠. 이러한 신주의 모형을 '우주적 상징'이라 할 수 있습니다. 그러나 신주가 표상하려는 인물의 개인적 특성은 그 모양에 전혀 드러나지 않습니다.

이러한 신주는 중국 송대(宋代)부터 등장한 것이었고, 그 이전에 사용하였던 신주는 다른 모양이었습니다. 송대 이전 일반 사대부들은 신주를 사용하지 않았습니다. 그리고 천자와 제후의 신주는 그 모양이 달랐습니다. 고대 형식을 따라 만들어진 것이 조선시대 왕실의 신주입니다.

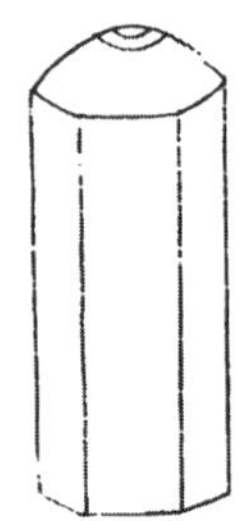

종묘 신주와 신주를 보관하는 신주독(神主櫝)(사진 왼쪽)과 《국조상례보편》에 나온 신주 모양(사진 오른쪽)

종묘에 있는 왕과 왕비의 신주는 납작한 패 모양이 아니라 정방형의 기둥 모양입니다. 높이는 27~30cm 정도이고 너비는 약 14cm 정도입니다. 기둥의 모서리는 깎아내었고, 상단은 사방을 돌아가며 깎아서 곡선을 만들었습니다. 그리하여 전체적인 모습은 천원지방(天圓地方)을 본뜬 것이라고도 합니다. 이러한 신주목(神主木)에 사방과 상하의 6면에서 서로 통하는 구멍을 내었습니다. 이 구멍으로 혼령이 출입한다고 합니다. 이러한 형태의 신주는 『춘추곡량전』에 나오는 신주나 『산해경』의 상주(桑主)의 제도를 본받아 만든 것입니다. 당(唐) 나라 때 그 제도가 확립된 후 송대(宋代)까지 이어져 우리나라에 전래되었습니다.

신주와 이름

신주는 이름으로 대상을 나타냅니다. 신주는 동일한 재질로 동일한 형태로 만들어집니다. 그러므로 그 모양으로 신주의 주인을 알 수 없습니다. 신주를 구별하는 것은 신주 표면에 적힌 이름입니다. 조선시대에는 이름과 더불어 그 사람이 생전에 받은 관직을 썼습니다. 사대부의 경우 신주의 함중에 '고모관모공휘모자모신위(故某官某公諱某字某神主)'라고 적었습니다. 지금 지방에 많은 사람들이 쓰는 '학생'이란 표현은 관직이 없는 자, 즉 일반 서민을 의미합니다. 조선시대 관직은 신분이자 사회적 지위를 나타내는 것이었습니다. 죽어서도 기억되는 것 중에 하나가 그 사람의 지위였던 것이죠. '우리 집안의 몇 대조께서는 벼슬이 ○○○였다'라든지 '영의정 ○○○의 몇 대손입니다'라는 '자랑스런' 언설은 신주 표면에 적었던 관직과 불가분의 관계를 지닙니다.

신주에 적는 이름 중 언급하고픈 것은 국왕의 신주에 적힌 '시호(謚號)'입니다. 유교 사회에서 사람들은 태어날 때 이름을 받을 뿐 아니라 죽어서도 받습니다. 종묘에 모셔진 왕들의 신주에 적히는 이름은 대부분 죽은 후에 받은 것입니다. 왕의 신주에는 선왕의 '묘호(廟號)', '존호(尊號)', '시호(謚號)' 등의 새로운 이름을 적었습니다. '묘호'는 선왕의 신주를 모신 사당의 이름이란 의미입니다. 고대 종묘는 왕별로 별도의 건물을 가지고 있었기 때문에 각각의 묘호가 있었습니다. 한(漢) 나라 이후 종묘는 한 건물에 방을 달리하는 구조로 바뀌었지만 묘호를 여전히 지었습니다. 우리에게 익숙한 태조, 태종, 정종 등의 이름은 모두 묘호입니다. 묘호는 두 글자로 되어 있는데 뒷 글자는 조(祖)와 종(宗)의 두 가지 중에서 선택하였습니다. 일반적으로 공훈(功勳)이 많은 왕에게는 '조(祖)' 자를 올리고 덕망이 뛰어난 왕에게는 '종(宗)' 자를 붙였습니다. 그리고 앞 글자 역시 선왕의 행적과 공덕을 보고 정하였습니다. 존호는 특정한 공적을 찬양하고 드러내기 위해 신하(臣下)나 후왕(後王)이 올리는 명호입니다. 존호는 왕으로 살아 있을 때 받을 수 있으며 사망 후 시간이 한참 흐른 후에도 받을 수 있습니다. 마지막 시호는 사후에 일생의 행적을 평가하여 지은 이름입니다. '시(諡)'는 '끌다[引]'의 뜻으로 죽은 자의 자취를 끌어와 펼쳐 놓는 것이란 의미입니다. 그러므로 시호란 주어진 생애를 다 살고 난 후 그 삶의 행로와 업적을 살펴 그에 합당한 명호를 붙여 주는 것입니다.

현종대왕의 신주를 보면 가운데 위에서부터 보면 '현종순문숙무경인창효대왕(顯宗純文肅武敬仁彰孝大王)'이란 명호가 적혀 있습니다. 여기에서 '현종'은 묘호이고, '순문숙무경인창효'가 시호입니다. 여기에 나타난 시호는 조선의 조정에서 올린 시호입니다. 시호 여덟 글자 중 여섯 글자에 대해서는 망단자(望單子)에 다음과 같이 풀이하였습니다.

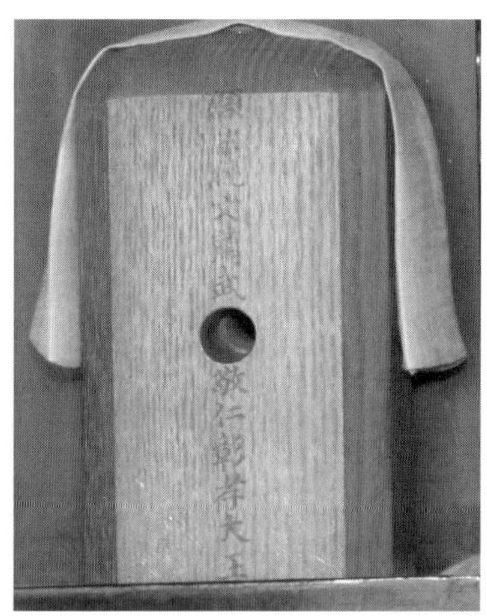
종묘 제10실에 봉안된 현종의 신주

치우치지 않고 바르며 정밀하고 순수한 것을 순(純)이라 합니다.

자혜로움으로 백성을 사랑한 것을 문(文)이라 합니다.

자기 자신을 바로잡은 뒤 아랫사람을 다스린 것을 숙(肅)이라 합니다.

대업을 보존하고 공을 안정시킨 것을 무(武)라 합니다.

아침 일찍부터 밤 늦게까지 경계하는 것을 경(敬)이라 합니다.

인덕을 베풀고 정의를 시행하는 것을 인(仁)이라 합니다.

행실이 중외에 나타나는 것을 현(顯)이라 합니다.

이러한 현종의 이름은 신하들이 현종의 상(喪)을 당하여 그가 재위 기간 보여준 행적을 살펴보고 내린 평가의 이름입니다. 이 평가가 현종의 공적을 잘 드러내었는가, 사실에 부합하는가라 하는 논의는 여기서 생략합니다. 다만 신주를 통해 드러나는 것은 그 사람의 공덕임을 알 수 있습니다. 그러므로 공덕은 산 사람이 죽은 사람을 기억하는 매개물입니다.

신주는 명패입니다. 명패는 지시하는 대상이 있습니다. 신주는 그 지시 대상을 이미지로 표상하지 않고 이름으로 나타내었습니다. 그리고 그 이름 역시 살았을 때의 것이 아니라 죽은 후 새로 지은 것입니다. 그만큼 대상은 추상화됩니다. 죽은 자의 초상을 내걸면 그것이 지시하는 대상을 보다 더 쉽게 알 수 있을 겁니다. 우리와 비슷한 사람의 모양으로 만들었다면 더 친근감이 있을 것입니다. 그런데 신주는 이러한 구체적 형상화를 거부합니다. 의도적으로 거부하였습니다.

아주 옛날에는 제사를 지낼 때 신주보다 시동(尸童)을 모시고 의식을 거행하였습니다. 시동은 살아 있는 사람입니다. 내가 아버지를 제사 지낸다면 나의 자식, 곧 제사받는 사람에게는 손자가 되는 자식을 시동으로 세웠습니다. 조상에게 술을 올리고 음식을 바치면 시동이 이를 받아먹었습니다. 마치 조상인 것처럼 말입니다. 그러나 시동은 곧 유교 제사에서 사라졌습니다. 그리고 불교와 도교의 영향 속에서 제사를 지낼 때에는 신주보다 초상화나 조각상을 더 많이 사용하였습니다. 송대 신유학이 성립되고 불교와 도교에 대한 배타적인 자의식이 형성되면서 제사에서 초상화나 조각상은 점차 사라졌습니다. 우리나라의 경우 고려시대까지만 하더라도 제사에 초상화, 즉 영정을 더 많이 사용하였습니다. 신주를 모신 종묘가 있었지만 그보다 초상화를 모신 경령전(景靈殿)이나 불교 진전사원(眞殿寺院)이 더 유행하였습니다. 민간에서도 스님의 영정을 본받아 이미지를 남기고 이를 제사에 사용하였습니다. 그러나 조선시대 유교가 보편화되면서 점차로 신주를 통해 조상을 표상했습니다. 간혹 영정을 사용하기도 하였지만 이는 옵션에 해당하는 것이었습니다. 즉, 신주는 반드시 있어야 하는 것이었습니다. 그만큼 종교 문화에서 이미지가 배제되거나 주변화된 것이죠.

그림을 통해 그를 알아볼 수 있으려면 그를 기억하고 있어야 합니다. 이미지는 죽은 자에 대한 기억을 통해 추모의 감정을 좀 더 용이하게 유발할 수 있습니다. 그런데 이러한 친밀성은 생전에 가까이서 보고 섬기던 사람에게 한정됩니다. 시동이나 초상을 거부하고 신주로써 고인을 표상하는 것은 구상화(具象化)가 지닌 이런 한정(限定)된 친밀성에서 벗어나기 위한 전략입니다. 이는 마치 왕실 행사의 그림에서 국왕의 이미지를 나타내지 않는 것과 동일합니다. 또 한편으로 초상화나 조각상은 유사성에 관한 논쟁을 유발하고, 유치하고도 설만(褻慢)한 형태로 전락하기 쉽습니다. 차라리 그 형상을 감추고 대왕(大王)의 호칭만을 제시함으로써 고인의 위엄을 지킬 수 있습니나. 나아가 신주에서는 형상의 부정으로 끝나는 것이 아니라 시호를 통해 공덕을 드러내고자 합니다. 육체적 형상을 가지고 살아가던 인간이 죽음을 통해 육체를 잃어버리고 새로운 몸인 신주를 얻게 됩니다. 여기서 신주는 형태가 아니라 생전에 행한 공덕의 가치를 통해 그 인물을 드러내었습니다. 그러므로 세대를 통해 진정으로 전승해야 할 가치를 보여주는 것입니다. 그리하여 『서경』에서는 "오호라! 칠세(七世)의 종묘에 덕을 볼 수 있다"라고 하였습니다.

혼령의 의빙처

1. 초혼(招魂)과 혼백(魂帛)

왕의 신주에 적힌 명호만을 본다면 신주는 공덕의 표상물이라 할 수 있습니다. 죽음을 통해서 육체는 사라지지만 생전의 공덕에 의해 새로운 이름을 부여받고, 그 이름으로 후세에 전해집니다. 호랑이는 죽어 가죽을 남기고 사람은 죽어 이름을 남긴다고 합니다. 왕의 경우 그 이름은 살았을 때 행한 공덕의 표상인 것입니다. 비록 천국이나 지옥 같은 저 세상이 존재하지 않지만 공덕은 죽음을 너머 과거와 현재, 그리고 미래를 이어주는 매개물인 셈입니다. 그러면 신주란 공덕을 기록한 비석과 같은 것일까요? 신주에는 죽은 조상의 혼령이 있을까요? 나무를 베어서 말려 신주 모양을 만든 후 그곳에 이름을 적으면 혼령이 안착할 수 있을까요?

신주를 흔히들 신이나 혼령의 의빙처(依憑處)라고 합니다. 조상을 찾으려면 조상의 혼령이 있는 사당에 가서 신주를 찾았습니다. 그러나 모든 나무가 신주가 되는 것이 아닙니다. 나무에 이름을 적었다고 신주가 되는 것도 아닙니다. 조선시대 신주는 개인당 하나였습니다. 그 하나의 신주는 고인의 영혼을 안착시키는 의례를 통해서 만들어진 것입니다. 신주목에 혼령을 안착시키는 마술은 상례(喪禮)를 통해 이루어졌습니다. 상례를 다양하게 이해할 수 있습니다만 조선시대 유교 상례는 죽은 자의 혼령을 신주에 안착시켜 사당에 모시는 과정으로 정의할 수 있습니다.

죽음이란 육체에게 나타나는 현상입니다. 호흡이 멈추고 심장의 박동 소리가 들리지 않고, 체온이 내려가며 동공이 풀리는 가운데 몸은 죽어 갑니다. 상례는 이 죽어 부패하기 시작하는 시신을 처리하는 방식입니다. 시신의 부패를 방지하기 위해 미이라로 만드는 곳도 있는 반면 인위적으로 최대한 빨리 육체를 소멸시켜 버리는 화장(火葬)의 방식도 있습니다. 반면 자연 속에 서서히 탈육(脫肉)되길 기다리는 매장(埋葬)이나 풍장(風葬)도 있습니다. 그러나 우리는 화장장(火葬場)에서 시신을 태우거나 시신을 땅에 묻어 버리는 행위를 상례의 전체로 간주하지 않습니다. 상례는 육체의 소멸에도 불구하고 남아 있을 것으로 여겨지는 영혼을 위한 의례이기 때문입니다. 또한 상례는 죽은 자와 산 자의 만남을 위한 준비의 장이며 산 자가 망자를 기억하기 위한 방식이기 때문입니다. 유교 상례에서는 특히 죽은 자와 산 자가 다시 만나기 위한 제도와 의식, 그리고 상징의 제작 등이 잘 드러납니다. 그리고 그 만남의 매개가 되는 것이 신주입니다. 그런 의미에서 유교 상례는 '신주의 탄생'이라 표현할 수 있다.

유교 상례에서 신주가 만들어지는 과정은 점진적입니다. 그리고 연속적입니다. 희미한 숨소리가 멈추고 온기가 사라지면 햇솜을 코에 대고 호흡의 상태를 살핍니다. 솜털에 어떠한 움직임도 느껴지지 않으면 망자의 몸을 떠나려는 혼을 붙잡기 위해 그가 평소에 입던 옷을 들고 집의 지붕으로 올라갑니다. 그리고 왼손으로 옷깃을 잡고 오른손으로 허리춤을 잡고는 북쪽을 향하여 '아무개는 돌아오시라'라고 외칩니다.

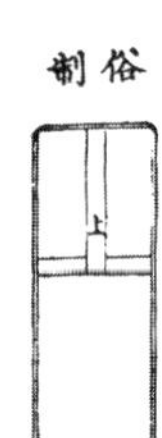

신백(《국조상례보편》)

이처럼 지붕에 올라가 옷을 흔들며 이름을 부르는 것을 고복(皐復) 또는 초혼(招魂)이라 합니다. 망자의 몸에서 떨어져 어디론가 사라지는 혼을 붙잡으려는 것입니다. 혼이 그 소리를 듣고 육체로 다시 돌아온다면 망자는 다시 일어날 것입니다. 그러나 망자의 숨소리는 다시 들리지 않습니다. 혼이 육체를 떠난 것이죠. 이제 혼은 어디에 있을까요? 저 멀리 북쪽 하늘로 날아갔을까요? 자기 육체에 들어가려고 아무리 애써도 되지 않는 상황에 당황해하며 그 주변을 맴돌고 있을까요? 옛 사람들은 혼이 자신의 몸에서 곧바로 떠난다고 생각하지 않았습니다. 떠나려는 욕망보다 어느 순간 몸에서 벗어나 있는 자신의 모습에 당황한다고 생각하였습니다. 그리고 지붕에 올라가 부르며 흔들었던 복의(復衣)에도 혼이 깃들어 있다고 여겼습니다. 고복은 멀리 사라지는 혼을 불러 육체에 되돌리려는 것이기도 하지만 또 한편으로 그 혼을 복의에 잠시 깃들게 하는 의식이기도 합니다.

혼이 완전히 육신을 떠난 것을 확인하고 나면, 목욕시키고 새 옷으로 갈아입힌 시신은 관에 안치합니다. 이때 망자의 옷가지를 함께 넣지만 복의(復衣)는 제외합니다. 빈소가 마련되어 영구(靈柩)를 안치하면 그 앞쪽에 영좌(靈座)를 설치하는데 이때 영좌에 혼백(魂帛)과 함께 복의를 모셔둡니다. 혼백은 육체를 잃어 방황하는 혼령을 위한 거처이자 죽은 이를 표상하는 상징입니다. 고제(古制)에는 흰 명주 1필을 양쪽 끝에서부터 말아 가운데에서 서로 만나게 하여 묶어 만들었기 때문에 신백을 속백(束帛)이라 하였습니다. 그러나 조선시대에는 너비 1자 2치에 길이 4자 8치가 되는 백초를 접어 만들었습니다. 이 혼백을 영좌에 안치하는데 이때 초혼에 사용한 유의(遺衣)를 접어 작은 상자에 담아 자리에 둔 다음 그 위에 혼백을 얹어 함께 모십니다. 이 혼백에는 고인을 개별적 표식은 보이지 않습니다. 뒤편의 영구 속 시신이 아직 매장되지 않은 상태이기 때문에 상징의 독자성이 아직 발휘되지 않습니다.

2. 신주의 탄생

혼백 다음으로 등장하는 것이 신주입니다. 신주는 언제 등장할까요? 신주는 시신을 묘소로 옮겨 매장한 후에 만들어집니다. 물론 나무를 준비하여 신주 모양의 형태로 깎고 다듬는 것은 발인 전에 이루어집니다. 그 신주목을 혼백과 같이 묘소로 가져갑니다. 조선시대 국왕의 경우 사망 후 능에 안장되기까지는 약 5개월 정도의 기간이 걸립니다. 사대부의 경우 3개월 정도였지요. 그 기간 동안 여러 사람의 조문을 받고, 능묘 자리도 정하여 하관할 준비를 마칩니다. 모든 준비가 끝나면 재궁을 대여에 싣고 능으로 갑니다. 이를 발인(發引)이라 하죠. 그리고 시신을 땅에 묻은 후에 비로소 신주에 망자의 이름을 씁니다.

신주목에 망자의 이름을 적는 것을 '제주(題主)'라고 합니다. 이 제주의 과정을 거쳐야만 신주목이 신주로 됩니다. 곧, 시신을 대신할 새로운 몸이 탄생하는 것입니다. 그리하여 제주를 '신격화(神之)'의 과정이라 설명합니다.

고대 경전에 의하면 신주는 우주(虞主)와 연주(練主)의 두 가지가 있었습니다. 우주나 연주는 같은 모양이지만 재질이 다릅니다. 우주는 우제 때 처음 사용하기 때문에 붙여진 이름입니다. 우주는 뽕나무로 만들기 때문에 상주(桑主)라고 하며, 연주는 밤나무로 만들었기 때문에 율주(栗主)라고 부릅니다. 그리고 우주는 상례 기간에 사용하는 것이라고 하여 상주(喪主)라고 부르는 반면 율주는 제사 때 사용하는 것이라 하여 길주(吉主)라고도 합니다. 이렇게 이 둘은 동시에 만들어지는 것이 아니라 시간상 차이를 보입니다. 우주는 능소에서 시신을 안장한 후 곧바로 만들어 혼전(魂殿)으로 모셔옵니다. 이후 첫 번째 기일 때까지 우주를 모시고 제향을 올립니다. 첫 기일의 제향인 연제(練

祭) 때에 밤나무로 만든 새로운 신주를 만듭니다. 이를 연주(練主) 또는 길주(吉主)라 부릅니다. 이 연주가 종묘에 모셔져 제사를 받게 됩니다.

한편, 능소에서 우주를 만들었다는 것은 뽕나무로 모양을 만드는 것이 아니라 미리 만든 우주목(虞主木)을 능소로 가져가 제주(題主)하는 것을 의미합니다. 우주를 만드는 데 중요한 것은 우주의 재료인 뽕나무를 구하는 것이었습니다. 조선 후기에는 우주를 만드는 데에 소용되는 뽕나무는 황해도와 평안도에서 베어오는 것이 관례였습니다. 이렇게 가져온 나무를 잘 건조시킨 후 휘어지지 않고 흠집이 없는 곳을 골라 신주 모양으로 다듬었습니다.

우주목이 완성되면 정결한 장소에 봉안하였다가 발인 1일 전에 궤에 넣어 빈전으로 옮깁니다. 발인 때에는 요여(腰轝)에 신백함(神帛函)과 함께 우주목을 싣는데 신백함을 앞쪽에 둡니다. 발인하여 재궁(梓宮)을 능으로 모셔와 현궁(玄宮)에 안장하면 곧바로 준비해 간 우주목에 대왕의 시호와 묘호를 적는데 이를 제주(題主) 또는 입주(立主)라 부릅니다. '입주'라는 표현에서 알 수 있듯이 제주를 해야만 신주로서 성립되는 것입니다. 그 이전에 나무토막에 불과하였던 신주목은 이 의식을 통해 망자의 신주가 되는 것입니다.

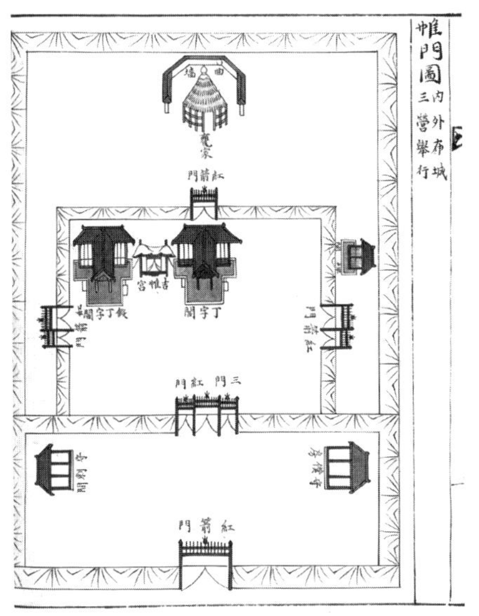

정자각 옆에 임시로 만든 길유궁의 모습. 이곳에서 신주목에 이름을 쓴다. 〈철인왕후예릉산릉도감의궤〉(서울대 규장각한국학연구원 소장)

또한 흥미로운 것은 제주하는 장소를 길유궁(吉帷宮)이라 부른다는 것입니다. 길유궁은 제주와 입주전의를 행하기 위해 임시로 만든 장막(帳幕)입니다. 흉례인데도 '길(吉)' 자를 사용한 것은 신주를 만들어 점차 길례(吉禮)인 제사로 나아가는 것을 상징한 것입니다. 철종비(哲宗妃) 철인왕후(哲仁王后)의 국장 때 능소의 모습을 그린 그림을 봅시다. 아직 재궁을 현궁에 안장하기 전이라 봉분의 자리에는 옹가(甕家)가 세워져 있습니다. 그 앞쪽에 두 개의 정자각(丁字閣)이 있는데 왼쪽에 보이는 가정자각에서 철인왕후의 상례를 거행합니다. 두 개의 정자각 사이에 세워진 장막이 제주를 거행하는 길유궁입니다.

제주할 때에는 우주목을 먼저 향탕(香湯)으로 목욕시키고 수건으로 닦은 다음 제주관(題主官)이 묘호와 시호를 붓으로 적습니다. 나무를 다듬어 제작한 우주목은 이름이 새겨질 때 비로소 고인을 표상하는 신주로 변하였습니다. 이로써 육신을 잃은 혼령은 의지할 새로운 몸을 찾게 됩니다. 제주가 끝나면 이 신주를 영좌(靈座)에 안치합니다. 이후로는 '신주'를 중심으로 모든 절차가 진행되었습니다. 길유궁에서 만들어진 신주는 다시 채여를 타고 궁궐로 돌아와 혼전에서 봉안됩니다. 발인 때 같이 갔던 혼백은 궁궐로 돌아올 때 우주와 같이 돌아옵니다. 그러나 이제 우주목이 앞에 있고 혼백은 뒤에 있습니다. 그리고 혼백은 돌아온 후 정결한 곳에 묻습니다.

능소에서 만들어진 우주는 곧바로 궁궐의 혼전으로 옮깁니다. 신주를 만든 후 처음으로 거행하는 제사를 우제(虞祭)라고 합니다. 이것은 망자의 몸을 떠나 신주라는 곳에 처음으로 의탁하게 된 혼령이 낯설고 불편해할 것 같아 위로하고 신주에 안착시키는 의식입니다. 이 제사는 제주한 그 날에 지내게 되어 있습니다.

혼전으로 돌아온 이후 우제(虞祭)로부터 각종 제전(祭奠)은 우주를 대상으로 거행됩니다. 그리고 앞서 언급한 것처럼 연제(練祭) 때에는 밤나무로 만든 신주로 우주를 대신합니다. 연제는 돌아가신 후 당하는 첫 기일 때 지내는 제사입니다. 이때 만들어진 연주가 사당에 모셔지는 것입니다. 우주는 연제를 마친 후 정결한 곳에 묻습니다. 조선시대에는 종묘 정전(正殿)의 건물 뒤쪽에 묻었습니다.

부묘와 사당

27개월의 상기(喪期)가 모두 끝나면 마침내 신주를 사당에 모십니다. 상례를 다 마친 신주를 사당에 봉안하는 것을 부묘(祔廟)라고 합니다. 사당은 혼령이 거하는 곳입니다. 사당은 집의 동편인 왼쪽 편에 짓는 것이 일반적입니다. 조선시대 종묘는 경복궁의 왼쪽에 있었습니다. 그 방향도 중요하지만 조상의 사당이 산 자와 매우 가까이 있다는 것에 주의할 필요가 있습니다. 혼령을 무덤에서 살던 집으로 모셔왔듯이 조상은 늘 산 자의 공간에 가까이 있기 때문입니다.

그러나 이것이 산 자와 죽은 자 사이에 전혀 차이가 없음을 의미하지 않습니다. 혼전(魂殿)에 있을 때와 종묘에 있을 때의 차이는 삶과 죽음, 인간과 죽음만큼이나 그 골이 깊습니다. 혼전에서는 비록 돌아가셨지만 살았을 때와 같은 방식으로 섬긴다며 매일 아침으로 식사를 준비해 바칩니다. 그러나 모든 상제가 끝나면 고인은 망자의 공간으로 가며, 사람들은 일상을 살아갑니다. 산자와 죽은 자는 매일 만나는 것이 아니라 제향의 정한 날에 만납니다.

새로운 신주가 종묘에 처음 들어가면서 선왕에게 인사하는 것을 부알례(祔謁禮)라고 합니다. 혼전에서부터 신주를 신여(神轝)에 태워 종묘 외대문(外大門) 밖에까지 오면 신주를 요여(腰輿)에 옮겨서 외대문을 지나 신로(神路)를 따라 종묘 정전의 남문인 신문(神門) 밖에까지 옵니다. 신문(神門)을 통해 묘정(廟廷)으로 들어가면 하월대 위로 곧게 난 신로가 있습니다. 그리고 신로 오른편

종묘 묘정의 부알위(祔謁位). 신도 오른편 사각현 판위가 부알위이다.

에는 부알위(祔謁位)가 있습니다. 종묘에 부묘하는 신주는 이 부알위에서 조상에게 부묘 사실을 고하고 인사를 합니다. 그리고 난 후 다시 신여를 타고 가운데 계단인 태계(泰階)를 통해 신실(神室)로 들어갑니다. 그곳에서 후손의 제사를 기다립니다.

사당에 있는 신주를 다시 한번 생각해 봅시다. 그곳에 혼령이 있을까요? 앞서 신주를 만드는 과정을 살펴보았습니다. 육체를 떠난 망자의 혼은 복의(復衣)를 따라 혼백(魂帛)에 머물러 있다가 무덤에서 우주로 옮겨집니다. 그리고 다시 첫 기일에 연주(練主)로 옮겼다가 상기를 다 마치고 사당으로 들어왔습니다. 육체, 복의, 혼백, 우주, 연주는 각각이 적당한 시점에 서로 인접해 있어서 혼이 옮겨오는 데에 어려움이 없게 합니다. 이러한 절차들을 제대로 거치지 않으면 신주는 신주가 될 수 없습니다. 혼령이 거하지 않기 때문입니다. 프레이즈(J. G. Frazer)의 주술론을 빌려 설명한다면 신주의 효과는 모방 주술이 아니라 접촉 주술에 의존하고 있습니다. 형상은 보이지 않고, 이름은 아무데서나 적을 수 있지만 신주는 복의와 혼백, 혼백과 우주, 우주와 연주의 연속성 속에서 만들어지기 때문입니다.

'죽은 혼령은 어디에나 갈 수 있는 것 아닌가요'라고 반문할 수 있습니다. 조선시대 사람들도 귀신을 생각하기를 "마치 물이 땅속에 스며 있는 것 같아 어디든 있지 않은 데가 없다"고 여겼고, "오직 정성을 다하면 신이 곧 거기에 있게 된다"고 생각하였습니다. 그러나 무소부재(無所不在)한 것은 없는 것과 마찬가지일 때가 있습니다. 인간은 무소부재한 신의 능력을 알면서도 신을 늘 찾습니다. 특정한 곳을 정하여 자리를 잡기 위해서겠죠. 실천은 무한한 가능성이 아니라 한 순간 한 곳에서 이루어지기 때문이겠죠.

1669년(현종 10)에 태조의 계비 신덕왕후(神德王后, ?~1396)의 신주를 만들고자 했습니다. 왜 이때 만들었을까요? 신덕왕후는 1396년(태조 5)에 사망했지만 태조와 더불어 종묘에 들어가질 못했습니다. 태종이 그를 미워하여 왕후의 지위를 박탈한 것이죠. 그후 200여 년이 더 지난 현종대에 신덕왕후의 지위를 회복시켜 주고 그 신주를 만들어 종묘에 봉안하고자 했습니다. 이때 논의된 것 중 하나가 신주를 만드는 장소입니다. 신주는 나무로 망자의 형상을 조각하는 것이 아닙니다. 앞서 살펴본 것처럼 나무에 이름을 쓸 때 완성됩니다. 그러나 더 중요한 것은 신주에 혼령을 안착시키는 것입니다. 그러므로 혼령이 있는 곳으로 신주목을 가지고 가서 그곳에 의탁하기를 청해야 했습니다. 결국 신주의 제작에서 가장 중요한 것은 혼령이 있는 곳을 찾는 일인 셈이죠. 그러면 신덕왕후의 혼령은 어디에 있었을까요? 시신이 묻힌 왕릉일까요? 신덕왕후는 상례를 치르면서 능에서 이미 신주를 만들었고, 이에 혼령을 모시고 궁궐까지 돌아와 혼전인 인안전(仁安殿)에 봉안까지 했었습니다. 그러므로 혼령은 제릉에 없겠죠. 현종대 신덕왕후의 신주를 만들면서 사람들은 혼전이 있었던 건물로 나아가서 만들고자 했습니다. 그런데 신덕왕후의 혼전이 있었던 경복궁은 임난 때 모든 건물이 불타고 빈 공간으로 있었습니다. 그리하여 경복궁 옛터에 장막을 임시로 세우고 신주목을 가져와 제주하였습니다.

1698년(숙종 24)년에는 단종이 복위되었습니다. 1455년 세조의 찬탈로 인하여 왕위에 물러난 후 1457년에 노산군(魯山君)으로 강등되어 영월에 유배되었다가 결국 서인으로 죽은 단종은 종묘에 들어갈 수 없었습니다. 이후 200여 년이 지나서야 단종은 마침내 국왕으로 복위되었습니다. 죽은 자의 복위란 그의 신주를 종묘로 모시는 의식을 통해 구체화되었습니다. 이를 위해서는 신주를 만들어야 했습니다. 이 역시 신주를 만들어 제주(題主)할 장소가 문제로 되었습니다. 그러나 신덕왕후의 경우와 달리 단종은 그의 부인 정순왕후(定順王后)와 함께 복위 전에 경혜공주의 시댁인 해주(海州) 정씨가(鄭氏家)에서 신주가 있었습니다. 그리하여 무덤이나 경복궁으로 나아가지 않고, 정씨 집에 있는 신주를 창덕궁의 시민당(時敏堂)으로 옮겨온 후 그곳에서 새로 만든 신주를 가져가 제주하였습니다. 사가(私家) 신주에서 왕가(王家)의 신주로 그 혼령이 옮겨진 것이죠.

이와 같이 육체를 떠난 혼령은 자유로울 것 같은데도 특정한 공간에 머물러 있기 때문에 그가 있는 곳으로 찾아가서 그의 이름을 불러줄 때, 즉 그의 이름을 신주에 기입할 때 비로소 신주는 그의 의빙처가 되었습니다.

유교의 관점에서 볼 때 혼령은 영원한 존재가 아닙니다. 인간의 탄생은 혼과 백이 결합한 결과이며, 죽음은 혼과 백이 흩어진 결과입니다. 그러나 죽는 순간 혼과 백이 곧바로 흩어져 나의 정체성이 완전히 소멸되는 것이 아닙니다. 나를 이루고 있던 기운은 아주 천천히 흩어지면서 그 정체성이 소멸합니다. 신주는 흩어지는 혼의 기운을 잠시 머무르게 하는 곳입니다. 한 개인의 혼이 언제까지 지속하면서 기존의 정체성을 가질 수 있는가는 개인마다 차이가 있습니다. 옛 사람들은 권력이 많은 사람일수록 그 영혼의 영속성이 길다고 여겼습니다. 천자, 제후, 대부, 사 등의 제사 대상에 차이가 나는 것도 이러한 관념을 바탕으로 한 것이죠. 반면 자신의 수명을 다 누리지 못하고 죽는 경우에도 그 혼이 쉽게 흩어지지 않는다고 보았습니다. 흔히들 비명횡사한 경우 그 영혼은 억울한 감정이 뭉쳐서 기가 흩어지지 않는다는 것이지요. 혼이나 백은 음과 양의 기운과 본질상 동일한 것이기 때문에 모였다 흩어지는 운동을 지속적으로 할 때에 정상적인 것입니다. 그런 관점에서 볼 때 울결된 기운은 부정적인 현상을 일으키는 원인이 된다고 여겼습니다. 그리하여 개인이나 사회, 그리고 자연에 불상사의 재해가 발생하면 주변에 있는 울결된 기운을 풀어주고자 노력하였습니다.

신주에 깃든 영혼 역시 모였다가 흩어지는 기운입니다. 신주는 혼의 의빙처이자 보이지 않는 혼을 표상하는 상징물입니다. 육체를 떠난 영혼은 복의, 혼백, 우주를 거쳐 연주에 안착하였습니다. 그리고 종묘에서 오랜 기간 후손이 바치는 제사 음식을 먹으며 지내다가 점차로 희미하게 자기 정체성을 상실하고 자연의 흐름에 흡수되어 버리는 것입니다. 그 기간을 일반적으로는 4대라고 하였습니다.

영원히 산다는 것은 축복일까요, 저주일까요? 영원히 기억된다는 것은 어떤가요? 만세토록 전할 공덕을 이루었다고 인정받아 불천지위(不遷之位)가 되면 4대가 지난 후에도 사당에서 나아가지 않고 제사를 받을 수 있습니다. 종묘에는 정전(正殿)과 영녕전(永寧殿)의 두 건물이 있습니다. 종묘 정전은 태조와 즉위한 왕으로부터 가까운 4대의 왕을 모시는 사당입니다. 그러므로 단순 계산상으로는 5개의 방만 있으면 됩니다. 그러나 종묘에 가서 보면 종묘 정전엔 19개의 방이 있습니다. 이렇게 방이 많은 것은 불천지위가 점차로 늘어났기 때문입니다. 태조, 태종, 세종, 세조, 성종, 중종, 선조, 인조, 효종, 현종, 숙종, 영조, 정조, 순조 등이 불천지위였습니다.

그러나 이렇게 불천지위가 되기란 쉽지 않을 것입니다. 대부분은 사당에서 사라졌습니다. 영녕전은 4대가 지난 왕의 신주를 모신 곳입니다. 사가의 경우 4대가 다 지나 사당을 나온 신주는 그의 묘소에 묻었습니다. 신주의 수명을 다한 것이지요. 그러나 사람들은 조상을 그냥 두지 않았습니다. 신주가 사라지면 그 조상을 잊어버리는 것이 아니라 그의 무덤을 찾아 선조를 기념했습니다. 유교 관념에서 본다면 무덤은 정제(正祭)가 아닙니다. 경전에 근거한 제사가 아니라 세속의 관습에 따라 거행하게 된 제사입니다. 그러나 사당보다 생명력이 길어 4대가 지난 후에도 보존되었습니다. 물론 권력 있는 가문에 한정된 것입니다.

신주와 영정

망자를 위한 신주는 하나입니다. 돌아가신 부모님의 신주를 자식들의 숫자만큼 만들어 나누어 가지면 안 될까요? 사당을 만들기 어려운 경우 조그만 신주장(神主欌)을 만들어 보관하다가 보고 싶을 때 꺼내어 보는 거죠. 형제라도 각자 결혼하여 따라 살면 서로 찾기 어려운데 큰아들 집에만 부모의 신주가 있으란 법은 없을 것 같습니다. 종묘를 생각하면 각 지방마다 종묘를 만들어 국왕의 제사를 지낸다면 국왕에 대한 충성이 더 높아지지 않을까요?

그런데 신주는 하나만 만들었습니다. 앞서 살펴본 것처럼 상례의 절차를 거치면서 만들어진 하나의 신주가 계속 제사를 받았습니다. 한(漢) 나라 때 각 지방에 종묘를 만든 적이 있었습니다. 이를 군국묘(郡國廟)라고 하였습니다. 그러나 얼마 후 이것은 사라집니다. 종묘는 하나여야 한다는 주장 때문입니다. 실제 유교에서 신주가 하나여야 된다는 것보다 제사는 적장자(嫡長子)만이 지내야 한다는 논리가 더 앞서고 중요합니다. 종법 질서를 중히 여겼던 유교 사회에서 왕통이든 가통이든 이를 이어받은 적장자만이 조상의 신주를 보관하고 제사를 거행할 수 있었던 것이죠.

그러나 조선시대 국왕의 제사가 종묘에서만 있었던 것은 아닙니다. 한양 외에 전주, 평양, 경주, 개성 등에도 태조 이성계를 위한 사당이 있었습니다. 한양에도 영희전이 있었고, 궁궐에는 문소전이나 선원전이란 사당이 있었습니다. 이러한 사당이 건립되는 데에 다양한 이유가 있습니다만 종묘 외에 선왕을 모신 사당을 원묘(原廟)라고 통칭했습니다. 그런데 이들 원묘에서는 신주 대신에 영정을 봉안하였습니다. 조선 전기 문소전의 경우엔 신주와 다른 위판(位版)을 봉안하였습니다. 유학자들은 원묘의 건립을 비판했습니다. 그러나 다양한 이유로 생긴 원묘는 쉽게 사라지지 않았습니다. 그리고 신주를 사용하지 않은 것으로 인하여 존재가 용인되었습니다.

무엇을 남기고 무엇을 기억할까요? 이제 신주는 사라졌습니다. 시호(諡號)를 줄 곳도 없습니다. 관직도 우리에게 이미 의미가 없습니다. 화장(火葬)은 봉분만 없앤 것이 아니라 이름을 새길 묘비(墓碑)도 사라지게 했습니다. 물론 이름 석 자마저도 기억되지 않기를 바라는 사람도 있을 것입니다. 아니 애절하게 기억되고 싶지만 기억할 가족이 없는 경우가 늘어가고 있습니다. 그러기에 이젠 신주가 아니라 영정 사진만 준비하면 될 것 같기도 합니다.

더 읽어 볼 만한 글

- 강문식 · 이현진, 『종묘와 사직』, 책과함께, 2011.

두렵고도 매혹적인 죽은 자의 귀환

강 상 순

귀신에 대해서는 여러 가지 믿음이 있을 수 있고 여러 가지 방식의 설명이 있을 수 있습니다. 과학적으로 분석해서 미신이나 착란 현상이라고 설명할 수도 있고, 종교적으로 접근해서 초자연적 신비 현상이라고 설명할 수도 있을 것이며, 사회학적으로 접근해서 사회심리적 현상으로 설명할 수도 있을 것입니다. 이 글에서는 귀신에 관한 역사적인 접근으로부터 논의를 시작해보려 합니다. 그래서 먼저 옛사람들이 생각했던 귀신의 종류와 속성을 밝혀보고자 합니다. 이런 논의 속에서 옛사람들이 귀신에 대해 가지고 있었던 관념과, 그러한 관념의 변화를 간략히 검토해 볼 것입니다. 그리고 마지막으로는 귀신이 인간 정신의 어떤 측면을 반영하고 있으며, 또 사회적으로는 어떤 쓸모가 있었는지에 대해 간단히 살펴보겠습니다.

귀신의 개념과 기원

귀신이란 모든 사물에 영적 속성과 능력이 있다고 믿었던 애니미즘적 사유에서부터 그 기원을 찾을 수 있는, 인류 문명에서 매우 오랜 연원과 보편성을 지닌 존재라고 할 수 있습니다. 마치 어린아이들이 사물이나 동식물을 의인화해서 인식하듯이 문명의 초기 단계에서 인간들은 자신을 둘러싼 자연환경을 인격화해서 인식했을 것이라고 많은 인류학자들은 추측합니다. 이처럼 자연만물에 영이 깃들어 있다고 믿는 사유를 인류학자 타일러(Tylor)는 애니미즘(animism)이라고 불렀지요.

그렇다면 이런 원초적 단계에서 인간은 자신을 둘러싼 자연환경을 어떻게 인식하였을까요? 그들에게 자연은 때로는 생명을 보듬고 먹여 살리는 신성한 품으로, 때로는 생명을 위협하는 적대적인 힘으로 가득 찬 불안한 공간으로 인식되지 않았을까요? 아마도 이러한 자연의 무궁한 생산력, 불가항력적인 힘, 치명적인 위험은 온갖 귀신들에 대한 다양한 상상의 원천이 되었을 것입니다. 예컨대 근대 이전 동아시아인들에게 불안과 매혹을 불러일으켰던 여우나 뱀 같은 동식물의 정령들, 도깨비나 덴구(天狗)와 같은 요괴들은 원래 생산·생식이나 실병·죽음 같은 자연의 놀라운 생산력과 치명적인 힘을 표상하는 존재로, 경외와 숭배의 대상이었습니다. 물론 이후 성리학 같은 중세적 합리주의 사유가 확산되고 상품화폐경제가 발전하면서 이러한 존재들은 점차 인류의 세계 밖으로 추방되어야 하는 불온하고 기괴한 대상으로

격하되거나 혹은 심심풀이를 위해 소환되는 유희적 대상으로 전락해 가기는 하지만 말입니다.

이와 함께 인간도 그러한 신이하고 괴이한 힘을 부릴 수 있는 존재 중 하나로 여겨졌습니다. 살아 있는 인간 가운데서도 초자연적인 존재와 소통하고 그 힘을 빌릴 수 있는 특별한 존재가 있습니다. 무격(巫覡)이 그렇지요. 그들은 주술을 통해 초자연적인 존재와 소통합니다. 하지만 대개의 경우 인간은 죽어서야 그와 같은 힘을 지닌 초월적 존재가 됩니다. 그것은 죽음이 존재의 속성을 변화시키고 사후세계와 연결된 어떤 초자연적인 힘을 부여한다고 믿었기 때문입니다. 그래서 죽은 사람의 영혼은 선의를 가지고 후손이나 지인들을 돌볼 수도 있고, 때로는 소홀한 대접이나 생전의 원한 등으로 인해 적의를 가지고 누군가에게 재앙을 끼칠 수도 있는 무서운 존재로 여겨졌습니다. 뤼시앙 레비브륄(Lucien Lévy-Bruhl)은 『원시인의 정신세계』에서 여러 원시적인 공동체들이 공유하고 있었던 죽음에 관한 주술적 신앙들을 관찰하고 보고한 바 있는데, 이들 원시사회에서는 죽은 사람의 영혼을 잘 대접하여 재앙을 피하고 복을 빌거나 혹은 죽은 사람의 시체를 훼손하고 그 영혼을 쫓아냄으로써 그 힘을 제거하는 주술적 신앙들을 지니고 있었습니다.

이처럼 일상적 현실을 넘어 사후세계와 같은 초월적 세계와 연결되어 있으면서 신이하거나 괴이한 힘을 발휘하는 존재들을 통칭하여 동아시아의 전통사회에서는 귀신이라고 불렀습니다. 그런데 이처럼 귀신이라는 말이 폭넓은 의미를 지닌 채 사용되다 보니 그것의 기원과 종류는 실로 다양할 수밖에 없었습니다. 극단적으로 말하자면 사물과 인간의 숫자만큼 무수한 종류의 귀신이 있을 수 있습니다.

하지만 그토록 다양한 귀신들도 그 기원에 따라 크게 둘로 나누어볼 수 있을 것 같습니다. 그 하나는 천지 · 산천 · 초목 · 금수, 그리고 이를 가공하여 만든 기물처럼 자연 사물에서 기원하는 귀신입니다. 그리고 나머지 다른 하나는 사람이 죽어서 된 귀신입니다. 동아시아 한자문명권에서는 이 양자를 구분해서 자연에서 유래된 초월적 존재나 기운을 신(神), 사람이 죽어서 된 사후적 존재를 귀(鬼)라고 구분해서 부르기도 했습니다. 『설문해자』에서는 귀(鬼)라는 글자를 '사람이 (죽어서) 되돌아간 것을 귀라 한다(人所歸爲鬼)'고 풀이하는데, 이는 그러한 관념을 반영한 것입니다.

하지만 이와 달리 인간에게 선의를 지니고 있으며 큰 능력을 지니고 있어서 숭배할 만한 존재를 신(神), 인간에게 적의를 가지고 있어서 피해야 하거나 보잘 것 없어 쫓아 내도 되는 존재를 귀(鬼)라고 부른 용례도 있습니다. 고려의 문인 이규보(李奎報)는 「동명왕편」 서문에서 당대 민간에서 전승되던 동명왕신화를 듣고 이를 높이 평가하며 '환이 아니고 성이며 귀가 아니고 신이다(非幻也乃聖也, 非鬼也乃神也)'라고 했는데, 여기서 신과 귀는 품성과 능력에 따라 구분되고 있는 것입니다. 귀(鬼)와 신(神) 가운데 신을 더 높이 평가했던 것은 귀와 신을 각각 음(陰)과 양(陽)의 속성과 연결시키고 음보다는 양을 더 긍정적으로 평가했던 동아시아 한자문명권의 오랜 인식론적 전통에 그 연원이 있을 것입니다. 그 때문인지 귀라는 한자어는 요(妖)·매(魅)·정(精)·괴(怪) 같은 부정적 속성을 지닌 한자어들과 결합하여 인간에게 해를 끼치는 초자연적 존재들을 지칭하는 경우가 많은데, 귀매(鬼魅)·요괴(妖怪)·요귀(妖鬼)·정괴(精怪) 같은 어휘들이 그렇습니다. 이런 종류의 귀신들은 모두 인간에게 해롭거나 위험하다고 여겨진 것들입니다.

한편 『고려사』 열전의 「이의민」조에 따르면 이의민은 자신의 집에 당을 세워 '두두을(豆豆乙)'이라는 나무도깨비(木魅)를 숭배했다고 합니다. 그리고 『동국여지승람』「경주고적」조에는 경주 사람들이 비형랑을 비조로 삼는 두두리(豆豆里)를 크게 숭배했다는 기사가 실려 있습니다. 아마도 이처럼 한자로 음차(音借)할 수는 있지만 그 성격을 정확히 표현하기는 어려웠던 한국 고유의 귀신들이 예로부터 많이 있었을 것입니다. 또한 『삼국사기』에는 다음과 같은 김대문의 말이 전하는데, 그에 따르면 초기 신라에서 왕의 다른 명칭이었던 차차웅(次次雄)은 무(巫)를 뜻하는 신라의 고유어였으며 차차웅이 귀신을 섬기고 제사를 숭상하였기에 사람들이 그를 외경하였다는 것입니다. 『삼국지』「동이전」 등의 기록을 보면 고구려나 부여 · 삼한 또한 사정이 그리 다르지 않았던 듯합니다. 즉 이들 고대국가에서도 천신이나 산신, 지신, 수신, 그리고 조상신 등 다양한 종류의 귀신들을 국가적으로 숭배하였던 것입니다.

이러한 토착적인 귀신 신앙은 고려와 조선을 거치며 불교나 유교적 의례에 습합되거나 혹은 배척되었지만, 완전히 사라지지 않고 무속이나 민간의 설화를 통해 오늘날까지 부분적으로 그 흔적을 남기고 있습니다. 예컨대 오늘날 전승되는 무속이나 설화에는 '귓것'이나 '도깨비'처럼 초자연적 존재를 지칭하는 고유어들이 여전히 남아 있습니다. 하지만 아쉽게도 이러한 어휘들은 그 역사적 유래나 어원이 분명치 않고, 또 귀신이라는 어휘처럼 폭넓은 대표성을 확보하지도 못했습니다.

그러므로 이 글에서는 동아시아 전통사회의 오랜 용례를 따라 신이하거나 기괴한 힘을 지닌 초자연적이고 초월적인 존재를 묶어 귀신이라고 부르고, 그 종류와 역사적 변천, 그 속에 내재된 역사적 · 사회사적 의미 등을 두루 살펴보기로 하겠습니다.

귀신의 네 범주와 역사적 변천

앞서 한자어의 용례를 통해 우리는 '귀신'이라는 초월적이고 초자연적인 존재들에 대한 옛사람들의 인식 체계를 부분적으로나마 엿볼 수 있었습니다. 그런데 이러한 기존의 인식과 용례들을 참조할 때 우리는 귀신을 그 기원과 성격에 따라 크게 다음과 같은 네 가지 범주로 유형화해서 살펴볼 수 있을 것 같습니다. 우선 귀신을 자연 사물에서 유래하는 것과 인간에서 유래하는 것으로 나누어보고, 다시 이를 신성하게 여겨져 숭배되었던 것과 하찮거나 해롭게 여겨져 배척되었던 것으로 나누어 보겠습니다. 그러면 다음과 같은 네 가지 범주의 귀신 유형이 설정될 수 있습니다. 자연신(自然神)과 물귀(物鬼), 인신(人神)과 인귀(人鬼)가 그것입니다. 이러한 네 가지 범주는 신과 귀의 변별, 자연 사물과 인간의 변별이라는 두 축을 기준으로 삼아 도출된 것입니다. 저는 이것이 옛사람들의 귀신 관념을 두루 잘 설명할 수 있는 포괄적이고 합리적인 범주라고 여기지만, 그렇다고 그것이 결코 절대적이고 고정적이지는 않았다는 점은 미리 말해 둘 필요가 있겠습니다. 신과 귀의 변별이나 자연 사물과 인간의 변별이란 인식 주체나 시대에 따라 유동적일 수 있기 때문입니다.

우선 어떤 집단에게 신으로 모셔지는 것이 다른 집단에게는 요괴로 배척될 수도 있고, 또 어떤 시대에는 신으로 숭배되던 것이 다른 시대에는 하찮거나 해로운 요괴·귀물로 여겨질 수도 있습니다. 예를 들어볼까요? 『삼국유사』에는 여러 종류의 여우귀신이 등장하는데, 그 가운데 원광법사에게 나타나 위력을 보이고 중국에 가서 불법 배우기를 권했던 여우귀신은 산신(山神)과 같은 신격(神格)으로 묘사됩니다. 하지만 선덕여왕에게 붙어 병을 일으키다가 밀본법사에게 축출된 여우귀신은 요괴로 치부됩니다. 신라 중기를 배경으로 하는 이 두 이야기들은 당시로서는 새로운 종교인 불교와 재래의 토착신앙 간의 갈등과 타협을 반영하고 있는데, 어떤 입장과 시각에서 보느냐에 따라 귀신의 성격 또한 다르게 평가될 수 있다는 것을 보여주는 하나의 예라고 할 수 있겠습니다.

그리고 자연 사물에 인격적 속성을 부여했던 애니미즘적 사유에 따르면 인간과 사물의 경계란 것도 그리 확정적인 것은 아닙니다. 그래서 『용재총화』에 나오는 '뱀이 된 신부'처럼 인간이 죽어 귀물(鬼物)로 변하기도 하고, '이두의 집에 나타난 고모의 귀신'처럼 귀물인지 사람인지 그 속성을 분간하기 어려운 귀신도 있는 것입니다. 그러므로 이상의 네 범주를 절대적인 것으로 보지 말고, 귀신의 기원이나 성격을 이해하는 데 도움을 주는 방편적인 범주라고 생각하는 편이 더 타당할 것입니다.

자연신과 물귀

이 가운데 우선 자연신이란 천신이나 산신, 수신, 지신처럼 기후와 풍흉, 인간의 생사와 길흉을 좌우할 만한 힘을 지니고 있다고 여겨져 제사를 통해 숭배되었던 귀신들을 말합니다. 이러한 귀신들은 인간의 힘으로는 어찌해 볼 수 없고 다만 순응하며 복을 빌 수밖에 없는 자연의 압도적인 힘을 표상하는 존재라고 할 수 있습니다. 그래서 이러한 자연신에 대한 신앙은 고대사회부터 보편적으로 나타났으며, 개인 단위가 아니라 국가나 지역의 공동체 차원에서 유지되고 재생산되었습니다. 민간의 귀신 숭배를 탄압했던 조선에서도 자연신에게 드리는 제사는 길례(吉禮)로 분류되어 국가의례로 거행되거나 때로는 지역 공동체 차원에서 동제(洞祭)로 거행되기도 했습니다. 물론 이를 미신으로 배척하고 그러한 신앙의 온상이었던 성황당을 훼파하는 등 성리학적 계몽주의를 극단적으로 실천한 사대부들도 있었으나, 전반적으로 볼 때 조선에서는 기존의 관례를 수용하고 그 속에 유교적 요소를 가미하는 방식으로 타협하는 경우가 더 많았다고 할 수 있겠습니다.

그런데 어떤 점에서 유교의 사전(祀典) 원리에 따르면 이러한 자연신에 대한 제사는 오히려 마땅히 지켜야 할 의례 가운데 하나라고 할 수 있습니다. 유교의 사전 원리에서 중요한 것은 자신의 직분에 걸맞은 대상에게 제사를 지내는 것입니다. 천자는 천지(天地)에, 제후는 산천(山川)에, 대부는 오사(五祀)에, 서인은 자기 조상에게 제사를 드려야 한다고 『예기』는 천명하고 있는데, 이처럼 자신의 직분에 허용된 대상 이외의 대상에게 제사를 드리는 것은 음사(淫祀)라고 규정되어 격렬하게 배척되었던 것입니다.

더욱이 귀신을 음양이라는 두 기(氣)가 뭉치고 흩어지며 펼쳐지고 되돌아가는 과정 그 자체를 지칭하는 것으로 새롭게 개념화해서 받아들였던 성리학에 이르면 자연신은 그 개체적 인격성이나 특이성을 거의 잃고 맙니다. 성리학자들이 생각하는 자연신, 예컨대 천지신명(天地神明)과 같은 신격이란 만물을 생육케 하는 자연의 조화와 역능 그 자체를 지칭하는 것에 다름 아니기 때문입니다. 이처럼 귀신을 기의 운동을 지칭하는 개념으로 받아들이면 자연 그 자체가 바로 귀신이 됩니다. 그런 점에서 성리학은 초자연적인 귀신을 '자연화(自然化)'했다고 말할 수 있습니다. 동시에 성리학은 자연현상을 항상 음양이라는 두 기의 신비롭고 조화로운 운동으로 파악한다는 점에서 자연을 '귀신화(鬼神化)'했다고도 말할 수 있습니다.

아무튼 이러한 성리학적 귀신론을 받아들인 조선시대의 유교적 지식인들은 자연신에 대한 제사를 명분화해 가고 비인격화해 갔다고 할 수 있습니다. 하지만 그렇다고 자연의 불가항력적인 힘에 대한 주술적이고 신비주의적인 신앙이 갑자기 사라진 것은 아닙니다. 특히 어찌해 볼 도리가 없는 개인이나 가족의 불행, 혹은 집단적 재난을 만날 때 자연과 운명을 관장하는 신격에 대한 신앙이 강력한 위력을 발휘했습니다. 그래서 왕실이나 사대부가에서도 자연재해나 질병 등 불행한 재앙을 당하면 재래의 자연신 신앙에 의지하지 않을 수 없었습니다. 왕가나 사대부가조차 그러했으니 일반 민중의 신앙 상황에 대해서는 더 말할 나위 없을 것입니다.

다음으로 물귀(物鬼)란 자연 사물이 변화하여 생성된 초자연적인 존재를 말합니다. 옛사람들은 오래된 나무나 돌, 우물, 숲, 여우나 뱀, 그리고 사람이 만든 기물 등에는 자연의 정령이나 음기(陰氣)가 깃들어 신이한 존재가 생성될 수 있다고 생각했습니다. 이러한 존재들은 한자어로 물귀(物鬼)·귀물(鬼物)·귀매(鬼魅)·요괴(妖怪)·물괴(物怪) 등으로 불리는데, 이러한 한자어들이 한결같이 부각시키고 있는 것은 그것의 기괴함이나 비인간성이라고 할 수 있습니다. 즉 이러한 범주의 귀신들은 형상이 비인간적이고 기괴할 뿐만 아니라 인륜도덕의 감각에 반하는 짓을 많이 하는 특징을 지니고 있습니다.

그러므로 물귀는 대체로 인간에게 해롭고 위험해서 경원시하거나 추방되어야 할 것으로 여겨졌습니다. 그런데 사실은 물귀 가운데 일부는 원래 자연신적인 성격을 지녔던 것도 있습니다. 예컨대 앞서 예를 들었던 여우귀신이 그렇고, 무섭고 기괴한 형상에 비인간적인 장난을 벌인다고 알려져 있는 도깨비에게서도 그런 면모가 보입니다. 도깨비의 기원이나 어원에 대해서는 논란이 있지만, 아마도 신라와 고려에서는 도깨비가 자연의 생산력이나 성(性)을 표상하는 신격으로 숭배되었던 듯합니다. 앞서 경주인들이 숭배했다는 두두리는 나무에 깃든 정령이었다고 여겨지는데, 도깨비의 선조 격으로 여겨지는 두두리를 숭배하는 신앙은 경주 지역을 중심으로 꽤 오랫동안 전승되어온 것으로 추측됩니다. 그런데 경주인들이 신격으로 여겨 숭배했던 두두리를 『동국여지승람』의 편찬자는 비인간적이고 흉악한 요괴를 뜻하는 매(魅)자를 붙여 목매(木魅)라고 지칭하고 있습니다. 신령함을 지닌 것으로 여겨져 숭배되던 자연신이 유자들에게는 인간성에 반할 뿐만 아니라 그로테스크한 사물성을 지닌 물귀로 격하된 것입니다. 이처럼 조선시대에 이르러 도깨비는 생산보다는 질병, 생식으로서의 성보다는 도착적인 성을 상징하는 물귀로 점차 전락해갑니다. 그래서 조선시대 문헌에서 도깨비는 질병을 몰고 오거나 여성을 간음하는 음흉한 존재로 곧잘 묘사됩니다. 그리고 식민지기를 지나면서 도깨비의 성격은 더욱 희화화되어 기괴함조차 사라지고 오히려 우스꽝스러운 형상이나 어리석은 행태가 돋보이는 유희적인 존재가 되고 맙니다.

이 점에서 요괴란 신이 영락한 존재라고 주장했던, 일본의 민속학자 야나기타 구니오(柳田國男)의 해석에 경청할 만한 부분이 있습니다. 하지만 과연 물귀 혹은 요괴란 신이 영락한 것이라고만 볼 수 있을까요? 생각해 보면 인간을 둘러싼 자연환경이란 반드시 인간에게 우호적인 것만은 아니었을 것입니다. 그중에는 해롭거나 위험한 것, 그래서 회피하거나 축출되어야 한다고 여겨진 것들도 있었겠지요. 이 점을 고려해보면 고대에는 신격으로 숭배되던 것이 문명의 발전에 따라 사악하거나 잡스러운 물괴로 전락해간다는 도식은 너무 단순한 설명일 수 있습니다. 당시의 사고 수준에서 합리적이고 도덕적으로 설명하기 어려운 재앙이나 불행, 질병 등을 만났을 때 그것을 설명해줄 변덕스럽고 두려운 존재가 고대 사회라고 해서 필요하지 않았을까 생각해볼 필요가 있습니다. 물귀는 이처럼 삶의 한가운데서 갑자기 만나게 되는 종잡을 수 없는 재앙, 회피해야 할 금기나 저주 등을 표상하는 존재라고 할 수 있습니다. 그러므로 아마도 그 연원은 매우 오래되었을 것입니다. 그리고 그것은 근대 이전 사회에서 그 종류가 가장 다양하고 또 자주 회자되었던 귀신의 일종이라고 할 수 있습니다.

인신과 인귀

다음으로 인간이 죽어서 된 귀신에 대해서 살펴봅시다. 좁은 의미에서 귀신이라는 어휘는 이처럼 죽은 사람이 다시 되돌아온 것, 즉 죽음을 겪고 난 후 사후세계와 연결되어 초자연적인 힘과 속성을 지니게 된 존재를 지칭한다고 볼 수 있습니다. 조선시대 유자들이 귀신에 관해 철학적 논쟁을 벌일 때 주로 문제가 되었던 것도 사실은 이러한 범주의 귀신이었다고 할 수 있습니다. 사람은 죽어서 귀신으로 존재할 수 있는가, 존재한다면 어디에 어떤 형태로 거처하는가, 그리고 어떻게 후손의 제사를 흠향할 수 있는가. 이러한 질문은 조선시대에 성리학자라면 거의 누구나 참여해 논쟁을 벌였던 성리학적 귀신론의 핵심 주제였다고 할 수 있습니다. 현대의 우리도 귀신하면 주로 이러한 범주의 귀신을 떠올립니다.

그런데 우리는 이러한 범주의 귀신, 즉 사람이 죽어서 된 귀신 또한 앞의 구분을 따라 인신(人神)과 인귀(人鬼)로 나누어 살펴볼 수 있을 것 같습니다. 우선 이 가운데 인신이란 사람이 죽어서 된 귀신 가운데 신령한 성격을 지니고 있어서 제사로 받들어 섬겨야 할 귀신을 말합니다. 죽은 조상의 귀신이나 역사상 위인의 귀신 등이 주로 여기에 속하는데, 이러한 귀신들은 살아 있는 후손들에 대해 선의를 가지고 있으며 재앙을 피하게 해주고 복을 내려줄 수 있는 존재로 가정되었습니다. 그러므로 국가 차원이나 지역 공동체 차원, 혹은 문중이나 가족 차원에서 이러한 귀신들에 대한 제사는 정기적으로 거행되었습니다.

그런데 이처럼 인신을 숭배하는 전통은 그 유래가 깊습니다. 고대국가에서부터 지배층은 자신의 죽은 조상을 신격화하여 숭배함으로써 지배의 정당성을 확보하고자 했습니다. 고구려에서는 건국시조인 주몽을 신격화하여 고등신(高登神)으로 숭배했다고 하며, 백제나 신라 등도 각각 건국시조를 비롯한 역대왕들을 신격화하여 숭배했습니다. 『삼국유사』에는 김유신의 혼백이 자기 후손의 억울한 죽음에 대해 미추왕의 혼백을 찾아가 하소연했다는 설화가 실려 있는데, 이 이야기 이면에는 무열왕계 왕통의 정통성과 김유신 가문의 공업을 새삼스레 강조함으로써 현실적 난국을 타개하고자 했던 혜공왕과 김유신 가문의 정치적 의도가 숨어 있다고 여겨집니다. 왕가나 귀족 가문의 안녕이나 단합을 위해 신격화된 조상들이 어떻게 동원되는지 이 이야기는 잘 보여줍니다. 이처럼 국가나 가문을 창건하거나 중흥한 인물들을 신격화함으로써 지배층은 자신의 대내외적 정통성과 권위를 강조할 수 있었던 것입니다.

조선시대에는 성리학이 국가적 교학으로 확립되었는데, 이와 함께 『주자가례』에 근거한 유교적 상제례가 널리 보급됩니다. 그런데 성리학을 집대성한 주희는 『주자어류』 등에서 귀신과 제사에 대해 다소 애매한 양면적 주장을 폅니다. 한편으로 그는 조상의 귀신이 후손의 제사에 감격(感格)한다고 주장하면서, 다른 한편으로는 사후에도 인격을 지닌 채 실체로서 존재하는 귀신을 부정하는 특유의 성리학적 귀신론을 제시한 것입니다. 귀신의 인격적 실체성을 인정하면 사후세계의 실체성 또한 인정해야 하는데, 이는 우주자연을 음양 두 기(氣)의 오고 감(往來), 모이고 흩어짐(聚散), 펼치고 오그라듦(屈伸)의 운동으로서만 설명했던 그의 성리학적 이기론과 어긋나게 됩니다. 그의 성리학적 이기론에 따르면 사후세계와 같은, 현실과 다른 차원에 별도로 존재하는 세계란 있을 수 없기 때문입니다. 그렇다고 음양이기론을 극단적으로 밀고 나가서, 죽고 나면 기가 흩어지므로 실체로서의 귀신이란 없다고 주장하면 어떻겠습니까? 그렇다면 유교적 상제례란 다만 죽은 부모의 은덕을 기리기 위한 상징적 의례로 여겨지게 될 것이므로 조상의 상제례를 극진히 지내야 하는 내적 동기가 약해질 것입니다. 사실 유교적 상제례는 유교적 인륜도덕을 확산시키고 종법적인 가족 질서를 유지하고 재생산하는 데 지대한 역할을 했습니다. 그런데 주희의 귀신론 속에는 귀신의 실체성에 대한 이론과 제사의 실효성에 대한 이론 사이에 모호성과 긴장이 내포되어 있었던 것입니다. 바로 이러한 모호성을 해소하기 위해 조선 전기의 유교적 지식인들, 대표적으로 김시습이나 남효온, 서경덕, 이황, 이이 같은 이들은 저마다 귀신론을 저술하여 나름의 논리적 해답을 제시하고자 했습니다.

그런데 상황을 좀 더 폭넓고 객관적으로 묘사한다면 조선 전기에는 이처럼 귀신을 비실체화하면서도 제사에 합당한 근거를 제시하고자 했던 성리학적 귀신론보다, 귀신과 사후세계의 실체성을 적극 인정하였던 재래의 무속적·불교적 귀신관이 여전히 더 강력한 위력을 발휘하고 있었던 때라고 해야 할 것입니다. 조선 전기의 『실록』에는 유교적 상제례 대신 불교나 무속적 상제례를 실행했던 사대부들을 비판하는 기사들이 왕왕 등장합니다. 그러니까 사대부들조차 유교적 상제례를 완전히 준수하고 있지는 않았다는 것입니다.

그렇다면 이러한 사대부들을 포함하여 대다수의 민중이 받아들였던 재래의 귀신관은 귀신이나 죽음을 어떻게 인식했을까요? 여러 인류학적·민속학적 연구들을 참조하고 『실록』 등을 고찰하면 그것을 대략 다음과 같이 유추해 볼 수 있습니다. 우선 사람이 죽어 귀신이 되면 그/그녀는 자신의 죽음을 자연스럽게 받아들이지 못하고 매우 불안정한 상태에 빠지게 됩니다. 살아 있을 때 풀지 못한 원망이나 미련이 죽은 사람을 사후세계로 편히 갈 수 없게 하는데, 그래서 이를 풀어주기 위해 야제(野祭)나 위호(衛護) 같은 무속적 진혼굿이나 천도재 같은 불교식 제의 등을 지냈다는 기사들이 『실록』이나 일기 등에 자주 보입니다. 이를 소홀히 하면 귀신이 일으키는 재앙, 즉 빌미

(鬼祟)를 받을 수 있다고 여겼습니다. 앞서 귀와 신을 그 속성에 따라 분류해 본 바 있는데, 그렇다면 이때 죽은 사람의 귀신은 신과 귀의 속성을 모두 지니고 있는 불안정하고 혼돈스런 상태의 귀신이라고 할 수 있겠습니다.

하지만 이러한 귀신관은 성리학을 받아들인 유자들에게는 합리적이지도 않을뿐더러 반인륜적인 것으로 여겨졌던 것 같습니다. 예컨대 조선 전기의 주요한 성리학자이자 관료였던 허조는 부모의 귀신을 잘 섬기지 못하면 자손이 빌미를 받는다는 무속적 관념에 대해 '유명(幽明)은 다르더라도 이치는 한 가지인데 부모의 귀신이 어떻게 자녀를 병들게 할 수 있겠느냐'며 무속적 귀신관을 비판하고 있습니다. 즉 죽음의 단절성과 귀신의 특이성을 강조하는 재래의 무속적 귀신관이 유교적인 인륜 관념에 부합되지 않는다고 비판한 것인데, 이는 조선 중기 이후 나타나는 귀신관의 유교적 변화를 예고하고 있습니다.

이처럼 조선 전기까지는 아직 무속적 귀신관이 만연하였다면, 조선 후기에는 유교적 귀신관이 확산되기 시작합니다. 그런데 조선 후기에 확산된 유교적 귀신관은 주희 · 김시습 · 남효온 · 서경덕 · 이황 · 이이 등이 보여주었던, 하나의 원리로 세계를 통일적으로 설명하고자 하였던 성리학적 귀신론과는 다소 색깔이 다른, 무속적 귀신관을 상당 부분 수용한 통속적이고 실체론적인 귀신관을 그 바탕에 깔고 있는 것이었습니다. 이를 잘 보여주는 것이 조선 후기의 필기나 야담 속에 등장하는 귀신 이야기들입니다. 조선 후기에 저술된 필기나 야담에는 죽은 조상이 귀신으로 되돌아와 후손들을 가르치거나 혹은 후손이 바치는 제사를 흠향했다는 이야기들이 많이 실려 있는데, 조선 전기의 필기에는 이러한 유형의 이야기들이 거의 보이지 않았습니다. 조상 귀신이 후손에게 나타나 훈계를 하고 죽을 당시의 복식을 한 채 제사나 굿의 제물을 흠향하였다는 이야기는 사후세계와 귀신의 실체성을 인정한 바탕 위에서 나올 수 있는 것입니다. 그렇게 보면 무속적 귀신관과 오히려 흡사하다고 할 수 있겠는데, 다만 여기서는 사후세계나 귀신의 성격이 유교적인 관념에 적합한 것으로 변형되어 나타날 뿐입니다.

조선 후기 들어 조상 귀신과 같은 신령한 귀신에 대한 이야기들이 급증하는 것은 유교적 상제례의 실천이 강조되고 또 널리 시행되는 것과 그 맥을 같이하는 것 같습니다. 조선 후기 사대부들은 『주자가례』를 좀 더 적극적으로 실천함으로써 종법 원리를 가족이나 국가 차원에서 구현하려고 했습니다. 그런데 이러한 종법적 질서나 관념을 유지하고 재생산하는 데 큰 역할을 한 것은 앞서도 말했듯이 유교적 상제례였습니다. 그것은 조상과 후손 간의 인륜적 연속성을 끊임없이 재확인하고 친족 구성원들 간의 연대를 주기적으로 재확립하는 중요한 수단이었기 때문입니다.

바로 이러한 유교적 상제례의 가치와 실효성을 강조하기 위해 조선 후기의 사대부들은 무속의 실체론적 귀신관을 일정 부분 수용하였던 것이 아닌가 여겨집니다. 조상귀신이 실체로 존재하고 후손들의 내면까지 감찰한다면 상제례를 소홀히 할 수 없을 것이고 종법적 가족질서에 어긋나는 처신을 함부로 할 수 없을 것입니다. 물론 그 밖에도 무속의 실체론적 귀신관이 유교적 상제례와 쉽게 결합할 수 있었던 것은 여전히 문화 저변에 무속적 귀신관이 질긴 생명력을 유지하고 있었다는 점, 무속이나 불교와 경쟁해야 했던 조선 전기와 달리 조선 후기에는 성리학적 이념의 지배가 확고해졌다는 점 등도 아울러 영향을 미쳤을 것입니다.

그런데 사람이 죽어서 이처럼 모두 선의를 지니고 후손을 돌보는 신령한 귀신이 되는 것은 아닙니다. 비명에 죽어 원한을 품고 있으며 살아 있는 사람에게 재앙을 끼치고자 하는 무서운 귀신 또한 있을 수밖에 없습니다. 여기서는 이를 인신과 구별하여 인귀라고 범주화해 볼 터인데, 원귀(冤鬼)나 여귀

(厲鬼)로 불리는 귀신 등이 이러한 범주에 속하는 대표적인 귀신들입니다.

원귀와 여귀는 모두 억울한 죽음을 받아들이지 못해 분노하는 귀신들이라는 점에서 유사합니다. 그래도 양자를 굳이 구분하자면, 원귀는 억울한 죽음 때문에 원한을 품고 있는 귀신을 말하고, 여귀는 전란이나 전염병 등으로 후손이 멸절하여 제사를 받지 못하는 무사(無祀) 귀신을 말합니다. 혹은 원귀를 개인적이고 의도적인 폭력의 희생자로, 여귀를 집단적이고 비의도적인 재난의 희생자로 구분해 볼 수도 있습니다. 하지만 구체적으로 보면 양자 사이의 변별이 어렵거나 별 의미가 없을 때가 더 많습니다. 원귀나 여귀 모두 정당한 죽음을 맞지 못해 사후세계에 안착하지 못하고 현세를 떠돌며 그 분노를 살아 있는 사람에게 표출하는 귀신으로서, 많은 경우 원귀가 여귀이고 여귀가 원귀일 수 있기 때문입니다.

하지만 개념상 발생 원인이 다르듯이 원귀나 여귀의 경우 그 분노를 달래고 재앙을 해소하는 방법에는 다소 차이가 있습니다. 원귀는 그 원망의 원인을 해결해 주어야 그 재앙을 멈추게 할 수 있습니다. 즉 가해자의 폭력이나 억울한 누명 때문에, 혹은 그 밖의 이유로 주어진 삶을 다 누려보지 못하고 죽음을 맞이한 원귀는 가해자의 징치나 명예 회복, 원망의 충족 등을 원합니다. 이에 비해 여귀는 정당한 제사를 받지 못하는 것에 그 발생 원인이 있다고 여겨졌기 때문에 제사를 차려 이를 위무해 주는 것이 필요합니다. 그래서 조선왕조는 건국 초부터 여제단(厲祭壇)을 만들고 여귀를 위무하는 여제(厲祭)를 시행했는데, 이는 19세기 말까지도 지속적으로 거행되었습니다.

그런데 다른 범주의 귀신에 비해 원귀나 여귀 같은 인귀의 좀 더 중요한 특성이 있다면 그것은 이들이 모두 사회적 모순과 갈등 때문에 발생한 귀신이라는 점입니다. 원귀와 여귀는 사회 공동체에서 억압과 폭력, 희생이 빈번히 발생하는 지점, 그리하여 원한과 분노가 응축되어 있을 것이라고 상상되는 지점에서 출현합니다. 즉 원귀나 여귀는 근대 이전의 사람들이 충분히 상상하고 공감했던 지점들, 무수한 피해자를 양산하는 전란이나 전염병, 권력의 냉혹함과 잔인함을 보여주는 사화나 당쟁, 억압과 폭력으로 얽혀 있는 남녀관계 등에서 발생합니다. 한마디로 사회 공동체의 결함과 무능력이 드러나는 지점에서 원귀나 여귀들이 발생하는 것입니다. 원귀나 여귀가 귀신 가운데 가장 무서운 성격을 지닌 귀신일 수밖에 없는 것은 이 때문입니다. 자연의 불가항력적이고 불가측한 측면보다 더 무서운 것은 인간 내면에 잠재되어 있는 폭력성이나 사회의 잔혹성 아니겠습니까?

그래서 원귀나 여귀에 관한 이야기는 대체로 그 사회의 모순과 갈등을 반영합니다. 예컨대 명예나 정절을 지키기 위해 자살한 여성 원귀 이야기는 18세기 이후의 필기나 야담에 이르러 집중적으로 등장합니다. 이는 가문의 명예를 위해 여성의 자살을 암암리에 방조했던 조선 후기 사회의 변화를 반영한다고 할 수 있을 것입니다. 같은 여성 원귀 이야기라도 조선 전기의 필기나 소설에 실려 있는 여성 원귀 이야기는 전란이나 전염병 때문에 죽음을 당해 시신을 수습할 길 없어 남성을 유인하는 여성 원귀들에 관한 이야기들입니다. 전란이 빈발하고 전염병이 창궐했던 여말선초의 혼란스런 상황이 그 속에 반영되어 있다고 말할 수 있겠습니다. 그리고 천연두 등 전염병이 대대적으로 창궐했던 17세기를 지나면서 저술된 17세기 말~18세기 초반의 필기·야담집에는 여귀에 대한 이야기가 크게 늘어납니다. 여귀는 특히 전염병을 퍼뜨리는 매개자로 여겨졌는데, 이에 관한 이야기가 크게 늘어난 것은 정체와 원인을 알 수 없어 사람을 불안과 공포에 빠뜨리는 전염병에 대해 나름대로 그 원인과 정체를 파악해 보고 그것에 대처하는 방법을 제시하기 위해서였다고 할 수 있겠습니다. 비록 과학적인 답은 아니겠지만, 현실의 혼돈을 나름의 원리로 설명함으로써 그것에 대처하는 마음의 자세를 가다듬게 하는 심리적 처방법으로서는 효과가 있었을 것입니다.

이상으로 사람이 죽어서 된 귀신을 인신과 인귀로 나누어 살펴보았지만, 앞서도 말했듯이 양자 간의 차이란 그리 분명치 않은 경우가 많습니다. 예컨대 『어우야담』에 등장하는 홍귀달의 혼령 이야기를 보지요. 그는 손녀를 궁중에 들이라는 연산군의 명령을 거부하다 장형을 받고 유배를 가다가 교살된 비운의 인물로, 중종반정 이후 곧바로 신원되었습니다. 그러므로 홍귀달의 귀신은 억울한 정치적 희생자라는 점에서 원귀라고도 볼 수 있고, 곧 복권되어 서원에 배향되기도 했다는 점에서 인신이라고도 볼 수 있습니다. 그런데 『어우야담』에 실린 이야기에서 홍귀달의 귀신은 자신이 죽은 용천역을 떠나지 못하고 그곳을 지나가는 옛 지인들을 찾아다니는 객귀(客鬼)로 등장합니다. 옛 사람들은 자기 집에서 평안한 죽음을 맞이하지 못하고 객지에서 죽은 사람의 귀신을 객귀라고 불렀는데, 객귀라는 것 자체가 제대로 죽지 못한 귀신, 곧 원귀를 뜻한다고 할 수 있습니다. 홍귀달의 귀신 또한 원귀이기에 나타나 말만 걸어도 놀라서 죽은 사람이 여러 명 생겼습니다. 하지만 홍귀달의 귀신은 다른 객귀와 달리 의도적으로 사람을 해치려고 한 것은 아니었습니다. 그래서 친구 송일에게 나타난 홍귀달의 귀신은 자신이 고의로 사람을 죽게 한 것이 아니라고 말하면서 친구의 미래에 대해 예언까지 해줍니다. 이러한 홍귀달의 귀신을 앞의 범주 속에 분류해야 한다면 인신에 가깝다고 해야 할까요, 아니면 인귀에 가깝다고 해야 할까요? 누군가에게는 무서운 인귀이지만 누군가에게는 선의와 고귀한 품성을 지닌 인신일 수 있지 않을까요? 그런 점에서 이런 양측면을 모두 포함하는 귀신이라는 용어는 초월적이고 초자연적인 존재라면 공히 지니고 있는 무섭고도 신령한 양 측면을 두루 포괄하는 유연한 명칭이라는 생각도 듭니다.

귀신의 존재의의와 사회심리적 효용

지금까지 전근대 한자문명권에서 귀신이라 불려 왔던 초월적이고 초자연적인 존재를 네 개의 범주 혹은 유형으로 나누어 그 성격과 역사적 변천에 대해 간략히 살펴보았습니다. 이러한 범주는 방법론적인 것으로, 분류 자체가 목적이 아니라 귀신의 다양한 기원과 성격을 역사적으로 파악하기 위해 고안된 것입니다. 저는 귀신에 대한 역사적 이해 없이는 그 정체를 제대로 파악하기 어렵다고 생각합니다. 이제 마지막으로 가장 본질적이라고도 할 수 있는 질문, 즉 오늘날 우리에게 귀신이란 어떤 의미가 있는가, 그리고 귀신이란 존재는 개인이나 사회에 어떤 역할을 하고 어떤 쓰임이 있는가 하는 질문에 대해 생각해 보기로 하겠습니다.

귀신이라고 하면 우리는 아무래도 기괴함이나 부조리함, 비합리성 같은 성격들을 먼저 떠올리게 됩니다. 과학적 이성을 강조하는 근대적 관점에서 보면 귀신은 정신적 미숙함이나 착란, 이데올로기적 조작, 혹은 자연의 물리 현상에 대한 비합리적인 설명의 산물쯤으로 치부할 수 있을 것입니다. 물론 오늘날도 귀신을 목격했다는 진술들은 계속 이어지고 있고 또 학교 괴담 같은 귀신 이야기들이 여전히 흥미롭게 떠돌고 있긴 하지만, 귀신이 했던 역할의 많은 부분은 이제 외계인이나 사이코패스, 혹은 인공지능이나 바이러스 같은 과학 혹은 유사과학의 외장을 걸친 존재들이 떠맡게 된 것 같습니다.

그런데 이러한 대체물들의 성격이 암시하듯이, 귀신이라는 존재는 주로 자연의 재난이나 사회적 갈등, 그리고 이로 인한 주체의 불안과 깊은 관련을 지니고 있습니다. 불가항력적인 재난이나 전염병, 예측할 수 없는 사회적 변화와 개인의 불행한 운명, 일상적인 도덕 감각으로는 쉽게 받아들이기 어려운 사건 등을 마주쳤을 때 주체는 지금까지 자신을 지탱해 주던 상징적인 의

미체계·도덕체계가 균열됨을 감지합니다. 이러한 균열은 주체에게 불안을 불러일으키는데, 바로 이 지점에서 세계를 나름대로 조리 있게 설명하고 상징체계를 재구축하기 위해 요청되는 것이 귀신이라고 할 수 있겠습니다. 즉 귀신은 자신을 둘러싼 자연과 사회를 나름의 논리로 이해하고 그 변화에 대처하기 위해 주체가 고안하거나 받아들인 주요한 설명 원리라고 할 수 있다는 것입니다.

예컨대 당시로서는 원인을 알 수 없는 전염병이 돌아 많은 사람들이 죽어나가는, 근대 이전의 사회에서라면 흔히 발생했을 법한 상황을 가정해 봅시다. 근대의 우리는 이를 병균이 사람들 사이에서 전염되다가 면역력이 약한 사람의 몸을 침범한 탓이라고 설명할 것입니다. 하지만 근대 이전의 사람들이라면 이를 어떻게 설명하고 받아들였을까요? 금기를 위반한 탓이라고 하든, 귀신을 잘못 대접한 탓이라고 하든, 혹은 도덕적 과오가 쌓여 벌을 받은 탓이라고 하든, 그도 아니면 하늘이 정해 놓은 운수 탓이라고 하든 해야 그 현상을 설명할 수 있었을 것입니다. 어떻게든 이는 설명되어야 합니다. 그 원인과 정체가 파악되어야 그 의미를 이해할 수 있고 또 그것에 대해 대응할 수 있을 것이기 때문입니다. 이 가운데 옛 사람들이 가장 쉽게 공감하고 신뢰했던 것은 귀신의 작용으로 그런 현상을 설명하는 것이었습니다.

그런데 특히 이러한 초자연적 설명을 더 쉽게 받아들이고 더 민감하게 반응했던 사람들은 역시 피지배층, 조선시대의 경우 유교적 이념의 세례를 덜 받았던 하층 민중이나 사대부 여성들이었던 듯합니다. 사대부 남성들이 귀신에 관한 철학적 담론을 생산하며 논쟁할 때, 이들은 귀신 이야기라는 시사적 담론을 활발히 생산하고 유포했습니다. 그리고 그 속에는 지배층의 유교적 대의명분과 다른 방식으로 세계를 이해하고 설명하고자 했던 시도가 담겨 있습니다.

『용재총화』에 실려 있는 '기유의 집에 나타나 장난을 벌인 유계량의 원귀 이야기'를 예로 들어 이 점을 살펴볼까요. 기유라는 사대부 관료의 집에 정체를 알 수 없는 귀신이 나타나 집안에 변괴와 재앙이 끊이지 않았습니다. 결국 자신의 힘으로 귀신을 물리치고자 한 기유조차 병이 들어 죽고 마는데, 사람들은 이것이 기유의 표제(表弟) 유계량의 원귀 때문이라고 수군댔다고 『용재총화』는 전하고 있습니다. 유계량은 남이의 역모사건에 연루되어 참수된 인물로, 이 때문에 그의 부친은 관노로 귀속되었고 그의 가산 또한 적몰되었습니다. 그런 유계량의 귀신이 나타났다면 원귀일 것이 분명합니다. 그런데 『용재총화』의 저자 성현은 민간을 떠도는 이 이야기를 소개하면서 기유의 집에 나타난 귀신의 정체에 대해서 정확히 말하지 않습니다. 다만 그 이야기의 끝에 기유의 집에 나타난 재앙이 유계량의 귀신 때문이라는 시중의 소문만을 언급하고 있을 뿐입니다.

유교적 명분론에 따르면 대역죄로 죽은 유계량은 원귀로 되돌아올 수 없습니다. 원귀란 희생자의 억울함과 분노를 전제하고 있기 때문입니다. 그래서 성현은 기유의 집에서 장난을 벌인 귀신의 정체에 대해서 정확히 말하지 않았던 것입니다. 그런데 그것을 유계량의 원귀라고 지목했던 것은 귀신이야기의 열렬한 생산자이자 수용자, 유포자였던 민중이었을 것입니다. 그들은 정치적 승자인 훈구관료가 내세운 대의명분을 그대로 받아들이지 않고 다른 방식으로 남이의 역모사건을 이해했을 법합니다. 즉 그것을 충역의 문제가 아니라 권력투쟁의 문제로 보면 어떨까요? 그러면 아마도 정치적 패자의 원한과 울분에 나름 정당성을 부여할 수 있을 것입니다. 그런 점에서 보면 당시에 민간에서 회자되었던 유계량의 원귀 이야기는 기유의 집안에 닥친 연이은 불행을 나름대로 조리 있게 설명하려는 인식론적 노력의 산물이면서, 동시에 정치적 승자들이 내세운 대의명분과는 다른 방식으로 남이의 역모사건을 이해하고자 했던 민중이 생산·유포한 일종의 마이너리티 리포트이기도 했던 셈입니다.

그러므로 귀신이라는 존재, 혹은 그러한 귀신에 관한 이야기들은 여러 층위에서 해석될 수 있습니다. 그것은 자연과 사회를 나름 조리 있게 이해하고 설명하려는 인식론적 노력의 산물이라고도 볼 수 있고, 현실의 모순과 갈등을 기괴한 형태로 드러내는 증상 같은 것으로도 볼 수 있으며, 그러한 모순과 갈등을 나름의 원리로 설명함으로써 주체의 상징적인 도덕체계·가치체계를 재구축하고자 하는 치유의 시도라고도 볼 수 있을 것입니다. 이러한 귀신 혹은 귀신이야기의 다층성은 그것의 사회적 효용에서도 나타납니다. 그것은 때로 지배적인 이념과 질서를 유지하는 데 봉사하기도 하고, 때로는 지배 담론과 다른 방식으로 세계를 인식하고 설명하는 대항 담론을 생산하기도 하는 것입니다. 어쩌면 바로 이러한 다층성·모호함이 그토록 오랫동안 귀신이 인간을 매혹시켜 왔던 이유일지도 모르겠습니다. 저는 이런 지점들에서 귀신과 귀신 이야기의 사회심리적 효용을 찾을 수 있지 않을까 생각합니다.

더 읽어 볼 만한 글

- 무라야마 지준, 『조선의 귀신』, 김희경 옮김, 동문선, 2008(1993).
- 금장태, 『귀신과 제사』, 제이앤씨, 2009.
- 김열규, 『도깨비 날개를 달다』, 한국학술정보, 2003.
- 고마쓰 가즈히코, 『일본의 요괴학 연구』, 박전열 옮김, 민속원, 2009.
- 최기숙, 『처녀귀신』, 문학동네, 2010.

영매

삶의 언어와 죽음의 언어를 매개하는 자

김 헌 선

영매는 무당을 달리 이르는 말입니다. 영혼과 의사소통을 하는 매개자이므로 산 자와 죽은 자의 대화를 돕는 것이 영매의 핵심적 임무 가운데 하나입니다. 영매의 면모를 가장 뚜렷하게 가지는 존재가 바로 강신무입니다. 강신무가 신병을 앓고, 신굿을 하여 무당이 되는 입무 과정은 영매의 성격을 이해할 수 있는 긴요한 사례 가운데 하나입니다. 그리고 학습을 통해서 새로운 기술을 배우고 노련한 무당으로 진출합니다. 영매는 특히 죽은 자와 서로 대화하는 능력에 의해서 새로운 등급이 부여됩니다. 그러나 죽은 자의 말을 전달하고 인간의 소원을 비는 점에서 영매는 절정의 모습을 이룹니다. 현재 영매는 많이 위축되었지만 유사한 기능을 하는 인물군이 있는데 이들이 바로 시인입니다. 시인과 무당은 서로 깊은 관련이 있으며, 시인의 말과 무당의 말이 별반 다르지 않고 상상력 또한 흡사합니다. 우주적 상상력의 총화를 보여주는 점에서 영매의 사라진 기능을 다시 찾을 수 있습니다. 두보가 말한 "詩成覺有神"(시를 이룩하는데 깨달음의 신명이 있다)이라고 하는 말은 그에 적절한 예증이 됩니다. 영매의 역사적 경과를 살펴보고 시인의 깊은 내력을 찾아보기로 합니다.

영매의 심층적 내력

영매, 이들은 한때 사람과 우주, 사람과 자연의 대화를 돕던 이들의 진정한 후계자입니다. 우주는 하늘의 해와 달, 그리고 별 등을 비롯한 우주 천지 만물을 뜻합니다. 자연물은 식물, 동물, 물고기 등을 이릅니다. 이들의 말을 알아듣고 인간의 말로 옮기고, 인간의 뜻을 그들의 말로 전하던 시대가 있었습니다. 하늘의 해와 달, 그리고 별 등이 전하는 상징적 뜻을 헤아리고 인간들에게 전달하고 인간의 뜻을 아뢰던 시대가 있었습니다.

인간과 자연의 우주적 교감을 말하는 우주적 상상력의 총화를 이룩한 인물로 우리는 근대시인 백석을 들지 않을 수 없습니다. 언어를 조탁하고 깊은 성찰을 가한 백석 시인은 영매를 근대적으로 탈바꿈시킨 인물입니다. 그러므로 그가 남긴 시편들은 지속적인 탐구의 대상이 됩니다. 백석의 시에 적힌 말은 허언이 아님을 증명합니다.

> 나는 그때
>
> 자삭나무와 익갈나무의 슬퍼하든것을 기억한다
>
> 갈대와 장풍의 붙드든 말도 잊지않었다
>
> 오로촌이 멧돌을 잡어 나를 잔치해 보내든것도
>
> 쏠론이 십리길을 딸어나와 울든것도 잊지않었다.

(백석, 〈북방(北方)에서 - 정현웅(鄭玄雄)에게〉, 『문장』 2권 6호, 1940.7)

간략한 시이지만 영매처럼 여러 가지 특정한 안테나를 세우고 있던 시심, 서정적 자아의 울림으로 온 우주와 교감하던 내력을 지닌 후계자로서의 면모를 유감없이 발휘하고 있습니다. 시인이 자작나무와 이깔나무의 슬픔을 알아듣고, 갈대와 장풍의 말을 잊지 않고, 오로촌과 솔론이 자아와 교감하던 장면은 우주적 화합자로서의 시인을 상징할 뿐만 아니라, 지난 시대의 위대한 조화자였던 영매의 내력을 상징적으로 보여주던 이들의 존재를 확인하게 하는 것입니다. 시인의 말이 영매의 말이고 무당의 말입니다.

시인 이전에 이들은 영매로 존재했습니다. 영매는 달리 무당, 무당 이전에는 여러 가지 말로 불리었습니다. 이들은 한때 지위가 높아서 거서간, 차차웅, 마립간, 니사금, 자충 등의 오랜 내력을 지닌 말로 불리었습니다. 우주와 자연의 교감을 통해서 이른바 온통 특정한 의사소통을 돕던 이들이 최고의 지위를 누렸던 것은 당연합니다.

그러나 영매의 리더십은 더 이전 시대로 거슬러 올라갑니다. 인간 사회 속에서 기능하던 것보다 더 높고 먼 단계에서 인간의 사회를 일정하게 돕고 이끌던 시대가 있었기 때문입니다. 그러한 것들을 추려 본다면 핵심은 간단합니다. 그것은 동물, 식물 등과 서로 생명이 있거나 생명을 움직이는 힘인 영혼이 있으며, 이 영혼과 영매가 소통하던 것이 더 원초적이었던 것으로 표현되기 때문입니다.

가령 여러 시대에 세계 전역에서 동시에 이루어졌던 단계의 산물로 우리는 곰제와 같은 것들을 생각할 필요가 있습니다. 곰과 인간이 서로 긴밀하게 의사소통을 하고 곰의 영혼을 위해서 제사를 지내던 것이 아직도 남아 있습니다. 예컨대 홋카이도 아이누민족이 거행하던 곰제인 〈이오만테〉나 시베

리아 피노 우그리안 한시-만티족 자치구의 〈곰제〉 등은 영매의 존재가 전혀 다른 기능을 했음을 알려주는 구체적 증거입니다.

곰과 인간이 하나이고, 곰과 인간은 서로 연결되어 있으며, 곰의 육신을 취하면서도 곰의 영혼이 온전하게 그들의 세계로 돌아가도록 돕는 일을 하는 존재로서 영매가 있었던 시대라고 믿던 때였습니다. 나중에 인간이 죽을 즈음에 곰의 세계로 나아가 곰에게 잡혀 먹혔던 전통 역시 이와 무관하지 않습니다. 곰과 인간이 연속적인 관계로 파악되던 시대에 영매는 그 의사소통을 돕던 존재였음이 분명합니다.

그리고, 이후 인간과 인간의 의사소통이 필요한 시대로 전환되었습니다. 인간의 죽음 앞에서 죽은 인간과 산 사람의 의사소통은 긴요한 문제가 아닐 수 없었습니다. 죽은 사람은 산 사람과 어떠한 관계에 놓여야 할까요? 이 문제를 일러주는 무성생식에 의한 인류의 영혼이 빚어낸 중요한 진전이 이루어지던 초기부터 죽은 조상의 부활과 재생을 기리던 단계의 영매가 필요했습니다.

그것은 흔히 곡령신앙이나 조상신앙으로 요약되던 것으로, 흔히 인간의 영혼이 후손에게 작용하듯이 땅에 뿌린 곡식의 열매가 곧 죽은 조상의 부활과 같은 존재로 인식되어 곡령 신앙으로 연결되는 것과 깊은 관련이 있습니다. 자연신앙의 단계에서 이러한 일은 누구나 할 수 있었습니다. 죽은 조상에게 새로운 곡식을 올리는 여러 가지 올벼심니(올게심니), 조기심니(조구심미) 등의 신앙과 연결되어 있습니다.

그 단계가 지나자 다시 새로운 시대가 열렸습니다. 이제 사람과 사람, 산 사람과 죽은 사람의 관계가 문제되는 시기로 옮겨오게 되었습니다. 삶과 죽음이라고 하는 깊은 단절을 어떻게 극복하고 산 사람과 죽은 사람을 온전하게 연결시켜야 하는가에 대한 깊은 성찰이 이루어진 시대로 전환되었습니다. 그 전환의 시기에 의사소통을 돕던 전문직 종사자가 생기게 되었습니다. 그들이 무당이고 영매인 셈입니다.

영매는 무당의 다른 말입니다. 일종의 신과 인간, 인간과 인간의 연결자이며 영혼을 매개하는 인물이라는 점에서 영매라고 하는 말을 붙였습니다. 영매는 포괄적인 의미가 있는 긴요한 가치를 지닌 개념임을 알 수 있습니다. 영매는 신과 인간, 인간과 인간의 매개자이나 좁은 의미에서 산 사람과 죽은 사람의 매개자라고 할 수 있습니다.

영매의 변천은 단순하지 않습니다. 시대적으로 굴곡을 거쳐 왔지만 인간 사이의 문제 해결을 위해서 지속적으로 지위를 확보하고 점차로 지위가 타락한 역사를 겪었다고 하겠습니다. 본디 기능은 분명하게 고정되어 있지만 이를 대체하는 새로운 종교들이 대체 투입되는 과정에서 본래의 지위를 잃고 점차로 타락하고 몰락하는 비운과 불운을 겪었다고 할 수 있습니다.

현상적인 몰락으로 비관적 면모를 지니고 있지만 영매는 어떠한 의미에서 자신의 고유한 기능을 유지하면서 삶과 죽음의 경계면에서 고통을 받고 있는 인물들에게 삶의 가치를 제고하고, 진정한 삶을 반추하고 죽음의 문제를 거시적으로 환기하는 구실을 하고 있다고 해도 지나치지 않습니다. 그리하여 고대 시대 이래로 진정한 가치를 유지하면서 현재에도 여전히 그 기능을 수행하는 고유한 면모를 유지하고 있다고 할 수 있습니다.

자신의 세계관적 확신을 지니지 못하는 인물들을 위로하고 심적 고통을 치유하도록 하는 점에서 영매는 산 자와 죽은 자의 의사소통을 가능하게 하는 존재임을 우리는 다시금 확인하게 됩니다. 그러한 점에서 영매는 일종의 낙관적 전망을 부여하고 우주적 상상력의 총화를 재현하면서 현실의 인간이 영위하는 낮은 차원의 삶이 높은 차원의 신성한 의미를 가지도록 이끄는 존재입니다. 믿음과 상관없이 우리에게 새로운 차원에서 삶과 죽음의 의미를 되돌아보도록 하는 존재가 곧 영매입니다.

신내림 · 단골, 영매의 소명과 운명

영매는 어떻게 탄생하는 것일까요? 운명지어진 존재일까요, 아니면 직업의 길로 선택하는 것일까요? 무당은 스스로 소명을 지니고 태어난다고 생각합니다. 우리나라 무당을 크게 둘로 가를 수 있습니다. 강신무와 세습무인데 그 둘의 구분과 비교가 간단하지 않습니다. 학문적으로 이를 구분할 필요가 없이 이들의 존재를 역사적으로 오랜 영매의 관점에서 강신무의 입무 과정이나 성무 과정을 통해서 알아볼 필요가 있습니다. 영매의 종교적 본질이 아마도 강신무에게 있기 때문입니다.

영매 노릇을 하기 위해서는 신내림의 깊은 체험을 해야 합니다. 깊은 체험이라고 하는 것은 얕은 체험도 포함한 체험을 말합니다. 뜬것이나 객귀에 말려서 신병을 겪는 것처럼 될 수도 있기 때문입니다. 신병이 들려서 신의 불림, 신의 소명을 경험해야 진정한 영매로 나아갈 수 있습니다.

신병은 여느 질병과 비슷하면서 구분되는 특징이 있습니다. 그 원인을 밝히자면 신병의 원인이 될 만한 주된 소인으로 가족 간의 갈등이 있습니다. 띠앗머리에 동티가 오르거나 가족 간의 불행한 일로 죽음을 당한 트라우마 등이 긴밀한 원인이 됩니다. 그러나 질병과 비교할 때 그 증후는 전혀 다르다고 할 수 있습니다. 신병에 걸린 이는 식음을 전폐하고 환청, 환시, 꿈 등에 시달리면서 헛것을 보거나 누군가 자신의 몸속에 들어오는 신비체험을 하게 됩니다.

신병을 겪으면서 몸속에 들어온 인물이 인격적으로 구체화되면서 자신의 존재를 알리는 단계가 열리게 됩니다. 대개 푸함을 하고, 호령을 하고, 저주를 하면서 새로운 존재의 위신을 알리는 구실을 하는데 이 과정이 구체적으로 재현됩니다. 신의 존재를 구체적으로 이름을 말하면서 입증하도록 하는 일이 이루어지는데 이것이 내림굿과 함께 이루어지거나 그 전에 말로써 밝히는 경우도 존재합니다. 이것을 '말문 열린다'고 지칭합니다.

신병을 알아차리는 존재는 흔히 동일한 체험을 한 바 있는 같은 부류의 영매입니다. 그렇게 되면 이제 본격적인 성무식인 내림굿을 위한 준비 과정이 시작됩니다. 그것은 영매가 되는 필요조건입니다.

그리고 이른바 장차 자신의 후원자가 되는 단골집 방문이 이루어집니다. 이 방문은 예정되어 있는 것은 아니고 일정한 집돌이 과정으로 진행하게 됩니다. 이것은 중요한 의미를 지니고 있으며 장차 더욱 긴요한 의례적 속성을 가진 것으로 구현되기도 합니다. 이를 영매 후보자가 하는 걸립이라 합니다. 걸립하는 노래를 부르면서 손뼉을 치고 처음 방문하는 집의 문 앞에서 일정한 공수를 하게 됩니다. 신의 말인 공수는 영매 후보자와 찾아간 집안과 지속적인 관계를 맺게 하는 핵심적인 소인으로 질병 진단과 치료의 자신감을 부여하는 것이기도 합니다. 그것이 영험한 소리로 간주되고 집안에 생긴 동티나 문제점을 지적하면 이에 호응을 하게 됩니다. 그 호응은 신앙심의 발로이고 영험한 세계 또는 경이로운 세계에 대한 일정한 정서적 공감을 표하는 것입니다.

호응의 대가는 일정한 물적 보상으로 이어지게 되는데 그것이 걸립에 동참하는 길입니다. 걸립의 대상은 쌀이나 곡식, 그리고 돈이 됩니다. 그것을 자금으로 하여 걸립을 이어가게 됩니다. 걸립을 하면서 일정한 자금을 지속적으로 확보하게 되는데 이것이 바로 '계면돌기'입니다. 계면돌기는 걸립을 하면서 내림굿의 후보자로 활약하는 것을 이르는데 그것은 일곱 집, 스물 한 집, 스물 여덟 집 등으로 일정하게 숫자화되기도 합니다.

계면돌기를 하면서 일정하게 모은 자금을 중심으로 하여 내림굿을 하게 되고, 이 계면돌기의 첫경험은 이후에 영매 노릇을 하게 되는 무당의 진적굿이나 집굿, 심지어 마을굿에서 하는 계면굿의 '계면떡팔기'의 의례적 행위로 지속적으로 환기됩니다. 이뿐만 아니라, 계면대신을 모아 놓은 음식상에서도 환기되는데 '열두대신반'과 같은 것에서도 이 점이 환기되곤 합니다.

영매는 굿법이나 무속적 의례에 밝지 못하고 어두워서 '지리산가리산 갈팡질팡'하면서도 신어머니의 안내에 의해서 새로운 존재로 전환하는 과정을 경험하게 됩니다. 신의 말인 푸함을 하고서도 무엇이 무엇인지 모르던 단계에서 혼란스러운 상황이 차츰차츰 정리되고, 신의 말을 전하는 공수를 하고 종교적 능력을 발휘하면서 영매로서의 자질을 갖추게 됩니다. 영매는 하루아침에 이루어지는 것은 아닙니다. 그의 이면에 수천년 동안에 걸쳐 이룩한 어법이나 문법이 자리잡고 있으면서 현재까지 전승된 결과의 일부를 발현하는 것이라고 할 수 있습니다.

내림굿을 통해서 영매는 온전한 자격을 갖추는 존재로 전환하는 것을 볼 수 있습니다. 허튼굿이라고 하는 예비적 절차를 경험하고, 신굿을 하면서 신어머니가 숨긴 영매의 도구를 찾는 과정이 이어지고, 마침내 자신만의 굿거리를 진행하는 일정한 절차를 거행하게 됩니다. 이 과정은 고고학적 유물처럼 일정하게 오래된 심층을 간직하고 있는데 놀랍게도 현재의 구비전승과 문헌의 기록에 남아 있는 것과 대응하는 접점 내지 경계면을 이루고 있습니다.

'허튼굿', '신눌 찾기', '신굿' 등에서 이루어지는 과정과 임격하게 문합(脗合)하는 것으로 적절한 예증이 되는 것이 주몽의 아들인 유리 태자의 서사적 전승입니다. 유리 태자가 아버지가 남긴 칼 토막을 찾아내어 이를 가지고 아버지와 부합시키고, 새로운 존재로 승화되는 햇빛을 타고 날아오르는 과정이 바로 존재의 전환을 이루는 점에서 일치됩니다. 곧 내림굿에서 신어머니가 신물을 감추고 이를 찾게 하는 과정에서 일정한 비약과 상승을 이루는 점이 문헌 전승의 깊은 심층을 구현하는 것이라고 보아도 틀리지 않습니다.

신물 찾기의 비밀은 이른바 계면돌기 과정에서도 깊이 있게 구현되는데, 이는 쇠걸립 과정에서도 동일하게 나타나는 바가 있습니다. 가령 황해도 전승에서 보이는 것처럼 쇠걸립 사설에서 이 전승의 고색창연한 대목이 살아 있습니다. 쇠걸립을 하는 영매 후보자가 집 앞에 치마를 벌리고 가서 난데없이 걸립하는 소리를 하게 됩니다.

그 말을 정리해 보면, "외기러 왔소 불리러 왔소 닫은 문을 열러 왔소 죽은 쇠 모아다 산 쇠 만들려고 불릴 쇠를 걸립 왔소 외길 쇠 걸립 왔소 칠 년지 일곱 해가 된 대주님의 놋주발을 내놓으시오 사룽(선반) 위에 있소 밥이 담겨져 솥 안에 있소이다 우는 쇠(우는 쇠는 전에 무구로 사용되었던 쇠가 현재 그릇이나 다른 기명으로 사용되고 있는 쇠를 말한다. 이 쇠의 울림이 새 만신의 귀에 들린다고 하여 우는 쇠라고 합니다.)라 하니 걸립을 줘야 이댁 가중에 장남 자손이 건강하겠소이다"라고 하는 쇠걸립의 사설입니다. 이는 앞서 제기한 전통의 뿌리 깊은 전승의 결과라 할 수 있습니다.

쇠걸립은 지역에 따라서 다양한 명칭을 가지고 있는데 그것이 제주도에서는 '쉐동냥(쇠동량)'이며, 그 기능면에서 거의 일치합니다. 이들 걸립에서 죽은 쇠를 찾아내서 산 쇠로 바꾸고 전의 기억을 환기하게 하는 것이 핵심적 소인이라고 할 수 있습니다. 걸립 과정에서 낡은 것이 새 것으로 바뀌는 체험을 하게 됩니다. 낡은 조상의 영혼이 새로운 만신의 몸에 들어서 새로운 존재로 이어가는 계승의 소인과 비교될 만한 것이라고 하지 않을 수 없습니다.

유리가 자신의 아버지인 주몽이 숨겨 놓은 부러진 쇠토막을 찾아내어 그것을 가지고 가서 칼을 하나로 완성함으로써 마침내 자신의 존재를 인정받고 새로운 존재로 환원되는 면모와 같은 지점이 있다고 하겠습니다. 따라서 영매가 완성되기 위해서 허튼굿을 하고, 신굿을 하고, 솟을굿으로 진행하는 과정은 여러 측면에서 매우 주목할 만한 가치를 지니고 있습니다.

비유적으로 말한다면, 왕의 대관식과 같은 것으로 이해할 수 있습니다. 낮은 지위에 있던 존재가 이 과정의 시련과 모험을 통해서 마침내 절대적인 지위를 지닌 지존의 존재로 재탄생하는 것을 핵심으로 하고 있습니다. 왕의 탄생, 지도자의 탄생 등을 핵심적인 과업으로 하고 있음이 드러납니다. 이 과정의 구전과 문헌의 대응은 영매의 전환 과정을 구현하는 심층적 전승의 보물을 우리에게 보여줍니다.

그러나 단골판이 구성되고 내림굿 또는 신굿을 했다고 하여 모든 과정이 마무리된 것은 아닙니다. 이제부터 새로운 고난이 따르게 마련입니다. 자아가 소명을 찾고 자신의 길임을 인정받았지만 곧바로 새로운 존재로 이어지는 것은 아닙니다. 자신의 길을 개척하고 자신의 단골판을 다스리면서 종교적 지도자로 영매 노릇을 이어가야 하기 때문입니다. 이것은 고난스러운 일입니다. 영매가 신의 내림을 통해서 영험을 얻었지만, 새롭게 학습 과정을 통해서 자신을 다짐으로써 근본적 존재로 거듭나야만 합니다.

대신반을 마주하고 사는 앉은 무당으로 영험만을 발휘하고 살 것인지, 아니면 부채와 방울을 쥐고서 선무당이라는 새로운 존재로 거듭나서 사제자로서의 직능을 수행할 것인지 아무런 방향이 결정되기 않았기 때문입니다. 일어나서 굿을 하고 사제자로 집진하는 과정은 결단고 쉬운 길온 이니기 때문입니다. 그러므로 여기에 깊은 고난과 학습이 따르고, 위대한 결단의 길로 나아가는 모험을 감행하여야 합니다. 그것은 새로운 도전을 암시하는 길임을 알 수 있습니다.

무꾸리, 종교적인 비의: 영험과 경험의 경계면

무꾸리는 더듬이라고도 합니다. 무꾸리는 인간의 궁금한 점을 해결해 주는 무속 고유의 방식입니다. 간혹 이 점이 경쟁이나 맹인들의 판수 등과 겹쳐지지만, 이들을 획일화해서 이해하는 것은 곤란합니다. 오히려 무꾸리는 가려운 곳을 긁어주는 행위로 매우 주목할 만한 절차입니다. 대신반을 두고 찾아온 상담객을 상대로 여러 가지 자문과 상담을 하는 것이 일반적 순서입니다.

부채와 방울을 들고서 이를 흔들면서 자신의 신당에서 특별한 절차를 행하는 것이 무꾸리의 핵심적 내용입니다. 상담을 의뢰한 이들에 대해 자신이 몸주로 모신 신의 영력에 의존하여 문제점을 진단하고 그 처방을 제공하는 것이 가장 긴요한 절차입니다. 그 절차는 일종의 종교적 비의성을 통해서 구현되는 과정이므로 진위 또는 타당과 부당의 문제로 판별하기는 어렵다고 할 수 있습니다.

단골이 이 점을 인정하고 수긍하면 다음 단계의 진행이 이루어집니다. 핵심은 진단과 처방에 의한 것인데 간단하게 하는 비방도 있지만 가령 큰 문제에 대하여서는 단순하게 비방이나 부적으로 해결할 수 없습니다. 그럴 때에 종합적 처방이 필요한데 그것이 굿이라고 하는 종합적 의례입니다. 그러나 무꾸리만 하는 영매는 이에 대한 적극적 대안을 제시하지 못하는 것이 대부분입니다.

굿의 처방에서 필요한 것이 바로 굿을 하는 방법과 기교를 익히는 학습입니다. 무꾸리만 하는 영매는 굿을 배운 적이 없으며 영매로서 기능을 하지만 본격적으로 굿에 대한 훈련을 받지 못했으므로 한낱 외로운 처지에 놓일 수밖에 없습니다. 그러므로 굿을 하는 사람들과 서로 연대하게 되고 이들을 통해서 처방에 따른 굿을 하는 지위를 가질 수밖에 없습니다.

집굿 가운데 재수굿을 할 것인지 진오기굿을 할 것인지 등에 대한 심각한 결정 과정이 있어야 하는데, 미숙한 영매는 이 점에 부응할 수 없을 뿐만 아니라 실제로 이 일을 해도 영매에게 남는 경제적 이윤은 빈약할 수밖에 없습니다. 이들은 영험이 넘쳐나지만 경험은 없으며, 무꾸리는 잘해도 굿을 할 줄 모르기 때문에 실제적으로 번번이 경험이 많은 영매에게 종속되는 불행한 처지에 놓이게 됩니다. 종속에서 벗어나 무꾸리도 하고 굿도 하는 양수겸장의 비약이 있어야만 이 불행에서 벗어날 수 있습니다.

그런데 우리는 이 두 가지의 함수관계에 대한 일련의 반비례를 깊이 있게 성찰할 수 있어야 합니다. 영험한 것과 굿을 하는 것의 이원적 대립은 불가항력적인 함수관계를 가지고 있습니다. 영험하면 굿을 못하고, 굿을 잘하면 영험하지 않다고 하는 사실은 수많은 사례를 경험하면서 알아낸 사실입니다. 종교적 초심을 잃지 않는 것과 종교적 기교를 터득하는 것의 관계를 보는 듯합니다.

이것이 정당한 것인지는 모르겠으나 지눌이 전개한 바 있는 선불교의 교리적 주장과도 일정하게 대비됩니다. '돈오점수(頓悟漸修)'와 비교됩니다. 돈오는 각성입니다. 점수는 점차로 닦아 나가는 것입니다. 돈오-점수의 상호관련성은 마치 영험한 신내림의 무당과 경험한 바를 학습으로 채워 나가는 무당과 다르지 않습니다. 둘 다 필요한 것이지만 우리는 이와 같은 종교적 갈림길을 통해서 어떠한 것이 진정한 종교자의 길인지 반성하게 됩니다. "영은 신령이 주고, 학습은 신어머니가 준다"라고 하는 말은 절실하게 시로 상통하는 것이라고 하지 않을 수 없습니다.

그러나 다시 생각하면 이 말은 서로 깊은 상보성에 의존하고 있다는 점도 부정하지 않아야 합니다. 가령 신의 길로 들어선 신어머니 역시 신병을 앓고 걸립을 하고 신굿을 하면서 자신의 길을 정립하였으나 신의 영험이 고갈되고 굿의 경험이 늘어났던 존재였음을 환기할 필요가 있습니다. 갓 내림을 받고 신의 길을 가고자 하는 존재 역시 이러한 방식의 동일한 적응자라고 하는 점이 인정되므로 영험과 경험의 반비례는 불가피한 것이라고 하겠습니다.

돈오한 선승 역시 돈오한 조실 스님의 길을 가는 것이고 거듭해서 화두를 들고 참선해야만 진정한 수행이 이어져 나가는 점에서 거의 같은 양상이라고 할 수 있습니다. 깨달음을 증득했다고 해서 끝이 나는 수행이라고 하는 것은 있을 수 없습니다. 철저한 각성과 수행을 이어가면서 돈오점수의 길을 가야만 거울에 먼지가 내리지 않는 것처럼 깨달음의 상태를 유지할 수 있습니다. 선승의 길이나 영매의 길은 다르지 않으며 본질적으로 일치하는 특징을 지니고 있습니다.

무꾸리를 통해서 발견되는 신딸과 신어머니의 길은 서로 깊이 있게 연결되어 있으며 상보적이면서 배타적인 면모를 지니고 있음을 인정하지 않을 수 없습니다. 적어도 신어머니와 신딸의 관계를 비난할 것은 못된다고 할 수 있습니다. 신딸의 무꾸리를 가로채는 것도 아니고, 처방전을 행사하지 못하는 과정에서 굿을 할 수 있는 인물이 주도권을 장악하는 것은 지극히 당연한 일이기 때문입니다.

종교적인 비의성이 무꾸리와 굿에 들어 있으므로, 이 지점에서 예사로운 해결과 엄격하게 준별됩니다. 이런 점에서 굿을 비롯한 무속은 엄격하게 여타의 해결 방책들과 다른 면모를 지니고 있다고 하겠습니다. 그것은 영매인 무당을 통해서 이루어지는 심오한 경지의 체험입니다. 이 과정은 의학적 치료로도 감당할 수 없으며, 정신과적 처치로도 치료를 보장할 수 없는 아주 특별한 체험이라고 할 수 있습니다. 종교적 체험이라고 인정되는 곳에서 우리는 세속과 무속의 경계면에 서 있음을 인정해야 합니다.

그것을 다른 종교에서도 엄격하게 가르고 있다는 점은 잘 알려진 사실입니다. 신성과 세속의 준별이 긴요하지만 둘은 서로 긴밀하게 연결되고 있음을 부인할 수 없습니다. 서로 연결하면서 이를 관련짓는 것 자체가 가지고 있는 위대함의 흔적이 모든 종교의 문제이고 성직자라고 하든 승려라고 하든 무당이라고 하든 같은 본질의 다양한 양상임을 인정하여야 할 것입니다.

무당의 굿은 보통 사람들의 게으른 머리와 다르고, 종교적 단련을 겪은 존재들의 특별한 행사이므로, 이것을 행하는 이들을 비난하거나 세속이나 다른 종교의 잣대로 들이대서는 안 된다고 하는 것이 필자의 생각입니다. 필요하다면 다가서고 불필요하다면 물러서면 됩니다. 그것은 오랜 시대를 걸쳐서 이룩된 고대의 기교이고 잔재임을 인정해야 합니다. 영매의 길에서 신의 의사를 타진하고 이를 해결하는 이들의 길이 있음을 알 수 있고 무꾸리 또는 더듬이는 그것의 단초입니다.

그렇지만 더욱 중요한 사실이 하나 더 있습니다. 그것은 무꾸리의 일회성이나 임의성을 극복하는 방식입니다. 그것은 단골판이라는 관계를 통해서 지속적으로 단골을 관찰하면서 이와 같은 무꾸리를 행사하는 경우도 있기 때문입니다. 그것은 쉽사리 구현되지 않는 관계망적 특색이 있는데, 이러한 관계를 통해 굿을 떼는 원칙입니다. 함부로 속이지 않고 단골판이라고 하는 종교적 기반 위에서 이것이 이루어지기 때문에 단골판의 지도자와 무리라고 하는 유대를 이끄는 구실을 합니다. 이 과정의 무꾸리는 종교적 유대관계의 핵심입니다.

넋두리, 죽은 사람을 대신해서 하는 말

넋두리는 죽은 사람의 말을 대신하는 것을 말합니다. 영매의 진정한 면모

가 여기에 달려 있습니다. 포괄적으로 굿이나 작은 치성에서 하는 모든 말을 합쳐서 이를 통칭할 수 있는 적절한 말이 존재하지 않습니다. 가장 적절한 말이 있다면 그것은 신의 말입니다. 일본어에서 이러한 사례가 확인되지만, 이 점이 명확하게 구분되는 것은 아닙니다. 신어(神語り, かみがたり)라고 달리 이르지만 엄격하게 부합하는 것도 아닙니다. 신의 말이니 적절한 것이 없습니다. 신의 말을 우리말로 옮기면 이를 탁선이라고 해야 하는지 공수라고 해야 하는지 불분명합니다.

우리말에 '공수'가 있고 '죽엄의 말'이 있습니다. 공수는 신의 말이고 신탁입니다. 죽엄의 말은 경기도 남부 세습무의 무가에서 발견되는 특정한 용어입니다. 망자의 말이라고 짐작되지만 과연 그런지 알기 어렵습니다. 망자의 말을 영매가 옮기는 데서 유래된 것으로 추정되는데 이 말은 우리의 굿에서 여러 가지 용례가 있습니다. 조상의 말, 영실, 영개울림, 넋두리 등으로 다양하게 사용되는 것을 볼 수 있습니다.

또, '푸념'이라고 하는 말이 있습니다. 넋두리와 비교되지만 온전한 말이라고 보기 어렵습니다. 무당이 영매가 되어서 이를 전달하는 특징이 있는데, 일종의 꾸짖는 말이고, 지역에 따라서 이를 푸함이라고도 합니다. 정성을 들이는 사람을 꾸짖는 말이 푸념입니다. 넋두리와 푸념이 서로 문맥적으로 어울려 쓰이지만 이 두 가지 말은 엄격하게 다른 맥락을 형성합니다. 영매가 푸념을 하기도 하지만 본격적인 의사소통의 수단으로 쓰이는 것을 넋두리라고 하는 편이 적절하리라고 봅니다.

넋두리는 영매를 통해서 죽은 사람의 넋이 하는 말이므로 이를 기준으로 삼아야 합니다. 분명하게 넋두리는 공수와 준별되고, 독자성이 있는 용어인 점을 우리는 기억할 필요가 있습니다. 영매의 본질은 사실 이 대목에 있는지도 모르겠습니다. 영매가 하는 말을 통해서 산 자와 죽은 자가 서로 교통하고 교감하며, 마침내 의사소통을 할 수 있는 길이 열리게 됩니다. 죽은 사람에게 못다 한 한이 있다고 한다면, 이 한을 영매를 통한 넋두리에서 말하는 것이 기본적인 방식입니다.

넋두리가 본격적으로 진행되는 것을 구체적으로 살펴보면 자리걷이, 진진오기굿, 안안팎굿 등과 같은 망자천도를 위한 굿의 현장입니다. 경우에 따라서는 재수굿과 같은 것에서도 등장하지만 본격적인 망자를 위한 의례적 절차는 존재하지 않으므로, 넋두리는 일반적으로 망자의 죽음에 관련된 의례에서 일반화해서 사용하는 절차임을 인정해야 합니다.

넋두리가 본격적인 기능을 하는 것은 자리걷이와 같이 죽음 이후 진행하는 처음의 의례에서 찾아볼 수 있으며, 이는 구체적인 자리걷이라는 맥락에 의한 것입니다. 망자를 대신하여 영매가 하는 말의 비중과 의미를 구현하는 것이 바로 넋두리이기 때문입니다. 넋두리를 통해서 자리걷이는 일정한 가치와 의의를 가지게 됩니다. 이른바 망자의 말을 전달하는 절실함이 가장 확실하게 드러나는 대목이 바로 자리걷이가 되기 때문입니다.

경황 중에 일어난 망자의 죽음의 억울함을 조금이라도 달래고 그가 못다 한 말의 실제가 무엇인지 들어 주며 동시에 넋을 달래주는 입장에서 하고자 하는 말을 전달하는 것이 바로 자리걷이의 초영실이라고 하는 대목에서 이루어집니다. 임종을 하지 못한 주검들의 말은 넋두리를 통해 더욱 절실하게 가슴에 와 닿는 것을 볼 수 있습니다. 그것 역시 진정한 것인가 하는 의문이 있다면 종교적인 신뢰 기반 위에서 해결해야 하는 문제라고 생각합니다. 그러나 진성으로 유가족에게 위안이 되는 실로 선택되었나면 이 섬을 존중해 주어야 마땅합니다.

자리걷이는 보통 삼우제를 지내고 온 뒤에 망자가 죽은 그 자리 위에서 하는 것이므로 망자의 슬픔이나 한에 다가설 수 있는 심층이 여기에 놓여 있습니다. 제주도에서는 이 과정이 더욱 직절하여 망자를 묻고 온 날에 상복을 벗으면서 하는 귀양풀이의 절차로 구현됩니다. 따라서 이때 망자의 관이 나가는 과정에서 생긴 문제와 매장 시에 생긴 문제와 같은 실제적인 것들을 문답으로 삼는 대목이 있어서 간단하지 않은 것을 볼 수 있습니다.

진오기굿 과정에서 망자의 문답을 증명하는 것과 같은 과정으로 황해도 굿과 같은 데서는 '망재대잡기'와 같은 절차가 있기도 합니다. 이 절차를 통해서 우리는 진오기굿에 보이는 일정한 비의성의 증명 과정을 한 차례 더 경험할 수 있습니다. 여기에서 대를 잡는 인물은 만신이나 무당과 같은 영매가 아닙니다. 오히려 유가족이나 다른 인물이 이를 수행함으로써 종교적 기능과 의미를 한 차례 더 하는 것을 볼 수 있습니다. 그것이 과연 온당한 절차가 되는 것인지 의문이 있으나 강신무권이나 세습무권에서 대잡이는 이에 대한 의례적 절차를 지니고 있다고 하는 점에서 주목할 만합니다. 특히 이러한 대잡기가 진오기굿뿐만 아니라 다른 마을굿이나 집굿에서도 보이는 점은 종교적 관계에서 긴밀한 의미를 나타냅니다.

영매의 진정한 기능을 여기에서 찾을 수 있습니다. 망자를 대신하여 하는 말의 전통을 통해서 이들의 참다운 면모를 확인할 수 있기 때문입니다. 그러나 더욱 중요한 것이 있습니다. 망자에게 살아 있는 사람들이 하는 말이 더욱 중요합니다. 즉 유가족이 망자에게 못한 말을 하는 것인데, 넋두리와 이 말이 서로 대응됩니다. 망자의 넋두리를 듣는 유가족 역시 자신의 말을 망자에게 하는 것입니다. 그것이 김소월의 시에 또렷하게 남아 있습니다.

떠돌어라, 비난수하는맘이어, 갈메기가치,
다만 무덤뿐이 그늘을얼른이는 하눌우흘,
바닷가의, 일허버린세상의 잇다던모든것들은

차라리 내몸이죽어가서업서진것만도 못하건만.

(김소월, 〈비난수하는맘〉, 『진달래꽃』, 1925)

김소월의 절망 어린 말이 절실하게 떠오릅니다. 자신이 비는 말을 상대방에게 전달하고 자신의 무가치한 면모를 드러내는 말이 드러납니다. 자신의 모든 것들을 걸고도 도달하지 못할 것 같은 무의미함을 왜 이러한 말로 절실하게 드러내는 것인지 암담하기조차 합니다. 그렇지만 자신들을 잇게 하는 영매의 관점에서 이를 전달하고자 하는 말은 살아 있는 유가족을 깊이 있게 울리고 있음을 인정하지 않을 수 없습니다.

유가족이 죽은 이에게 하고자 하는 말을 뒤집으면 결국 그것은 망자의 말이 됩니다. 넋두리가 비난수이고, 비난수가 곧 넋두리입니다. 서로 겹쳐져 있으며 둘은 멀지 않습니다. 무당은 영매이고 영매의 말이 곧 무당의 말이고, 신의 말이고, 인간의 말임을 찾아낼 수 있습니다. 유가족의 말이 지니는 절실한 의미를 되새기게 하는 것이 이 모든 것이라고 할 수 있습니다. 이 말을 통해서 우리는 우리의 심연에 가 닿을 수 있게 됩니다.

영매의 길

영매로서의 무당은 앞으로 전망이 있을까요? 영매의 길은 사기술일까요, 아니면 인간 이해의 진정한 방편이 될까요? 우리는 영매에 대한 전망 부재와 낙관적 전망의 분기점 앞에 설 수밖에 없습니다. 이 갈림길이 없다면 우리의 길은 허약하고 나약한 신앙적 의구심에 시달릴지도 모르겠습니다. 현재의 단발적인 것에만 머물러 있다고 한다면 영매의 길은 전망이 부재합니다. 그러나 그것은 진정으로 온당한 것인가 의문을 가지지 않을 수 없습니다.

우리 자신의 과거 역사적 내력과 무당의 역사적 전체를 두고 말해야만, 이들 영매에 대한 온당한 길을 찾아서 정리해 낼 수 있다고 생각합니다. 과거의 연속선상에서 영매들은 자신들의 느리고 완만한 질적 진화의 면모를 구현하고 있습니다. 이 영매들의 삶이 어떠한 것인지 환기하고 싶습니다. 남의 나라 무당이 한 말이 우리의 마음을 절실하게 요동치게 합니다.

> 모든 참된 지혜는 사람들로부터 멀리 떨어진 저쪽, 외로움 속에서만 찾아지며 괴로움을 통해서라야 얻어질 수 있다. 궁핍과 번민은 다른 사람들에게 숨겨져 있는 인간의 의미를 깨닫게 해 주는 유일한 길이다.
>
> (에스키모 무당 익쥬가르의 말)

영매인 무당은 신병을 앓고 있으면서 입무하는 단계에서부터 인간의 고통을 몸소 겪는 존재입니다. 그리고 이 고통에서 벗어나는 수단을 일러주고자 하지 않습니다. 고통이 없는 삶은 생각할 수 없다고 영매는 말하고 있습니다. 오히려 인간이란 고통스러운 존재이며, 그 고통에서 벗어날 수 없는 존재임을 자각하게 합니다.

에스키모 무당은 오히려 고통스러운 삶 속의 체험을 통해서 그 삶의 의미를 재발견하도록 도와주는 존재가 영매임을 절실하게 말하고 있습니다. 깊은 체험에서 우러난 영매의 진정한 소명과 자각만이 유일하게 영매의 길에 이를 수 있음을 고하고 있습니다. 그렇기 때문에 이들의 진정한 후계자인 시인을 비롯한 예술가들의 삶과 예술적 창조 역시 이러한 각도에서 새삼스러운 의미를 지니게 합니다.

이 글의 서두에서 무당은 우주적 상상력의 총화를 가진 자라는 점을 강조한 바 있습니다. 무당의 길과 시인의 길이 다르지 않음을 절실하게 증명하고

자 하였습니다. 사람다운 길, 신의 말을 전하는 사람의 길은 자신의 마음속에서 우러나는 노래를 하는 시인의 길과 그다지 다르지 않으며, 근원적으로 하나의 길을 가고 있음을 알 수 있습니다. 무당의 진정한 후손은 이 시대에 바로 시인임을 잊지 말아야 합니다. 한 대목 한 구절에서 우리는 영성어린 넋두리와 비난수를 만날 수 있음을 잊어서는 안 됩니다.

시인의 노래가 슬기로운 지혜의 말에 머물러 있으려면 절대 고독의 상황을 겪어야 하며, 고통과 번민이 진정한 사람의 의미와 존재를 알게 하는 요소임을 잊지 않아야 하겠습니다. 이 시대가 어떠한 시대인가요? 시인이 제대로 노래하지 않는 시대인가요, 아니면 새롭게 다시 노래해야 할 시대인가요? 이러한 물음이 시인의 내면으로 확장되고 스며야 새로운 노래의 시대가 도래할 수 있다고 생각합니다. 영매의 길이 시인의 길임을 절감하게 하는 대목이라고 할 수 있습니다.

이재무 시인의 시 작품 하나를 보겠습니다. 〈풍장〉이라고 하는 작품입니다. 이것은 앞에서 살핀 영매의 비난수이자 넋두리입니다. 이 시에서 우리는 우리의 슬픈 마음을 극복하고자 하는 시인의 마음에 함께 젖어들게 됩니다. 그리고 이 시대의 영매가 뿜어내는 아름답고도 슬픈 말을 가슴 저미게 듣게 됩니다. 이들의 영매가 우주를 각성시키고자 함이 바로 우리의 낙관적 전망의 소재입니다.

슬픔을 실어나르는 강물
몸을 직서, 온몸에 묻어나는 별꽃을 달고
들판을 가로질러 건넛마을
불면의 옛 애인 이마 위에
몇 점 신열로도 내려 앉으리라

(중략)

오래도록 앓고 있는 아비의 방에

달빛으로 흘러와서

남모르게 흐느끼다가

새벽녘에야 계룡산 깊은 골짜기

저승의 윗방으로

야행의 지친 몸을 눕히리라, 그는.

(이재무, 〈풍장 1〉, 『온다던 사람 오지 않고』, 『문학과지성사』, 1990)

시에 형상화된 인물은 서정적 자아와 깊은 관련을 지닌 인물입니다. 넋으로 떠돌면서 바람에 풍장되고 있는 형상을 묘파합니다. 우주 천지만물이 있는 자리들을 넋으로 가볍게 떠돌면서 원한이 풀리지 않는 듯이 그리운 곳을 헤매어 날려 다니는 바람의 넋을 우리는 만나게 됩니다. 강물에 몸을 적시고 하늘의 별꽃을 달고 신열로 애인의 머리를 달구는 일을 대신하여 시인은 말하고 있습니다.

먼저 돌아간 아들이 그리운 아버지에게 되돌아와서 바람으로 흐느끼며 우는 모습을 그리면서 시인은 대신해서 흐느끼고 있습니다. 넋으로 되돌아온 그의 존재를 다시금 각인시켜서 그의 서러운 한풀이를 하고 있습니다. 이승과 저승이 나뉘지 않고 산 자와 죽은 자의 서글픈 해후를 이토록 감동스럽게 그린 시인은 많지 않습니다. 그들의 길이 곧 영매의 길이고, 영매의 미래가 될 것입니다. 영매는 시인으로 무당으로 예술가로 변신을 거듭하면서 이 땅에서 미래적 전망을 갈구하면서 피를 토하고 절규하고 있습니다.

더 읽어 볼 만한 글

- 김헌선, 〈한국샤머니즘과 문화〉, 안동 지례예술촌 시인마을 특강, 2002년 10월 13일.
- 김헌선, 『한국의 무속신앙』, 한국민속의 세계, 고려대학교 민족문화연구원, 1996.
- 장주근, 『새로 풀어쓴 한국의 신화』, 집문당, 1997.
- 이능화, 『조선무속고』, 서영대 옮김, 창작과비평사, 2009.
- 이용범 외, 『서울굿의 이해』, 민속원, 2008.

제사

반복적으로 회상되는 죽음의 무게

박 종 천

살아 있을 때는 세상에 태어난 생일을 주기적으로 기념하지만, 죽고 나면 해마다 죽은 날에 고인(故人)을 추모합니다. 예나 지금이나 한국인들은 기일(忌日)이나 명절 때면 어김없이 친척들이 다 모여서 상을 차리고 향을 피우고 절을 하는 제사를 지냅니다. 종교에 따라 제사를 대체해서 추도 예배를 드리는 경우도 있습니다. 어떤 경우라도 돌아가신 조상을 기억하는 의례를 해마다 거행하는 것이지요.

그런데 왜 우리는 이렇게 제사 혹은 제사에 준하는 의례를 반복하는 것일까요? 제사는 죽은 사람을 잊지 않고 기억하기 의례입니다. 하지만 죽음 자체를 기억하기 위한 것은 아닙니다. 오히려 죽음을 통해 완결된 죽은 조상의 삶을 기억하고 그 삶이 현재 살아 있는 후손들의 삶과 연속되는 토대임을 끊임없이 상기하는 의식입니다. 죽음의 계기에서 인간의 생물학적 생명은 끝나지만, 제사를 통해 후손들의 기억과 삶 속에서 영원히 시들지 않는 문화적 생명을 얻게 됩니다. 그렇게 죽음은 삶 속에서 지속적으로 상기되고, 삶은 죽음에 대한 기억을 통해 의미 있게 충전됩니다.

생사의 미궁을 넘어서는 용기와 지혜

삶은 도무지 탈출구를 찾기 어려운 미로(迷路)입니다. 마치 그리스 신화 속에서 등장하는 미궁(labyrinthos) 같습니다. 미노스(Minos)왕의 미궁은 수많은 미로로 연결되어 있어서 한번 갇히면 나오기 힘들었습니다. 난마처럼 얽힌 미로 속에서 탈출구를 찾을 수 없다는 것도 문제였지만, 탈출구를 찾기 전에 미궁 속에 살고 있는 괴물 미노타우로스(Minotauros)에게 잡혀먹히는 것이 더 큰 문제였습니다. 우리네 인생은 때로는 재난이란 이름으로, 때로는 운명이라는 이름으로 우리 앞에 다가오는 미노타우로스를 피해서 미궁을 헤쳐 나가야 하는 미로 게임과도 같습니다.

보통 사람들은 대개 미로에 갇힌 채 굶어죽거나 괴물에게 잡혀 먹히는 불행을 겪습니다. 오직 지혜와 용기를 갖춘 영웅만이 괴물을 극복하고 미궁을 벗어납니다. 미노타우로스를 처치하고 미궁을 탈출했던 영웅 테세우스(Theseus)의 비결은 칼과 실타래였습니다. 그가 괴물을 쳐죽인 칼은 용기를 상징하고, 미궁에 들어갔다가 나올 때까지 지녔던 실타래는 지혜를 나타냅니다. 테세우스의 칼과 실다래는 죽음의 미궁을 영웅의 연단로로 변화시켰습니다.

과연 삶의 현장을 죽음의 미궁으로 전락시키는가, 아니면 영웅을 빚어내는 연단로로 승화시키는가 하는 것은 용기와 지혜에 달려 있습니다. 죽음을 견디고 삶을 살아가기 위해서 우리는 미궁 속 죽음의 괴물을 제대로 직면하고 처치할 수 있는 용기와 복잡하게 얽혀 있는 미궁을 벗어날 수 있는 지혜가 필요합니다. 용기의 칼을 들고 보면, 생사의 미궁은 기형도 시인이 고백했던 '두렵고 생경한 벌판과 황혼'이 되지만, 지혜의 실타래를 들고 보면, 천상병 시인이 노래했던 '아름다운 소풍길'이 되기도 합니다. 용기와 지혜가 있다면, 미궁은 범부를 영웅으로 만드는 연단로가 될 수 있습니다.

제사, 생사를 연결하는 뫼비우스의 띠

그런데 삶과 죽음은 과연 양립할 수 없이 단절적인 것일까요? 그리고 칼과 실타래 말고 다른 방식으로 생사의 미궁을 헤쳐 나가는 방법은 없을까요? 삶이 죽음으로 끝나버리는 것이 아니라, 다시 죽음에서 삶으로 삶과 죽음을 연결짓는 방법이 있습니다. 바로 제사입니다.

제사는 죽음을 삶에 덧붙여서 뫼비우스의 띠로 연결한 문화적 형식입니다. 상례(喪禮)가 죽음의 계기에서 삶을 마감하는 의례라면, 제사(祭祀)는 죽음을 다시 삶에 연결시키는 의례라고 할 수 있습니다. 죽은 자와 영원한 이별을 하는 상례는 죽음의 시점에 국한하여 일회적일 수밖에 없지만, 경건하고 정성스러운 태도로 죽은 자를 다시 만나는 제사는 매년 특정한 날에 주기적으로 반복됩니다. 일반적으로 제사라고 하면 매년 고인(故人)이 돌아가신 기일(忌日)에 드리는 기제(忌祭)를 말하는데, 기제 외에도 4계절의 절기가 바뀔 때마다 드리는 시제(時祭), 명절(名節)마다 드리는 절사(節祀) 등을 포함하면 해마다 주기적으로 고인을 기리는 날은 더 늘어납니다.

제사는 자연적 변화의 리듬이나 특정한 역사적 계기마다 주기적으로 반복된다는 점에서 관례(冠禮), 혼례(婚禮), 상례(喪禮) 등 일회적인 다른 일생의례들과 분명하게 구분됩니다. 그러면 왜 제사는 주기적으로 반복될까요? 어린 아이에서 어른이 되는 성인식인 관례, 남자와 여자에서 남편과 아내로 거듭나는 혼례, 산 자에서 죽은 자로 위상이 바뀌는 상례는 근본적으로 일회적일 수밖에 없지만, 제사는 죽은 조상이나 피붙이를 다시 만나서 마치 살아있을 때처럼 하나의 가족임을 재확인하고 가족적 유대관계를 강화하는 의례입니다. 다른 일생의례들이 통과의례(rites of passage)의 성격을 지니고 있는 반면, 제사는 통합의례라고 할 수 있습니다.

제사에서 주기적으로 반복되고 강화되는 것은 바로 산 자와 죽은 자가 하나의 핏줄로 연결되어 있다는 혈연적 유대감입니다. 우리는 아무런 이유도 없이 세상에 혼자 내던져진 존재가 아닙니다. 조상과 나와 후손은 하나의 뿌리에서 비롯되었기에, 시간과 공간의 한계를 넘어서서 같은 피붙이라는 유대감 속에서 하나가 됩니다. 제사는 죽은 자에 대한 추억을 주기적으로 반복합니다. 우리는 그렇게 조상의 죽음을 우리의 삶에 접붙입니다. 그리고 우리의 죽음은 후손의 삶 속에서 지속적으로 음미될 것입니다. 가족이란 뫼비우스의 띠로 묶인 제사 공동체인 것입니다.

가족, 생명나무의 유전

소설가 이청준과 만화가 박흥용은 앞 세대의 죽음이 뒷 세대의 삶을 위한 밑거름이 된다는 사실을 인상적으로 보여주었습니다. 이청준은 소설 〈축제〉에서 앞 세대가 시들어 죽어 가는 과정이 뒷 세대를 위한 희생과 사랑의 결실임을 아름답게 묘사했으며, 박흥용은 단편 〈삐이이이〉에서 노인의 죽음이 아이의 생명으로 연결되는 장면을 극적으로 연출했습니다. 특히 박흥용 작가의 〈삐이이이〉는 생을 마감하는 할아버지의 파란색 눈물을 앞으로 생을 한창 살아갈 아이의 빨간색 신발과 시각적으로 대조하여 죽음과 삶을 대비하는 한편, 임종하는 할아버지의 심장박동이 멈추는 소리와 아이가 신은 삐삐 신발의 소리를 청각적으로 오버랩시켰습니다. 그리고 그 심장박동선과 눈물이 아이의 발걸음 앞에 놓이게 됩니다. 할아버지의 죽음이 어린이의 삶으로 이어진다는 느낌을 이보다 더 잘 표현할 수 있을까요? 한국인들이라면 누구나 이러한 문학적 표현과 예술적 묘사에 공감할 것입니다. 제사는 이러한 표현과 묘사가 가능했던 공감대, 곧 자손들의 삶이 조상들의 죽음 위에서 이루어진다는 자각을 생생하게 일깨웁니다.

후손의 삶에서 반복적으로 회상되는 조상의 죽음이 지닌 무게는 결코 가볍지 않습니다. 생명은 죽음으로 단절되는 것이 아니라 후손의 삶을 통해 연속적으로 이어집니다. 효(孝)는 결코 도덕적 의무에 그치지 않습니다. 그것

박흥용, 〈삐이이이〉, 《계간만화》 2004년 가을호, 100-101

은 조상에서 나를 거쳐 후손으로 이어지는 생명의 전승을 지속시키는 힘입니다. 죽음은 한 개체의 소멸로 끝나지 않습니다. 후손의 삶에 덧붙여져서 영원히 지속되는 의례적 삶의 시작인 것입니다. 우리의 육체는 사라지지만, 우리의 존재는 영원할 수 있습니다. 제사를 통해 후손들의 기억 속에서 반복적으로 상기되고, 후손들의 삶의 뿌리로 영속되기 때문입니다. 제사를 통해 우리는 망각되지 않는 불후(不朽)의 존재가 됩니다. 그래서 옛날에는 제사지내 줄 자손이 없는 것을 가장 큰 불효라고 했습니다.

제사는 앞 세대의 죽음과 뒷 세대의 삶을 의례적으로 연결시키는 나무에 견줄 수 있습니다. 앞 세대의 죽음은 뒷 세대의 삶을 위한 뿌리가 되고, 뒷 세대의 삶은 앞 세대의 죽음을 거름 삼아 피어나는 꽃이나 열매와 같습니다. 현재의 내 삶이 조상의 죽음을 뿌리로 삼은 나무의 줄기와 가지라면, 미래의 내 죽음은 후손의 삶을 꽃피울 새로운 뿌리가 될 겁니다. 사람이라면 누구나 뿌리-줄기-가지-꽃으로 이어지는 생명나무의 일부로서 존재하며, 인생은 꽃으로 태어나서 열매를 맺고 가지와 줄기로 살다가 뿌리로 끝맺는 생명의 과정을 거칩니다. 부모님이 돌아가시면 내가 그 생명을 잇고, 내가 죽으면 자식이 그 생명을 계승할 것입니다. 우리네 삶은 가족이란 이름으로 불리는 생명나무의 유전(遺傳)인 것이지요.

우리의 삶에 접목된 조상의 죽음은 삶을 새로운 의미로 충전합니다. 제사를 통해 접목된 죽은 조상은 우리 삶의 사회적 토대이자 한계가 됩니다. 우리는 개인으로만 평가받는 것이 아니라, 누구의 자식, 누구의 부모, 누구의 배우자로 대우받습니나. 우리는 생전에도 사후에도 언세나 인륜(人倫)이란 이름의 관계망 속에서 존재합니다. 따라서 내가 한 언행은 나 개인에 대한 평가로 끝나는 것이 아닙니다. 조상이나 후손들에게 자랑과 긍지의 날개가 되기도 하고, 수치와 오욕의 굴레가 되기도 합니다. 애국지사의 후손은 가난

해도 명예롭게 죽은 조상 덕분에 당당한 삶을 살 수 있지만, 매국노의 자손은 죽은 조상 때문에 두고두고 멍에를 맨 삶을 살 수밖에 없습니다. 따라서 조상과 후손을 의식한 삶은 자연스럽게 성실하고 경건할 수밖에 없습니다. 결코 함부로 살 수 없는 것입니다.

뿌리에 대한 기억에서 삶의 갱신으로

생명나무의 유전에서 조상은 후손의 뿌리입니다. 뿌리로부터 길어올린 물과 자양분이 잎사귀와 열매를 생생하게 만드는 것처럼, 조상에 대한 기억은 삶을 새롭게 만드는 갱신의 에너지가 됩니다. 뿌리에 대한 기억인 제사는 삶을 갱신시키는 경건한 의식입니다. 『예기(禮記)』에서는 그것을 '보본반시'(報本反始)라고 했습니다. 삶이 비롯된 근본에 대한 보답과 시초에 대한 기억이 삶을 새롭게 갱신하는 토대라는 믿음을 잘 보여주는 표현이지요.

분명히 삶에는 결코 잊지 말아야 할 근본이 있습니다. 『순자(荀子)』에서는 삶의 근본으로 천지(天地)와 선조 및 임금과 스승을 지목했습니다. 천지는 생물학적 생명의 근본이고, 선조는 인간의 근본이며, 임금과 스승은 사회와 문화의 근본입니다. 삶의 뿌리를 잊지 않고 근본에 충실할 때 비로소 의미 있는 삶이 이루어집니다. 사람은 지구 생태계의 법칙 가운데 인간답게 삶을 영위하고 사회적 질서와 문화적 가치를 실현하면서 살아야 합니다. 그러한 근본을 잊으면 삶은 퇴색되고 맙니다. 제사는 그러한 망각을 방지하고 삶을 갱신할 수 있는 의례적 기제로서 만들어진 것입니다. 이러한 삶의 뿌리를 기억하고 근본에 보답하기 위해 옛 사람들은 원구단(圜丘壇), 가묘(家廟), 종묘(宗廟)와 문묘(文廟) 등의 제사 공간을 만들었습니다. 따라서 제사는 우주, 가족, 사회와 문화 등의 근본을 되새기는 의례라고 할 수 있습니다.

제사는 특별한 공간을 만들고 특별한 시간을 구분해서 주기적으로 뿌리에 대한 기억을 상기하고 그러한 기억을 통해 삶을 갱신하는 과정입니다. 그 과정을 통해 우리는 인간의 삶에 거룩한 뿌리가 있다는 사실을 깨닫게 되고, 비록 현실의 삶이 비루해도 그 뿌리에 대한 기억을 상기함으로써 다시금 이상적인 삶의 시원적 모델로 복귀할 수 있습니다.

특히 전통시대에는 집안의 가장 깊고 높은 위치에 사당을 짓고 거기에 조상을 상징하는 신주를 모셨는데, 선인들은 아침저녁으로 살아 계신 부모님께 문안인사를 드리는 것처럼, 기일이나 명절, 매달 초하루와 보름, 그리고 계절마다 그곳을 찾아 제철 음식이나 과일로 예를 차렸으며, 바깥에 외출하거나 귀가했을 때, 집안의 대소사가 있을 때마다 수시로 사당에 고하고 일상생활을 영위해 나갔습니다.

그리하여 사당은 삶 속에서 후손의 삶의 뿌리로서 돌아가신 조상을 의식하게 만들었을 뿐만 아니라 현재를 살아가는 우리네 생활이 다시 후손들의 삶의 뿌리가 된다는 점을 지속적으로 상기시키게 됩니다. 내 삶은 내 마음대로 해도 되는 것이 아닌 것입니다. 제사는 이러한 각성을 통해 뿌리에 대한 기억이 경건한 삶의 완성으로 이어지도록 매개하는 의식입니다. 그리하여 조상의 이름을 더럽히지 않고 후손들에게도 당당하기 위해 부단히 성찰하고 노력하는 의식적 삶을 활성화시키고, 뿌리에 대한 기억은 삶의 갱신을 가져옵니다.

공덕, 기억될 만한 가치의 창출

그런데 제사에서 지속적으로 되새기는 내용은 무엇일까요? 제사는 기억할 만한 가치가 있는 것만을 대상으로 삼습니다. 그것을 공덕(功德)이라고 합니다. 공덕은 인간다운 삶을 가능하게 하거나 향상시키는 모든 가치를 가리킵니다. 예컨대, 조선의 기초를 닦은 정도전(鄭道傳: 1342-1398)은 『조선경국전(朝鮮經國典)』에서 "산천의 신(神)을 제사하는 것은 그들이 구름과 비를 일으켜서 오곡을 무르익게 하여 백성의 식량을 넉넉하게 해 주기 때문이요, 옛날의 성현(聖賢)들을 제사하는 것은 그들이 때를 만나서 도(道)를 행하여 백성들을 편안하게 구제하고 법을 세우며 교훈을 내려 주어서 후세에 밝게 알려주었기 때문이다"라고 설명했습니다.

그러나 공덕은 기억할 만한 가치일 뿐만 아니라 감사하며 보답해야 하는 내용이기도 했습니다. 이러한 사실은 제사에서 사용되는 축문(祝文)과 제문(祭文)에서도 잘 나타납니다. 예컨대, 동춘당 송준길(宋浚吉: 1606-1672)은 선친(先親)을 위한 제사를 모시면서 지은 축문에서 늦가을의 계절적 변화에 따라 선친을 추모하고 감사하는 마음이 일어나서 제사를 지내는 감정을 진솔하게 토로한 바 있습니다.

> 지금 늦가을 만물이 성숙하기 시작하는 때에 마침 아버님의 생신을 당하고 보니, 계절의 변천에 느낌이 일어, 아버님을 간절히 추모합니다. 그 은혜 갚고자 해도 하늘처럼 너무 커서 끝이 없으니, 감히 맑은 술과 여러 음식으로 삼가 세사(歲事)를 올립니다.
>
> (송준길, 『동춘당집(同春堂集)』 권16, 〈아버지를 제사하는 축문(禰祭祝文)〉)

물론 이 축문은 늦가을에 선친에게 드리는 네제(禰祭)로서 『가례(家禮)』의 시간적 리듬에 따라 작성된 전형적인 축문입니다. 그러나 낳고 길러주신 부모님의 은덕에 대한 감사는 생명의 출발에 대한 감사로서 의미가 큽니다. 조선시대 선비들은 너나 할 것 없이 시를 짓거나 시조를 쓸 때마다 "아버님 날

낳으시고 어머님 날 기르시네"로 시작되는 『시경(詩經)』 구절을 패러디할 정도로, 도저히 다 갚을 수 없을 만큼 큰 어버이의 은덕을 기렸습니다. 제사를 통해 부모님의 은덕을 상기하면서 그 은덕으로부터 비롯된 삶이 참으로 감사하고 소중한 것임을 새삼 의식하게 된 것이지요.

그런데 제사는 죽은 분들의 공덕에 대한 감사를 넘어서서 그분들이 성취했던 공덕을 새롭게 재생산하는 계기가 됩니다. 공덕에 대한 기억과 감사는 새로운 가치를 낳습니다. 예컨대, 기묘사화로 순교자가 된 조광조(趙光祖: 1482-1520)를 위해 기대승(奇大升: 1527-1572)이 지은 제문과 그를 기억하기 위해 건립된 죽수서원(竹樹書院)에 대한 축문(祝文)을 보면, 조광조에 대한 제사에서 당시 유교 지식인들이 반복적으로 되새긴 공덕은 순수하고 독실한 조광조의 학문과 순교자적 실천이었습니다.

> 연 월 일에 현령(縣令) 모(某)는 선정(先正) 조 문정공(趙文正公)에게 밝게 아뢰옵니다. 공은 타고난 자품이 두텁고 빼어나며 학문과 실천이 순수하고 독실하였습니다. 좋은 때를 만나 훌륭한 정치를 베풀어서 장차 세상을 태평성대로 만들려고 하였는데 불행히도 뜻만 품고 별세하시니, 지금까지 뜻있는 선비들은 흠모하면서 서글퍼하지 않는 이가 없습니다. 사람의 양심은 끝내 없어지지 않음을 여기에서도 알 수 있습니다. 이에 사당을 세워 신이 계시게 하오니, 공의 영령께서는 강림하여 살펴 주소서. 삼가 아뢰옵니다.
>
> (기대승(奇大升), 『고봉집(高峯集)』 권2, 〈조문정공 제문[祭趙文正公文]〉)

> 공은 타고난 자질이 순수하고 실천적 자세가 돈독하여 좋지 못한 때를 만나 수레바퀴살이 빠지고 옥이 물에 잠긴 상황이었으나, 은은한 빛은 사람들에게 남아 있고 끼친 은택은 없어지지 않습니다. 이에 처음으로 밝게 제사를

올리오니, 부디 나약한 자와 완악한 자를 격려하여 주옵소서.

(기대승, 『고봉집』 권2, 〈죽수서원축문(竹樹書院祝文)〉)

이러한 공덕은 후대의 사표가 되어 후세 선비들의 흠모와 양심을 지속적으로 각성시켰고, 그에 따라 제2, 제3의 조광조를 끊임없이 배출하도록 조율하는 토대가 되었습니다. 모범적인 문화적 가치에 대한 의례적 기억과 보답은 새로운 문화적 가치를 창출합니다. 제사는 공덕에 대한 감사와 보답이 다시금 새로운 공덕을 낳는 의례적 선순환의 통로였던 것입니다.

경건한 의식과 절제된 몸짓

제사는 죽은 조상과의 의례적인 만남입니다. 따라서 돌아가신 분과의 영원한 이별을 표현하는 상례가 흉례(凶禮)인 것과는 달리, 죽음으로 단절되었던 고인과 다시 만난다는 점에서 길례(吉禮)라고 합니다. 자연스럽게 물리적으로 불가능한 죽은 자와 산 자의 의례적 만남은 즐거운 잔치의 형식을 띠게 됩니다. 그래서 다산 정약용(丁若鏞: 1762-1836)은 제사가 잔치에서 형식을 모방했다고 설명합니다.

> 옛날에 제사의 예는 본래 잔치의 의식을 본뜬 것이다. 살아 있을 때는 잔치로 기쁨을 드리고, 죽으면 제사로 공경을 바치니, 그 뜻은 마찬가지다.

(정약용, 『제례고정(祭禮考定)』)

잔치와 제사의 차이는 생전과 사후라는 시점의 차이와 기쁨과 공경이라는 의식의 차이뿐입니다. 그 외의 구체적인 몸짓은 잔치와 제사가 크게 다르지 않습니다. 그런데 살아있는 사람들끼리 나누는 기쁨과는 달리, 죽은 자에 대한 제사에서는 경건한 마음과 정형화된 몸짓이 강조됩니다. 그러다 보니 실제 잔치와는 달리 흥이 나지 않습니다. 차분하고 절제된 몸짓과 그 몸짓에 담긴 지극히 경건한 마음만이 고요하게 드러날 뿐입니다.

이러한 제사의 마음과 몸짓은 죽은 자와의 의례적 만남이라는 점에서는 무당들의 굿과 동일하지만, 강렬한 타악기의 선율에 열정적인 몸짓이 난무하는 굿의 열광주의적 경향과는 정반대의 양상입니다. 열광주의적 굿이 죽은 자와의 극적인 만남을 통해 강하게 억압된 한(恨)을 풀거나 현실적으로 이루기 힘든 소망을 이루는 기복양재(祈福禳災)의 욕구를 성취하려 하는 반면, 경건한 제사는 그저 감사하는 마음으로 보답하면서 삶의 의미를 되새기는 데 치중합니다.

그런데 죽은 자와의 의례적 만남은 산 자의 삶의 양태와 질서에도 영향을 미칩니다. 굿에서 부각되었던 기복적 욕구와 열광적 몸짓은 일상생활에 새로이 자유분방한 파격을 만들어서 기존 질서에 상당한 혼란을 초래합니다. 이 때문에 조선시대에는 "술을 마시고 음악을 연주하며 밤낮으로 무슨 짓이든지 다 하고 있는데, … 강상(綱常)을 무너뜨리고 풍속을 어지럽히는 조짐을 더 이상 내버려 둘 수 없으니, 서울과 지방에서 엄히 금지하도록 하라."(『성종실록』 권99, 성종9년 12월 신축일)는 명이 내려지기도 했습니다. 그렇게 무속에서 극적으로 분출되는 열광적 흥분은 사회적 금기가 되었습니다.

이렇듯 열광적 흥분과 파격적 몸짓이 금지된 것은 의례에서 비롯되는 마음과 몸의 상태가 사회질서와 문화풍습에도 일정하게 영향을 주기 때문입니다. 격렬한 춤사위를 펼치기 위해서는 요란한 댄스음악을 듣고 조용한 명상을 위해서는 부드러운 클래식을 들어야 합니다. 따라서 죽은 자와의 경건한 만남을 지향하는 제사는 열광적 흥분에 따르는 자유분방한 몸짓을 금지하고 지극히 차분하고 절제된 형식의 몸짓을 조용히 반복할 뿐입니다. 몸 가는 데 마음 가는 법이기 때문이죠. 그리고 그렇게 다듬어진 심신(心身)들이 모여서 경건하고 질서있는 공동체를 이루게 됩니다. 제사를 통해 돌아가신 조상과 경건하게 만나는 의식은 일상생활을 전반적으로 가다듬고 경건하게 조율하는 모판인 것입니다.

경건한 재계와 무의식적 내면화

제사는 경건한 심신을 만들기 위해 준비하는 단계를 둡니다. 제사에 앞서 심신을 정결하게 만드는 재계(齋戒)를 하고, 제물로 드릴 희생과 음식 및 제사용 그릇과 도구들을 갖추어서 배치하는 진설(陳設)을 합니다. 중요하고 큰 제사를 모실 때에는 '산재(散齋) 7일, 치재(致齋) 3일'이라 하여 7일 동안 밖으로 몸가짐을 가다듬고 다시 3일 동안 안으로 조상에 대해 마음을 집중합니다. 이것이 몸과 마음이 정결하게 준비되는 재계의 과정입니다. 더불어 제사를 정성껏 준비하기 위해 제사 하루 전에 제사에 쓸 희생을 살피고 제기를 잘 닦으며 좋은 품질의 제수를 마련합니다.

제사를 위한 경건한 재계와 정성스런 준비는 제사 후에도 일정한 영향을 미쳐서 일상생활을 거룩하게 갱신하도록 만듭니다. 이 때문에 조선시대 선비들은 준비된 마음가짐으로 제사에 참여하는 것을 역설했으며, 그렇지 못하고 제사에 늦는다거나 준비를 제대로 하지 못할 경우에는 아예 제사에 참여하지 못하도록 제재하기도 했습니다.

그렇다면 실제로 제사에는 어떤 마음으로 임했을까요? 17세기 영남지역의 대표적인 선비였던 계암 김령(1577-1641)이 근40년 가까이 기록한 일기인 『계암일록』을 보면, 기제사는 늘 비통하고 슬픈 마음, 그립고 사모하는 마음

등 부모님의 은혜를 되새기는 마음이 마치 상투적인 표현인양 습관적으로 나타납니다. 그런데 병으로 고열, 오한, 통증, 호흡곤란 등이 심한 상황에서도 건강을 돌보지 않고 아픈 몸을 이끌고 억지로 철저하게 재계하고 제사에 정성을 다하는 모습을 보면 슬픔과 그리움 등이 어울린 경건한 마음자세는 실제였던 것으로 보입니다.

물론 모든 사람이 그렇게 정성과 경건한 자세를 견지했던 것은 아니었겠지요. 그러나 그러한 정성과 경건한 자세는 의식의 세계를 넘어서서 무의식까지도 스며들었던 것 같습니다. 얼마나 정성을 쏟고 의식을 집중했던지, 김령은 『계암일록』에서 모두 일곱 번의 꿈을 기록했는데, 그 대상이 모두 선친(先親)이었으며, 그것도 과거시험 발표나 제사 전후였습니다. 실제로 그는 제사를 올리기에 앞서 재계하는 과정이나 제사를 지내는 날에 선친의 꿈을 꾸었습니다. 심지어 며칠에 걸쳐 반복적으로 선친의 꿈을 꾸기도 했고, 제사 직후에도 선친과 조용히 담소하는 꿈을 꾸었습니다. 제사를 통한 효의 실천이 심신의 의식화를 넘어서서 무의식까지 침투했던 것입니다.

> 꿈에 돌아가신 어버이를 뵙고 조용히 이야기를 나누었는데, 뚜렷하기가 마치 평상시와 같았다. 내가 선군(先君)의 품 안에서 놀다가 깨어났으니 감회가 어떠했겠는가? 날이 샐 무렵에 시사(時祀)를 지냈다.
>
> (『계암일록』 1605년 8월 22일)

제사를 앞누고 선친에 대한 꿈을 꿀 만큼 제사의 경건성은 무의식적으로 내면화됩니다. 재계를 통해 고도로 집중된 상태에서 "마치 조상신이 실재하는 것처럼 제사를 지낸다"고 한 『논어』의 설명이 현실화된 것처럼, 경건한 제사는 죽은 이와의 경건한 만남을 생생하게 재현할 만한 수행 효과가 있습니다. 꿈으로 나타날 만큼 내면화된 경건성은 현실의 삶도 경건하게 만들 수밖에 없습니다. 그리고 제사를 모시는 '봉제사(奉祭祀)'의 경건성은 일상에서도 경건하게 손님을 대하는 '접빈객(接賓客)'의 조화로 확장되기 마련입니다. 길례라고 불리는 제사의 길한 작용은 이렇게 일상 속에서 구현됩니다.

신종추원, 죽음을 기억하는 제사 문화

죽음과 삶은 늘 교차하며 반복됩니다. 누구나 한번 태어났으면 한번 죽게 마련입니다. 삶은 단 한 번뿐입니다. 그런데 인간은 단 한 번뿐인 삶을 살면서도 영원을 꿈꿉니다. 그래서 죽음 이후의 삶에 대한 상상은 극락이나 천국 혹은 윤회로 나타납니다. 그러나 그런 상상과는 다른 방식의 영원 추구가 가능합니다. 바로 제사입니다. 제사는 개별적인 죽음을 가족 공동체의 생명 전승의 한 매듭으로 승화시킵니다. 죽은 이의 삶과 죽음은 후손들이 정성껏 드리는 경건한 제사 속에서 불후의 기억으로 상기되고 재생됩니다. 그리하여 삶은 지속됩니다. 제사는 바로 순간을 살면서 영원을 추구하는 염원을 현실화시키는 의례인 것입니다.

제사를 맞아 우리는 비로소 삶의 뿌리를 상기하며 되새기고, 우리가 같은 뿌리에서 자라난 줄기와 가지이며, 후손들을 통해 좋은 꽃과 열매를 맺어야 한다는 사실을 새삼 깨닫게 됩니다. 그러한 깨달음이 죽음을 기억하는 제사 문화를 만든 원동력입니다. 『논어』에서는 "삶을 마감하는 죽음을 삼가고 돌아가신 조상을 추모하는" 신종추원(愼終追遠)이 문화의 핵심이라고 역설한 바 있습니다. 동양의 선인들이 인간다운 삶의 마감과 그 죽음을 의미 있게 상기하는 상례와 제사를 얼마나 소중하게 여겼는지 알 수 있는 대목입니다.

그러나 대부분의 현대인들은 상례와 제례를 인간다운 문화의 핵심이라고 여기지 않습니다. 전통시대의 사당처럼 죽음을 주기적으로 기억할 만한 공간도 더 이상 찾아보기 힘들고, 1934년 일제에 의해 제정되어 강행된 『의례준칙』 이래로 제사를 지내는 시간, 공간, 형식은 모두 편의적으로 간략하게 조정되었습니다. 이에 따라 제사를 지내는 사람들의 정성과 경건성도 기대하기 힘들게 되고 말았습니다. 제사와 제사 대상은 더 이상 반복적으로 기억될 만한 가치가 있는 것이 아니라 전통의 그늘 때문에 어쩔 수 없이 하지만 불편한 무언가가 되어 버렸습니다. 이런 상황에서 죽음을 상기함으로써 삶의 근본에 대한 성찰을 도모하는 제사의 본뜻을 실현한다는 것은 참으로 어려운 일이지요.

그럼에도 불구하고 제사는 필요합니다. 망각된 삶의 근원을 상기하는 것이 새로운 문화의 창출을 위한 밑거름이 될 수 있을 거라는 희망 때문입니다. 제사는 세파에 휩쓸린 채 잊혀지는 우리 존재의 근원에 대한 각성을 추동할 수 있습니다. 좁게는 생명 전승으로 이어지는 부모 자식 간의 정을 되살리는 것은 물론, 넓게는 인류와 지구적 차원에서 우리가 잊으면 안 되는 문화적 가치와 그것을 실현했던 사람들의 전승을 지속적으로 기억하고 그러한 가치를 현실 속에서 새롭게 창출하는 계기가 될 수 있습니다.

제사는 죽어서 현실적으로는 더 이상 만날 수 없게 된 분들과 의례적으로 만남으로써 산 자들의 슬프고 그리운 마음을 위로하고 죽은 분들에 대한 감사와 보답의 마음을 표현하는 기회인 동시에, 그분들의 삶과 죽음을 기억함으로써 자칫 흐트러지기 쉬운 삶의 근본에 대해 성찰하고 의미 있는 가치로 삶을 새롭게 충전하는 계기입니다. 돌아가신 조상의 삶과 죽음을 주기적으로 음미하는 제사는 후손들에게 전해 줄 내 삶과 죽음을 반복적으로 예비하는 의례이기도 합니다. 따라서 조상과의 의례적 만남을 통해 새로운 가치를 창출하는 삶을 경건하게 일구어 나갈 때, 제사는 조상과 나 그리고 후손까지 연결하는 진정한 '길례'가 될 것입니다.

만약 이러한 가능성을 확장할 수 있다면, 제사는 인류가 정말 기억하고 지속해야 할 가치에 대한 연대와 전승의 역사를 만들어 내는 의례적 기제로서도 주목할 만합니다. 문제는 우리가 진정 기억하고 후세에 전할 만한 가치가 무엇인가 하는 성찰입니다. 이에 대한 답변에 따라 우리는 순간과 망각의 늪에서 사라질 수도 있고, 영원과 기억의 하늘에서 빛날 수도 있습니다. 지금 내 삶은 과연 내 죽음 뒤에도 제사를 통해 지속적으로 기억할 만한 가치가 있는 것인지요?

더 읽어 볼 만한 글

- 박종천, 『서울의 제사, 감사와 기원의 몸짓』, 서울특별시 서울시사편찬위원회, 2013.
- 박종천, 『예, 3천년 동양을 지배하다』, 글항아리, 2011.
- 박종천, 『만화, 생사의 미궁을 열다: 한국인의 생사관과 만화적 상상력』, 한국만화영상진흥원, 2010.
- 한국국학진흥원 교육연수실 편, 『제사와 제례문화』, 한국국학진흥원, 2002.
- 한국국학진흥원 국학연구실 편, 『조상제사 어떻게 지낼 것인가』, 민속원, 2012.
- 한국종교민속연구회 편, 『종교와 조상제사』, 민속원, 2005.

족보

삶의 차이를 위한 죽음의 차이에 대한 기록

차 장 섭

족보는 가문의 역사입니다. 가문은 가족의 확대 개념입니다. 사회 조직 가운데 가장 큰 것이 국가라면 최소의 단위는 가족입니다. 한 국가의 역사를 기록한 것은 국사(國史)라고 한다면 가족의 역사를 기록한 것은 족보(族譜)입니다. 역사는 '과거와 현재의 대화'라고 합니다. 현재의 과제를 해결할 수 있는 방안을 찾기 위해서 과거의 기록인 역사를 연구하는 것입니다. 국가의 문제를 해결하기 위해서 국사가 필요하듯이 가족과 개인의 문제를 해결하기 위해서는 기족의 역사, 족보가 유용합니다.

족보는 바로 자신의 뿌리입니다. 인간의 존재는 조상들이 남긴 유산입니다. 자신의 모습은 육체적 ·정신적으로 조상의 모습을 계승하고 있습니다. 자신의 육체적인 모습을 보고자 한다면 그것은 가까이는 부모, 그리고 멀리는 조상의 모습을 보아야 합니다. 그리고 정신적으로 대대로 내려오는 가풍은 하루아침에 이루어지는 것이 아니며, 쉽게 바꾸어지는 것도 아닙니다. 족보라는 뿌리를 바탕으로 현재의 자신은 존재하는 것입니다.

족보의 의미와 기원

족보(族譜)는 한 동족이 그들의 시조로부터 현재 자손까지의 계보를 중심으로 관계를 기록한 것입니다. 족보의 기능은 종적인 것과 횡적인 것으로 구분됩니다. 종적으로는 시조에서 현재 동족까지의 세계(世系)를 나타내 주며, 횡적으로는 현재 동족 상호간의 혈연적 원근(遠近) 관계를 표시해 줍니다.

우리나라에서 족보가 간행되기 시작한 것은 고려시대부터일 것으로 추측됩니다. 중국의 송나라에서 족보 간행이 유행하였는데 그 영향으로 고려시대 왕족, 귀족들을 중심으로 족보가 간행되기 시작했을 것으로 생각됩니다. 1152년(의종 6)에 작성된 김의원(金義元)의 묘지(墓誌)에 "옛날에는 족보가 없어서 조상의 이름을 모두 잃었다"라고 함에서 알 수 있듯이 고려 초기에는 사가(私家)의 가계 기록인 족보와 같은 것은 없었습니다. 문종 이후 고려의 문벌귀족사회가 발전함에 따라 가보(家譜)·가첩(家牒)·세보(世譜)·족보(族譜) 등의 용어는 있었습니다. 그러나 이 당시의 족보는 15세기에 비로소 나타난 조선시대의 족보와는 성격이 다른 것이었습니다. 즉 내외세계(內外世系)를 기재한 족도(族圖)가 작성되었을 뿐입니다.

족보 편찬은 조선시대에 들어와서 왕실족보가 편찬되면서 촉진되었습니다. 조선시대 왕실에서는 적서(嫡庶)의 구분을 명확하게 한다는 명분 아래 1412년(태종 12)에 『선원록(璿源錄)』·『종친록(宗親錄)』·『유부록(類附錄)』을 작성한 이래로 『국조보첩(國朝譜牒)』·『당대선원록(當代璿源錄)』·『열성팔고조도(列聖八高祖圖)』 등을 종부시(宗簿寺)에서 편찬하여 비치하였습니다. 그리고 돈녕부(敦寧府)에서는 외척과 부마를 대상으로 한 『돈녕보첩(敦寧譜牒)』을 편찬하였으며, 충훈부(忠勳府)와 충익부(忠翊府)에서는 각기 역대 공신들의 족보를 작성하여 비치하였습니다.

이후 15세기부터 사가(私家)에서도 족보가 편찬되기 시작하였는데, 현존하는 것으로는 안동권씨 성화보(1476), 문화류씨 가정보(1565), 강릉김씨 을축보(1565) 등이 대표적인 것입니다. 그리고 17세기부터 족보의 간행이 일반화되었습니다. 16세기 이래 민중의 성장에 따른 천민층의 양민화와 임진왜란과 병자호란 등으로 인한 신분질서의 해이로 17세기 후반부터 족보가 발간되었습니다. 이는 전통적인 양반 가문이나 신흥세력을 막론하고 모두 세계(世系)와 족계(族系)를 정리하겠다는 의도에서 비롯되었습니다.

조선 후기에는 족보가 없으면 상민으로 전락하여 군역(軍役)을 져야 하기 때문에 상민들은 양반이 되려고 관직을 사기도 하고 호적이나 족보를 위조하여 새 양반이 되는 경우가 많았습니다. 한일합방으로 신분제가 붕괴되면서 족보의 간행은 더욱 활발해졌습니다. 일제시대 출판물 간행의 1위를 족보가 차지할 정도였습니다. 즉 신분제의 붕괴로 그동안 신분제 때문에 족보에 등재되지 못했던 사람들이 모두 족보를 간행함으로써 족보의 간행이 폭발적으로 늘어날 수밖에 없었던 것입니다.

족보의 종류와 유형

족보는 신분과 기록하는 방식, 범위에 따라서 다양한 형태로 편찬되었습니다. 족보는 신분과 지위에 따라서 왕실족보(王室族譜)와 사가족보(私家族譜)

로 구분되며, 기록하는 방식에 따라서 족도(族圖)와 족보(族譜), 팔고조도(八高祖圖), 가첩(家牒) 등으로 구분됩니다. 그리고 족보는 수록하는 범위에 따라서 모든 성관의 혈통 관계를 기록한 만성보(萬姓譜)와 특정 한 성씨의 혈통관계를 밝힌 씨족보(氏族譜)로 구분됩니다. 씨족보는 파보(派譜)와 대동보(大同譜)로 다시 구분됩니다.

왕실족보는 왕친(王親)을 기록한 선원록(璿源錄)과 종친(宗親)을 기록한 돈녕보첩(敦寧譜諜)으로 구분됩니다. 선원록은 종부시에서 작성하였으며, 왕의 내외(內外) 후손인 왕친을 대상으로 하였습니다. 선원록은 다양한 형태로 작성되었습니다. 『선원록』, 『종친록』, 『유부록』, 『어첩(御牒)』, 『팔고조도』, 『선원계보기략(璿源系譜記略)』, 『왕비세보(王妃世譜)』, 『선원속보(璿源續譜)』 등이 그것입니다. 이들 가운데 『선원록』·『종친록』·『유부록』·『어첩』·『팔고조도』는 조선 전기부터 간행되었으며, 『선원계보기략』·『왕비세보』·『선원속보』 등은 조선 후기에 새롭게 간행되었습니다. 반면 『돈녕보첩』은 돈녕부에서 작성하였으며, 종친부에 속하지 않는 종친과 외척을 대상으로 하였습니다. 다양한 형태의 선원록과는 달리 돈녕보첩은 단일종류만 작성되었습니다.

조선 후기 왕실족보는 『선원계보기략』, 『선원속보』가 간행되면서 그 성격이 변하였습니다. 조선 전기에 간행된 왕실족보는 왕실의 친족들을 파악하여 이들에게 합당한 예우를 하기 위함이었습니다. 그러나 조선 후기에 새롭게 간행되기 시작한 왕실 족보들은 16세기 이후 예학의 심화와 종법적인 가족제도의 정착 등으로 변화된 사회의식을 반영한 것입니다. 따라서 조선 후기 왕실족보는 왕실 친족의 예우와는 무관하게 세보적(世譜的)인 성격을 띠게 되었습니다.

사가족보는 기록하는 방식에 따라서 족도와 족보, 팔고조도, 가첩 등으로 구분됩니다. 족도(族圖)는 족보의 초기 형태로 한 장의 장지(壯紙)에 가계를 기록한 것입니다. 족도는 일반 족보처럼 정간(井間)을 지어서 기록하지 않고 단지 계보만을 알 수 있도록 붉은 선으로 연결시켜 가계를 기록하였습니다. 족도는 고려시대부터 조선 초기까지 주로 제작되었는데, 세계를 증명하는 증빙서류와 같은 기능을 하였습니다. 족도는 소규모의 직계 조상을 중심으로 만든 가승(家乘)의 일종으로 사문서인 동시에 국가적으로 개인의 가계와 혈통을 말해 주는 공적인 신원증명서와 같은 기능을 수행하였습니다. 15세기 말부터 족보의 편찬이 시작되면서 족도는 족보를 만드는 데 기본 자료로 활용될 뿐 족보로서의 기능은 거의 상실되었습니다.

족보(族譜)는 조상의 가계 기록을 좀 더 체계화하여 서책(書冊)으로 편찬한 것을 말합니다. 우리나라 최초의 족보인 『안동권씨성화보』가 15세기에 편찬된 이후 중앙정계에 진출한 양반관료층은 자신들의 정치사회적인 지위와 권위를 높이기 위해 족보를 발간하였습니다. 17세기에 들어 왜란과 호란을 겪으면서 명문가가 몰락하는 대신 신흥세력이 대두하면서 사가(私家)의 족보 편찬은 경쟁적으로 이루어졌습니다. 그리고 한말과 일제 때는 조선 전기부터 족보를 간행했던 명문 · 거족들의 족보 속간(續刊)도 더욱 활발하였지만 북한지방과 신흥세력들에 의한 족보의 창간이 많았습니다.

족보는 수록 범위에 따라서 대동보와 파보로 구분됩니다. 대동보(大同譜)는 동성동본의 모든 동족을 기록한 것으로 시조의 제사와 대동행렬자의 사용을 통해 족적 유대를 강화시키고자 하였습니다. 파보(派譜)는 동성동본 가운데 분파된 같은 파에 속한 동족의 가계를 기록한 것입니다. 족보에서 파(派)는 18세기부터 본격적으로 나타나기 시작하였습니다. 파가 출현한 초기에 파보는 족보에서 자신의 직계 조상을 용이하게 찾기 위한 기능을 가지면서 대동보를 준비하는 과정이었습니다. 그러나 후대로 가면서 이보다는 파조(派祖)를 중심으로 자기 파의 결합과 다른 파와의 구별을 위한 수단으로 바뀌었습니다.

팔고조도(八高祖圖)는 나를 중심으로 나의 조상을 고조(高祖) 즉 4대조까지 밝힌 가계도입니다. 팔고조도의 작성 방식은 나를 기점으로 밑에서부터 위로 올라가는 것이며, 팔고조도는 형태적으로 정간에 열서하는 방식을 택하였습니다. 팔고조도를 한 단위로 한 것은 어느 한 사람의 가계 배경을 살필 때 그의 고조의 선까지를 한계로 하는 것이 관례였기 때문입니다. 그러나 팔고조도라 하여 조상 파악이 고조대(高祖代)에 그치는 것이 아닙니다. 즉 자신의 부계(父系) 조상 한 분 한 분에 대하여 팔고조도를 만드는 방식으로 자신의 내외 조상들을 알 수 있게 하였습니다. 팔고조도의 진정한 의미는 부계와 모계를 동일한 비중으로 다루고 있다는 것입니다. 나의 뿌리를 생각함에 있어 부계와 모계를 동일한 차원에 놓고 동일한 비중으로 기록함으로써 나의 뿌리를 부계 중심으로 밝히는 족보와는 그 성격이 크게 달랐습니다.

가첩(家牒)은 한 집안의 계보를 직계에 한정하여 적은 절첩본 형태의 족보입니다. 가보(家譜) 혹은 가승(家乘)이라고도 하는 가첩은 시조 이하 중조(中祖)·파조(派祖)를 거쳐 본인에 이르기까지 직계존속만을 수록하였습니다. 이외에 조상과 관련된 전설이나 사적을 모아서 꾸미기도 하고, 친족 구성원들의 생일과 제사일을 기록하여 가족 행사를 기억하는 데 참고하기도 하였습니다. 특히 가첩은 절첩본 형태로 되어 있어서 휴대용으로 적합하였습니다.

만성보(萬姓譜)는 모든 성관의 혈통관계를 기록한 것입니다. 만성보는 자기 집안의 족보뿐만 아니라 타 가문의 족보에 관한 지식을 말하는 보학(譜學)의 발전과 궤를 같이 합니다. 만성보는 보학의 가장 기본적이고 효율적인 수단으로 다양하게 활용되었습니다. 만성보를 통해서 해당 가문의 내력을 알고 특정 인물의 가계 배경을 파악하였습니다. 족보의 진위를 분변하고 혼인 등을 위해 상대의 가계를 이해하고, 가문의 족보를 편찬하는 데에도 만성보를 활용하였습니다. 따라서 만성보는 각 문중에서 발간하는 족보에 비해 상세함이나 정확성이 떨어질 수는 있으나 어느 집안이건 그 계통을 한눈에 파악할 수 있다는 점에서 중요한 의미를 갖고 있었습니다.

족보의 수록 내용과 변화

족보의 체계는 서문, 시조와 중시조, 범례, 본문, 발문의 순서로 되어 있습니다. 서문은 족보 간행의 의의와 종족의 근원 및 내력을 기록하고 있습니다. 시조 및 중시조, 그리고 역사적으로 현조(顯祖)에 대해서는 그들의 전기와 함께 분묘도에 대한 도판을 수록하였습니다. 범례는 독자의 편의를 제공하기 위한 것으로 편찬 지침을 밝히는 것입니다. 본문은 계보표를 기록하는 것으로 시조부터 시작하여 세대순으로 종계(縱系)를 이루고 있습니다.

족보의 각 인물에 대해 기록하는 본문의 수록 내용은 이름, 자호, 시호, 생몰연월일, 과거(科擧)와 관직(官職) 중심의 이력, 묘의 위치, 배우자의 가계 등입니다. 그리고 자녀에 대해서는 후계 유무, 출계(出系) 또는 입양 및 적서 구별, 남녀 구분 등을 명백히 하였습니다. 특히 딸의 경우에는 이름 대신에 사위의 성명과 본관 등을 기입하였습니다.

그런데 족보의 기록 형식이 17세기를 기준으로 변화하고 있음이 주목됩니다. 그 변화의 내용을 정리하면 다음 표와 같습니다.

	17세기 이전	17세기 이후
기록범위	친손(親孫), 외손(外孫) 모두 기록	친손(親孫)만 기록
기록순서	남녀 구분없이 출생 순서로 기록	선남후녀(先男後女)의 순서
항렬자(行列字)	4촌, 8촌까지만 사용	대동항렬자(大同行列字)를 사용
양자(養子)	일반화되지 않음. 이성(異姓), 동성(同姓) 차남(次男)을 양자함	일반화됨. 동성(同姓) 장남(長男)을 양자함

기록의 범위에서 조선 전기의 족보에는 친손과 외손을 차별 없이 모두 기록하였습니다. 즉 조선 전기 족보는 친손과 외손 모두를 기록한 내외보(內外譜) 성격을 가지고 있었습니다. 반면 조선 후기 족보에서는 부계 중심의 친손만을 기록하는 것으로 바뀌었습니다. 그리고 기록 순서도 조선 전기에는 아들 딸 구분 없이 출생순으로 기록하였지만, 조선 후기에는 아들을 먼저 기록하고 다음에 딸을 기록하는 선남후녀(先男後女) 원칙을 고수하였습니다.

항렬자(行列字)를 사용하는 범위도 조선 전기와 후기가 달랐습니다. 항렬자는 소위 돌림자로 이름자 속에 그 인물의 대수(代數)를 표시하는 글자를 말합니다. 조선 전기에는 항렬자의 사용이 일반화되어 있지 않았을 뿐만 아니라 그 사용 범위가 4촌이나 8촌에 그쳤습니다. 그러나 조선 후기가 되면 항렬자의 사용 범위가 대수에 따라 정해진 글자를 사용하는 대동항렬자(大同行列字)를 사용하였습니다.

양자(養子)는 아들이 없는 집에서 다른 집 아들을 데려와 대를 잇게 하는 것입니다. 이 같은 양자하는 것이 조선 전기에는 일반화되어 있지 않았습니다. 그리고 양자를 할 경우에도 같은 성씨를 사용하는 친손뿐만 아니라 성씨가 다른 외손 중에서 그 집안의 첫째가 아닌 둘째 이후의 아들을 데려왔습니다. 그러나 조선 후기가 되면 아들이 없을 경우 양자를 하는 것이 일반화되었으며, 양자를 할 경우에 반드시 동성(同姓), 즉 남동생의 장남(長男)을 양자하였습니다.

이처럼 17세기 중반을 기준으로 족보 기록 형식이 달라지는 것은 당시의 사회의식의 변화를 반영한 것입니다. 성리학의 심화와 예학(禮學)의 발달, 종법적(宗法的) 가족제도의 정착으로 인하여 17세기를 기준으로 족보에 기록하는 형식도 변화한 것입니다. 조선 후기로 들어오면서 성리학의 심화로 인하여 조상에 대한 제사가 일반화되었습니다. 제사를 모실 경우 조선 전기에는 자녀들이 남녀 구분없이 돌아가면서 제사를 모시는 윤번제가 시행되었습니다. 그러나 후기에 들면서 제사를 두고 자녀들 간에 분쟁이 자주 일어나자 제사가 장자에게 고정되는 형식으로 바뀌었습니다. 아울러 재산 상속 방식도 남녀균분(男女均分) 상속에서 장자우위(長子優位) 상속으로 바뀌게 되었습니다. 이같은 사회 변화가 족보의 기록 형식에 그대로 반영된 것입니다.

족보의 위조와 대응

조선은 건국 이후 성리학을 국시(國是)로 삼고 국가적인 차원에서 모든 족보에 정확성을 기하고자 노력하였습니다. 조상과 자손, 그리고 친족 상호간의 관계에 대한 올바른 인식의 바탕 위에서 비로소 성리학적 예(禮)의 질서를 실현할 수 있다고 믿었기 때문입니다. 아울러 지배층인 양반들의 족보를 정확하게 기록함으로써 이른바 명분(名分)이라는 말로 표현되었던 신분적 질서를 확고히 유지할 수 있다고 보았기 때문입니다.

족보 간행의 원래 취지는 두 가지였습니다. 첫째, 조상의 좋은 가풍을 이어받고 조상의 유덕(遺德)을 추모하는 소위 '존조(尊祖)'입니다. 둘째는 친척 간의 촌수를 밝혀 친소(親疎)·원근(遠近)을 알며, 성씨 내부의 상하질서를 확립함으로써 화목을 돈독하게 하는 소위 '수족(收族)'이었습니다. 그런데 족보가 양반의 전유물로서 족보에 이름이 등재되면 양반으로 인정을 받아 군역이 면제되면서부터 족보가 위조되기 시작하였습니다. 즉 족보가 비록 사적인 기록이지만 실제로는 공적인 성격을 가지고 있었습니다. 족보에 등재되면 양반으로 인정되어 양역을 면제받았기 때문입니다. 따라서 양반들은 이를 악용하여 돈을 받고 상인과 천인을 족보에 모록하였습니다. 심지어 세력이 없는 일가에 대해서는 사적인 감정으로 족보에서 이름을 삭제하기도 하였습니다.

특히 18세기 후반 경제력과 문화적인 역량 면에서 양반에 버금가는 평민들이 족보 위조를 주도하였습니다. 그들은 복잡한 예법을 몸에 익혔으며, 독서 경험도 쌓은 사람들이었습니다. 또한 법률을 비롯하여 행정 관행을 숙지하였으며, 자신들의 의사를 한문으로 표현할 줄도 알았습니다. 그들은 양반 신분을 증명하는 족보만 빼놓고는 어느 모로 보나 웬만한 양반에 못지않은 실력자들이었습니다. 이들은 자신들을 별파(別派)와 별보(別譜)라는 명칭으로 족보에 등재하였습니다.

별파와 별보에 대해서 위와 다른 해석도 가능합니다. 별파와 별보는 가계의 연결 관계가 불분명한 사람들을 이른바 별보 혹은 별파라는 명칭 아래 족보에서 격리하여 수용하는 것입니다. 허위로 족보에 등재하는 것을 막기 위한 방법으로 구보(舊譜)에 누락된 자를 새롭게 등재할 때에는 별파와 별보에 기재하였습니다. 앞서 간행된 족보에서 누락된 자의 가계를 새롭게 족보에 등재할 때에는 파계(派系)가 분명하고 종중(宗中)의 모든 구성원에게 분명하게 알려진 경우에는 원보(原譜)에 입록(入錄)하는 것을 허락하고 그렇지 못할 경우에는 별록 혹은 추보에 수록하였습니다. 이는 구보에 등재되어 있지 못한 누락자를 새롭게 족보에 등재를 허락하는 데 있어서 좀 더 신중을 기하고자 하는 의도였습니다.

그러나 별파와 별보가 20세기에는 오히려 합법적인 방법으로 족보에 등재하는 수단으로 변모하였습니다. 한일합방 이후 신분제가 무너지면서 성씨를 사용하지 못했던 노비마저 성씨를 사용하기 시작하였습니다. 그리고 족보에 등재하지 못했던 중인 세력들이 그들의 경제력을 바탕으로 족보에 등재하는 방법으로 별파와 별보를 이용하였습니다. 따라서 20세기 이후 간행된 족보의 신빙성 검토는 더욱 신중할 필요가 있습니다.

한편 보학(譜學)의 유행은 족보 위조의 방어책 가운데 하나라고 할 수 있습니다. 보학은 자기 집안의 족보뿐만 아니라 타 가문의 족보에 관해서도 종합적으로 연구하는 것을 말합니다. 보학은 조선 후기 문벌 숭상의 사회 풍조가 생겨나면서 더욱 발전하였습니다. 만성보(萬姓譜)는 보학의 가장 기본적이고 효율적인 수단으로 다양하게 활용되었습니다. 만성보는 족보의 진위를 분변하고 혼인 등을 위해 상대의 가계를 이해하는 데 활용되었습니다. 조선 후기에 들어와 족보 편찬이 성행하면서 족보 위조, 양반 모칭 등 사회적인 문제점이 생겨나게 되었습니다. 이러한 현상이 일어날수록 그 진위를 파악하거나 혹은 현실적인 대응을 위해 보학에 대한 관심이 증대하게 되었습니다. 만성보는 이러한 현실적인 요구에 부응하여 생겨나게 된 것입니다.

족보의 사료적 가치

족보는 방대한 양의 정보를 가지고 있습니다. 그러나 우리나라의 족보에 대한 활용도는 극히 미약합니다. 그것은 족보는 위조된 것이라는 부정적인 시각으로 인해 족보의 활용도가 떨어졌기 때문입니다. 그러나 족보에 대한 적극적인 사료 비판과 타 사료와의 검증 작업을 통해서 분명 옥석을 가리는 작업은 가능합니다.

인물 정보 측면에서 족보의 기록은 비교적 정확합니다. 족보에 기록된 인물 정보 가운데 시조로부터 단선으로 내려오는 계보 기록은 위조된 것이 많습니다. 후대로 오면서 각 파들이 늘어나고, 타성(他姓)과의 결합이 이루어지면서 시조는 시대적으로 점점 위로 올라갔습니다. 따라서 정확한 전거를 확인할 수 없는 시조로부터 단선으로 이어지는 기록은 신빙성이 낮습니다. 반면 본문에 기록된 각 개인의 인물 정보는 비교적 정확한 편입니다.

강릉김씨의 경우 족보 기록과 호구단자를 비교해 보면 거의 일치함을 확인할 수 있습니다. 강릉김씨 족보의 내용과 비교할 수 있는 호구단자는 2종류가 발굴되었습니다. 하나는 1711년(숙종 37)에서 1885년(고종 22)까지 작성된 41통의 호구단자와 준호구로 8대에 걸친 인물 정보를 확인할 수 있습니다. 그리고 다른 하나는 1666년(현종 7)에서 1894년(고종 31)까지 작성된 58통으로 8대에 걸친 인물 정보를 확인할 수 있습니다. 족보가 사적인 기록이라면 호구단자는 국가에 의해 기록된 공적인 기록입니다. 그런데 이들 호구단자에 기록된 인물 정보와 강릉김씨 족보에 기록된 내용을 비교해 보면 거의 일치하고 있음을 알 수 있습니다. 즉 본인과 배우자의 사조(四祖) 즉, 부(父), 조(祖), 증조(曾祖), 외조(外祖) 등 모든 기록이 거의 일치하였습니다. 따라서 조선시대 족보에 대해 타 자료와 검증을 통한 사료 비판이 이루어진다면 역사연구에 중요한 사료적 가치가 있을 것으로 생각됩니다.

족보는 인구학, 가족사, 계보학 등에 매우 유용한 사료입니다. 인구학은 다양한 자료와 분석을 통하여 과거의 인구 변동을 연구하는 분야입니다. 우리나라 인구학에서는 호적 자료와 함께 족보 자료를 적극적으로 활용하고 있습니다. 특히 성균관대학교 대동문화연구원이 중심이 되어 역사인구학 자료로서의 족보 자료를 이용하기 위한 기초 작업을 진행하고 있습니다.

인구사에서 족보 자료를 이용할 경우 사료 비판이 우선되어야 합니다. 부부 가족의 자녀 수가 정확하게 기록되었다고 보기는 힘들기 때문입니다. 즉 조선 전기에 남녀가 동등하게 기록된 경우라 하더라도 남성의 비중이 높게 나타나고 있습니다. 이는 여성을 등재하는 데 소홀함이 있었음을 보여주는 것입니다. 그리고 조선 후기에 들어와 새로운 집단이 등재됨으로 인해 족보에 등재되는 인원이 급격하게 늘어나는 경우를 흔히 볼 수 있습니다. 이상과 같은 현상을 충분히 고려하여 인구사 연구에 임해야 할 것입니다.

가족사 연구에 족보는 필수적인 자료입니다. 가족은 사회집단 가운데 가장 기초가 되는 단위입니다. 가족사는 가족의 외적 구조인 가족 형태의 역사적 변천 과정, 가족원의 수, 가족의 결합 범위, 가족의 역할 등을 중요한 연구 대상으로 하고 있습니다. 족보는 가족사의 가장 기본적인 자료로 이를 통해서 가족의 변화를 파악할 수 있습니다.

계보학은 사람과 사람과의 관계, 즉 사회관계를 혈통을 중심으로 연구하는 분야입니다. 역사적인 사건의 진상을 규명할 때 혈통 관계 또는 족적 관계를 조사하는 것은 그 사건을 이해하는 데 매우 중요합니다. 따라서 계보학은 일찍부터 존재하였습니다. 현재 간행되는 상세한 전기나 인명사전도 이러한 계보학적 기초가 뒷받침이 되었을 때 비로소 가능한 것입니다. 특히 중국고대에는 계보가 관리 등용의 중요한 참고자료가 되고 있어서 계보학 연구가 활발하게 이루어졌습니다.

오늘날 족보의 의미

오늘날에도 족보는 꾸준히 발간되고 있습니다. 일제시대에는 출판물 간행 1위를 차지할 만큼 많은 양의 족보가 발간되었습니다. 한일합방으로 신분제가 철폐되고 노비 등 모든 신분이 성씨를 사용하면서 사실상 누구라도 호적에 적힌 본관과 성씨를 근거로 해당 성관의 족보에 들어갈 수 있는 길이 열렸기 때문입니다. 그러나 오늘날 족보의 의미는 많은 변화가 생겼습니다. 따라서 오늘날에는 시대정신에 맞는 변화된 족보가 필요합니다.

첫째, 남녀 차별의 철폐입니다. 족보에 수록하는 내용은 생몰연월일, 과거 관직 중심의 이력, 묘의 위치, 배우자의 가계 등입니다. 그런데 족보에 기록하는 형식이 17세기를 기준으로 하여 변화하였습니다. 앞에서 살펴본 바와 같이 조선 전기까지는 친손(親孫), 외손(外孫) 구분 없이 모두 출생 순서로 기록하였습니다. 그러나 17세기 중반을 기준으로 족보 기록 형식이 달라지면서 외손은 제외되고 친손만 기록하였습니다. 그리고 기록 순서도 선남후녀(先男後女)로 바뀌었습니다. 이는 아들 딸 구분 없이 윤번제로 제사를 모시고, 재산의 상속도 남녀 균분 상속하던 전통에서, 제사가 장자에게 고정되고 재산의 상속도 장자 우위의 상속으로 변화한 것을 반영한 것입니다. 오늘날 족보가 부계 중심, 남자 중심으로 변화한 것이 우리의 전통이 아님을 알 수 있습니다. 따라서 오늘날 족보는 현재의 시대정신을 반영하여 친손, 외손을 모두 기록하는 남녀 평등의 방식으로 바뀌어야 합니다.

둘째, 신분 차별의 철폐입니다. 향리나 서얼들에 대한 차별, 집권세력이었던 벌열(閥閱)과 벼슬을 하지 못했던 한족(寒族) 간의 차별의식도 없어져야 할 요소입니다. 선조들의 신분적 귀천이나 직업적 차별에 관계없이, 모든 사회 구성원이 평등한 입장에서 정치 활동의 자유, 직업 선택의 자유, 결혼의 자유 등을 누리는 사회가 되었습니다. 따라서 족보도 이 같은 사회 상황을 반영하여 좀더 발전적인 형태로 변화되어야 합니다.

오늘날 족보는 가족사(家族史)로서 그 존재 가치를 인정받고 있습니다. 역사의 중심에는 언제나 자기 자신이 있습니다. 따라서 세계사보다는 한국사, 한국사보다는 지방사, 지방사보다는 가족사가 중요합니다. 한국사를 공부하는 것은 한국인으로서의 정체성을 확립하기 위한 것입니다. 역시 족보를 공부하는 것은 가족의 일원으로서 정체성을 확립하고 자신의 미래 행동 방향을 결정하기 위한 것입니다. 따라서 오늘날 족보는 자신의 뿌리를 통해 정체성을 확립하는 작업입니다.

족보는 과거에 살았던 죽은 자에 대한 기록이지만 현재를 살아가고 있는 산 자들을 위한 기록입니다.

더 읽어 볼 만한 글

- 이수건, 『한국의 성씨와 족보』, 서울대학교출판부, 2003.
- 정승모, 『한국의 족보』, 이화여대출판부, 2010.
- 박홍갑, 『우리의 성씨와 족보 이야기』, 산처럼, 2014.
- 차장섭, 「조선시대 족보의 편찬과 의의」, 『조선시대사학보』 2집, 1997, 6.

장례

몸을 통해 이루어지는 완전한 죽음

세키네 히데유키(関根英行)

한국의 전통사회는 유교 종주국으로서의 명목을 유지하면서 상제례를 지내왔지만 그것이 외래 의례라는 이유도 있기 때문에 본래의 의미를 모르는 채 의례의 준수에만 매달려 왔습니다. 급격한 가족 구조의 변화에 따라 한국의 전통적 유교 사자 의례가 앞으로 얼마나 유지될지 예측하기 어려운 이 시점에 다시금 상제례의 의미를 고찰하자는 것이 이 글의 취지입니다. 필자의 가설은 상제례가 중국의 특정한 공간에서 고안된 것이 아니라, 동아시아에서 공유되는 '이중장'에서 유래된 사자의례라는 것입니다. 따라서 거기에 내포되어 있는 상징적 구조는 한국 상제례의 전유물이 아니라 무속의 사령제나 일본의 불교식 사자의례 등 동아시아에 분포되어 있는 여러 사자 의례에서 찾을 수 있는 것입니다. 이러한 사실은 이중장이 만들어진 사회적 요건, 즉 농경을 바탕으로 한 정주 생활이 유지되는 한, 형태는 변한다 할지라도 상제례에 내포되어 있는 상징적 구조는 한국 사회에 유지될 것으로 생각됩니다.

상제례의 기원과 이중장

그동안 유교의 종주국을 표방해 온 한국에서는 장례식이나 제사, 즉 유교식 사자의례(死者儀禮)인 상례(喪禮)나 제례(祭禮)가 준수되어 왔는데 사람들은 이러한 의례의 의미를 충분히 알았으며 연구자 역시 이러한 의례의 의미를 충분히 규명했다고 할 수 있을까요?

제사에 대해서는 『주자가례(朱子家禮)』를 비롯한 예서(禮書)의 해석은 잘 해왔다고 할 수 있지만 거기에 내포되어 있는 상징적인 의미는 이와 같은 문헌 분석만으로는 한계가 있는 듯합니다. 그리고 유교의 사자의례는 조상숭배의 관점으로 파악되는 경우가 많지만 거기에 수반되는 '감사'나 '기원(祈願)'과 같은 관념은 제례를 설명하기에는 적합하나 상례를 설명하기에는 다소 무리가 있어 보입니다. 다시 말하자면, 지금까지 유교 사자의례인 상례와 제례를 일관된 시각으로 포괄적으로 설명할 수 있는 모델이 없었던 것 같습니다.

또한 유교 사자의례와 '씻김굿'을 비롯한 무속의 사령제(死靈祭)나 토착 장묘문화인 초분(草墳)과의 관련성에 대한 해명도 충분히 이루어지지 않았던 것 같습니다. 공자의 어머니가 장송의례 전문 무당인 '유(儒)'였다는 사실을 감안하면 유교와 무속과의 관련성을 재조명할 여지가 있다고 할 수 있습니다.

그동안 한국과 일본에서는 전통적 사자의례에 대해서 한국이나 일본 혹은 유교나 불교와 같은 범주 속에서 고찰해 왔습니다. 그러나 국가나 종교의 범주를 넘어 동아시아의 공통적인 죽음관 내지 영혼관의 모델을 설정하여 한국의 상제례를 재해석할 필요가 있는 것 같습니다. 필자는 그 실마리로서 동남아시아의 미개사회를 중심으로 동아시아에서 널리 볼 수 있는 '이중장(二重葬)'에 주목하고자 합니다.

이케다 스에토시(池田末利, 1910~2000)는 고대 중국의 사자의례를 수록한 『의례(儀禮)』에서 원래의 핵심 사자의례를 재구성하여 거기에서 이중장의 구조를 발견하였습니다. 이중장은 '복장(複葬)'이라고도 하는 학술용어인데, 임종 후 시체를 바로 땅에 매장하지 않고 가매장한 후 살이 썩으면 뼈만을 추려 다시 땅에 묻는 방식의 장제(葬制)입니다. 가매장을 1차장, 본장을 2차장이라고 하며, 지역에 따라서 1차장이 대상장(臺上葬)이나 화장(火葬)이라고 하는 경우도 있습니다. 한국의 전형적인 이중장은 초분, 일본의 그것은 세골장(洗骨葬)으로 알려져 있습니다.

이와 관련해서 가지 노부유키(加地伸行, 1936~)는 유교 사자의례의 기원을 혼(魂)과 백(魄)을 연결시키는 샤머니즘으로 파악하였습니다. 이러한 의례를 하기 위해서는 그 전제로서 두개골을 보존해야 하는데 이것이 이중장이었을 개연성이 있습니다.

이 글에서는 이러한 선학의 견해를 실마리로 상제례에 이중장의 상징적 구조가 내포되어 있는 양상을 밝히고자 합니다. 우선 미개사회의 이중장의 기원과 상징적 의미를 고찰하고 거기에 내포되어 있는 상징구조가 고대 중국의 사자의례 및 한국의 상제례에 어떻게 계승되어 있는지 살펴보고자 합니다. 그럼으로써 오늘날 한국에서 이루어지고 있는 여러 사자의례의 본질적 의미를 고찰하고자 합니다.

혼백 합체의 샤머니즘

가지 노부유키는 유교 사자의례의 기원을 혼과 백을 연결시키는 '초혼재생(招魂再生) 샤머니즘'으로 파악하였습니다. 고대 중국의 장송의례 전문가였던 유는, 인간은 정신을 주재하는 혼과 육체를 지배하는 백으로 되어 있으며 사망하면 혼은 하늘로 백은 땅으로 간다고 생각했습니다. 그것은 혼백(魂魄)이라는 한자에 나타나 있습니다. '魂' 자 안의 '云' 자는 하늘에 떠 있는 구름을 상징하는 한편, '魄' 자 안의 '白' 자는 백골을 상징합니다.

사실 유의 본질적인 역할은 분리된 혼과 백을 다시 연결시켜서 이 세상에 재현시키는 일이었던 것입니다. 그 기법을 혼을 초래하여 백을 회복한다는 뜻으로 '초혼복백(招魂復魄)' 의례라고 합니다. 이 의례를 통해 사자는 사망한다 하더라도 혼백을 합치는 의례를 통해 다시 이승으로 돌아오는 것을 보장받을 수 있습니다.

상제례는 이 의례를 상징화한 것입니다. 원래 두개골이었던 백은 대용품으로서 나무판인 신주(神主)가 되었고 더 나아가서는 종이로 된 일회용 백인 지방(紙榜)이 되었습니다. 또한 불교가 신주를 위패(位牌)로서 수용하기도 했습니다.

유는 어떤 샤먼이었을까요? 엘리아데(Mircea Eliade, 1907~1986)의 『샤머니즘』(1964) 이후, 샤머니즘의 기법을 자신의 영혼을 초자연적인 세계로 비상시키는 탈혼형(脫魂型, ecstasy type)과 반대로 자신을 향하여 신령을 하강시키는 빙령형(憑靈型, possession type)으로 나누는 것이 일반적입니다.

분포지역을 일률적으로 분류하는 것은 문제가 있지만 중국에서는 대체로 황하유역에서는 탈혼형 샤먼이, 장강유역에서는 빙령형이 발달했습니다. 초혼복백 의례는 사령을 백으로 하강시키는 의례이기 때문에 엘리아데의 유형에 따르면 빙령형 샤머니즘으로 분류됩니다. 즉 초혼복백 의례는 남방계 샤머니즘에 속합니다.

초혼복백 의례에는 백이 불가결하기 때문에 이 의례의 전제로서 두개골을 거두는 장제가 바로 이중장이라 할 수 있습니다. 이중장 역시도 남방계 문화라 할 수 있습니다. 아프리카에서는 드물지만 열대 아메리카, 인도네시아, 멜라네시아, 뉴질랜드와 같이 적도 부근에 중심적으로 분포되어 있습니다. 동아시아의 경우는 중국 서남부의 야오족(瑤族, Yao), 먀오족(苗族, Miao)을 비롯한 소수민족이나 한족(漢族)에서도 확인됩니다. 그런데 유교 문화의 발상지인 산둥반도(山東半島)는 이러한 남부 지역과는 거리가 있습니다. 가령 동남아시아 지역에서 산둥반도까지 문화가 전파되었다면 과연 어떤 계기로 전파되었을까요?

그 문제 해결의 실마리로서 『의례』의 사자의례 절차에서 볼 수 있는 "쌀뜨물로 시체를 목욕시킨다", "입속에 쌀을 넣는다"와 같은 구절에 주목해볼 필요가 있습니다. 즉 이중장이 벼농사와 함께 산둥반도로 전파되었을 가능성이 있는 것입니다.

오늘날 벼농사가 장강유역에서 산둥반도로 부상하여 전파되었다는 점이 환경고고학적으로 증명되고 있습니다. 이 벼농사를 중심으로 한 문명을 황하문명과 대비해서 '장강문명'이라 부르기도 합니다. 이는 황하문명보다 1000년 거슬러 올라간 지금부터 6000년 전에 장강유역에서 부흥하였습니다. 그런데 지구 한랭화에 의해 4000~3000년 전에 황하유역의 밭농사 목축민의 남하에 따라, 〈그림 1〉과 같이 장강유역의 벼농사 어로민이 사방으로 흩어져 그 일부가 산둥반도까지 북상했다고 합니다.

〈그림 1〉 벼농사 어로민의 민족이동(安田2003:114)

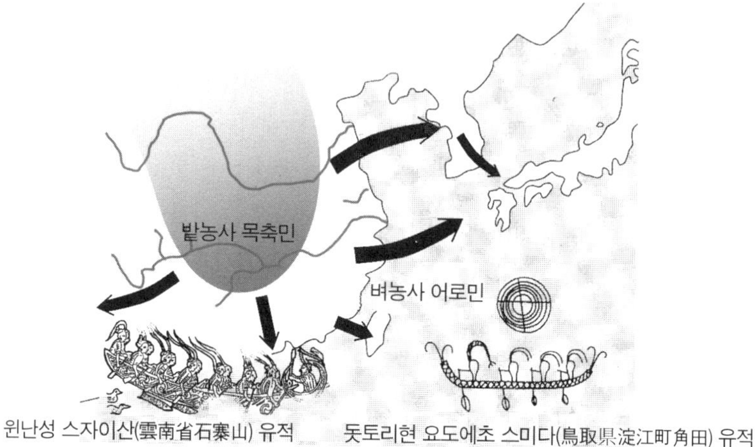

윈난성 스자이산(雲南省石寨山) 유적　　돗토리현 요도에초 스미다(鳥取県淀江町角田) 유적

유교 발상지는 황하(黃河) 남부와 회하(淮河) 북부로 된 황회(黃淮) 지역인데 이곳은 신석기 시대부터 벼농사와 잡곡재배가 혼합된 곳으로 알려져 있습니다. 남방계 문화였던 이중장과 초혼복백 의례가 벼농사 민족의 민족이동에 따라 잡곡재배 지역으로 전파되었다고 가정할 수 있습니다.

백골화의 상징적 의미

위에서 이중장의 혼백 관념에 대해서 살펴보았는데 거기에는 좀 더 복합적인 의미가 내포되어 있습니다. 그 이해를 돕기 위해 먼저 생자의 사자에 대한 심리나 행위를 살펴보고사 합니다.

세계의 다양한 장제는 사자에 대한 행위에 초점을 맞출 경우 이율배반적인 두 가지의 유형으로 분류됩니다. 하나는 시체의 '파괴'이며 다른 하나는 '보존'입니다. 이러한 행위의 배경에는 생자의 사자에 대한 심리가 반영되어 있습니다. 전자는 시체에 대한 '공포'이며 후자는 '친숙함'입니다.

이 모순된 심리를 지적한 연구자가 레오 프로베니우스(Leo Frobenius, 1873~1938)입니다. 그는 사자에 대한 심리에서 공포심이 앞서는 경우는 사자와의 관계를 단절하려고 시체를 집밖에 옮겨 묘혈에 묻고 흙을 덮는 장법을 택하고, 애정이나 존경이 앞서는 경우는 가능한 한 사자를 보존하려고 한다고 합니다. 특히 미개사회의 사람들은 사자에 대한 심리가 공포와 친숙함 사이에서 동요하기 때문에 그만큼 장례 관습도 시체의 파괴와 보존 사이에서 동요하게 된다고 합니다.

대체로 채집민족이나 수렵민족의 경우는 시자에 공포를 느껴 사체를 파괴하는 경향이 있습니다. 가령 사자를 악령으로 인식한다면 묘지를 찾거나 유골을 관리하는 일이 없을 것이며 악령을 기피하기 위한 주술은 한다 해도 사령을 조령(祖靈)으로 전환시키는 의례는 하지 않을 것입니다. 한편 농경민족은 사자와의 친숙한 관계를 유지하기 위해 시체를 보존하려는 경향이 있으며 이는 조상숭배 관념과 연결됩니다. 그런데 이중장은 정주도가 높은 수렵 · 채집민 중에서도 볼 수 있기 때문에 발생계기가 농경 자체에 있는 것이 아니라 오랜 정주생활과 관련이 있다는 지적이 있습니다.

여기서 우리는 이중장제가 시체에 친숙함을 느끼고 시체를 보존하려는 민족의 장제임을 알 수 있습니다. 그런데 이중장은 좀 더 복잡한 심리와 행위를 내포하고 있습니다. 에르츠(Hertz Robert, 1881~1915)는 보르네오 내륙의 다약족(Dayak)의 장제의 조사를 통하여 신체 상태와 영혼 상태에 상관관계가 있음을 발견하였습니다.

즉 사람이 사망하면 이승에서 저승으로 이행하여 그곳에서 영혼으로 다시 태어납니다. 사망 후 이승에서 시체의 부패 진행정도에 따라 저승에서의 영혼 재생도 이루어집니다. 그 기간 동안 사자의 영혼은 '이승과 저승의 중간'에 머물러 있습니다. 에르츠는 시체의 부패가 진행되는 과정을 살을 기준으로 볼 경우는 '해체'나 '소멸'이지만 뼈를 기준으로 볼 경우는 '정화'이며, 이 정화는 바로 영혼의 정화와 동일시되어 아직 저승에 가지 못한 사자를 '부정한 사령'이라고 말합니다. 그 기간 동안 복상자(服喪者)는 사자에게 '공포'를 느끼기 때문에 그에게 사자는 '위험한 존재'가 아닐 수 없습니다. 이처럼 시체가 백골화되어 가는 물질적인 정화 기간이 영혼의 정화 기간으로 간주되며 양자는 동일시됩니다.

이와 같은 복합적 의미를 내포하고 있는 과정이 1차장입니다. 사자는 영혼이 정화되어야 비로소 저승으로 떠날 수 있으며 그때 복상자에게는 더 이상 위험한 존재가 아니라 은총을 가져다주는 이로운 존재가 됩니다. 이 단계가 되어서야 이루어지는 것이 바로 2차장입니다.

이러한 이중장의 상징체계를 모델화하면 〈그림 2〉와 같이 나타낼 수 있습니다. 우선 1차장 기간에서 〈영혼 위치〉, 〈영혼 정화〉, 〈복상자의 심리〉, 〈복상자와의 관계〉의 각 상태는 물리적인 현상으로서의 〈시체 상태〉의 부패 진행 정도로 상징됩니다.

〈그림 2〉 이중장의 상징 체계 모델

	1차장	2차장
시체 상태	부패	백골
	(죽음)	(죽음 완료)
영혼 위치	------→ 이승과 저승의 중간 ------→	저승
영혼 정화	------→ 부정한 사령 ------→	정화된 사령
복상자의 심리	------→ 공포 ------→	친숙함
복상자와의 관계	------→ 위험한 존재 ------→	이로운 존재(조상신)

위와 같이 사망 이후 사자는 육체적 죽음을 맞이했지만 아직 죽음이 완료된 상태는 아닙니다. 따라서 〈영혼 위치〉는 이승과 저승의 중간에 놓여 있습니다. 그러다가 시체가 부패함에 따라 서서히 저승으로 이동합니다. 마찬가지로 〈영혼 상태〉는 처음에는 부정한 사령으로 존재하다가 서서히 정화된 사령으로 변화합니다. 사자에게 느끼는 〈복상자의 심리〉는 처음에는 공포의 대상이었다가 친숙함을 느끼는 대상으로 이행합니다. 그리고 〈복상자와의 관계〉는 처음에 사자는 복상자에게 위험한 존재이지만 서서히 이로운 존재로 변하게 됩니다. 이와 같은 변화들은 사체가 부패하여 점차 유골로 변하는 과정으로 상징화됩니다.

이중장의 의례화

그렇다면 고대 중국의 장제로서 이중장이 정착된 계기는 무엇일까요? 일반적으로 고대 중국의 사자의례의 특징은 다음과 같이 알려져 있습니다. 중국 사람들에게 타계 관념이 분명히 인식된 것은 한대(漢代) 이후였으며 선진(先秦)시대 이전에는 명확하지 않았습니다. 영혼의 존재를 믿지 않았다고 할 수는 없겠지만 유자를 비롯한 중국 사상가들은 그것을 중시하지 않는 경향이 있었습니다. 유교 체계 속에서 사자의례는 매우 중시되었지만 공자가 아직 삶을 모르는 상황에서 죽음을 알려고 할 필요가 없다는 입장을 밝히면서 영혼의 실재 여부는 보류상태로 있었습니다. 대신 의례를 통하여 사람들의 마음이나 윤리로 나타나는 행위가 중시되었던 것입니다.

그러나 전국시대가 되면 유교 경전인 『의례』나 『예기(禮記)』에 사후세계에 대한 관념이 나타나 있습니다. 특히 『의례』「사상례(士喪禮)」는 후대 예서 편찬의 중요한 근거가 됩니다. 앞에서 언급한 이케다 스에토시가 정리한 고대 중국의 기본적 사자의례는 다음과 같습니다.

① 설치(楔齒)·철족(綴足): 시체가 경직되지 않게 숟가락을 치아 사이에 끼우고 책상으로 다리를 구속한다.
② 목욕(沐浴): 쌀뜨물로 시체를 목욕시킨다.
③ 반함(飯含): 손톱이나 수염을 정돈하고 옷을 입힌다. 천으로 안면을 가리고 입속에 조개와 쌀을 넣는다.
④ 습(襲): 머리와 얼굴을 가리고 귀를 흰 면으로 막으며, 옷을 입히고 전신을 수의로 싼다. 여기까지가 사망 당일의 의례이다.
⑤ 소렴(小殮): 다음날, 19겹의 옷을 입히고 이불로 가려 시체를 방에서 당으로 옮긴다.
⑥ 대렴(大斂): 3일째에 30겹의 옷을 입힌다.
⑦ 빈(殯): 당 안 서쪽에 파놓은 구덩이에 관을 놓고 거기에 시체를 옮겨 안치한다. 여기까지가 1차장이다.
⑧ 계빈(啓殯): 빈을 마치고 3개월 후에 2차장을 한다. 그 전날에 빈궁(嬪宮)을 열어 관을 조묘(祖廟)로 옮긴다.
⑨ 조(祖): 관을 차에 싣고 의례를 한다.
⑩ 장(葬): 묘광에 옮겨 관을 내리고 부장품을 넣는다.

이케다는 이러한 절차에서 〈표 1〉과 같이 사후 직후 시체를 실내에 안치하는 1차장(殯=屋內葬)과 일정한 기간을 두고 옥외로 이장하는 2차장(葬-移葬=屋外葬)의 구조, 즉 이중장 구조를 찾았습니다.

〈표 1〉 고대 중국 사자의례의 기본 구조

1. 초혼의례	2. 1차장 (빈 = 옥내장)	3. 2차장 (장-이장 = 옥외장)
복(復)	(1) 입관준비 ① 설치 · 철족 ② 목욕 ③ 반함 ④ 습 ⑤ 소렴 ⑥ 대렴 (2) 입관 ⑦ 빈	⑧ 계빈 ⑨ 조 ⑩ 장

그런데 계빈(⑧)은 실내에 안치하여 3개월 후에 실시하는 것으로 되어 있습니다. 만약 동남아시아와 같이 습도와 온도가 높은 지역에서 옥외에 매장한다면 가능할지 몰라도 사실상 3개월 만에 백골화가 완료되는 것은 어렵습니다. 그렇다면 백골화가 완료되지 않은 상태에서 2차장을 실시해야 하는 이유는 어디에 있을까요?

아마도 인식상의 변화가 일어났다고 추정됩니다. 원초적인 이중장에서는 〈영혼의 위치〉 · 〈영혼의 상태〉 · 〈유족의 심리〉 · 〈유족과의 관계〉 등이 다른 상태로 옮겨지는 이행 기간, 그것을 판단하는 기준이 백골화라는 물리적인 현상이었습니다. 그러나 상징화가 진행되면서 물질적 변화보다 3개월이라는 기간이 더 중요하게 여겨져, 그 결과 백골화의 완료 여부에 관계없이 3개월만 지나면 바로 2차장을 지내게 된 것으로 추정됩니다.

고대 중국에서 이중장을 할 때 초기에는 시체를 비바람에 노출시켜 부패를 촉진시켰지만 후대에는 금수(禽獸)로부터 시체를 보호하기 위해서 흙으로 가리게 되었습니다. 그러므로 시체의 부패에 걸리는 기간 또한 길어졌습니다. 건조한 기후인 중국 황하유역에서는 부패가 완료되는 데 약 2년이 걸리며, 이러한 사실을 통해 고대 중국인은 임종부터 시작되는 '죽음'이 2년 후에 완료된다는 인식을 갖게 되었습니다.

이 기간은 후대에 유교의례로 계승되어 2년이라는 기간이 '삼년상(三年喪)'으로 정형화되었습니다. 2년과 삼년상에는 언뜻 보면 수치에 차이가 있는 것처럼 보이지만 이 차이는 유교의 독특한 날짜 세는 방법에 의합니다. 즉 '연령은 생일의 다음날부터, 명일은 사망한 전날부터 센다'(『礼記』曲孔上篇)고 합니다. 그렇게 세는 이유는, 신생아에 대해서는 장래의 행복을 바래서이며 사자에 대해서는 생전을 추모하기 위해서입니다. 예를 들어 사망했을 경우는 만 2년에 특별히 추가한 하루를 가하여, 햇수로 3년 즉 25개월째를 삼년상으로 정한 것입니다.

이와 같이 물리적인 현상을 상징적인 의례가 대신하면서 백골화에 걸렸던 기간이 상례가 완료되는 탈상까지의 기간으로서 적용된 것으로 생각됩니다.

한국 상제례의 형성

한국의 상제례는 성리학이 도입된 고려 말부터 시작하여 조선시대 이후 사대부들 사이에서 가묘(家廟)의 설립과 『주자가례』의 준행이 확산되었습니다. 그러나 상제례가 도입된 고려 말 당시 민중의 의식에 영향을 미쳤던 종교는 무속신앙과 불교였습니다. 불교식 사제의례는 불승의 도움을 받아 대체로 사망 → 화장 · 수골 → 불사 유골 안치 → 매장(매골)의 순서로 행해졌습니다.

그런데 신왕조를 연 신진 사대부들이 새로운 사회체계를 위한 이데올로기적 기반을 마련하기 위해 강제적으로 종교 교체를 진행하면서 상제례를 강요했습니다. 그들은 체계적인 법제화를 통해 공권력을 동원하여 유교 사자의례의 보급에 힘을 기울였지만 백성들의 반발로 어려움을 겪었습니다. 조선 초의 장법은 대체로 불교식의 화장, 이중장, 시체유기, 유교식 매장 등이 혼재되어 있었으며 17세기가 되어서야 비로소 상제례가 서민층까지 정착되었습니다.

그런데 알려진 바와 같이 예서와 실제로 이루어지고 있는 관행 사이에는 차이가 있습니다. 조선 후기에 편술된 관혼상제의 참고서 『사례편람(四禮便覽)』은 한국에서 가장 영향력이 있는 예서로서 후대의 많은 예서의 기준이 되었습니다. 그런데 『사례편람』은 『주자가례』뿐만 아니라 앞에서 살펴본 『의례』의 영향도 받았습니다.

상례는 일반적으로 사자의 시신을 처리하는 과정과 탈상까지 모든 의례를 합하여 부르는 것인데, 엄밀하게는 전자를 장례(葬禮), 후자를 상례로 구별할 수 있습니다. 그러나 일반적으로 장례와 상례를 합해서 '상례'라고 부릅니다. 『사례편람』에 제시된 상례 절차는 초종(初終), 습(襲), 소렴(小殮), 대렴(大斂), 성복(成服), 조상(弔喪), 문상(聞喪), 치장(治葬), 천구(遷柩), 발인(發靷), 급묘(及墓), 반곡(反哭), 우제(虞祭), 졸곡(卒哭), 부제(祔祭), 소상(小祥), 대상(大祥), 담제(禫祭), 길제(吉祭)의 총 19단계로 되어 있습니다. 그러나 이를 기준으로 한 기타 예서의 상례는 대체로 초종, 염습(殮襲), 성복, 조상, 치장, 발인, 급묘, 우제, 졸곡, 소상, 대상, 담제의 총 12단계로 간략해집니다.

조선시대 이후 유교의 상례는 대체로 이와 같이 표준화되었으나, 가가례(家家禮)라는 말로 표현하듯이 세부적인 절차나 품목에서 다양성이 있었습니다. 현대에 들어서면서 80년대에 이광규는 실제로 이루어지고 있는 관행으로서의 상례를 다음과 같이 초종, 성복·발인, 치장, 흉제의 4단계로 분류하였습니다.

초종: 사망에서 입관 사이에 이루어지는 시체 처리 단계.

성복·발인: 입관이 끝난 후 관이 집을 출발하여 장지에 도착하는 과정에서 의례가 이루어지는 단계.

치장: 장지에서 의례를 하고 아울러 무덤을 결정하는 단계.

흉제: 장례 거행 후 2년간 유족이 세속으로부터 멀어져 근신하는 단계.

제례도 역시 성리학이 도입된 고려 말부터 『주자가례』에 따라 보편화된 조상에 대한 의례로서, 효 관념의 연장선상에 있었습니다. 『주자가례』에는 제례의 종류가 사시제(四時祭), 초조제(初祖祭), 선조제(先祖祭), 녜제(禰祭), 기일제(忌日祭), 묘제(墓制)로 되어 있으나, 한국 예서에서는 사당제(祠堂祭), 사시제, 녜제, 기일제, 묘제의 다섯 가지로 축소되었습니다. 나아가 오늘날 관행으로 행해지고 있는 제례는 차례(茶禮), 기제(忌祭), 시제(時祭)로 더욱 간략화되었습니다.

이미 조선시대에 초조제와 선조제가 묘제로 통합되었으며 현재 관행에서 사당제, 사시제, 녜제가 없어지고 대신 차례가 생겼습니다. 또한 묘제는 예서에서는 청명(淸明), 한식(寒食), 중오(重午) 그리고 중양(重陽)으로 연 4회 지내도록 하였으나 연 1회로 줄었습니다. 절기나 명절에 지내는 절사(節祀)와 달리 1년을 주기로 한다는 뜻으로 명칭도 시제(時祀)로 바뀌었습니다.

차례는 『주자가례』에 없지만 한국의 관행에서 중요한 위치를 차지하고 있는 제시인데 이에 대해서는 여러 설이 있습니다. 장철수(張哲秀)에 의하면 사당제에 포함되어 있던 일부 요소가 통합되면서 차례가 되었다고 합니다. 사당제는 원래 집에 조상을 모셔 놓은 사당에서 지내는 제사로서 다음과 같이 신알(晨謁), 출입고(出入告), 정지참(正至參), 삭망참(朔望參), 속절천신(俗節薦新), 유사고(有事告)의 6종이 있었습니다.

신알: 새벽에 사당의 대문 안에서 조상에게 보이는 것으로 뜰에서 분향하고 재배하는 것.

출입고: 집을 나갈 때나 돌아올 때 사당에 고하는 것.

정지참: 정조와 동지에 참례하는 것.

삭망참: 초하루와 보름에 참례하는 것으로 정지참처럼 지냄.

속절천신: 설, 대보름, 한식, 단오, 추석, 중양, 동지 등 철이 바뀔 때마다 특별히 만든 음식을 올려서 정지참처럼 지냄.

유사고: 벼슬을 얻거나, 자녀출생·관혼·재정과 같은 일이 있을 때 고하는 것으로 정지참처럼 지냄.

장철수는 그 중에서 정지참과 속절천신이 차례가 되었다고 추정하였습니다.

한편 이광규에 따르면 차례는 원래 명절날 집안에 모셔진 조상에게 지내는 사시제였다고 합니다. 사시제는 4계절의 중월(仲月) 곧 음력 2월, 5월, 8월, 11월의 정일(丁日) 또는 해일(亥日)에 정침(正寢)에서 사대조(四大祖)까지 지내는 제사였습니다. 그러나 후대에 어떤 가문에서는 정초, 한식, 단오, 추석과 같은 정해진 날에 지내고, 또 어떤 가문에서는 정초일(正初日)과 동지에만 고정적으로 지내면서 다른 달은 날을 정하지 않고 융통성 있게 택일하여 지냈습니다. 회수도 연 4회, 3회, 2회로 집에 따라 다양해졌습니다. 오늘날처럼 차례가 정초와 추석으로 고정된 것은 근년에 공휴일로 정해지면서부터라고 합니다. 차례를 연 3회 지낼 경우는 정초와 추석 이외에 한식, 단오, 동지 중에서 하루를 택합니다.

이와 같이 차례는 정지참, 속절천신, 사시제 등이 변용된 것입니다. 위에서 살펴본 한국 상제례를 예서와 관행을 대비해서 제시하면 〈표 2〉와 같습니다.

〈표 2〉 한국 상제례의 예서와 관행 대응관계

<table>
<tr><th rowspan="2"></th><th colspan="6">상 례</th><th colspan="2" rowspan="2">제 례</th></tr>
<tr><th colspan="4">장 례</th><th colspan="2">상 례</th></tr>
<tr><td rowspan="2">예서</td><td rowspan="2">초종</td><td rowspan="2">습
소렴
대렴</td><td rowspan="2">성복
조상
문상
천구
발인</td><td rowspan="2">치장
급묘
반곡</td><td rowspan="2">우제
졸곡
부제
소상
대상
담제</td><td rowspan="2">길제</td><td>녜제
기일제</td><td rowspan="2">묘제</td></tr>
<tr><td>사시제
사당제(신알, 출입고, 정지삼, 삭망참, 속절천신, 유사고)</td></tr>
<tr><td rowspan="2">관행</td><td colspan="2" rowspan="2">초종</td><td rowspan="2">성복
발인</td><td rowspan="2">치장</td><td rowspan="2">흉제</td><td rowspan="2">길제</td><td>차례</td><td rowspan="2">시제</td></tr>
<tr><td>기제</td></tr>
</table>

이중장 상징구조의 계승

위에서 제시한 미개사회의 이중장, 고대 중국의 사자의례, 한국 상제례의 뿌리는 같습니다. 여기서는 의례의 명칭, 복상자의 심리와 행위, 의례의 절차 등을 통해서 삼자의 대응관계를 살펴보고 오늘날까지 이중장의 구조가 계승되고 있음을 제시하고자 합니다.

우선 이중장의 1차장에 수반되는, 사자를 공포의 대상으로 보는 관념이 유교의 상례에 계승되고 있음을 지적하고자 합니다. 무엇보다 제사의 명칭에 그 뜻이 나타나 있습니다. 상례 기간에 이루어진 모든 의례를 통틀어 '흉제(凶祭)'라고 부릅니다. 또한 상례의 시작인 우제(虞祭, 初虞祭, 再虞祭, 三虞祭)란 "시체를 지하에 매장함으로써 몸을 떠난 영혼이 방황할 것을 우려한다"는 뜻인데, 사자가 공포의 대상으로 인식되었음을 잘 보여줍니다.

흉제가 정화과정을 상징한다는 근거로는, 의례가 뒤로 갈수록 정화가 완료된 명칭으로 변화한다는 점을 들 수 있습니다. 소상(小祥), 대상(大祥)의 '祥'

자는 '상서롭다', '복되고 좋은 일이 있을 듯하다'라는 뜻이며 담제(禫祭)의 '禫' 자는 '고요하다', '편안하다'는 뜻입니다. 흉제를 마무리하는 길제(吉祭)의 '吉' 자는 완전히 정화가 완료된 상태를 잘 표현하고 있습니다.

이러한 관념은 그 기간 중의 생활태도에서도 확인됩니다. 이중장에서 백골화가 진행되는 기간은 사자의 영혼이 이 세상에 머물면서 생자를 위협하기 때문에 복상자는 '죽음의 상태'에 놓여야 하는 기간으로 간주됩니다. 이와 마찬가지로 상례 기간에는 유족의 의식주가 엄격히 규정됩니다. 예컨대 의에 대한 규제로서 초종 때의 역복(易服: 옷을 갈아입음), 소렴 때의 괄발(括髮: 풀었던 머리를 묶음), 대상 때의 탈복(脫服: 상복을 벗음) 등을 들 수 있습니다. 식에 대한 규제로서 초종 때의 불식(不食: 먹지 않음), 소상 뒤의 식채과(食菜果: 채소와 과일을 먹음), 담제 뒤의 음주식육(飮酒食肉: 술과 고기를 먹음) 등을 들 수 있습니다. 주에 대한 규제로서 대렴 때의 침고침괴(寢苫枕塊: 거친 잠자리에 흙덩이를 베개로 잠), 졸곡 때의 침석침목(寢席枕木: 돗자리에 나무베개로 잠), 길제 뒤의 복침(復寢: 안방으로 돌아감) 등을 들 수 있습니다. 이와 같이 의식주에 관한 유족의 행동규정은 이중장과 대응합니다.

또한 이중장에서 유골과 상례에서 신주의 취급에서도 대응관계가 확인됩니다. 이중장에서는 1차장을 마친 후 유골을 추려서 이장하는데 상례에서는 대상을 지낸 다음에 영좌(靈座: 영위를 모셔 놓은 자리)를 철회하고 신주를 사당에 모시게 됩니다. 즉 이중장에서는 정화가 완료된 후에 유골이 이장되는데 이 과정이 상례에서는 백의 대체물인 신주를 사당에 안치하는 절차로 대치됩니다.

상례에서 이루어지는 일련의 의례는 시체가 부패하여 백골화되어 가는 1차장 과정을 상징적 의례로 보여주고 있는 듯합니다. 상례는 초우제부터 시작해서 재우제, 삼우제, 졸곡제, 부제, 소상, 대상, 담제, 길제로 구성되어 있는데 각 의례는 강신(降神), 진찬(進饌), 초헌(初獻), 아헌(亞獻), 종헌(終獻), 유식(侑食), 합문(闔門), 계문(啓門), 사신(辭神)이란 절차로 행해지며 그것은 일부를 제외하고 거의 같습니다. 이러한 사실은 각 제사의 내용보다 의례의 시기나 빈도에 의미가 있는 듯합니다. 예를 들어 초우제는 매장한 당일, 재우제는 초우제를 지내고 나서 다음의 유일(柔日), 삼우제는 그 다음날인 강일(剛日)에 지냅니다. 이로부터 3개월 후에는 졸곡제나 부제를, 그 1년 후에는 소상, 2년 후에는 대상과 담제를 지냅니다. 그 다음 달이나 100일 후에는 마지막으로 길제를 지냅니다.

일련의 순서를 보면 초기에는 제사의 빈도가 높다가 시간이 지날수록 낮아지는 경향이 확인됩니다. 이는 백골화에서 처음에는 부패가 빠르다가 갈수록 느려지는 현상과 대응하는 듯합니다. 이중장에서는 백골화와 마찬가지로 영혼의 정화도 처음에는 빠르게 진행되다가 갈수록 느려집니다. 상례의 절차는 이러한 현상을 상징적으로 보여주는 것 같습니다. 처음에는 '곡'을 수시로 하다가 졸곡제 후에는 아침저녁으로만 '조석곡(朝夕哭)'을 하는 것도 같은 이유라 할 수 있습니다.

흔히 유교에서는 죽은 사람은 무섭고 두려운 존재가 아니라 살아 있을 때와 마찬가지인 존재로 생각합니다. 그러나 지금까지 본 바와 같이, 처음에는 공포의 대상이었다가 시간이 지남에 따라 친숙한 관계를 회복하는 구조를 지니고 있는 것이 확인됩니다. 이와 같이 일련의 상례는 이중장의 1차장을 상징화한 의례로 구성되어 있다고 할 수 있습니다.

다음으로 제례에 대해서 살펴보고자 합니다. 상례가 1차장이 변용된 것이라면 제례는 2차장을 계승한 것으로 예상할 수 있습니다. 그렇다면 이중장의 2차장에서 복상자가 사자와의 친숙한 관계를 회복하거나 복상자에게 이로운 존재가 되는 것처럼 제례의 각 의례에서는 이러한 관념이 확인되어야 할 것입니다.

우선 이러한 관념은 제례의 축문(祝文)에서 확인됩니다. 기제의 축문은 "해의 차례가 옮겨지고 바뀌어 돌아가신 날이 다시 돌아오니 크게 감동되어 영원토록 사모하는 마음을 이기지 못하여 제사를 올린다"고 되어 있습니다. 묘제의 축문도 "절기의 순서가 바뀌어서 비와 이슬이 내려 이미 적셨기 때문에 봉분을 깨끗하게 살피니 감동되고 사모하는 마음을 이기지 못하여 제사를 올린다"고 되어 있습니다. 축문의 내용이 사자에 대한 사모의 정을 중심으로 이루어져 있으므로 이제 두려움의 존재가 아니라 친숙한 존재가 되어 있음을 알 수 있습니다.

그리고 녜제의 축문은 "가을 만물이 시작할 때에 감동함을 이루어 추모의 마음이 넓은 하늘과 같이 한이 없어서 올린다"라고 되어 있습니다. 사시제와 녜제를 지낼 때 고하는 하사(嘏辭)에는 "후손에게 많은 복을 내려 주시고, 하늘의 녹을 받게 하고 곡식이 잘 되고, 오래 살도록 해 주기를 빈다"고 되어 있습니다. 이와 같이 사자에 대한 감사의 마음뿐만 아니라 장수나 풍요를 비는 마음까지 있는 것으로 미루어 보아 이제 복상자에게 사자는 이로운 존재를 넘어 조상신으로 인식되는 것이 분명합니다.

위에서 살펴본 바와 같이 한국의 상제례에는 이중장의 1차장과 2차장의 상징체계가 계승되고 있음을 알 수 있습니다. 이하에 이중장의 구조가 미개사회, 고대 중국, 한국으로 계승된 양상을 제시하면 〈그림 3〉과 같습니다.

〈그림 3〉 이중장 상징구조와 계승

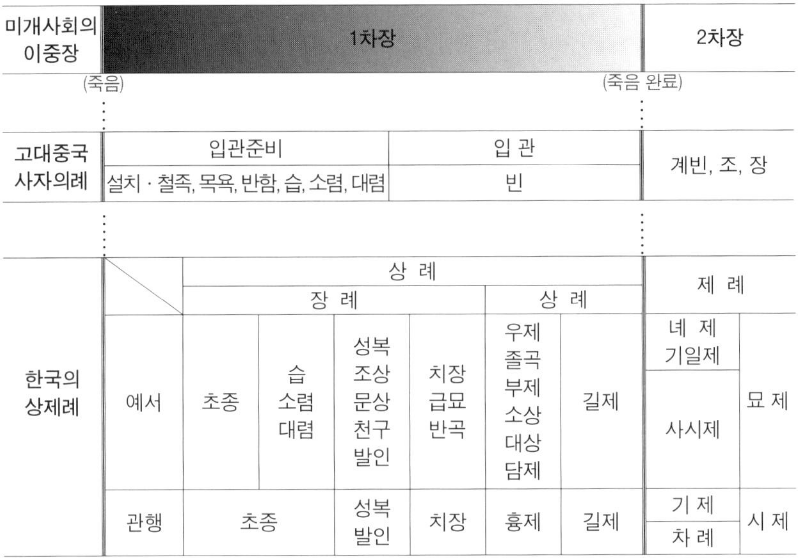

미개사회의 이중장	1차장	2차장
	(죽음)	(죽음 완료)

<table>
<tr><td rowspan="2">고대중국 사자의례</td><td>입관준비</td><td>입 관</td><td rowspan="2">계빈, 조, 장</td></tr>
<tr><td>설치 · 철족, 목욕, 반함, 습, 소렴, 대렴</td><td>빈</td></tr>
</table>

<table>
<tr><td rowspan="6">한국의 상제례</td><td rowspan="2"></td><td colspan="6">상 례</td><td colspan="2" rowspan="2">제 례</td></tr>
<tr><td colspan="4">장 례</td><td colspan="2">상 례</td></tr>
<tr><td rowspan="2">예서</td><td rowspan="2">초종</td><td rowspan="2">습
소렴
대렴</td><td rowspan="2">성복
조상
문상
천구
발인</td><td rowspan="2">치장
급묘
반곡</td><td rowspan="2">우제
졸곡
부제
소상
대상
담제</td><td rowspan="2">길제</td><td>녜 제
기일제</td><td rowspan="2">묘 제</td></tr>
<tr><td>사시제</td></tr>
<tr><td rowspan="2">관행</td><td colspan="2" rowspan="2">초종</td><td rowspan="2">성복
발인</td><td rowspan="2">치장</td><td rowspan="2">흉제</td><td rowspan="2">길제</td><td>기 제</td><td rowspan="2">시 제</td></tr>
<tr><td>차 례</td></tr>
</table>

위와 같이 한국의 상제례 관행에서 초종, 성복 · 발인, 치장은 장례에 관한 사항으로서 이중장의 1차장과 고대 중국 사자의례의 입관준비에 해당됩니다. 그리고 행의 흉제와 길제는 상례에 관한 사항으로서 이중장의 1차장과 고대 중국 사자의례의 빈에 해당됩니다.

이러한 '미개사회의 이중장' · '고대 중국의 사자의례' · '한국의 상제례'를 대조할 때 뒤로 갈수록 상징화가 진행되었음을 알 수 있습니다. 이중장의 1차장에서는 물질적 정화인 백골화가 중요한 의미를 지니고 있었지만 중국 고대의 사자의례에서는 의례에 의한 상징적 정화가 도입되면서 물리적 정화의 의미가 퇴색하였습니다. 그럼에도 불구하고 그때까지는 계빈, 즉 빈을 마치고 2차장이 실시되었습니다. 그러나 상제례가 확립되면서 상징성이 강화된 결과 유골을 대신하는 신주의 역할이 중시되면서 이장(移葬) 자체가 없어졌습니다.

이런 시각에서 볼 때 조선시대에 거듭 금지되었던 초분과 같은 토착적인 이중장과 유교 상제례는 기원에 차이가 있는 것이 아니라 상징화의 정도에 차이가 있다고 봐야 할 것입니다.

동아시아의 영혼관과 상제례

이 글은 동남아시아를 중심으로 발달된 미개사회의 이중장에 내포되어 있는 상징구조가 고대 중국의 사자의례를 거쳐 한국의 상제례까지 계승되었음을 제시함으로써, 한국의 유교식 사자의례의 의미를 새롭게 조명하고자 했습니다.

이중장에는 크게 두 가지의 중요한 기능이 포함되어 있습니다. 하나는 백으로서의 유골을 보존함으로써 영혼과의 합치 의례를 통해 사자가 다시 이 세상에 돌아오는 것을 보장하는 기능입니다. 다른 하나는 부정한 사자를 정화하여 이로운 존재로 전환시키는 기능입니다. 미개사회의 이중장에서는 백골화라는 물리적 변화가 정화의 기준이 되었지만 고대 중국에서는 상징적인 유교 의례가 그것을 대신하게 되었습니다.

상제례는 조선시대의 지도층에 의해 도입되었는데 거기에 포함되어 있던 상징구조는 오늘날까지 계승되어 왔습니다. 그 동안 초분과 같은 토착적인 장제나 씻김굿에 대표되는 무속 사령제는 유교 상제례와 상반된 것으로 간주되어 왔지만 원래 뿌리를 같이 하는 것입니다. 뿐만 아니라 현재의 다양한 한국 종교의 사자의례도 이러한 틀 속에서 이루어지고 있을 가능성 또한 배제할 수가 없습니다. 농경문화의 뿌리를 공유하는 한 사자의례의 구조도 역시 공유된다고 보아야 할 것입니다. 이처럼 한국 상제례의 기원을 이중장에서 찾으면, 상례와 제례를 일관되게 설명할 수 있을 뿐만 아니라 동아시아

농경지역의 공통된 죽음관을 이해할 수 있는 전망이 열릴 것입니다.

하지만 앞에서 언급한 것처럼 이중장의 발생 계기는 농경 자체에 있는 것이 아니라 정주생활에서 유래합니다. 그 동안 한국사회는 이농 등으로 정주생활에서 멀어졌습니다. 이 사실이 한국의 상제례를 지탱해 온 종교적 기반에 어떤 영향을 미칠 것인지는 더 지켜봐야 할 사항입니다.

더 읽어 볼 만한 책

- 가지 노부유키, 『침묵의 종교 유교』, 이근우 옮김, 경당, 2002.
- 張哲秀, 『韓國의 冠婚喪祭』, 集文堂, 1995.
- 李光奎, 『韓國人의 一生』, 螢雪出版社, 1985.
- 安田喜憲, 『日本古代のルーツ長江文明の謎』, 青春出版社, 2003.
- 大林太良, 『葬制の起源』, 中央公論, 1997.
- ロベール エルツ(Robert Hertz)・吉田禎吾, 『右手の優越―宗教的両極性の研究』, 筑摩書房, 1981.

* 이 글은 『아시아문화연구』 11호(경원대학교 아시아문화연구소, 2006)에 실린 「한국 상제례(喪祭禮)의 기원과 복장: 유교 사자의례(死者儀禮)의 상징인류학적 연구」를 수정한 것이다.

현재의 죽음 풍경

늙은 죽음과 젊은 죽음의 차이

정 진 홍

한 송이 꽃의 생명과 참으로 만난 사람은 다른 어떤 생명도 사랑하지 않을 수 없습니다. 약한 생명이든 희미한 생명이든 꺼져 가는 생명이든 모든 생명은 경이와 신비를 드러내는 아름다운 것입니다. 모든 생명은 깊은 곳에서 보이지 않는 존재의 끈으로 서로 이어져 있습니다. 그러므로 한 생명이 꺼질 때마다 그 소멸의 충격이 다른 모든 생명에게 전해지지 않을 까닭이 없습니다. 나의 생명은 나의 것이 아니라 모든 존재의 것일 수밖에 없는 것입니다. 그러므로 진정으로 생명을 사랑하는 사람이라면 결코 스스로 죽거나 타인을 죽이는 일을 감행할 수 없습니다. 자살을 공감하거나 긍정하는 모든 태도는 자신의 생명뿐만 아니라 모든 생명을 문제 해결의 수단으로 삼을 수 있는 위험한 논리를 조장할 수밖에 없습니다. 생명의 자기결정권에 대한 주장도 결국 모든 생명에 대한 결정권이라는 개념으로 비약할 수밖에 없습니다. 하나의 생명 안에서 모든 생명에 대한 사랑을 발견할 수 있는 것처럼, 우리는 하나의 자살 안에서 모든 생명에 대한 부정을 감지하게 됩니다.

제비꽃과의 만남

지난 겨울은 무척 추웠습니다. 우리가 다 겪은 일입니다. 제가 출근하기 위해 전철역까지 가는 길은 10분이 채 안 걸립니다. 그 짧은 시간이 얼마나 시렸는지요. 그런데 결코 녹지 않을 것 같은 보도에 쌓였던 눈도 다 녹고 서서히 봄의 내음이 묻어나기 시작했습니다. 이제는 어깨를 좀 펼 것 같았습니다. 참 좋았습니다. 그러던 어느 날, 저는 그 길을 가다 보도블록 틈에 피어있는 세 송이의 들꽃을 보았습니다. 얼핏 스친 것이었는데 반갑고 감동스러워 가던 길을 멈추고 꽃 옆에 쪼그리고 앉아 한참이나 들여다 보았습니다. 활짝 핀 보라색 제비꽃이었습니다. 일어나 다시 길을 걸으면서 저는 그 꽃들이 길가에 이어 피어있을 거라고 생각했습니다. 그러나 반 마장도 안 되긴 했지만 더 이상 꽃을 만나지 못했습니다. 갑자기 아까 보았던 그 꽃이 얼마나 강인하게 겨울을 견뎠으면 그렇게 일찍 봄을 스스로 당겨 맞고 있을까 하는 생각이 나서 저는 오던 길을 되돌아 다시 제비꽃 앞에 섰습니다. 조금 과장한다면 저는 그 꽃 앞에서 옷깃을 여미는 자세로 그 납작한 꽃에 경의를 표하고 싶었습니다. 생명과의 만남을, 그 신비스러운 힘과의 만남을 그런 모습으로 제 마음에 지니고 싶었습니다.

글쎄요. 생명을 무어라 해야 좋을지 모르겠습니다. 다양한 묘사가 가능할 것이고, 그만큼 많은 여러 정의도 가능할 것입니다. 그런데 저는 생명을 겨울이 지난 길가에 핀 봄을 서둔 제비꽃이라고 말하고 싶습니다.

무엇보다도 놀라웠습니다. 거기 그렇게 척박한 돌 틈에서 꽃이 피어오르리라고는 전혀 생각지 못했습니다. 그런데 거기 꽃이 있었습니다. 그렇다고 하는 사실은 놀라움 자체였습니다. 무릇 생명은 놀라운 현상입니다. 달리 말하면 생명은 예사로운 것이 아닙니다. 생명의 탄생은, 그래서 생명의 현존은 실은 경이로움에 대한 감탄만을 자아낼 뿐 설명할 수 있는 것이 아닐지도 모릅니다. 이렇게 저렇게 생명을 설명하는 진술들이 한없이 축적되어 있습니다만, 그리고 그러한 설명들은 모두 정황적인 타당성을 지니고 있습니다만, 아무래도 하나의 설명으로 생명을 모두 다 아우르지는 못한다면, 아예 제비꽃을 빌려 그것과의 만남에 스스로 놀랐던 그 정서 속에서 생명을 이해하는 것이 오히려 더 설득력을 가질지도 모른다는 생각을 하게 됩니다.

그런데 아름다웠습니다. 물론 보도의 회색 빛깔과 그 옆에 있는 조금은 검은 돌의 색깔과 잘 어우러진 초록잎 사이의 보라 빛깔이어서 그 아름다움이 더욱 진했을지 모릅니다. 그러나 그것만으로 제비꽃의 아름다움을 설명하는 것은 그 꽃에 대한 결례일지도 모릅니다. 아름다움은 색깔 덕분만이 아니었습니다. 그 꽃의 현존 자체가 그대로 어떤 것과도 견줄 수 없는 황홀함의 원천이었습니다. 생명은 아무래도 그렇다고 말해야 옳은 것 아닌가 싶습니다. 당연히 모양이 있고 꾸밈이 있고 색깔이 있는 것이 생명이지만, 그것 때문에 아름다운 것이 아니라, 그저 있어 그 있음으로 인해 그대로 아름다운 존재, 그것을 일컬어 우리는 생명이라고 하는 것 아닌가 생각합니다.

생명은 아름답습니다. 아름답지 않은 생명은 없습니다. 만약 어떤 사물이 아름답지 않다고 한다면 그것은 이미 생명일 수 없습니다. 그러므로 생명으로 현존하는 것은 모두 아름답습니다. 그것의 현존이 우리로 하여금 황홀감을 겪으며 그것을 지니게 하기 때문입니다.

그런데 그 제비꽃을 되찾아 돌아가 그 자리에 다시 서게 한 것은 그 꽃과의 만남이 내게 남긴 어떤 감동이 있었기 때문입니다. 그것은 그 꽃이 겨울 전에는 있었던, 그런데 겨울에는 없던, 그러다 다시 지금 돋은 그런 것이라는 사실에서 말미암은 감동인데, 달리 말하면 이를 '죽어 되산 생명과의 만남'이라고 할 수 있을지 모르겠습니다.

저는 이 만남에서 이는 감동을 신비와의 만남에서 비롯하는 것이라고 묘사하고 싶습니다. 신비란 '그저 알 수 없음'을 고상하게 묘사하기 위한 표현이 아닙니다. 그것은 어떤 사물에 대한 알 수 없음과 그 사물과의 만남이 빚는 외경의 염을 아우르는 감동, 그리고 여기에서 비롯하는 자기 정서가 그 사물에 대해 발언하는 그 발언의 내용입니다.

그러므로 신비는 사물에 대한 객관적인 진술이 아닙니다. 그것은 내가 나 자신에게 가장 정직한 순간에 내가 만난 사물의 경험을 묘사하는 언어입니다. 그러므로 신비는 내가 내 존재를 다 기울여 승인한 사물의 현존을 불가항력적으로 수용하는 자세가 낳는 언어입니다. 그런데 생명이 그러합니다. 생명은 내가 내 전 존재를 다 기울여 만나는 실재, 그럴 수밖에 없도록 하는 실재입니다. 만약 우리가 만난 것이 생명이 아니라면, 우리는 그것과의 관계를 부분적으로 이을 수도 있고 일시적으로 맺을 수도 있습니다. 그러나 생명과의 관계는 그럴 수 없습니다. 나 자신이 그대로 하나의 단위가 되어 부닥치는 사물이기 때문입니다.

제비꽃과의 만남에 대한 서술이 지나치게 장황하였습니다. 그러나 그 꽃과의 만남을 저는 경이로움, 아름다움, 신비스러움으로 묘사하면서, 생명이란 다른 것이 아니고 바로 그렇게 만나 그렇게 반응할 수밖에 없는 실재를 일컫는 것이라고 말씀드리고 싶습니다. 그리고 감히 이어 말씀드린다면 그런 실재와의 만남은 필연적으로 우리로 하여금 그 실재를 사랑하지 않으면 안 되게 한다는 것을 첨언하고 싶습니다.

우리 모두 자신의 사랑의 경험을 되살펴 보십시다. 비록 묘사 언어의 차이는 있어도 우리는 경이와 아름다움과 신비가 한꺼번에 이는 그런 감동 속에서 내가 사랑하는 사람을 만납니다. 아니, 그런 감동을 내 안에서 일게 한 사람을 내가 사랑하는 것입니다. 그런 감동에도 불구하고 내가 그 사람을 사랑하지 않는다면 나는 바보이거나 그 감동이 거짓일 수밖에 없습니다. 그런데 생명이 그러하다면 우리는 생명과의 만남에서 그 생명을 사랑해야 합니다. 우리가 만나는 모든 실재는 사실은 그러한 생명들입니다. 그 실재 중에는 나도 포함됩니다. 그렇다면 우리는 존재하는 모든 것, 생명 있는 모든 것, 그러니까 생명 그것 자체를 마땅히 사랑해야 합니다.

그렇다면 '생명 사랑'이란 대단한 도덕도 아니고 특별한 규범도 아닙니다. 하나의 생명으로 살아가는 내가 지녀야 하는 당연하고 자연스러운 태도입니다. 적어도 어떤 사물에서 경이와 아름다움과 신비를 묘사할 수밖에 없다면 그와의 관계는 사랑일 수밖에 없습니다. 내 전 존재의 투척을 통해 그 관계가 그러한 경탄과 아름다움과 신비의 속성을 지속하도록 해야 합니다. 그것이 삶입니다. 사람살이란 무릇 그런 것입니다. 그렇게 살아야 합니다.

젊은이의 죽음

앞에서 저는 생명을 사랑하면서 '그렇게 살아야 한다'는 말로 첫 번째 이야기를 마감했습니다. 그런데 생명을 사랑한다는 것은 자연스러운 일이라는 것을 전제한 맥락에서 이루어진 이러한 발언은 자연스럽지 않습니다. 자연스러움을 굳이 당위적인 것으로 다짐하는 것은 그야말로 자연스럽지 않기 때문입니다. 하지만 그렇게 발언했습니다. 그렇다면 실은 이는 의도된 발언입니다. 다시 말하면 그것은 무척 가슴 아픈 경험을 전제한 발언입니다. 까닭인즉 그 자연스러움을 거스르는 '생명을 사랑하지 않는 사례'가 우리네 삶 속에 지나치게 넓게 산재하기 때문입니다.

이 글을 쓰는 아침에 저는 참 아픈 기사를 신문에서 읽었습니다. 제호만을 보고도 기사를 읽는 것이 지레 겁이 날 정도로 아팠습니다. 내용은 이러했습니다. 성적이 아주 우수한 고등학교 학생이 기숙사에서 생활하다 주말에 집에 가서 토요일에는 아버지와, 일요일에는 어머니와 등산을 다녀오기도 했는데, 귀교한 월요일에 학교를 나와 자기 집 옆에 있는 아파트 옥상에서 투신해 죽었다는 겁니다. 그 학생은 죽기 전에 어머니에게 카카오톡으로 문자를 보내 자기의 죽음을 알렸다고 합니다. 그런데 그 문자는 이러했습니다. "제 머리가 심장을 갉아먹는데 이제 더 이상 못 버티겠어요. 안녕히 계세요. 죄송해요." 그런데 그 학생은 정서행동특성검사에서도 아무 문제점이 발견되지 않았고, 평소 주변에 힘든 내색도 하지 않았으며, 우울증 증세도 없었다고 합니다. 성적은 1등을 한 적도 있고요. 20층 옥상에 자기의 옷과 신발과 휴대폰을 나란히 놓고 뛰어내렸다는 기사를 읽으면서, 저는 그가 그 마지막을 그렇게 준비하며 왜 무엇을 어떻게 생각했을까를 그리며 가슴이 먹먹했습니다.

그의 부모에 생각이 미치자, 저도 자식을 키운 사람인데, 그 마음이 어떠할까 생각하니 아침을 먹을 수가 없었습니다. 드러나게, 아니면 드러나지 않게 전문가들이 부지런히 그 사인(死因)을 규명하고 설명할 것입니다. 그 학생의 인성, 부모의 자식 양육 태도, 학교의 지도, 친구들, 그리고 사회구조에서부터 교육정책에 이르는 모든 부문에 대한 치밀하고 엄정한 분석과 질책과 대책이 늘 그렇듯이 또 쏟아질 것입니다. 그래야 하겠지요. 당연히 그렇게 해야 합니다. 그리고 이 일을 거론하는 저도 지금 그러한 흐름의 대열에 끼어드는 것이겠지요.

그런데 생각해 보면 그 죽음 앞에서 이 모든 일은 민망할 따름입니다. 앞으로 또 일어날 비극을 방지하기 위한 것임을 모르지 않습니다만, 죽은 아이와는 실은 무관한 일들입니다. 이미 그 아이는 죽었기 때문입니다. 오히려 이러한 일을 겪을 때마다 더 세상이 조용해지고, 소리 없는 자성(自省)이 사람들 마음 안에 조용히 흘러, 그 고요가 배태하는 '지금과는 다른 어떤 새로움'을 고즈넉이 간직할 수 있다면 얼마나 좋을까 하는 생각도 듭니다. 하지만 그것은 너무 이상적인 기대일지도 모릅니다.

그러나 바로 그러한 자성을 위해서라도, 비록 소음에 또 다른 소음을 더하는 결과를 초래할지라도 우리가 뭔가를 발언해야 할 것 같습니다. 그렇게 하지 않으면 숨이 막힐 것 같은 걸요. 까닭인즉 분명합니다. 생명의 소멸, 그것도 자기 스스로 자기를 지워 버리는 일은 우리 삶에서 경이로움이 찢기고, 아름다움이 얼룩지고, 신비가 구겨지는 일인데, 결국 그것은 우리 삶의 자리에서 사랑이 사라졌다는 것과 다르지 않기 때문입니다. 사람살이가 다 붕괴된 것입니다. 이 상황에서는 그 누구도 사람임을, 그러니까 자기가 한 생명임을, 그리고 더불어 사는 우리 모두가 또한 생명들임을 주장할 수조차 없습니다. 생명이 생명일 수 있는 기반이 다 무너진 것과 다르지 않기 때문입니다.

그래서 억지로라도 이 사태를 조금 더 기술해 보기로 하겠습니다. 앞에서도 누누이 말씀드렸습니다만, 이 일은 가슴 아픈 일입니다. 이 아픔은 그 사태에 대한 '설명 이전'입니다. 기사를 읽는 독자도 아프고, 그의 친구들도 아프고, 선생님도 아프고, 분명하게 어디까지 포함해야 할지 몰라도 관계된 당사자들도 모두 아프고, 부모는 더할 수 없이 아픕니다. 모두 아픕니다. 우리는 그 아픔에 공감하고 동조할 수 있습니다. 좀 시간이 흐르고 사태에 대한 이런저런 설명이 끝나면, 그 아픔의 공감이 탄식으로, 분노로, 질책으로 바

퀼지도 모릅니다. 당연합니다. 이미 그렇고, 또 그래야 합니다. 그러나 우선하는 것은 '그 죽음에 대한 아픔의 공감이고 공유'입니다.

그런데 이러한 공감의 계기에서 우리가 참으로 잘 하지 못하는 일이 있습니다. '죽음에 대한 아픔'은 공감하면서도 '죽은 이의 아픔'을 잘 공유하지 못하는 일이 그것입니다. 물론 그 소식을 듣고 가슴이 아픈 것은 바로 그 죽은 이에 대한 연민 때문일 것입니다. 그렇다면 앞의 서술은 옳지 않습니다. 그런데 그러한 연민으로 표현되는 그 아픔이 그 죽은 이가 충분히 공감할 수 있는 것일까 하는 생각이 드는 것입니다. 다음과 같은 사실이 그러한 정황에서 일어나는 일상적인 일이기 때문입니다.

스스로 목숨을 끊는 사건을 접하는 경우, 우리는 흔히 두 가지 다른 태도로 죽은 사람의 아픔을 공유합니다. "오죽하면 스스로 죽었을까…." 하는 태도가 그 하나입니다. 그러한 태도는 그의 죽음을 변호할 수도 있고 변명할 수도 있을 만큼 죽은 이의 아픔을 공유하는 것으로 보입니다. 하지만 엄밀하게 말한다면 그것은 그의 죽음에 공감하는 것이지 그의 아픔에 공감하는 것은 아닙니다. 물론 이미 죽었는데 그 죽은 자와 아픔을 공유할 수는 없습니다. 따라서 죽음에 공감해주는 것만으로도 죽은 이에게는 위로가 될지도 모릅니다. 하지만 이러한 위로는 아무런 현실성도 없습니다. 바로 그렇기 때문에 이러한 태도는 실은 '아픔의 공유'가 아니라 '죽음에 공감하는' 태도입니다. 그렇다면 이러한 태도는 그의 죽음을 마땅한 것으로 승인하는 것과 크게 다르지 않다고 말할 수 있습니다. 그리고 만약 이것이 사실이라면 그러한 태도는 차마 지닐 수 없는 것이기도 합니다. 연민의 따뜻함이기보다 냉정한 사실 판단만으로 이루어진 반응이기 때문입니다. 그런데도 우리는 그러한 반응을 죽은 이에 대한 진정한 공감이라 일컫습니다. 그런데 이 일련의 모습을 되살펴볼 때, 어쩌면 우리의 이러한 반응의 저변에는 '그 죽음에 대해 나는 아무런 책임이 없다'는 식의 자기 면책을 꾀하려는 구차한 의도가 깔려 있는 것은 아닐까 하는 생각마저 듭니다. 왜냐하면 선의를 왜곡하는 그른 태도일지도 모르겠습니다만, 좀 지나치게 마저 말씀드린다면, 그러한 태도, 곧 '오죽하면…' 하는 죽음 공감에는 '죽는 게 낫지, 잘 죽었어…' 하는 숨겨진 이해가 포함되어 있다고 해야 정직한 것 아닐까 하는 생각마저 들기 때문입니다.

그 죽음과 아픔을 공유하는 또 다른 태도는 "죽을 결심을 했을 정도로 의지가 강했다면 그 강한 의지를 가지고 더 당당하게 살 생각을 해야지 왜 죽어?" 하는 물음으로 다듬을 수 있습니다. 비록 질책의 색깔이 짙다 할지라도 이러한 태도는 앞의 것과 달리 '죽음에의 공감'이 아니라 죽음에 이를 수밖에 없었던 '삶의 아픔에 대한 공감'입니다. 따라서 이러한 질책성 공감은 죽은 이를 존중하는 태도가 그 기저에 깔려 있다고 할 수 있습니다. 무릇 질책은 책임 주체에게 가해졌을 때 비로소 현실성을 갖는 것임을 유념한다면 이러한 태도는 죽은 이의 자존심을 아끼는 태도라고 할 수 있기 때문입니다. 하지만 역설적이게도 '죽음조차 마다하지 않는 결단'을 서술하는 조건절은 모든 것이 불가능하다면 최종적으로 죽음을 선택하는 것이 문제의 해결일 수 있다는 입장에 대한 근원적인 승인을 함축한 것이기도 합니다.

물론 살다 보면 우리가 직면하는 온갖 문제들의 해결 방안 중에서 죽음이 하나의 선택지로 떠오르기도 합니다. 우리는 누구나 그러한 순간을 겪습니다. 하지만 이러한 태도는 죽음을 문제 해결의 한 방법으로 선택하는 것은 '문제의 해결'이 아니라 '문제 주체의 소멸'이라는 사실, 그래서 죽으면 문제는 사라지지만 문제가 없어진 해결된 상황을 살 삶의 주체도 사라진다는 사실을 간과하고 있습니다. 그렇다면 이러한 태도는 어쩌면 '못난 사람. 그렇게 의지가 약해 어떻게 살아. 그러니 죽지…' 하면서 그 죽음을 불가피한 필연으로 여기는 이른바 '승자의 도덕'이 지니는 오만을 발휘하는 것일지도 모릅니다. 그렇지 않을까 하는 생각이 듭니다. 그러한 발언은 고통 속에서 견디고 견디다 스스로 자지러질 수밖에 없는 '패자를 위한 윤리'에서 비롯한 것으로 여겨지는데, 그렇게 삶에서 승자와 패자를 나누는 것이 옳은 일인지, 아니면 그것이 현실이므로 죽은 사람에 대한 연민을 승자의 도덕에 입각한 배려라고 여겨야 할 것인지 잘 모르겠습니다.

이러한 사실을 감안하면 스스로 목숨을 끊는 문제와 직면해서 우리가 지녀야 할 태도는 그 죽음 자체를 공감하거나 공유하는 것도 아니고, 죽음에 이르도록 한 특정한 고통을 공유하는 것도 아닌 것 같습니다. 물론 그러한 일에 아픔을 지니는 것은 당연한 일입니다. 당연히 그러한 공감을 지녀야 하겠지만 거기에서 끝날 수 없다는 말씀을 드리고 싶습니다.

이때 우리에게서 드러나야 할 '아픔의 공감'은 특정한 죽은 사람에게 한한 것이 아니라 모든 살아 있는 사람들이 지니고 있을 아픔을 공감하는 데로 이어지지 않으면 안 됩니다. 다시 말하면 모든 생명의 경이로움과 아름다움과 신비로움을 새삼 되새기면서, 그래야만 하는 생명이 그렇지 못하게 되었다는 사실을 살피고, 나아가 또 누구나 그렇게 될 수도 있는 '삶의 어두운 징후'를 내 일상 속에서 간과하지 않는 감성을 우리가 서로 지녀야 하는 것입니다. 다시 말하면 사람들은 홀로 떨어져 사는 것이 아니라 서로 이어져 살아간다고 하는 사실을 주목해야 합니다. 이것은 더불어 사는 생명인 '온 인간과의 이어짐'을 사랑을 준거로 하여 되살피는 일입니다. 그리고 그 이음이 찾아지지 않는다면, 그렇게 내가 뭇 사람들과, 그들의 아픔과, 그들의 죽음과 이어져 있지 않다는 사실에 대한 사책이 내 속에서 일어야 합니다. 그 '자책의 아픔'을 지녀야 하는 것입니다. 바로 이 아픔이 그러한 사건과 직면하는 아픔이 도달하는 마지막 아픔이 되도록 하지 않으면 안 됩니다. 그것이 우리가 해야 할 일입니다.

늙은이의 죽음

그런데 이 이야기에 이어 또 다른 말씀을 드리고자 합니다. 몇 주 전의 일입니다. 제가 잘 아는 친구가 자기의 다른 친구 이야기를 들려주었습니다. 상처한 지 몇 달 지나지 않은 그 친구는 외아들을 분가시키고 나서 홀로 지낸 지 두어 주 뒤에 목욕탕에서 스스로 목숨을 끊었다고 합니다. 나이 일흔일곱입니다. 공부도 많이 했고, 이른바 출세도 했고, 자식들도 잘 되고, 경제적으로도 어렵지 않고, 사람 됨됨이도 늘 긍정적이고 밝아서 친구들이 좋아했고, 스스로 자기 목숨을 끊을 아무런 이유가 없는 사람이었다는 것이 그 친구의 죽은 친구에 대한 평입니다. 유서도 없었다는데 자기 일상의 이런저런 허드렛일은 물론 집안을 말끔히 치워놓은 것이 그 친구의 유서인 것 같다고 제 친구는 말했습니다. 자식이 아버지의 그러한 죽음에 어떻게 반응했는지는 잘 모르겠습니다. 그런데 그 일을 제게 전해준 제 친구가 한 말이 지금까지도 귀에 쟁쟁합니다. "참 부러운 친구야. 살아 있는 동안에도 친구들 부러움을 샀는데 죽는 것도 그렇게 부럽게 죽었지 뭐야. 나도 그렇게 죽어야 할 텐데…."

알 수 없는 일입니다. 피어나는 젊은이의 죽음은 견딜 수 없는 아픔이었는데, 제 친구의 이야기를 들으면서, 비록 놀랍고 당혹스럽고 딱한 일이라는 생각이 들지 않은 것은 아니지만, 저는 제 친구의 친구의 죽음이 앞의 중학생의 자살처럼 그리 아프게 다가오지 않았습니다. 늙으면 죽는다는 것이 당연하기 때문에 그랬을 수도 있습니다. 그러나 그는 '늙어 죽은 것'이 아닙니다. 곧 닥칠 '늙어 죽는 죽음'을 기다리지 못한 채 '스스로 목숨을 끊은 것'입니다. 그렇다면 앞의 젊은이의 죽음과 결과적으로 다를 것이 없습니다. 스스로 죽은 죽음이기 때문입니다. 그렇다면 제 아픔이 이 노인의 죽음에 대해서도 젊은이의 죽음에 대한 아픔과 다르지 않아야 할 텐데도 그리 아프지 않았다고 제가 말씀드리는 것은 아무래도 자연스럽지 않습니다. 그런데 곰곰이 생각해 보면 그럴 수 있는 까닭이 제게 없지 않습니다. 다른 것이 아닙니다. 그의 죽음을 부럽다고 말한 제 친구의 발언에 저도 은근히 공감했다고 한 사실이 그것입니다.

그렇습니다. 비록 말로 공감한다고 응대한 것은 아닙니다만, 저는 제 친구의 발언에 가볍지 않은 공감을 했습니다. '별 흠이 없이 늘그막까지 잘 살다가 남에게 짐이 될 즈음해서 스스로 목숨을 끊는 일'이야말로 제가 선택해야 할 죽음이 아닌가 하는 생각이 든 것입니다. 그런 생각을 요즘 자주 하게 됩니다. 무엇보다도 지금 여기에서 우리가 겪는 이런저런 죽음의 현실이 그러한 생각을 하도록 저를 몰아갑니다. 기막힌 역설입니다만, 이를 '의학의 발달이 초래한 재앙'이라고 해도 좋을지 모르겠습니다.

아무튼 오늘 우리가 부닥치는 죽음 현실은 예상 외로 심각합니다. 이를테면 심폐소생술에서 장기이식에 이르기까지 이런저런 치유 기술을 통해 죽음은 상당 기간 유예될 수 있습니다. 그런데 문제는 그 죽음의 유예기간이 삶다운 삶일 수 없다는 데 있습니다. '죽었으면 좋았을 시점'에서부터 이어지는 삶은 몸의 특정기관의 기능 상실, 몸 전체의 거동 불능, 치매, 의식의 잃음 등 온통 망가진 몸의 현실을 펼칩니다. 그런데 죽었으면 좋았을 시점 이전에 이러한 죽음 유예가 자기에게 가해지지 않도록 하지 않으면 그 시점을 넘어서는 순간부터는 아무런 일도 스스로 결정할 수 없습니다. 그러므로 내 몸이 그 지경이 되면 나를 보살펴야 하는 '의무를 지닌 사람들'에게 나는 말도 못할 견딜 수 없는 짐이 됩니다. 그들의 삶이 내가 아직 죽지 않고 살아 있다는 사실 때문에 온통 구겨지고 찢깁니다. 사랑하는 배우자나 혈연이 우선 그런 사람들이고, 그 밖에도 수많은 사람들이 있습니다. 그런데 이런 일은 일어나지 말았어야 할 일입니다. 그들을 사랑했고 그들을 위한 삶을 살아온 것이 내 삶이었는데 내 마지막이 이제까지 쌓아온 모든 것을 다 허물도록 할 수는 없습니다. 그러나 '죽어야 할 좋은 시점'을 알 수가 없습니다. 그렇다면 그런 일이 벌어지기 전에 스스로 죽는 것이 상책입니다. 어차피 죽을 삶인데 죽음을 스스로 결정하는 것은 가장 삶다운 삶을 사는 의연한 모습일지도 모른다는 생각을 하지 않을 수 없습니다. 아니, 그렇기 때문에 스스로 죽어야 마땅합니다. 그것이 '늙음의 도덕'일지도 모릅니다.

그런데 노년의 죽음 두려움은 이러한 몸의 현실에만 있지 않습니다. '홀로 살 수밖에 없는, 그래서 독거노인이기를 강요받는 구조'가 오늘 우리 사회의 현실입니다. 벗어나고자 해도 헤어날 수 없는 족쇄처럼 우리는 그 틀 안에서 늙어 갑니다. 다행히 그 상황이 사뭇 어둡기만 하지는 않습니다. 이를테면 노인요양원은 죽어 가는 노년들에게 따뜻한 보살핌을 베풀어 줍니다. 그러나 노인들이 그곳에 '모셔지는지' 아니면 '버려지는지'를 가늠하는 일은 참으로 어렵습니다. 그렇게 그러한 기관들은 오늘 우리 사회 안에서 자리 잡고 있습니다. 그것이 우리의 사회구조라면, 그리고 결국 무용한 생명, 그래서 어떻게 수식하든 결국 '버려지는 삶의 주체'로 간주되는 것이 노년의 삶이라면, 그러한 '모심'이나 '버림'을 결정하는 계기가 불가항력적인 다른 힘에 의해 주어지기 전에, 나 스스로 자기를 '처리'하는 것이 바른 선택일 수도 있습니다. 이래저래 노인의 자리에서 보면 노인 자살이 아프기만 하거나 질책하기만 해야 할 것으로만 여기지지 않습니다. 무언지 설명할 수 없는 어떤 공감이 내 안 깊은 곳에서부터 솟는 것을 스스로 가리지 못합니다. 이토록 삶은, 노년의 마지막 삶은 잔인합니다.

그러나 이러한 죽음에 대한 '부러움'이라는 공감이 비록 현실적으로 수긍할 수 있을 만큼 오늘 우리의 죽음 현실에서 일면의 진실성을 가진다 하더라도 이를 마냥 승인할 수는 없습니다. 개개인의 경우에 따라 다 다르겠지만 결국 이 문제는 "내 죽음을 나 스스로 결정할 수 있는 것인가?" 하는 죽음의 자기결정권의 논의로 이어집니다. 안락사나 존엄사의 문제도 이 맥락에서 벗어나 있지 않습니다. 그래서 이 문제를 근원적인 자리에서 총체적으로 다루면서도 현실성을 잊지 않는 진지한 논의들이 진행되고 있습니다. 의학에서도, 사회복지의 차원에서도, 법률적으로도, 윤리나 철학에서도, 그리고 종교에서도 논의들은 모두 진지합니다. 고마운 일입니다. 이 자리에서 이에 관한 긴 말씀을 드릴 수는 없습니다. 그런데 대체로 그 논의의 결론은 '극히 예외적인 경우'를 제외하고는 죽음의 자기결정권이 허용되어서는 안 된다는 주장으로 귀결되고 있습니다. 하지만 그 '예외'조차도 구체적인 사태의 내용을 명시할 수는 없다는 입장들이고 보면, 그 진지한 논의조차 실은 고뇌의 단면을 드러낼 뿐 문제의 현실적인 해결을 보여주는 것은 아닙니다.

그렇다면 우리는 이 문제를 좀 다른 측면에서 살폈으면 좋겠습니다. 즉 만약 자기의 죽음과 관련하여 자기결정권이 허용된다면 삶의 현실에서 어떤 일이 벌어질지 생각해 보는 그러한 시각에서 다가갈 필요가 있습니다. 하나의 예를 들어보십시다. 외국의 경우이기도 하고, 또 근본적으로 적절한 비유가 아닐 수도 있겠습니다만, 우리는 자기방어권을 구실로 제정된 '무기의 자유로운 소유를 허용한 법'이 결과적으로는 본래 의도하지 않았던 폐해를 초래하고 있다는 사실을 유념해 볼 수 있습니다. 곧 무기 소지를 통한 자기방어권의 확보가 역설적으로 그 법을 통해 '살인의 개연성'을 구축한 것과 다르지 않은 데 이른 것입니다. 이를 근거로 추리한다면 어쩌면 젊은이든 노인이든 무릇 인간의 자기 죽음 결정권 존중은 거기에서 머물지 않으리라는 것을 예상할 수 있습니다. 그러한 권리의 승인은 의도하지 않더라도 인간은 자기만이 아니라 나 아닌 타자의 죽음도 결정할 수 있다는, 다시 말하면 "인간은 인간의 죽음을 결정할 수 있다"는 풍토를 우리 문화 안에서 일게 할 수 있다는 예상을 할 수 있는 것입니다. 굳이 풀이할 필요가 없습니다만, 결국 그러한 풍토는 자기를 포함한 어떤 생명이라도 '작위적으로' 다룰 수 있다는 근거를 인간에게 마련해 줄 것입니다.

죽음이 인간의 삶의 종국인 줄 알기 때문에 사람들은 이를 두려워하고 불안해합니다. 그래서 억지로 죽음을 외면하고 회피하고 폄하하고 저주하는 것조차 망설이지 않습니다. 그런데도 죽음은 끝이기 때문에, 견디기 힘든 문제에 자기의 삶이 직면하면, '죽여 버리든'가 '죽어 버리면' 모든 문제는 끝나리라고 생각합니다. 이러한 오늘의 죽음문화 풍토를 유념한다면 죽음 결정권이 인권이라는 이름으로 승인된 후 어떤 끔찍한 사태가 벌어질 것인가를 예상해 볼 수 있습니다. 스스로 죽고 서로 죽이는 일이 예사로운 일이 될 것이기 때문입니다. 그러한 사태는 죽음만을 황폐하게 하는 것이 아닙니다. 죽음만이 아니라 죽음을 포함한 삶 전체를 황폐하게 할 것이기 때문입니다.

그러고 보면 스스로 자기 죽음을 결정하고 실행한 제 친구의 친구 분께는 무척 죄송한 말씀입니다만, 그러한 결정의 바탕에는 그가 인간의 삶에 대한 충분한 배려를 결하고 있었다거나, 아니면 우리가 공감할 수 있는 아픔만이 아니라 공감할 수 없는 어떤 다른 정서가 있었던 것이 아닐까 생각해 볼 수 있습니다. 억지로라도 그것이 어떤 것인지를 짐작해 보고 싶습니다.

친구의 평에 의하면 그 친구는 참 좋은 분입니다. 그런데 생각해 보면 흔히 자신을 말끔히 추스르는 사람들의 몇 가지 특성을 그도 가지고 있었던 것 아닌가 하는 생각이 듭니다. 하나는 자신을 깨끗하고 단정하게 유지하려는 그런 마음가짐이 두드러졌던 것 같습니다. 늙음은 이러한 생각을 누구나 가지게 합니다. 죽음 이후의 자기 삶의 자리가 지저분하지 않기를 바랍니다. 해 오던 일을 잘 마무리하고 싶고, 다 못한 일을 부탁하고 싶고, 사람들과의 관계도 풀어 맺힌 것이 없게 하고 싶고, 방도 말끔히 치우고, 몸도 깨끗이 하고 싶습니다. 그런데 이러한 일은 실은 죽음을 앞둔 사람들, 특별히 늙은이들이 단단히 마음을 먹고 해야 할 마땅한 일들입니다. 이런 일을 제대로 하지 못하면 나는 내 죽음 뒤에도 여전히 살아 있는 많은 사람들에게 뜻하지 않은 힘든 짐을 지게 할 수 있습니다. 그러므로 우리는 그렇게 하지 못하는 것을 염려하고, 서로 지적하여 서둘러 그렇게 하도록 해야 합니다. 죽음을 준비할 수 있도록 해야 하는 것입니다. 하지만 치우고 정리할 것이 아무리 많다 해도 '죽기 전에' 이런 일을 할 생각을 해야지, '죽음으로' 그 모든 것을 치우고 정리해야 한다고 생각한다면 그것은 건강한 것일 수 없습니다. 따라서 이러한 태도는 개인의 성격적인 특성이 아니라 그 개인이 죽음을 성숙하게 이해하지 못하고 있었다는 것을 보여주는 징후라고 할 수 있습니다.

아울러 짐작할 수 있는 것은 그가 삶 자체를 쫓기듯 초조하게 살아왔을 것 같다는 사실입니다. 이 또한 늙음에 이르면 당연하게 자신의 속 깊은 데서부터 이는 정서이기 때문에 그의 개인적 특성이라고 할 수는 없습니다. 언제인지는 몰라도 '임박한 죽음'이 내 삶의 현실일 때 초조함을 느끼지 않는다면 그것도 자연스럽지 않은 일입니다. 그러나 초조함이 문제를 해결해 주지는 않습니다. '할 수 있는 데까지 하는 것'이 초조함을 극복하는 일이지, '모두 다 해야겠다는 다짐'이 초조함을 해결해 주지는 않습니다. 어차피 내 삶은 내가 벌여 놓은 것이니까 내가 수습을 해야 한다고 할 수 있지만, 내 삶이란 것이 그렇게 나에 의해서만 이루어진 것은 아닙니다. 우리는 무수한 관계 속에서 형성된 틀 안에서 자기 역할을 해 왔습니다. 따라서 내 온전하지 못함을 채워줄 사람도 있고, 나와 더불어 책임을 공유할 사람도 있습니다. 그렇다면 초조와 쫓김은 건강한 책임감에서 비롯한 것이라기보다 스스로 모든 것을 다하고자 하는 왜곡된 긍지가 낳은 건강하지 않은 고독의 징표이기도 합니다. 그러므로 스스로 죽어 버리면 그 초조로부터 벗어날 수 있으리라는 판단은 실은 충분히 사람살이의 틀을 인식하지 못한 미성숙한 모습일 수도 있습니다. 그것은 결코 의연한 모습이 아닙니다.

누구나 짐작할 수 있는 일입니다만 이처럼 결벽해야겠다는 강박관념이나 초조함에 쫓기게 되면 자연히 우리는 비현실적이게 됩니다. 이루어질 수 없을 거라 생각한 일들이 내 삶의 현실로 내 앞에 펼쳐지고 있다는 것을 실감하면서, 그것을 넘어설 수 없다는 속수무책의 느낌을 가질 때, 우리는 현실로부터의 일탈을 꿈꾸게 되는 것입니다. 눈을 감아 버리고 싶고, 귀를 막고 싶습니다. 더 이상 사색하기 싫고, 더 이상 행동하기 싫습니다. 이미 충분히 그렇게 노력해 왔는데도 내 삶은 아무런 출구도 마련하지 못했다는 절망감이 나를 짓누를 뿐입니다. 이 모든 것을 한꺼번에 풀어 줄 유일한 수단으로 죽음을 생각하게 되는 것도 어쩌면 자연스러운 일입니다. 죽음은 끝이기 때문입니다. 그래서 어차피 죽을 것인데 아예 '서둘러 죽으면' 더 이상 어떤 좌절도 경험하지 않게 되리라는 기대, 이제는 무한히 펼쳐지는 평안과 위로 속에서 내 삶이 이어지리라는 희망을 갖습니다. 마침내 죽음은 '삶을 위한 가장 편리한 수단'이 됩니다. 죽음을 통해 내 삶을 온통 지워 버리면 아무런 염려 없이 삶을 마감할 수 있으리라 판단하는 것입니다. 그렇습니다. 삶은 그렇게 끝납니다. 그러나 죽으면 더 이상 삶은 지속되지 않습니다. '문제가 없는 삶'이 죽음 뒤에 펼쳐지고 그 속에서 내 지금 여기의 삶이 지속되리라는 기대는 비현실적입니다. 내가 없기 때문입니다. 이뿐만 아니라 나는 없어도, 내가 죽은 다음에도 내 삶의 흔적은 남습니다. 적어도 나를 기억하는 사람이 살아 있는 한에서는 그렇습니다. 따라서 내가 내 죽음을 서두른다고 해서 내 삶의 자취를 지울 수 있는 것도 아닙니다.

아무래도 제 친구의 친구는 그가 착하고 귀한 마음을 가진 사람임에도 불구하고 어쩌면 '편리한 환상'에 빠졌던 것은 아닌가 하는 생각을 하지 않을 수 없습니다. 그렇게 깨끗하기를 바라고, 그렇게 죽음을 서두를 정도로 삶을 온전하게 하고 싶었다면, 거듭 말씀드립니다만, 젊은이들과는 달라서 스스로 죽음을 선택하지 않아도 곧 죽을 텐데, 그렇게 죽는 일 말고 다른 선택지는 없었을까 하는 생각을 하지 않을 수 없는 것입니다.

이런 사례가 '배부른 이야기'로 들릴 경우도 없지 않습니다. 다른 것 다 그만두고 오직 배고프고 추워서 스스로 죽는 노인도 한 둘이 아닙니다. 아무도 돌보는 이가 없는 채 수족을 움직이지 못하는 상황에서 홀로 죽도록 방치되어 마치 '스스로 죽었다'고 묘사될 수밖에 없는 그러한 노인의 죽음도 적지 않습니다. 우리는 앞에 든 예와 더불어 이러한 죽음들을 한데 넣어 '노인의 자살' 문제라고 범주화합니다. 그런데 이렇게 범주화하는 것은 아무래도 무리가 있습니다. 그러므로 당연히 이러한 여러 다른 양태의 노인 죽음들과 관련하여 그 대책도 각기 다르게 마련되어야 합니다. 개인이 할 일이 있고 공동체가 할 일이 있습니다. 가정에서 할 일이 있고 국가가 할 일이 있습니다. 이 각각의 기능들이 조화롭게 하나의 얼개를 이루면서 인간의 삶의 질을 유념한 죽음 문화를 형성해야 하며, 이를 위한 공동체 구성원 모두의 일들이 있습니다. 그런데 다행히 바야흐로 복지사회를 운위하면서 이를 위한 여러 일들이 진지하게 다루어지고 있습니다. 고마운 일입니다.

그러나 문제는 죽음 주체인 우리 개개인의 실존적 태도입니다. 이미 벌어진 일을 진지하게 성찰하는 것도 좋습니다. 그러나 그것만으로는 모자랍니다. 옳거니 그르거니, 무엇을 했어야 했느니, 그 책임은 누구에게 있느니 하는 무성한 논의들이 다 쓸데없다는 말씀을 드리는 것은 아닙니다. 하지만 결과적으로 '구실 찾아 책임 미루기' 투의 귀결에 이르는 그러한 논의보다는 우리 제각기 자기와의 정직한 대화를 통해 내 죽음을, 그래서 임박한 죽음을 사는 내 삶을 스스로 살펴보았으면 좋겠습니다. 공허한 말씀이 될 것 같아 두렵습니다만, 감히 말씀 드린다면 저는 다음과 같이 생각해 보고 싶습니다.

깨끗하게 '치우는' 일도 해야 하지만, 아울러 내가 살아온 마디마디, 이런 저런 일, 만난 그 많은 사람들을 회상하면서, 그 고비마다 깃든 의미를 짚어 보았으면 좋겠습니다. 부끄럽고 못난 일도 있고, 자랑스럽고 떳떳한 일도 있습니다. 미움과 시샘에 시달린 적도 있고 진심으로 사랑하고 나를 희생한 일도 있습니다. 얼룩진 추한 기억도 있고 환하게 아름다운 추억도 있습니다. 하지만 좋은 것은 취하고 좋지 않은 것은 버리는 것이 아니라, 그 어느 것이든 그대로 내 삶의 의미로 지니는 일은 불가능할까 하는 생각이 듭니다. 그 모두가 한데 어우러져 내 삶을 이룬 것이기 때문입니다.

얼마 남지 않은 삶이 분명한데 삶을 서두르는 것을 마다할 필요는 조금도 없습니다. 오히려 그렇게 서둘러야 합니다. 그러나 만약 우리가 내 삶을 의미 있는 것으로 여길 수 있다면, 그 서두름보다는 조금은 느린 호흡으로 이것저것 놓치지 않기를 바라면서 내 삶의 마디마디에 깃든 모든 사람들에게 온갖 일들에게 '작별인사'를 하는 것이 더 서둘러야 하는 일이 아닐까 하는 생각도 듭니다. 물론 찾아갈 수도 없고 일을 마무리하기도 어렵습니다. 그렇기 때문에 작별인사란 실제로는 비현실적인 꿈일 수 있습니다. 대체로 그러합니다. 그러나 나 스스로 마음에 품는 그 모든 것에 대한 고마움만으로도 우리의 작별인사는 충분합니다. 죽음을 서둘기보다 그런 고마움으로 내 삶을 채우는 일을 조금은 더 서둘러야 할 것 같습니다. 고마움은 존재하는 모든 것을 긍정하는 일인데, 그렇게 할 수 있다면 나 자신에게도 죽기 전에 고맙다고 해야 하고 죽음에게도 고맙다고 해야 합니다. 그것이 서둘 일이지 죽음을 스스로 죽는 일을 서두를 필요는 없습니다.

그렇다면 임박한 죽음 앞에서 그저 담담했으면 좋겠습니다. 죽음이 별난 일도 아니고, 나 혼자 당하는 일도 아니고, 생명이면 지닌 삶의 현상이라면, 비록 그 과정이 때로 견딜 수 없이 괴롭기도 하지만, 호들갑을 떨며 '소란'을 일으킬 까닭은 없습니다. 조금은 더 조용하고 깊고 그윽하고 고요했으면 좋겠습니다. 삶이 의미로 가득 찬 것임을 회고할 수 있다면, 그래서 온통 겪은 모든 것이 감사할 것뿐이라는 생각이 든다면, 그래서 이미 죽음 맞이가 평안하다면, 담담함은 그때 우리가 지녀야 하는 마땅한 삶의 모습입니다.

물론 우리가 이렇게 담담할 수 없는 한계가 있습니다. 치매에 걸리기 전에 내 삶이 그래야 하고, 의식을 잃기 전에 그렇게 살아야 합니다. 혈연에게 짐이 되기 전에 그렇게 살아야 하고, 노인의 집에 옮겨가기 전에 그렇게 해야 하며, 호스피스 병동에 가기 전에 그럴 수 있어야 합니다. 그 시점을 놓치면 담담할 수 있는 삶을 살 수 있는 기회를 영영 놓칩니다. 다른 사람 신세 지지 않고 죽어야 한다는 귀한 생각을 폄하할 생각은 조금도 없습니다. 하지만 담담함 속에서 그런 생각을 한다면, 그 생각은 틀림없이 삶의 의미를 긍정하고 모든 존재를 긍정하는 감사로 이어질 것입니다. 그렇지 않으면 오히려 그런 마음은 때로 오만, 독선, 타인에 대한 배려 없음 등으로 채색될 수 있다는 것을 잊어서는 안 됩니다. 무릇 사람살이는 서로 신세 지고 살기 마련입니다.

회복 불가능하다는 판정을 받을 때까지는 담담하게 살아야 합니다. 그리고 그러한 판단이 내려지면 연명치료가 아니라 통증완화치료를 바라는 사전의향서를 의사에게, 그리고 자손들이나 돌보는 사람에게 담담하게 작성해 주면 됩니다. 스스로 죽어 버리는 내 죽음 때문에 살아 있는 삶의 공동체가 생명을 값싸게 여기는 풍토를 지니는 데 호리(毫釐)라도 보탬이 되는 일을 저질러서는 안 됩니다. 오늘 우리의 죽음 맞이는 유예되는 죽음을 현실화하면서 내 죽음의 순간에 내가 참여할 수 없는 타율적인 죽음을 죽을 수밖에 없도록 하고 있습니다. 그것이 견딜 수 없이 괴로워 지레 스스로 죽는 죽음을 선택할 수도 있습니다. 하지만 임박한 죽음을 살아가는 동안에 좀 더 적극적으로 자기 삶의 의미를 찾고 감사하며 담담하게 죽음을 만나면서, 삶을 스스로 죽어 마무리함으로써 생명 자체를 폄하하는 위험한 일은 삼가는 것이 노년에 이르기까지 살아온 의연한 삶의 모습이어야 하지 않을까 하는 말씀을 강조하고 싶습니다. 우리의 그러한 담담함을 내 곁에 있는 사람들이 확인할 때, 우리가 불가피하게 그들에게 지우는 '나를 보살피는 짐'의 무게를 조금이라도 덜어줄 수 있으리라 생각합니다.

사랑과의 만남

생명은 경이로운 것입니다. 이른 봄 제비꽃처럼 그렇습니다. 생명은 아름다운 것입니다. 마찬가지로 제비꽃처럼 그러합니다. 그래서 우리는 그 앞에서 옷깃을 여미게 됩니다. 신비스럽기 때문입니다. 그 감동을 살아가는 것이 사랑입니다. 그러므로 생명은 마침내 사랑에서 그 온전함을 드러냅니다.

사람은 생명을 가진 존재입니다. 그렇기 때문에 인간은 경이로운 존재입니다. 아름답습니다. 그리고 신비스럽습니다. 갓난아기도 그렇고, 젊은이도 그렇습니다. 보람을 쌓는 장년도 그렇고, 쇠잔해 가면서 곧 죽음에 이를 노년도 다르지 않습니다. 경이롭고 아름답고 신비스럽습니다. 그런데 그 경이로움과 아름다움, 그리고 그 신비스러움조차 때로는 훼손될 수 있습니다. 사랑이 사라지면 그렇게 됩니다. 결국 사랑의 결핍은 생명의 경이로움과 아름다움, 그 신비스러움을 부정하는 일과 다르지 않습니다. 그런데 그러한 현상은 삶의 현실이 무의미하다고 판단될 때 생겨납니다. 갓난아기도, 젊은이도, 장년도, 노년도 다르지 않습니다. 그렇기 때문에 삶이 총체적으로 긍정적일 수 없을 때 사랑은 사라집니다. 감사하다는 태도가 내 실존을 수식하지 못하면 삶은 공허해지고 죽고 싶은 충동을 억제하지 못합니다. 삶을 살고 싶어지지 않습니다. 그러므로 의미와 감사함으로부터 비롯하는 담담함, 곧 마음의 평정이 이루어지지 않으면 생명을 지탱할 수 없습니다. '죽여 버리고' 싶고, '죽어 버리고' 싶은 충동만이 삶의 기저를 이룹니다. 사랑을 경험하지 못하기 때문입니다. 그런데 사랑을 말하면 갑자기 소란해집니다. 어떤 돌출하는 사건의 연속인 것처럼 생각합니다. 그래야 사랑이 실천되는 것으로 여깁니다. 하지만 사랑은 '뜨겁게 요동하는' 소용돌이가 아닙니다. 그것은 서로 '모두가 모두와 이어져 있다'는 것을 확인하면서 사는 삶이 누리는 '고요' 같은 것입니다. 그것이 담담함이라고 말하고 싶습니다.

그러므로 우리는 사랑하고 살아야 합니다. 생명은 본연적으로 존엄한 것임에 틀림없습니다. 하지만 사랑하는 관계, 곧 의미와 감사로 이어진 담담함 속에 깃들지 않으면 생명의 존엄은 현실적으로 없습니다. 내가 스쳐 지났다면 이른 봄 보라색 제비꽃은 있지만 없었을 것입니다. 그러나 되돌아가 그 앞에서 옷깃을 여민 덕분에 그 꽃은 고요하게 제 안에 여전히 피어 있습니다. 꽃은 져도 내 안에서 영원히 시들지 않을 것입니다. 죽음에 임박한 노인들을 사람들이 그렇게 만나 주었으면 좋겠고 노인의 자살도 그렇게 만나 주었으면 좋겠습니다. 제 죽음도 제가 그렇게 살면 좋겠습니다.

더 읽어 볼 만한 글

- 시몬느 드 보부아르, 『노년: 나이듦의 의미와 그 위대함』, 홍상희 · 박혜영 옮김, 책세상, 2002.
- 시몬느 드 보부아르, 『편안한 죽음』, 함유선 옮김, 아침나라, 2001.
- 조르주 미누아, 『노년의 역사』, 박규현 · 김소라 옮김, 아모르문디, 2010.
- 조르주 미누아, 『자살의 역사』, 이세진 옮김, 그린비, 2014.
- 팻 테인 엮음, 『노년의 역사』, 안병직 옮김, 글항아리, 2012.

* 이 글은 『본질과 현상』 32호(2013.6)에 실린 「생명사랑과 인간의 존엄성: 자살과 관련한 이런저런 생각」을 대폭 수정한 것이다.

고독사

홀로 살다 홀로 죽는 사람들

이 미 애

2000년대 후반에 들어와 일본에서 고독사(孤獨死)가 고령자들의 죽음문제로 크게 주목받고 있습니다. 고독사가 전국에서 발생하고 사회문제화 되자, 대학에 고독사연구회가 생기고, 아파트단지나 지자체 등에서 실태조사를 하고, 정부에서도 대응책을 마련하기 시작합니다. 고독사 대책은 가족과의 유대관계나 지역사회의 인간관계를 재구축하는 것이 핵심이었습니다. 왜냐하면, 고독사의 원인을 빈곤한 독거세대나 고령자세대의 사회적 고립문제로 인식했기 때문입니다. 정부를 비롯해 여러 단체에서 고독사 문제에 대응하고 있지만, 고독사는 계속 증가하고, 단신세대나 빈곤층에서뿐만 아니라, 지역과 세대(世帶)구조, 세대(世代)를 불문하고 발생하는 등, 그 형태도 다양성을 나타내고 있습니다. 고독사가 감소하지 않는 데에는 어떠한 이유가 있을까요. 이러한 문제의식에서 이 글에서는 일본의 고독사 현상과 그 배경에 대해 살펴보고자 합니다.

사회문제화하는 고독사

최근 일본에서는 '무연사회'라는 말이 유행어가 되었습니다. 이 말이 생겨난 것은 2010년 NHK 방송에서 '무연사회(無縁社会), 무연사자(無緣死者) 연간 3만 2천 명의 충격'이라는 프로그램이 방송된 이후입니다. 무연사회는 인간관계가 없는 사회를 의미하지만, 일본에서는 이웃과의 교제가 없어서 이웃의 죽음조차 쉽게 발견되지 않는 것을 일컫는 말로 사용되는 경우가 많습니다. 이웃과 인사라도 나누는 인간관계를 맺고 있다면, 무연사(孤獨死)는 하지 않는다는 것이겠지요. 현재 일본에서는 지극히 보편적인 일상생활을 하던 사람들이 사회와의 관계를 상실하고 혼자서 외롭게 살다가 고독사하고 있습니다. 고독사는 가족이 없는 사람이나 경제적으로 어려운 독거세대, 고령자만의 세대에서 많이 발생합니다. 그렇기 때문에 고독사는 빈곤한 독거자의 죽음문제로 인식되는 경향이 있었고, 고독사가 발견되면 경찰에서도 변사체 문제로 처리하는 경우가 많았습니다.

고독사가 전국에서 발생하고 사회문제화 되자, 대학에 고독사연구회가 생기고, 고령자들이 주로 사는 노후한 임대아파트단지의 주민자치회와 지자체에서 실태조사를 하고, 정부에서도 대책을 마련하기 시작합니다. 고독사 대책은 가족과의 유대관계나 지역사회의 인간관계 만들기가 핵심이었습니다. 왜냐하면, 고독사를 단신세대(單身世帶; 미혼, 이혼, 사별 등으로 배우자가 없거나 자식과 동거하지 않는 사람)나 고령자만의 세대의 사회적 고립문제로 인식했기 때문입니다. 정부를 비롯해 지자체, 주민자치단체, NPO 등, 여러 단체에서 고독사 문제로 대응하고 있지만, 고독사는 오히려 증가하고 있고, 최근에는 단신세대나 빈곤층에서뿐만 아니라, 가족이 동거하고 있는 세대와 젊은 층 등, 연령과 세대구조를 불문하고 발생하고 있습니다. 왜 일본에는 고독사하는 사람들이 많을까요? 이러한 문제의식에서 이 글에서는 일본의 고독사 현상과 대응, 그리고 고독사가 발생하게 된 사회 · 문화적 배경에 대해서 살펴보고자 합니다.

고독사의 발생

고독사라는 말은 매스컴이 만들어낸 조어로서, 학술적으로 충분한 검토가 이루어지지 않았기 때문에 그 개념이나 정의에 대한 통일된 견해가 제시되어 있지 않습니다. 또한, 법률적으로도 명확한 정의는 없으며, '이상사(異狀死)'로 취급되기도 합니다. 도쿄도감찰의무원(東京都監察醫務院)에 의하면, 도쿄도(東京都)에서 발생하는 모든 이상사에 대해서 시신을 검안하고 부검하는데, 사망 시점에서 처음부터 병사로 알려진 경우는 자연사이지만, 자살이나 사고사, 사인이 불명확한 경우는 모두 이상사라고 합니다. 이와 같이 고독사의 정의를 둘러싸고 여러 가지 해석이 분분한 가운데, 2010년 판 〈고령사회백서〉에서는 고독사를 "아무에게도 보살핌을 받지 못하고 숨을 거둔 후 상당 기간 방치된 비참한 죽음"으로 정의하였습니다. 고독사에 대한 정의는 보살펴 주는 사람이 아무도 없는 상태에서 사망하고, 그 후 시간이 지나서 발견된 죽음으로 보통 인식되고 있는 것 같습니다. 일본에서는 이러한 고독한 죽음이 언제부터 발생했을까요?

고독사는 최근에 매스미디어에서 자주 보도되고 사회문제로 주목받고 있지만, 1970년대부터 발생했습니다. 1970년대 초반, 고독사가 신문에 보도되면서 고독사라는 용어가 일반적으로 사용되기 시작했습니다. 1970년대는 일본의 고도경제성장기로 핵가족의 증가와 지역이동의 빈번화, 고령화가 시작된 시기였습니다. 고독사는 고령자뿐만 아니라, 젊은 세대에서도 발생했는데, 그 이유는 도시지역의 인간관계 상실로 인한 고독이었습니다. 당시의 고독사는 넓은 도시지역에서 일시적으로 발생했습니다.

다시 고독사가 사회문제로 주목을 받게 된 것은 1995년 고베(神戸)의 대지진 이후 지진피해자가 거주하는 가설주택에서 잇달아 발생한 고독사 때문이었습니다. 2001년 1월 가설주택이 철거될 때까지 5년 동안 발생한 고독사가 233건, 1995년에서 2003년 사이에 부흥주택에서 190건 발생했습니다. 지진 피해지역에서의 고독사는 젊은 층에서부터 중·노년층까지 발생했는데, 그 배경은 지역사회의 인간관계 단절과 가설주택의 열악한 주거환경, 저소득, 만성질환, 알코올 중독 등이었습니다. 가설주택에서 진료했던 의사 누카타 군(額田勲)은 지진피해지역에서 고독사가 많이 발생한 것은 가설주택이라는 특수한 상황 때문이 아니라고 합니다. 그는 지진재해 이전에도 고독사가 있었지만, 일본은 풍요로운 사회라는 환상에 가려 드러나지 않았을 뿐이라고 지적합니다.

지진피해지역의 가설주택에서 발생한 고독사가 사회문제로 세간의 이목을 집중시킨 가운데, 2000년대 후반 이후, 고령자가 주로 사는 노후화된 임대아파트단지의 고독사가 사회문제로 떠오르게 됩니다. 그것은 고도경제성장기의 도시지역의 고독사나 지진재해지역의 특수한 주거환경 속에서 발생한 것과는 다른 문제로서 인식되고 있습니다. 고독사는 세대(世代)와 세대(世帶)를 구분하지 않고 발생하고, 저소득층만이 아니라, 지극히 일반적인 서민

계층에서 발생하고 있기 때문입니다.

고독사의 현상

앞에서 언급했듯이, 일본에서는 아직 고독사에 대한 명확한 정의가 없기 때문에, 연구자나 조사하는 단체에 따라 정의가 다르게 적용되고 있습니다. 고령자가 많이 거주하는 임대아파트단지나 특정지역을 대상으로 한 국지적인 조사나 통계는 보고되고 있지만, 명확한 정의를 바탕으로 한 전체적인 고독사 통계는 없습니다. 아오야기 료코(青柳涼子)는 전국에서 연간 2~3만 건이 발생하는데, 이것도 어디까지나 추측치라고 합니다. 일본에서 고독사가 얼마나 발생하는지 구체적으로 알 수 있는 통계 자료를 두 개 소개하겠습니다. UR도시재생기구(都市再生機構, 영문명 Urban Renaissance Agency, 이하 UR이라 함)가 관리하는 임대아파트단지의 고독사 통계와 도쿄도감찰의무원(東京都監察醫務院)의 통계입니다. UR이 관리하는 임대아파트는 고도경제성장기에 도시의 주택부족 문제를 해결하기 위해 대량 건설된 것으로, 전국에 약 77만 가구(1,811 단지)가 있습니다. 당시에는 '뉴타운' 등으로 불리던 이들 단지에 입주하는 것이 사람들의 동경과 꿈이었는데, 현재는 저소득자나 고령자, 장애인, 외국인 등, 사회적 약자들이 많이 살고 있고, 전국적으로 입주민들의 고령화 문제에 직면해 있습니다. 또한, UR에서는 고독사를 "사망 시에 독거하고 있던 임대인이 아무에게도 보살핌을 받지 못하고, 자택에서 사망한 사고(자살 및 타살은 제외)"라고 정의하고, 1999년부터 고독사 건수를 발표하고 있습니다. 1999년에 207건이었던 것이 2009년에는 665건으로 10년 동안에 3배 이상 증가했습니다. 그중에서 65세 이상의 고령자는 1999년 94건에서 2009년은 472건으로 5배 이상 급증했습니다.

UR에서는 고독사 다발지역으로 단지의 이미지가 나빠지는 것을 염려해서, 2010년부터 종래의 고독사 정의에 사망 후 1주일 이내에 발견되었거나, 가족이나 지인 등이 일상적으로 돌보고 있었던 경우는 제외한다는 조건을 추가한 새로운 정의를 바탕으로, 고독사를 조사하고 통계를 발표하고 있습니다. 2010년 고독사는 184건(그중에서 고령자는 132건)으로, 그 전년에 비해 3분의 1로 감소했습니다. 이처럼 고독사는 정의에 따라 발생 건수가 크게 달라진다는 점을 감안하면, 고독사의 정확한 파악을 위해서는 먼저 명확한 정의가 마련되어야 하겠습니다.

도쿄도감찰의무원에서는 고독사를 이상사 중에서 자택에서 사망한 단신자로 정의하고, 도쿄도 23개 구(區) 전체에서 발생한 65세 이상 독거고령자의 고독사 통계를 매년 발표하고 있습니다. 2002년에 1,364건이었는데, 2012년은 2,727건으로 10년 동안에 2배나 증가했습니다.

위에서 본 두 개의 사례에서처럼, 고독사 조사는 65세 이상 고령자나 단신세대를 대상으로 하는 경우가 많습니다. 왜냐하면, 고독사가 독거세대에서 발생한다고 인식되기 때문입니다. 그렇다면 사람들은 고독사에 대해서 어떻게 인식하고 있을까요. 내각부(内閣府, 2010년)가 전국의 60세 이상의 남녀를 대상으로 한 조사 결과에 의하면, 단신세대에서뿐만 아니라, 부부만의 세대나 자식과 동거하는 사람도 고독사할 수 있다고 생각하는 사람이 많았습니다. 한편 가야마 리카(香山リカ)는 현대 일본인들의 고독사에 대한 불안은 고령자들뿐만 아니라, 단신세대에서는 젊은 층에서도 많다고 합니다.

최근에는 단신세대에서뿐만 아니라, 가족이 함께 사는 세대에서도 고독사가 발생하고 있습니다. 이러한 상황이 사람들을 고독사에 대한 불안감에 사로잡히게 하고 있습니다. 고독사의 증가와 함께 고독사자들의 시신 수습과 뒷정리를 해 주는 유품정리전문업체라는 새로운 비즈니스가 생겨나 성업 중이라고 합니다. 이는 현대 일본의 고독사 심각성을 잘 말해준다고 하겠습니다.

고독사에 대한 대응

고독사가 증가하자 후생노동성은 2007년부터 '고령자가 혼자서도 안심하고 생활할 수 있는 커뮤니티 만들기 추진회의'를 설치하고, '고독사 제로 프로젝트'를 운영해 왔습니다. 혼자 사는 중 · 노년층들이 지역에서 고립되지 않도록 하기 위한 것으로, 구체적인 내용은 각 지역에서 실행되고 있는 고독사 제로를 위한 구체적인 대책을 전국에 보급하고, 또 고독사를 방지하기 위한 심포지엄의 개최나 상담 창구의 개설을 희망하는 자치단체에 사업비를 보조하고 있습니다. 이어 후생노동성은 2008년 3월 '고령자가 혼자서도 안심하고 생활할 수 있는 커뮤니티 만들기 추진회의 보고서'에서 고령화와 핵가족화가 진행되고, 아파트나 연립주택과 같은 집합주택에 거주하는 고령자가 증가하는 것과 함께, 독거노인세대나 고령자부부만의 세대가 급증하고 있기 때문에, 고립된 생활이 특별한 것이 아니라, 일반적인 생활 형태로 되어 가고 있다고 지적하고, 고독사가 발생하지 않도록 고독사 예방형 커뮤니티 만들기 대책을 제안하고 있습니다. 그 핵심 내용은 첫째, 고독사 예방을 위한 커뮤니티 구축과 이미 발생한 고독사에 대해 적절하게 대응할 수 있는 네트워크 구축. 둘째, 고독사 제로 작전과 고령자 학대, 인지증(認知症) 대책, 재해 예방 대책 등, 이 세 가지 대책의 일체화. 셋째, 지역 실정에 맞는 고독사 방지 네트워크의 구축과 돌봄 시스템의 개발과 계속된 운용 등입니다. 또한 후생노동성은 2009년부터 3년간 고독사 제로를 위한 모델 사업으로서 '안심생활창조사업'을 운영했습니다. 안심생활창조사업은 후생노동성이 지역복지를 위해 선정한 지역복지 추진 시초손(市町村, 일본의 기초행정자치단체로 한국의 시, 읍, 면에 해당)이 실시하는 모델 사업으로, 전국의 58개 시초손에 '고독사와 학대 제로 지역 만들기'를 목표로 독거노인세대나 고령자부부만의 세대, 장애인세대 등, 누구나 지역에서 안심하고 생활할 수 있도록 지원하는 제도입니다.

이처럼 정부의 고독사 대책은 돌봄 사업과 지역사회의 인간관계 만들기 등 주로 고령자 세대나 독거세대의 고립 문제를 해결하는 데에 있었습니다. 후생노동성은 여러 대응책에도 불구하고 고독사가 감소하지 않자, 2012년 5월 종합적인 고독사 방지 대책을 마련하고 전국의 도도부현(都道府県)에 통지했습니다. 그 내용은 첫째, 지자체의 복지 담당 부서의 정보 일원화. 둘째, 고령자 단체, 장애인 단체, 민생위원 등, 관계 단체와 복지부서와의 연계 강화. 셋째, 복지부서와의 연계 시에 개인정보 제공이 허용된다면, 고령자의 정보를 라이프라인사업자에 통지. 넷째, 지역사회의 관계 만들기 추진. 다섯째, 각 사업에 대해 전문가에게 검토받기. 여섯째, 개인정보 제공 사례집 작성. 일곱째, 지역사회의 연계망 구축을 위한 부동산 사업자와의 연계 추진 등입니다. 이러한 후생노동성의 종래보다 훨씬 강도 높은 고독사 대책은 고독사가 고령자나 독거세대에서 발생한다고 인식해 온 것과 달리 다양한 형태로 나타나고 있고, 또한 정부가 그동안의 고독사 대책이 고독사 방지에 큰 성과를 올리지 못했다는 것을 인식했기 때문입니다.

그 뿐만 아니라 지자체에서도 고독사 실태조사를 하고 고독사 방지를 위한 대책을 마련하고 있습니다. 도쿄도(東京都) 신주쿠구(新宿区)는 고독사 문제에 대해 전국에서 선구적으로 대응하고 있는데, 이는 신주쿠구가 다른 지역에 비해 고령자가 많기 때문입니다. 신주쿠구에서는 2006년 8월 '고독사 대책 검토회의'를 설치하고, 고독사 방지 및 조기 발견을 위한 대책을 마련하고 있습니다. 부서별로 대응하고 있는데, 고령자서비스과에서는 고령자의 고독사 방지를 위해 시행하고 있는 활동을 게재한 홍보지를 주민들에게 배부하고, 심포지엄도 개최하고 있습니다. 그리고 고독사관계과에서는 고독사 방지 대책 연락회의를 설치하고, 청소사업과에서는 쓰레기 방문 수집을 통해 안부를 확인하는 모델 사업을, 생활복지과에서는 독거노인세대의 돌봄 사업을 하고 있습니다. 구에서는 이러한 기존의 사업을 더욱 보완해서, 2007년 쓰레기 방문 수집을 통한 안부 확인 사업을 구내 전 지역으로 확대하고, 독거노인세대에 고독사에 대한 정보지 방문 배포 사업을 시행하고 있습니다. 신주쿠구와 같이 고독사 문제에 적극적으로 대응하는 지자체가 있는 반면, 고독사 실태 파악도 하지 않는 지자체가 대부분입니다. 후쿠카와 야스유키(福川康之)는 고독사 실태조사를 하고 있거나, 앞으로 실시할 예정인 지자체는 일본 전체에서 16.8%에 불과하고, 규모가 큰 지자체일수록 실태조사를 하고 있지 않는 곳이 많다고 지적합니다. 그 이유는 대부분의 지자체가 고독사 문제를 중요하게 인식하면서도 해결해야 할 일의 우선순위에서 차순위로 자리매김하고 있기 때문입니다.

지자체의 고독사에 대한 대응도 정부와 마찬가지로 독거노인의 고립 방지를 위한 돌봄과 안부 확인이고, 특히 안부 확인을 위한 호별 방문 방식이 적극적으로 이루어지고 있습니다. 순회나 방문 활동은 자치회나 자원봉사자로 구성된 민간조직과 복지사무소나 보건소 등의 행정기관이 담당하기 때문에, 매일 안부 확인을 위해 방문하는 사람은 자원봉사자나 행정직원입니다. 일본인들의 인간관계는 상대의 프라이버시를 존중하면서 적당히 친밀한 관계를 유지하는 것이 보통인데, 안부 확인이라고는 하지만, 매일 낯선 사람이 집을 방문하는 것에 사람들은 익숙하지 않을 것입니다. 특히 아파트나 도시지역 사람들은 농촌과 달리 이웃과 소원한 경우가 많고, 집 안을 타인에게 내보이는 것을 꺼리는 경향이 있습니다. 그렇기 때문에 고독사 문제는 돌봄이나 안부 확인과 같은 획일화된 대응으로는 해결되기 어렵습니다. 지역이나 거주형태, 지역의 사회구조나 지역민의 의식 등을 고려해서 개인이 어떠한 상황에 처해 있는지를 검토한 다음에 그에 상응하는 대응책을 마련해야 할 것입니다.

이상에서 살펴보았듯이, 고독사할 위험이 있는 사람들을 돌보고 지원하는 것과 사회에서 고립되지 않도록 하기 위한 커뮤니티 활성화에 중점을 둔 대책들은 독거세대나 고령자만의 세대의 고독사 예방에는 유효하지만, 고독사 문제를 해결하는 데에 큰 효과를 거두었다고는 할 수 없습니다. 왜냐하면, 여전히 전국의 임대아파트단지에서 고독사 문제가 심각화하고, 또한 고독사가 계속 증가한다는 보고가 나오고 있기 때문입니다. 여러 가지 대응책에도 불구하고 일본에서 고독사가 감소하지 않는 데에는 어떠한 사회적 배경이 있을까요?

고독사의 사회 · 문화적 배경

1. 단신세대의 증가

일본에서 단신세대는 1960년대 이후 지금까지 계속 증가해 왔지만, 특히 60, 70년대에 급증했습니다. 1960년대에 단신세대가 증가한 원인은 일본의 산업구소의 변화였습니나. 주요 산업이 농림수산업에서 공업과 서비스업으로 이행하면서, 도시에 발달한 2, 3차 산업에 종사하기 위해 젊은 사람들이 도시로 이동했습니다. 이들은 도시로 나와서 처음에는 기숙사에서 살거나 하숙 등을 했지만, 점차 소득 수준이 향상되고 일본의 주택 사정이 개선되면서, 자신의 집을 마련하여 사는 1인 세대가 많았습니다. 단신세대가 증가한 또 다른 이유는 고도경제성장기에 청년기를 맞이한 사람들은 출산율이 높았던 시대에 태어난 세대로, 인구가 많았기 때문입니다. 당시의 단신세대는 절반 이상이 30세 이하의 젊은 층이었습니다.

그런데 1990년대부터 젊은 층의 단신세대는 서서히 감소하고, 그 대신에 중・노년층 단신세대가 증가했습니다. 65세 이상 독거노인세대는 1975년에 8.6%였는데, 2010년에는 24.2%로 35년 사이에 3배 가까이 증가했습니다. 이처럼 독거노인세대가 급증한 이유는 배우자와 사별한 후 혼자가 된 고령자세대의 증가도 있지만, 미혼이나 이혼에 의한 증가도 있습니다.

1990년에 평생미혼율(50세까지 미혼율)은 남성이 5.5%, 여성이 4.3%였는데, 2010년은 남성이 20.1%, 여성이 10.6%로 20년 동안에 남성 미혼율은 4배 가까이, 여성 미혼율은 2배 가까이 증가했습니다. 이는 남성 10명 중 2명과 여성 10명 중 1명이 결혼을 하지 않는다는 말인데, 주목할 점은 연령이 높을수록 결혼을 안 하는 것이 아니라, 하고 싶어도 결혼을 할 수 없는 사람의 비율이 상당히 높다는 사실입니다. 결혼을 희망하지만, 결혼 상대가 없거나 경제적 어려움과 같은 장애물로 결혼을 할 수 없는 사람이 상당수 존재한다는 것입니다. 여성보다 남성이 심각한데, 이는 1990년대 이후, 일본의 장기간의 경제불황으로 젊은 남성들의 비 정규직화가 진행되고, 경제적으로 자립된 생활을 할 수 없는 사람이 상당수 존재했기 때문입니다.

경제적으로 어려운 남성이 미혼이 많은 것은 혼인과 수입의 관계에서도 확인할 수 있는데, 내각부 조사(2008년)에 의하면, 55세 이상에서 1년 수입이 60만 엔 미만인 경우가 미혼의 남성 단신자는 11.6%나 되지만, 미혼여성은 1.9%에 불과했습니다. 남성 단신자의 빈곤의 심각성은 2010년 생활보호수급자 중에서 50대 남성이 12만 명이라는 사실에서도 잘 드러나고 있습니다.

야마다 마사히로(山田昌弘)는 가족의 개인화가 진행되면, 개인이 선택하는 선택지의 실현 가능성은 가족 내부(부부사이)의 역학관계뿐만 아니라, 사회에서 발휘되는 개인의 능력에 좌우된다고 했습니다. 매력이나 경제력이 없는 사람이 결혼에서 소외되는 경우가 많고, 또한 친자관계에서도 경제력이 없는 부모와는 소통이 잘 안 되며, 심지어 경제력이 없으면 가족으로 간주하지 않는 경우도 있다고 합니다. 빈곤은 사람들로 하여금 자신감을 상실시키고, 나아가 삶의 의욕을 저하할 뿐만 아니라, 인간소외를 초래하기도 합니다.

총무성(總務省) 조사(2011년)에 의하면, 65세 이상 고령자 중에서 단신 고령자는 잠자는 시간을 제외하면, 하루 생활시간은 15시간 40분인데, 그중에서 혼자서 보내는 시간이 12시간으로, 전체 고령자의 6시간보다 2배나 깁니다. 단신세대의 고립된 생활은 이웃과의 교제에서도 잘 드러나고 있습니다. "이웃과 교제가 전혀 없다"는 남성 단신자가 17.4%, 여성 단신자가 6.6%, "인사 정도 한다"는 남성이 46.5%, 여성이 32.5%였습니다. 반면에 "친하게 지내는 사람이 있다"는 여성은 60.9%였지만, 남성은 36%에 불과했습니다. 그리고 "도움이 필요할 때 도움을 요청할 수 있는 사람이 한 사람도 없다"는 사람이 남성 단신자는 20%, 여성 단신자는 8.5%였습니다(2014년 판 고령사회백서). 여성보다 남성 단신자의 사회적 고립이 심각한데, 이는 고독사가 남성이 많다는 점과 관계가 있다고 하겠습니다.

고령자들의 생활을 위협하는 것은 빈곤과 질병과 고독입니다. 일본의 고령자는 의존대상인 가족과의 갈등이나 가족원의 상실로 인한 심리적 고독뿐만 아니라, 독거 상태의 거주환경에서 오는 물리적 고독감도 심각한 수준입니다. 고독사가 증가하는 데에는, 단신세대의 증가나 가족의 개인화, 빈곤, 고립 등, 복합적인 요인이 작용하고 있습니다.

2. 사생관의 변화

고독사는 주로 가족이나 이웃의 사회적 관계망의 훼손이나 결여에 의해 발생하지만, 이를 사전에 준비하는 사람들도 있습니다. 이들은 가족이 없기 때문에, 자신의 사후를 준비하는 것으로 생각할 수 있지만, 반드시 그렇지만도 않습니다. 고독사한 사람들의 시신 처리와 뒷정리를 해 주는 유품정리업자 요시다 다이치(吉田太一) 씨에 의하면, 자신의 사후 뒷정리에 대해 상담을 의뢰한 사람 중에는 자녀가 없는 단신자보다는 자녀가 있는 사람들이 더 많다고 합니다. 자녀가 있음에도 불구하고 고독사에 대비하는 이유는 무엇일까요. 그 이유는 자식에게 부담을 주고 싶지 않다거나 자식에게 부탁하고 싶지 않기 때문입니다.

전통사회에서 노부모의 병간호와 사후의 장례와 묘소 마련은 가족이 담당했지만, 현재는 사회보장제도와 가족 대체 시스템에 맡겨지고 있습니다. 가족 대체 시스템이 사후의 장례와 묘를 담당할 자녀나 가족이 없는 사람들을 위해 만들어져, 처음에는 주로 그러한 상황에 있는 사람들이 이용했지만, 지금은 자녀의 유무와 관계없이 이용자가 점점 증가하고 있습니다. 이는 자신의 죽음문제로 자녀에게 부담을 주지 않으려는 의식과 죽음도 자신의 삶의 일부로 생각하고, 개성적인 장례와 묘소를 희망하고 살아생전에 준비한다고 해서 비난받을 일은 아니라는 사생관의 변화에서 비롯된 것입니다. 고독사가 증가하고, 고독사에 대한 사람들의 의식이 변화하고 있는 것도 장례와 묘소에 대한 의식변화와 같은 맥락이라고 할 수 있습니다.

사회학자 우에노 지즈코(上野千鶴子)는 단신세대가 증가하면 고독사는 어쩔 수 없는 일이라고 주장합니다. 그녀는 『오히토리사마의 노후(おひとりさまの老後)』라는 책에서, 혼자서 살아왔기 때문에 죽을 때도 혼자인 것이 당연하고,

독신생활을 해 온 사람이 죽을 때만 평소 소원한 관계였던 친척 일가에게 둘러싸여 죽는 것이 오히려 이상하다고 합니다. 야베 다케시(谷部武)도 혼자라면 긴급 시에 대비해 사회 시스템을 이용해 충분한 준비를 해 두고, 독신생활을 자유롭게 즐기다가 인생의 마감은 고독사하는 것도 괜찮다고 합니다. 우에노와 야베의 제안은 지금까지의 고독사에 대한 인식과는 크게 다르다고 할 수 있습니다.

고독사자 가운데는 독신생활을 즐기며 살다가 혼자서 조용히 죽음을 맞이하는 사람도 있고, 혼자서 고독하게 살다가 쓸쓸한 죽음을 맞이하는 사람도 있습니다. 이처럼 현대 일본인들의 고독사에 대한 인식은 크게 변화하고 있습니다. 고독사가 감소하지 않는 데에는, 죽음을 둘러싼 환경적인 요인도 있지만, 가족과 무관하게 최후를 맞이할 수 있다는 고령자들의 사생관의 변화도 한 몫 한다고 할 수 있습니다.

앞으로의 고독사

지금까지 살펴본 일본의 고독사 현상은 개인이 처한 경제적 상황이나 세대구조의 변화, 가족관계의 변화, 사생관의 변화 등, 여러 가지 사회 · 문화적인 요소들이 겹친 결과라고 할 수 있습니다. 따라서 고독사 문제는 행정이나 지역의 자치단체에 의한 독거노인세대의 방문이나 돌봄만으로는 쉽게 해결될 수 없는 문제로 볼 수 있습니다. 정부나 여러 단체에서 시행해 온 대책에도 불구하고 고독사가 감소하지 않고, 오히려 모든 세대(世帶)와 연령에서 발생하고 있다는 사실이 이를 뒷받침하고 있습니다. 앞에서 언급했듯이, 후생노동성이 2012년에 그때까지의 고독사 대책보다 훨씬 강도 높은 대책을 마련하고, 전국의 지자체에 그 실행을 하달한 것도 종래의 고독사 대책이 큰 성과를 올리지 못했다는 것을 인식했기 때문입니다. 고령화의 진행과 함께 단신세대가 급증하고, 사생관이 변화하고 있는 현재 일본의 상황을 감안하면, 장래 고독사는 더 한층 증가할 것으로 추측됩니다. 그렇다면 고독사에 대한 해결책은 없을까요?

이 글에서 논의된 여러 가지 문제점들을 검토한다면, 독거세대나 고령자세대의 고립방지를 위한 인간관계 만들기와 같은 지금까지의 물리적인 관계 구축에 의한 대책과는 다른 것이 요구되고 있다고 할 수 있습니다. 고립방지라는 획일화된 대응이 아니라, 고령자들의 죽음을 둘러싼 문제가 가족이라는 울타리 속에서 해결될 수 없는 현대 일본의 사회 상황과 고독사에 대한 사람들의 의식이 어떻게 변화하고 있는지를 검토하고, 그에 상응하는 대책을 강구해야 고독사 문제의 해결책을 찾을 수 있을 것입니다.

더 읽어 볼 만한 글

- 小辻寿規・小林宗之, 「孤独死報道の歴史」, 『CoreEthics』 7, 立命館大学, 2011.
- 島田裕巳, 『人は一人で死ぬ』, NHK出版新書, 2011.
- NHK無縁社会プロジェクト取材班, 『無縁社会』, 文芸春秋, 2010.
- 藤森克彦, 『単身急増社会の衝撃』, 日本経済新聞出版社, 2010.
- 中沢卓実 編, 『団地と孤独死』, 淑徳大学孤独死研究会, 2008.

* 이 글은 『일본학보』 93집(2012.11)에 실린 「일본사회 고령자의 죽음의 문화변용」과 『일본어문학』 63집(2013.11)에 실린 「일본의 고독사 현상과 대책에 대한 과제」를 대폭 수정한 것이다.

존엄사

경계선 위에 놓인 죽음

- 존엄한 죽음에 관한 칼 바르트와의 대화

박 형 국

우리는 생명의 존엄을 위해 꼭 필요한 죽음의 존엄에 대한 가능한 온 이해와 최선의 접근에 이르는 보충의 관점을 제시하려고 합니다. 존엄한 죽음은 생명윤리학이나 생명의료법과 같은 전문분야에서 안락사나 존엄사라는 협소한 기술적인 개념을 통해 활발히 논의되고 있습니다. 그러나 그 논리적인 접근이 어쩔 수 없이 잘라낼 수밖에 없는 목소리들이 있음은 분명한 한계점으로 드러날 수밖에 없습니다. 논리의 담론에 잡히지 않는 그런 목소리들을 부각시키는 것은 존엄한 죽음에 대한 온 이해와 실천의 전망을 위해 보충하는 적잖은 의미가 있을 것으로 기대합니다. 무엇보다도 말기환자의 치명적인 고통을 호소하는 내러티브에 귀를 기울여야 한다거나 히포크라테스의 근본정신에 마음과 눈을 열어야 한다는 목소리들이 바로 논리의 담론이 놓치기 쉬운 것들입니다. 살과 피에 비유할 수 있는 이런 목소리들을 경청하는 것은 존엄한 죽음의 난제를 해결하기 위해 무엇보다 요청되는 공동체의 일치와 결속을 이끌어내는 데 기여할 것입니다.

존엄한 죽음에 대한 보충적인 성찰

칼 바르트 박사님은 『교회교의학』 55절 '생명을 위한 자유'에서 생명을 위한 자유를 매우 인상 깊게 정의하신 적이 있습니다. 박사님은 생명을 하나님께 빌린 '빚'으로 또 '선물'로 받아들이는 역설의 자유를 언급했습니다. 그것은 말하자면 '우리의 생명과 함께하는 다른 사람들의 생명' 또는 '다른 사람들의 생명과 함께 하는 우리의 생명'이라는 생명에 대한 책임과 연대 또는 결속의 전망을 가능하게 하는 매우 따뜻하고 매력적인 정의라는 생각이 듭니다.

아울러 생명을 위한 자유라는 생각은 삶을 위한 자유와 더불어 죽음을 위한 자유라는 생각까지 포함해야 하지 않을까 하는 짧은 생각을 덧붙이고 싶습니다. 삶을 위한 자유와 죽음을 위한 자유는 한 수레의 두 바퀴처럼 서로 맞물려 굴러가야 하겠지요. 그렇게 되면 죽음을 위한 자유라는 넉넉한 맥락 속에서 존엄한 죽음을 생각해 볼 수 있는 시각이 열립니다. 존엄한 죽음이라는 말을 폭넓게 사용하고 싶은 마음은 단지 이상일까요? 현대 생명윤리학이나 생명 의료법에서는 존엄한 죽음을 단지 안락사나 존엄사라는 협소하고 기술적인 개념으로 축소하는 경향이 있습니다. 말하자면 존엄한 죽음을 인생의 마지막의 지극히 짧은 국면에서 이루어지는 인위적이고 기술적인 삶의 중단 조치인 안락사나 존엄사의 문제로 환원한다는 뜻입니다. 바르트 박사께는 이것이 아무리 봐도 그다지 매력적인 접근은 아니라고 생각합니다만.

폭넓은 뜻의 존엄한 죽음을 임종의 문제로 국한할 수 없습니다. 사실 존엄한 죽음의 주제는 삶의 모든 국면에서 일어날 수 있는 다양한 죽음들, 곧 낙태, 자살, 살인, 사형 등과 같은 온갖 폭력적인 형태의 죽음들과 분명한 관련을 지니지 않을 수가 없습니다. 이렇게 협소한 기술적 정의의 한계 또는 문제점을 상기하면서 기술적인 의미의 안락사나 존엄사를 살펴보는 것은 생명윤리학이나 생명의료법의 접근이 놓치기 쉬운 어떤 맹점들을 보충해서 온 전망을 이끌어낼 수 있을 것으로 기대합니다. 그런 온 전망은 실제로 존엄한 죽음에 대한 공동체의 일치와 결속에 대한 우리의 이해와 실천을 위해 적잖게 기여할 것입니다.

아시다시피 생명의료윤리학이나 생명의료법은 주로 안락사나 존엄사와 관련된 쟁점 위주의 논리적이고 설명적인 담론을 제공합니다. 그러나 안락사나 존엄사와 같은 생명의 주제를 논리적이고 설명적인 언어만으로 다루는 것은 턱없이 빈곤한 접근일 것입니다. 논리와 설명의 언어를 인체의 뼈대로 비유하고 싶습니다. 그러나 논리와 설명의 언어로 담아 내지 못하는 내용이 반드시 있게 마련입니다. 그런 내용을 인체의 살과 피로 비유해 보는 것은 어떻겠습니까? 실제 치명적인 고통의 무게에 짓눌리는 체험을 하는 독일의 한 문학자의 고백에서 이런 느낌을 받게 됩니다. 치명적인 고통의 현실에 처한 자신이 '거대한 무의 심연'과 '궁극적인 의미의 오아시스' 사이에 놓인 것 같은 느낌 말입니다. 이 문제가 극과 극의 대조적인 결과를 가져올 만큼 관련 당사자들에게는 중차대하다는 뜻이겠죠. 그래서 이 주제를 접근함에 있어서 뼈대뿐만 아니라 살과 피에도 주목해야 한다고 생각합니다.

이 난제에 대한 논리와 설명의 언어에 살과 피를 입히기 위해서는 실제 체험자들의 살아 있는 목소리를 경청하는 노력이 꼭 필요하다고 생각합니다.

바르트 박사님은 이 문제에 대해서도 예수 그리스도를 바라보라고 조언하실지 모르겠습니다. 하여튼 우리가 존엄한 죽음과 나아가 생명의 밝은 미래를 열어 가기 위한 이해와 접근에 도달하기 위해서는 반드시 당사자들의 고백에 귀를 기울여야 하겠습니다. 인간의 생명을 다루는 논의는 인간 의식의 정수에 미치는 아주 세밀한 지성과 감성을 아울러서 수행해야 할 것입니다. 여러 분야의 전문가들의 목소리를 경청하는 것이 바람직하겠지요. 실제 당사자인 환자들 외에도 의사와 문학자와 윤리학자와 법학자, 그리고 우리와 같은 신학자의 다양한 견해를 들어보는 것이 현명한 처사라고 생각합니다.

여러 관련 전문가들의 눈에는 다양한 다른 강조점들이 잡힐 수 있습니다. 공동의 일치점들과 동시에 어느 하나의 입장이 놓치기 쉬운 맹점들을 확인할 수 있게 되는 것이죠. 그것이 최선의 접근을 찾는데 도움이 될 것입니다. 서로 다른 견해들을 무리하게 통합하려고 시도할 필요가 없겠지요. 견해의 차이들을 존중하는 접근이 좀더 나은 전망을 열어줄 것으로 기대합니다. 비록 현실에서는 의견의 일치보다는 차이에 대한 논쟁이 지배할 때가 많지만, 그래도 공론의 장에서 지혜를 모을 때 더 바람직하고 희망에 찬 해답들이 떠오를 것입니다. 공동의 대화와 토론을 통해 확인되는 일치들과 차이들은 안락사나 존엄사의 난제들에 대한 섬세한 생각과 신중한 판단과 공감적인 실천을 이끌어 내는 데 도움이 될 것입니다.

존엄한 죽음에 대한 복잡한 정의

바르트 박사님도 안락사를 다루었지만, 시시콜콜해 보이는 개념 정의에는 별로 관심이 없을지 모르겠습니다. 안락사를 존엄사나 자연사와 구별할 것이냐, 아니면 서로 혼용해도 될 것이냐 같은 것 말입니다. 생명윤리학자들이나 생명의료법학자들은 안락사와 존엄사 또는 자연사를 구별해서 사용하기도 하고 또 서로 혼용하기도 합니다. 안락사를 가리키는 그리스어(euthanatos)는 문자적으로 좋은 죽음이라는 뜻이죠. 오늘날 생명의료윤리학에서는 안락사 개념을 고전적인 정의보다 더 협소하게 사용합니다. '치유될 수 없는 질병으로 커다란 어려움을 겪고 있는 사람들의 고통을 덜어주기 위해 그를 죽음에 이르게 하는 것' 또는 '한 사람의 최선의 이익을 위해 행위 또는 무위(無爲)로 그 사람을 의도적으로 죽음에 이르게 하는 것'이 통용되는 표준적인 정의입니다.

존엄사는 지속적 식물 상태에 빠져 있는 환자의 연명의료를 중단하는 경우를 가리키는 전문적인 개념으로 사용됩니다. 그러나 그것을 때로는 안락사의 의미로 사용하기도 합니다. 예컨대 1997년 미국 오레건주에서 입법화된 법안인 Death with Dignity Act는 단지 지속적 의식불명 상태에 놓인 환자의 연명의료 중단에 관한 내용이 아닙니다. 그것은 일정한 조건 하에서 말기증상의 환자에게 의사 조력 자살을 합법화하는 내용, 즉 안락사의 내용을 담고 있습니다.

안락사나 존엄사 대신에 자연사라는 개념을 사용하기도 합니다. 작위적인 살인의 함의를 피하기 위한 노력으로 보입니다. 예컨대 캘리포니아주에서 제정된 안락사 법안은 Natural Death Act라는 이름을 달고 있습니다. 여기서 자연사는 안락사를 대신해서 사용되고 있습니다. 이런 개념상의 복잡함은 안락사나 존엄사라는 말이 지닌 어떤 만족스럽지 못한 함의, 말하자면 살인이라는 함의를 피하고 싶은 노력으로 볼 수 있겠습니다.

아무튼 생명윤리학이나 생명의료법에서 안락사 개념이 존엄사나 자연사 개념과 경우에 따라서는 혼용되기도 하지만 보통 그것들보다 더 널리 사용됩니다. 그래서인지 안락사의 개념 정의가 중심을 이루고 있습니다. 안락사

유형에 대한 정의를 간단히 살펴보는 것이 독자들에게 도움이 될 듯합니다. 먼저 당사자의 의사에 따라 자발적/반(反)자발적/비(非)자발적 안락사를 구분합니다. 자발적 안락사는 죽음을 원하는 당사자의 의사에 따라 수행되는 안락사 유형입니다. 당사자는 명령, 의뢰, 신청 등의 방식으로 안락사를 요청하거나 소극적인 방식으로 안락사에 동의하게 됩니다. 반자발적 안락사는 자신의 안락사에 동의할 능력이 있는 사람을 죽음에 이르게 한다는 점에서 자발적 안락사와 비슷하지만 당사자가 동의하지 않는다는 점에서 다르다고 할 수 있습니다. 비자발적 안락사는 당사자가 자신의 삶과 죽음을 이해하고 선택할 능력이 없는 경우입니다. 예컨대 신생아와 중증의 정신불구자, 노인성 치매 환자와 노쇠로 인해 안락사에 동의할 자발적 능력을 상실한 사람들, 그리고 능력은 있지만 혼수상태에 빠져서 자발적으로 행사할 수 없는 사람들이 이 경우에 속한다고 할 수 있습니다.

생명 단축의 목적에 따라 직접적/간접적 안락사로 구분하기도 합니다. 직접적 안락사는 의사가 말기환자의 생명을 마감할 목적으로 환자에게 치명적인 양의 약물을 주사해서 생명을 마감시키는 경우입니다. 간접적 안락사는 환자의 고통을 경감시켜 줄 목적으로 의사가 투여하는 진통제의 단위 용량이 점차 증가하여 이런 처치의 부작용으로 인해 불가피하게 환자의 생명이 단축되는 결과가 초래되는 경우입니다. 이 경우는 의료계에서 보통 '이중효과'라는 어려운 개념으로 설명되기도 합니다. 생명 단축의 방법에 따라 적극적/소극적 안락사를 구분하기도 합니다. 적극적 안락사는 안락사를 수행하는 사람이 처음부터 환자의 생명을 단축시킬 의도로 구체적인 행위를 능동적으로 취하는 경우입니다. 예컨대 치사량의 약물을 주사하여 환자를 안락사시키는 경우가 이에 속합니다. 소극적 안락사는 당사자의 질병들이 원인이 되어 죽음의 과정에 들어섰을 때 그 진행을 일시적으로나마 저지하거나 지연시킬 수 있지만 이를 방치하여 안락사시키는 경우입니다. 예컨대 식물인간 상태에 놓인 환자의 생명 유지에 필요한 의료 조치를 취하지 않거나 생명유지장치를 제거하는 경우를 말합니다. 혹자에 따라서는 이것을 좁은 의미의 존엄사라고 부르기도 합니다.

특별히 안락사 개념은 그 작위적인 함의로 인해 커다란 저항감을 야기합니다. 그래서 문제가 많은 안락사 개념을 널리 사용하는 것보다는 자연사나 존엄사 개념을 포괄하면서 존엄한 죽음이라는 생각을 깊고 넓게 가져가는 것이 더 바람직하지 않을까 생각합니다. 가령 네덜란드의 개신교단은 『안락사와 목사』라는 간행물을 통해 '불치의 병으로 고통 받는 환자의 의지적 결단을 막을 수 없다'는 뜻으로 안락사를 간접적으로 인정하면서 일반 자살 행위(self-murder)와 환자가 자의로 삶을 포기하는 자기 죽음 행위(self-deathing)를 구별하는 조치를 취했습니다. 바르트 박사님은 별로 달가워하시지 않겠지만, 이런 구별은 안락사가 풍기는 작위적인 살인의 함의를 피하는 데는 꽤 도움이 되는 것 같습니다.

연명의료 개념을 포괄적으로 생각하는 것도 비교적 나은 접근이라는 생각이 듭니다. 가령 현대 가톨릭교회는 만성적 질환자나 말기 질환자들의 무의미한 연명의료 중지 같은 경우를 안락사 범주에 포함시키지 않습니다. 이는 안락사의 적용 범위를 축소하는 효과가 있습니다. 그런 적용 범위의 축소가 안락사에서 빚어지는 골치 아픈 신학적·도덕적 문제를 기술적으로 피해보려는 인위적인 시도가 되어서는 안 될 것입니다. 이런 원칙만 지켜진다면 그런 노력은 극심한 고통을 겪는 말기 질환 환자의 연명의료를 중단하는 방식으로 존엄한 죽어감/죽음의 길을 열어주면서도 불필요한 도덕적 죄책감으로 인한 고통을 미연에 막아주는 데 도움이 될 수 있을 것입니다.

치명적인 고통의 내러티브에 대한 경청

바르트 박사님은 1968년 12월 10일 밤 모두가 잠든 고요한 시각에 마치 잠들 듯이 평안히 삶을 마감하셨지요. 물론 바르트 박사님도 평화로운 임종 이전 몇 년 동안은 노환으로 인해 커다란 고통을 당하신 것으로 알고 있습니다만, 실제 많은 말기 환자들이 치명적인 고통을 호소하면서 임종하고 있습니다. 말기 환자의 치명적인 고통에 공감적으로 참여한 어떤 외과의사이자 의학사가는 시인, 수필가, 역사가, 소설가, 현인들이 죽음에 대해 글을 자주 쓰지만 죽음을 직접 목격하거나 참여한 경험이 과연 얼마나 되는지 반문합니다. 그의 반문은 일리가 있다는 생각이 듭니다. 이 치명적인 주제를 차가운 관찰자의 논리만으로 접근하는 것은 분명히 부족하다는 점에 박사께서도 동의하실 줄 압니다. 실제 상황에 놓여 있는 당사자들의 목소리를 반드시 들어야 합니다. 치명적인 말기 질환으로 극심한 고통을 겪고 있는 환자의 호소와 절규는 형식적인 윤리적 원칙–그것이 아무리 커다란 생명 존엄성을 담지하고 있다 해도–을 무조건적으로 들이대면서 묵살할 수 없는 실제 체험의 고통의 무게를 담고 있다고 생각합니다.

위에서 언급한 의사는 자신의 임상 체험에 대한 섬세한 관찰을 바탕으로 많은 사람들이 고대하는 평화와 존엄을 유지하는 행복한 죽음은 환상에 불과하다고 주장합니다. 오히려 고통 속에서 사투를 벌이며 죽어 가는 경우가 더 허다하다고 합니다. 죽음의 과정이 두렵지 않다고 주장하는 사람들조차도 막상 죽음 앞에 시면 대부분 죽음의 두려움을 느끼게 된다고 합니다. 아름다운 죽음을 체험한 경우는 아주 드물다고 합니다. 그래서 존엄한 죽음은 단지 이상적인 신화에 불과할 뿐이라고 주장합니다.

실제 우리 주변을 둘러봐도 삶의 마지막 순간에 아주 극단적인 외로움과 고통을 당하면서 의사뿐만 아니라 심지어 사랑하는 가족들에 의해 버림을 받은 채 비참하게 죽어 가는 환자들이 적잖습니다. 어떤 독일 의사가 감수성이 큰 의대생 시절 자신이 실제로 체험했던 이야기를 들려 준 적이 있습니다. 이제 겨우 열두 살 난 소아암 소녀 환자의 이야기입니다. 이 불쌍한 어린 소녀는 친구들과 한창 뛰어 놀아야 할 나이에 소생할 가망이 전혀 없는 몹쓸 병에 걸려서 극심한 고통을 당하며 죽어 가고 있었습니다. 소녀는 너무나도 고통스러운 나머지 더 이상 고통이 없는 세상으로 떠나기를 원했습니다. 그러나 소녀의 소원은 합법적으로 이루어질 수 없었기 때문에 엄청난 고통을 당하다가 결국 비참한 죽음을 맞이할 수밖에 없었습니다.

우리가 그저 적당한 거리를 유지하면서 관찰자로 머물지 않고 참여와 공감을 가지고 당사자의 입장을 진정으로 이해하려고 한다면 이 문제에 분명한 대답을 주는 것이 얼마나 어려운지를 금방 깨달을 수 있습니다. 도대체 어느 누가 이러한 비참한 죽음을 당하는 이들에게 생명권은 오직 하나님께 속했으니 그저 참아내라고 종용하기만 하는 것이 최선이라고 앵무새처럼 되뇌일 수 있겠습니까? 바르트 박사님은 생명은 하나님에게서 빌린 빚이고 동시에 선물이기에 악의적인 파괴에서 보호되어야 하지만, '오직 하나님의 명령이 허용하는 경우에 한해서' 생명을 거둘 수 있다고 하셨습니다. 그리스도인들뿐만 아니라 많은 사람들은 박사님이 말씀하시는 하나님의 명령을 십계명에 명시된 살인금지 계명처럼 명제적인 도덕 규범으로 오해할까 염려가 됩니다. 그렇다면 이런 경우에 하나님의 명령은 무엇이겠습니까? 우리는 체험자의 고통의 심연에서 호소하고 절규하는 생생한 아픈 이야기들을 형식적인 정언명령의 이름으로 간단히 무시할 수는 없지 않겠습니까? 극심한 고통 속에서 죽어 가는 환자들의 호소와 절규를 듣게 되면 안락사에 대한 금기를 깨트리고 안락사를 법적으로 허용해야 하지 않을까 하는 생각이 일어나는 것이 솔직한 심정이라고 하겠습니다.

죽음에 대한 환자의 자기 결정권 요구

박사님과 점점 더 아주 생산적인 대화를 나눌 수 있는 지점으로 나아가는 것 같습니다. 일찍이 박사님의 칭의론(구원론)을 다룬 박사학위 논문을 쓴 로마가톨릭 신학자 한스 큉 박사의 주장에 대해 대화를 나눠 보고 싶습니다. 큉 박사는 품위 있고 존엄하게 죽을 권리를 인간의 존엄성에 포함시키고 싶어 합니다. 큉 박사는 죽음 또한 생명의 일부이기에 생명처럼 죽음도 존엄해야 한다고 말합니다. 물론 그는 신학자로서 생명이 창조주 하나님의 은혜로운 선물임을 인정합니다. 그러나 하나님께서 선물로 주신 생명을 그 마지막 순간까지 존엄하게 지키는 것도 하나님께 부여받은 책임이 아닌가 반문합니다. 고통을 당하지 않고 품위를 지키면서 평화롭게 죽을 수 있는 것도 하나님이 허용한 권리가 아니냐는 것이죠. 그는 교황청의 교권주의자들에게 삶의 마지막 순간에 인간으로서 품위를 지키면서 죽음을 맞이하는 것이 왜 신학적으로 허용될 수 없는지 따지고 싶어 합니다. 가톨릭교회의 생명 윤리가 너무 경직되어 있다고 비판합니다. 박사님도 신학의 경직성에 대해서는 반대하시리라 생각합니다.

결국 자발적 안락사를 허용해야 한다는 근거로 내세워지는 논리는 죽음의 자기 결정권입니다. 도저히 인간으로서의 존엄이나 품위를 지킬 수 없는 고통스러운 말기 환자가 존엄하고 고통 없이 죽어감/죽음을 스스로 선택할 결정권을 주장하는 것이 이치에 맞지 않느냐는 반론입니다. 박사님도 그 문제에 대해 상당한 신학의 숙고를 수행하신 바가 있습니다만, 특별히 근대 이후 인간의 주체성과 자율성이 증대된 맥락에서 죽어감/죽음을 앞둔 말기 환자의 자기 결정권 및 자기 실현의 권리를 존중하는 것이 시대정신에 부합하는 것이 아니냐 하는 반문에 어떻게 대답해야 하겠습니까?

박사님은 큉 박사의 논제, 특별히 인간의 자유의 문제에 대해서는 뚜렷하게 하실 말씀이 있을 것으로 생각합니다. 당연히 박사님은 빚과 선물의 역설적 자유를 단선적으로 부정하는 죽음에 대한 인간의 자기 결정권을 용인하지 않으시겠죠. 인간이 부여받은 자유의 참된 의미는 오직 사랑하는 사람들과 '함께'할 자유, 곧 '사귐'과 '공동체'를 위한 이타적인 자유뿐이라는 주장을 극심한 고통의 한계상황에서 호소하고 절규하는 말기 환자에게도 그대로 적용하실 수 있겠습니까? 제 생각에는 박사님의 자유 개념은 환자보다는 환자의 이웃인 우리 자신에게 적용되어야 하리라 봅니다만. 박사님도 제 생각에 동의하시리라 확신합니다.

아무튼 환자의 죽음에 대한 자기 결정권도 너무 기계적이고 경직되게 주장해서는 안 될 것 같습니다. 자기 결정권이라는 것도 생명과 죽음의 존엄성을 온전히 담아내기에는 턱없이 결함이 많은 논리라고 생각합니다. 환자의 자기 결정권을 신학적으로, 철학적으로, 윤리학적으로, 그리고 법적으로 신중하게 성찰해야 할 것으로 봅니다. 저는 환자의 자기 결정권 문제를 경직된 규범 윤리와 공리주의적 법제화 사이의 일종의 이분법의 대립 논리로 접근하는 것을 반대합니다. 생명의 존엄과 존엄한 죽음을 위해 환자의 자기 결정권의 한계 내지 제한을 깊이 고려해야 한다는 뜻입니다. 자기결정권에 대한 주장이 의료와 법의 현실에서는 마지못해 죽음을 선택해야 할 권리로 탈바꿈될 때가 있음을 고려해야 할 것입니다. 안락사나 존엄사가 자기 결정에 의한 죽음인지 아니면 방조에 의한 살해인지 법적으로 구별하기 어려운 경우들도 숙고해야 합니다. 그럼에도 불구하고 오늘날 환자의 자기 결정권은 더욱 강조되는 흐름 속에 있음을 부인하기 어려운 실정입니다.

그러나 유럽에서는 여전히 의사들의 역할이 더욱 커지는 상황에서 연명의료 결정과 나아가 안락사와 관련해서 환자의 자기 결정권과 의사의 평가 재량권의 관계에 대해 논쟁중이라고 합니다. 법적인 관점에서 예전에는 환자의 자기 결정권이 일차적으로 의료 행위의 최고 원리로 인정되었지만, 독일연방재판소는 환자가 내세우는 죽음의 의지는 원칙적으로 존중되어서는 안 된다는 원칙을 최근의 판결에서 적용했다고 합니다. 환자의 자기 결정권도 의사의 평가 재량권 안에서 고려될 수 있다는 뜻이겠죠. 이러한 변화의 방향이 무엇을 의미하는지 좀 따져 봐야 할 것 같습니다.

의사의 평가 재량권을 강화하는 것은 환자를 둘러싼 사회 공동체의 책임을 좀 더 크게 하는 방향으로 나아갈 수 있는 가능성이 있음을 성급하게 내다보지만, 전문가들은 현실적으로 더욱 복잡한 법적인 규정이 요청되는 측면에 더 집중하는 듯합니다. 말하자면 의료처리의 중단 결정을 위해 의사가 준수해야 할 특정한 법적인 기준을 제정해야 하지 않느냐는 것입니다. 이런 법제화의 요청의 이면에는 과연 의학이 인위적으로 죽음의 과정에 어떻게 또한 어느 정도 관여해야 하는가 하는 물음이 깔려 있다고 봐야 하겠지요. 그러나 의사의 평가 재량권에 대한 반론도 만만치 않은 것 같습니다. 연명이 의미 있는지 아니면 무의미한지 의사의 이성적 판단에 맡김으로써 의사에게 후견인 역할을 부여하는 것은 죽어가는 환자의 자기결정권과는 상당히 모순되는 문제를 일으킨다는 것입니다. 이 문제는 자연스럽게 의료의 본질에 대한 물음으로 이끕니다.

히포크라테스의 근본 정신에 대한 재고

의료의 본질은 존엄한 죽음과 관련해서 또 하나의 중요한 주제입니다. 박사님도 저 유명한 히포크라테스 선서를 알고 계실 것입니다. “나는 환자의 요구가 있다 할지라도 죽음에 이르게 하는 약을 처방하지 않을 것이다. 이것을 제안하지도 않을 것이다.” 히포크라테스의 선서가 맥락을 도외시한 채 무조건적으로 요구되는 일종의 정언명령으로 이해되어야 하는지는 확신하기 어렵습니다. 오늘날 이 고전적 선서가 도전을 받고 있는 것은 틀림없습니다. 물론 치명적인 질환으로 임종을 앞두고 도저히 참아내기 어려운 고통을 당하는 경우이겠지만, 환자가 자신의 삶을 인위적으로 종결시켜 달라고 도움을 요청할 때 의사가 그 요청을 들어주는 것이 시대정신에 부합하지 않느냐는 것입니다. 그러나 이것은 복잡하고 어려운 법적인 문제가 걸려 있습니다. 의사가 환자의 요청을 들어준다고 해도 어떤 방식으로 환자의 요청을 들어주는가에 따라 단순히 죽게 내버려 둔 것인지 아니면 살인에 해당하는지를 법적으로 판별해야 하는 것이지요.

이 문제와 관련해서는 마땅히 의사들의 견해에 먼저 귀를 기울여야 할 것입니다. 왜 그런가 하면 의사들이 실제 연명의료 중단이나 죽음을 결정하고 실행하는 최전선에 서게 되기 때문입니다. 의사들에게 이런 문제는 매우 골치 아프고 불편한 문제임에 틀림없습니다. 그렇다고 해서 환자들의 생명을 돌보는 의사들이 이런 어려운 문제에 무관심한 채 회피와 도피의 태도를 취해서는 안 될 것입니다. 의사들의 견해는 실제 현장에서 한 발 물러나 있는 이차적 관찰자들이 깊이 고려하기 어려운 나름의 어려움을 설득력 있게 짚어줍니다. 가령 연명의료 중단이나 안락사의 법 규정 자체가 의사에게 주는 엄청난 도덕적 압박감과 법적인 어려움을 들 수 있습니다. 이와 관련해서 우리나라에서 일어났던 사례 하나를 말씀드리는 것이 도움이 될 듯합니다. 이른바 보라매병원 사건으로 알려져 있는 사례입니다. 두 명의 젊은 의사가 일부 가족의 요청으로 연명의료를 중단했다가 다른 가족의 법적인 호소로 어려움을 당했습니다.

나아가 의사들이 겪게 되는 엄청난 도덕적 죄책감과 법적인 어려움에 더해 그 처한 자리로 인해 어쩔 수 없이 환자들의 말기 고통에 참여해야 하는 고통스러운 심정을 십분 이해해야 합니다. 그 어떤 의사도 단지 의사라는 이유로 적극적 안락사는 말할 것도 없고 소극적 안락사조차 실행하도록 강요받아서는 안 될 것입니다. 의사들이 도덕적 압박감이나 법적인 어려움을 회피하지 않고 생명 존중과 사랑의 자유로운 정신에 의해 이 난제에 접근할 수 있는 사회적인 성숙한 환경을 조성하는데 힘써야 할 것입니다.

연명의료와 관련해서 의료기구의 남용에 대한 두려움이 환자의 자유를 앗아간다는 비판이 자주 제기됩니다. 많은 경우 이러한 비판은 정당하다는 사실을 의사들도 인정하는 것 같습니다. 그래서 의사들 사이에서도 의료 기구들에 의지해 무의미한 연명을 시도하는 형식적인 의무에 집착하는 관행을 그만두어야 한다는 공감대가 조성되는 분위기입니다. 물론 맘몬의 논리가 작용하고 있어서 결코 쉬운 문제는 아닙니다만. 그러나 연명의료 결정의 관행은 의대 시절에 환자의 고통을 덜어 주고 그 질환을 치료해 주는 것이 임상의료의 최종 목표라고 교육받는 의학 교육의 패러다임과 관련이 있습니다. 이런 패러다임에 젖은 의사는 질병 치료가 가능할 경우 온갖 장치와 기술을 동원해서 질병에 매달리다가도 치유가 불가능하다는 판단이 들면 질병을 가차 없이 유기해 버립니다. 현대 생의학의 바탕에는 난치의 질병을 퇴치해 보려는 진취적인 기상을 넘어 생명 자체를 통제하고픈 환상이 있는 것 같습니다. 박사님께는 이런 환상에 몹시 언짢으시겠죠. 실제 암 환자들 가운데 이런 환상에 희생되어 희망은커녕 버림받은 상태로 죽어 가는 환자들이 특히 많다고 합니다.

이 문제는 결국 의료 명령의 본래의 목적을 깊이 생각해 보게 합니다. 무조건 생의학적인 생명을 유지하고 연장하는 것을 반드시 의료 명령의 본래 목적으로 보아야 하는가 하는 물음입니다. 그저 생명 자체를 위한 생물학적 연명을 추구할 것이 아니라 인간의 자기 구현을 가능하게 하는 것을 의료 실행의 본질로 삼아야 한다는 생각은 매우 중요하다고 하겠습니다. 질병 앞에서 전의를 불태우는 전사의 정신도 중요하지만, 오랜 지혜들이 가르치는 바, 잠시 멈추어 서서 어느 정도 거리를 둔 채 삶의 근본적인 유한성 앞에서 생명에 대한 사랑과 외경과 관련된 깊은 성찰도 필수임을 깨달을 수 있으면 더욱 좋겠습니다만. 결국 히포크라테스의 근본정신을 생각하게 됩니다: "인간에 대한 사랑이 있는 곳에 의술에 대한 사랑이 있다." 임종을 앞둔 환자를 인격적으로 돌보는 진정성 있는 의사 본연의 임무는 죽어 가는 환자의 친구가 되어 그들의 두려움과 희망을 나누는 데 있다는 뜻입니다. 의사는 환자에게 탁월한 의료 행위를 제공하기에 앞서 인격적인 교제와 동참을 통해 환자를 돌보는 의료의 본질을 성찰해야 한다는 것입니다.

안락사의 법제화: 차선의 선택, 또는 재앙의 부메랑?

박사님의 조국인 스위스와 칼뱅의 개혁교회 전통의 상속자라 자처하는 네덜란드에서 안락사에 대한 관용의 정신이 가장 적극적으로 실천된다는 사실은 다소 아이러니라는 생각이 듭니다. 헌법상으로는 안락사가 여전히 금지되어 있지만, 안락사 가이드라인이 설정되어 있을 뿐 아니라 가장 최근의 법규들은 소극적 안락사는 물론이고 적극적 안락사를 규제하지 않는 방향으로 나아가고 있다고 합니다.

물론 안락사의 기본조건을 제시하는 가이드라인은 매우 신중한 편입니다. 먼저 심신의 고통을 견디지 못해 환자 스스로가 죽음을 택하고자 할 때에도 물론 치료 가능성이 전혀 없어야 하고, 다른 선택의 여지도 전혀 없을 때 시행되어야 한다고 명시하고 있습니다. 안락사가 이루어지는 장소는 대부분 환자의 집이고, 환자들의 안락사 요구는 대부분 가이드라인에 어긋난다는 이유로 의사들로부터 거부당하고 있는 실정이라고 합니다. 그리고 안락사를 원하는 환자와 그것을 시행할 의사 사이에도 평소의 인격적인 신뢰의 관계가 있어야 한다는 조건도 제시하고 있습니다. 보통은 오랫동안 신뢰를 쌓아온 주치의가 안락사를 시행하지만 다른 의사들과의 충분한 의논과 숙고가 의무 조항으로 포함되어 있습니다.

그러나 안락사의 법제화의 한계는 반드시 깊이 생각해 보아야 할 것 같습니다. 먼저 안락사에 대한 처벌의 면제 기준을 적용하는 데 어려움을 들 수 있습니다. 무슨 기준으로 경우에 따라서는 자비로써 누그러뜨린 정의를 적용해서 법적인 처벌을 면제해 주고 또 경우에 따라서는 엄격한 정의를 그대로 적용해서 살인죄의 처벌을 가할지 매우 어려운 문제입니다. 의사와 환자 사이의 오랜 인간적 결속과 교감 및 연민이 이루어진 경우에는 자비로 누그러뜨린 정의가 적용이 되어 의사가 처벌을 받지 않았습니다. 반면에 자비로 누그러뜨린 정의가 적용될 수 없는 아주 뚜렷이 대조적인 사례도 있었습니다. 그러나 그와는 달리 많은 경우에 구별해서 적용하는 것이 정말 쉽지 않다고 지적합니다. 이 난제는 현실에서는 논리처럼 그렇게 산뜻하게 풀리지 않는 경우가 허다하다는 뜻입니다.

또 적극적 안락사와 소극적 안락사를 구분하는 것이 윤리적으로는 매우 어렵다고 토로하고 있습니다. 법과 판결 사이에 존재하는 모순, 예컨대 무엇보다 의사가 아무런 공감 없이 환자의 테이블에 죽음의 약봉지를 놓아 두기만 하는 소극적 안락사는 무죄인데 반해, 동정심으로 죽음의 주사를 놓는 적극적 안락사는 유죄인 것은 확실히 모순이 아닌가라고 지적합니다. 법학자들도 고백하듯이, 법의 역할은 매우 제한적인 것으로 보입니다. 법은 본질적으로 가능한 오남용을 방지하기 위한 최종적 제어장치일 뿐이지 그 이상의 지혜를 제공해 주기는 어려울 것입니다.

법 제정과 적용의 한계는 자연스럽게 안락사 문제의 사회적 공론화를 요청합니다. 안락사의 사회적 공론화는 오늘날 연명의료 중단에 대한 논의와 맞물려 전개되고 있습니다. 유럽의 경우 일반적으로 기술적 의료 처리의 중지는 사회적인 의미에 달려 있다는 것이 지배적인 견해인 것 같습니다. 이런 고려는 자연스럽게 안락사 관련 법 제정 공론화로 향하는 길을 보여줍니다. 환자가 자신의 인격 형성과 아울러 의식적이고 환경과 연관적인 삶을 더 이상 영위할 수 없다면 의사는 의료 처리를 중단해도 되는 것일까요? 그러나 의식적이고 환경과 연관적인 삶이 가능하지 않은 시점을 어떤 특정한 의학적 기준에 따라 정할 것인지는 법의 관점에서 볼 때 너무 모호하다는 지적이 있습니다. 법적인 투명성의 한계 및 문제도 고려해야 한다는 지적도 있습니다. 또한 안락사와 관련해서 너무 융통성 없는 법 규정에 대한 사회적-심리적 부정의 결과들이 적잖게 나타나는 문제점도 지적이 되고 있습니다.

마지막으로 안락사의 허용을 법제화할 때 생길 수도 있는 아주 중요한 문제를 고려해 보아야 합니다. 가장 결정적인 문제는 안락사가 법적으로 허용될 경우 언젠가는 생명 보호의 불가침 원칙이 깨어지거나 약화될 수도 있다는 것입니다. 죽음을 위한 자유가 결국 생명의 부자유로 변질될 수 있다는 것입니다. 달리 말하면 안락사의 허용이 뿌리 깊은 사회적 태만에 대한 알리바이가 될 수 있다는 것입니다. 개인과 사회가 안락사를 법적으로 허용함으로써 자체의 태만을 감추려 한다면 이는 존엄한 죽음은 말할 것도 없고 생명의 미래를 위해서도 매우 암울한 재앙을 낳을 것입니다.

바르트 박사님도 전적으로 동의하시리라 생각하는데, 안락사 허용의 법제화를 손쉬운 대안으로 간주하지 않아야 한다는 주장은 아무리 강조해도 지나치지 않습니다. 안락사 허용의 법제화가 여전히 어려운 이유들 가운데 대표적인 것이 안락사의 오남용의 문제입니다. 이는 보통 '미끄러운 비탈길의 오류'로 알려져 있습니다. 안락사의 법제화가 자칫 저 악명 높은 도태적 안락사라는 돌이키기 어려운 재앙으로 미끄러져 갈 수 있다는 염려입니다. 히틀러의 나치는 무가치한 생명의 폐기라는 위험한 우생학적 전제를 구실로 수백만 명의 무고한 생명을 살상했습니다. 일본 군국주의자들도 비슷한 신념에서 많은 무고한 생명을 희생했습니다. 이러한 사태는 파국적인 전쟁 상황에서만 벌어지는 것은 아닙니다. 오늘날 우리 주변의 일상에서도 얼마든지 일어날 수 있습니다. 오남용을 피하면서 안락사를 허용하면 되지 않느냐고 항변할 수 있지만, 개별적으로 오남용을 방지할 수 없는 실정을 냉철하게 고려해야 합니다.

경직된 규범주의와 공리적 자기 결정론, 그리고 존엄한 죽음

자 이제 박사님과의 마지막 대화의 쟁점에 도달했습니다. 연명의료 결정이나 안락사 문제를 접근하는 데 있어서 두 가지의 대립적인 견해를 지양하는 것이 중요하다고 생각합니다. 환자의 자기 결정권의 주장은 말기 질환의 극심한 고통 속에서 스스로 죽음을 선택할 환자의 권리를 존중해야 한다고 합니다. 물론 아무리 극심한 고통의 상황이라도 안락사가 유일한 탈출구라는 생각은 옳지 않다는 점을 인정합니다. 그러나 환자의 자기 결정권은 많은 결함을 지닌 논리라고 생각합니다.

그렇다고 경직된 도덕적 형식주의 또는 규범주의를 앵무새처럼 기계적으로 반복하는 것도 끔찍한 고통으로 호소하고 절규하는 말기 환자들에게는 고문과도 같은 처사라는 생각이 듭니다. 우리가 앞서 당사자들인 환자와 의사의 얘기들을 들어보았지만, 실제 맥락으로 들어가 보면 당사자들의 판단과 요구를 규범적인 형식의 논리로 무조건 그릇된 것으로 무시하기 어려운 측면이 있습니다. 큉 박사가 제안한 대로 오직 규범적인 원칙만을 고수하는 도덕적 형식주의와 무책임한 자유주의 사이에서 타당한 중용의 길을 모색할 수 있을 듯합니다.

말기 환자의 아주 끔찍한 고통의 상황을 종식시키는 데에 수반되는 죽음의 경우에 살인으로 간주될 수 없는 아주 예외적인 경우를 고려할 수 있을 것 같습니다. 이 경우에는 안락사라는 개념 사용이 그다지 만족스럽지 못한 것이 사실입니다. 바르트 박사님도 이런 주장에 공감하시리라 믿습니다. 박사님도 『교회교의학』 어디에선가 분명히 인위적인 연명을 중단해야 할 아주 예외적인 경우를 인정하셨습니다. "우리가 인간 생명에 도움을 주기 위해 요구되는 것이 생명에 대한 금지된 고문이 되어 버릴 때, 인위적으로 생명을 연장하는 것을 그만 두는 아주 특별한 예외를 인정하지 않을 이유가 없다"고 하셨습니다. 박사님의 의견에 전적으로 동의합니다. 이런 예외를 인정하지 않는다면 적잖은 사람들이 형식주의가 야기하는 죄책감과 위선에 시달려야 할 것입니다. 그렇다고 그 특별한 예외들을 위해 안락사를 법제화할 필요가 있을까요.

특별한 예외의 인정과 함께 다가오는 죽음을 겸허하게 받아들이는 자세도 중요할 것입니다. 박사께서는 생명도 절대적인 것은 아니고 어떤 근본적 한계성을 언급하신 것으로 기억합니다. 물화되고 양화된 생명 연장 자체를 생명의 존엄성과 동일시해서는 안 된다고 생각합니다. 그래서 극심한 고통 속에 비참한 죽음을 당하는 환자들을 존엄하게 죽도록 돕는 행위 자체를 무조건 형식 규범에 따라 범죄시해서는 안 된다고 봅니다. 그러나 예외적인 허용이 사회적 태만을 야기해서도 안 될 것입니다. 이는 예외적인 허용에도 불구하고 생명에 대한 경외가 야기하는 긴장감이 상실되지 않아야 한다는 뜻입니다. 예외적인 허용을 인정하더라도 살인으로 간주될 수 없는 아주 특별한 경우에 한정해야 한다는 뜻입니다. 최소한의 인간의 존엄과 품위를 앗아가는 고통스럽고 비참한 죽어감/죽음을 피하기 위해 연명의료의 중지가 유일한 출구로 간주되지 않는 그러한 예외적인 허용이 이루어져야 할 것입니다. 이 경우에는 살인이나 자살을 함의하는 안락사라는 개념을 사용하지 않는 것이 나을 듯합니다. 극심한 고통을 겪는 말기 환자에게 다가오는 죽어감/죽음의 국면과 연명의 중지 요구에도 책임감을 가져야 하지만, 예외적인 상황에서의 죽음의 방조를 아무 문제도 없다는 듯 보편적 가능성으로 허용하는 방식이 되어서는 안 될 것입니다.

우리가 이런 길로 나아가기 위해서는 성숙한 생명과 죽음 이해를 할 필요가 있다고 생각합니다. 죽음에 대한 두려움과 공포로 인한 부정과 기피는 삶의 마지막 과정에서 신뢰와 공동체를 깨뜨리는 헛된 희망과 약속을 조장할 수 있습니다. 죽어 가는 사람에게 그 사실을 숨기는 경우가 얼마나 허다합니까? 임종 환자 스스로가 자신의 죽어감과 그 의미를 제대로 인식하거나 이해하지 못한다면 평생 사랑과 교제를 나눈 소중한 사람들과의 마지막 순간을 훌륭하게 마무리 지을 수 없게 될 것입니다. 죽어가는 마지막 순간의 깊은 교제는 존엄한 죽음을 위해 매우 중요하고 또 생명에 대한 신뢰와 희망을 가져다주지 않을까요? 그리고 그 신뢰와 희망은 육체의 고통과 두려움을 극복하게 해 줄 뿐만 아니라 그 이상의 기쁨을 가져다 줄 수도 있을 것입니다.

죽어 가는 사람도 생의학적인 의미에서의 삶에 대한 헛된 욕망에 얽매여 남은 사람들의 에너지와 삶을 허비하지 말아야 할 성숙한 죽음에 대한 이해와 도덕적인 책임이 있습니다. 그런 성숙한 죽음 이해와 도덕적 책임은 생명의 한계성에 대한 깊은 수용에서 나올 수 있는 것이겠죠. 이런 뜻에서 존엄한 죽음은 죽음의 필연성을 겸허히 받아들이는 자세도 포함합니다. 이러한 의미의 죽어감의 존엄성을 이타적 존엄성 또는 공동체적 존엄성이라고 부르고 싶습니다.

자, 이제 대화의 결론에 도달했습니다. 존엄한 죽음은 오직 환자의 자기 결정으로만 또는 의사들의 결단으로만 이루어질 수 없을 것입니다. 그것은 공동체와 사회의 전 구성원의 자유로운 책임과 의무를 통해 이루어질 수 있을 것입니다. 인간은 모두 연약합니다. 특히 말기 환자의 경우는 더욱 그렇습니다. 의사들의 보고에 따르면 말기 환자의 안락사에 대한 요청조차도 종종 배려와 관심을 원하는 공동체에 대한 요구이자 외롭게 내버려 두지 말아 달라는 간절한 부탁이라는 것입니다. 그렇다면 생명 사랑과 존엄의 정신을 구현할 좀 더 근본적인 해결책은 아주 다른 차원에서 찾아야 한다는 생각이 듭니다. 연명의료 중지의 아주 예외적인 허용은 정의에 깊이 뿌리를 내린 따스한 가슴을 지닌, 인간의 얼굴을 지닌 생명 사랑과 존중과 보호의 정신을 추구하는 가운데 실천되어야 할 것입니다.

이러한 성찰은 죽어 가는 자와 살아갈 자들의 공동체와 연대의 문제로 자연스럽게 귀결됩니다. 오늘날 외로운 죽어감과 죽음의 문제는 죽어감과 죽음의 공동체성에 대한 깊고 넓은 성찰을 요청합니다. 죽어감의 공동체를 넓고 깊게 하는 것이 무엇보다 필요합니다. 죽음의 고통, 불안, 고독, 분노, 자기 상실, 체념, 절망 등과 싸우는 환자들에게 가장 근본적으로 필요한 것은 우정, 자비, 그리고 이웃 사랑에 기초한 위로나 따뜻한 대화 같은 죽음의 동반 행위일 것입니다. 호스피스 사역을 확대하는 것이 하나의 좋은 방책이 될 수 있을 것입니다. 우리 모두는 존엄하고 아름다운 죽음을 원합니다. 모두가 외로움과 고통에 시달리며 인간답지 못한 비참한 죽음을 맞이하지 않도록 우리 모두 함께 노력해야 할 것입니다. 죽어 가는 자를 함께 돌보면서 이루어 가는 신뢰와 사랑과 희망의 공동체는 단지 죽어 가는 자의 존엄한 죽음을 위해서만 의미가 있는 것은 아닙니다. 그것은 결국 살아가는 자들의 생명을 위한 자양분이 되는 것입니다.

더 읽어 볼 만한 글

- 구영모 엮음, 『생명의료윤리』, 동녘, 2004(2판).
- 셔윈 눌랜드, 『사람은 어떻게 죽음을 맞이하는가』, 명희진 옮김, 세종서적, 2003.
- 이동익 엮음, 『생명공학과 가톨릭 윤리』, 가톨릭대학교출판부, 2004.
- 한스 큉・발터 옌스, 『안락사 논쟁의 새 지평: 생의 마지막 선택, 품위 있는 죽음을 위하여』, 원당희 옮김, 새창미디어, 2010.
- Karl Barth, *Church Dogmatics 3/4*. Trans. A. T. Mackay et al., T&T Clark, 1961.

장의사

시신을 처리하며 배우는 죽음의 의미

심 혁 주

이미 수명을 다한 인간의 몸 그래서 생명체의 온기와 탄력, 에너지가 이미 사라져 버린 인간의 식은 몸을 어루만지고 처리해 주는 장의사는 우리에게 어떤 느낌을 줄까요? 만약 우리가 생각하는 장의사의 이미지를 색깔로 표시한다면 어떤 색으로 표현할 수 있을까요? 사람마다 다르겠지만 아마도 주황색이나 노랑색 혹은 빨강색의 밝고 빛나는 색깔은 아닐 겁니다. 그가 하는 일과 사용하는 도구, 머무는 환경 그리고 그의 얼굴 표정 등을 감안한다면 그다지 밝고 명랑한 느낌을 주는 직업이 아니기 때문입니다. 특히나 세상에 존재하는 수많은 직업중의 하나라는 의미 없는 시선으로 본다면 말이죠.

티베트 고원에는 인간의 죽음과 시체를 주관하는 장의사, 그들 세계에서는 천장사(天葬師)라고 불리는 사람이 있습니다. 그는 출가한 불교 수행자임에도 불구하고 거의 매일 칼과 도끼로 시체를 해부하고 다듬어서 독수리에게 먹이로 보시하는 일을 하며 살아갑니다. 우리의 시선으로 이해하기에는 해괴하기를 넘어서 공포스럽기까지 합니다. 굳이 장례의식을 그렇게까지 혐오스럽게 하지 않아도 다가가기 어렵고 우울한 느낌을 주는 장의사인데 말이죠. 그런데 그런 장의사가 행복하다면 믿을 수 있을까요? 어떻게 그럴 수 있을까요? 그가 행복한 이유는 무엇일까요? 본문은 그에 관한 이야기이고 그가 왜 행복한 장의사인지에 대한 이야기입니다.

하늘 위의 장의사

여기서 하시는 일이 무엇인가요? 음, 이곳(불교사원)은 사람을 조용하게 만드는 능력이 있습니다. 그래서 여기서는 장난칠 친구도 없고, 맛난 음식도 없고, 부드러운 침대도 없습니다. 그래서 나는 매일 내면의 상처를 가지고 놉니다. 마음에 상처의 딱지가 생기면 자꾸 만져보고 그 상처의 딱지를 뜯어내며 혼자 놉니다. 그 상처의 내용은 주로 죽음, 별자리, 해와 달, 나무와 호수, 영혼, 윤회 등 다양합니다. 그 상처들을 가지고 노는 것, 그 상처를 확인하고 그 상처에 집착하며 그 상처에 명상하여 의미를 획득하고 내면에 어떤 느낌을 받는 것, 그것이 내가 이곳에서 하루종일 하는 놀이입니다.

왜 이렇게 사는 걸까요? 어디를 목표점으로 삼았기에 절대고독 속으로 스스로를 밀어 넣었을까요? 그는 조용하고 부드러운 사람이었지만, 그 부드러움 안에는 왠지 사람을 복종하게 만드는 힘이 있습니다. 신분과 권력의 힘으로 비열하게 사람을 굽신거리게 만드는 그런 타락한 힘이 아닌 은근히 발산되는 그린 기운의 힘입니다. 그런 그가 좋았지만 선뜻 다가가지 못하고 베시시 웃으며 계속 그 주위를 얼씬거렸습니다. 넘어서지 못하는 그 경계의 힘이 느껴졌기 때문입니다. 그의 차분한 언행과 목소리 톤이 좋았습니다. 사원 안에서 어쩌다 나와 눈이 마주치기라도 하면 안부를 물어봐 주었고, 건강에 관하여 유독 관심과 배려를 보여주었습니다.

그를 지면에 소개하여 세상에 드러나게 하는 것이 그에 대한 예의가 아닌 줄 알면서 저는 당시 이미 양해를 받았습니다. 실명을 거론하지 않고 우리가 나눈 내밀한 이야기를 하지 않는 선에서 하늘위의 장의사를 소개하는 날이 오면 숨겨 두지 않겠다고 말입니다. 당시 천장사 스님은 제가 장황하게 설명하는 것을 이해하지 못했을 수도 있습니다. 그때 저는 태어난 지 얼마 안 된 아기가 무엇이든 보고 일관되게 "엉마~" 하는 옹알이 수준의 티베트어를 구사했으니까요. 그런 아이를 보듯 스님은 내가 하는 말이 무엇이든 귀엽고 신기해서, 그러니까 정확한 내용과 문법을 떠나서 그냥 티베트어 비슷한 옹알이를 구사하니까, 한편으로는 안타까워서 한편으로는 기특해서 그냥 "그러세요"라고 했지 않았을까요.

털털하게 기념사진도 같이 찍어주셨지만 철저한 은둔자의 얼굴을 만천하에 공개하는 것은 범죄라는 생각이 들어 그의 간략한 이력만을 소개하겠습니다. 그의 이름은 * *갸쵸(남) 46세입니다. 그는 절실한 티베트 불교신자인 부모님의 권유로 이곳(티베트불교 겔룩파 사원)에 7세 때 출가하여 올곧게 수행에 정진하고 있는 구도자입니다. 그런데 그는 깨달음을 위해 수행하는 출가자이면서 한편으로는 '천장'(天葬)이라는 일을 하고 있습니다. 이것은 산소가 60%밖에 안 되는, 숨도 쉬기 어려운 고원에서 죽음을 맞이한 인간의 시체를 처리하는 일입니다. 그런데 시체의 처리 방법이 좀 특이합니다. 다름 아닌 죽음을 맞이한 인간의 시체를 칼과 도끼로 해부하여 독수리의 밥으로 주는 것입니다. 이것은 이방인의 시각으로 보면 비위생적이며 해괴한 장례를 진행하는 것처럼 보이지만 그의 입장에서 보면 그러한 시체 처리는 수양의 한 방편이기도 합니다. 그는 이곳 티베트에서 장례의 전통과 역사, 개인적 수양, 죽음에 대한 성찰, 그리고 인간 몸에 대한 해부학적 지식과 죽음이 삶에 미치는 영향 등에 대한 전문가입니다. 티베트인들은 그런 그를 전적으로 신뢰하며 시체의 처리를 맡기고 천장사라고 부릅니다. 즉 하늘위의 장의사입니다.

그는 거부할 수 없는 히말라야의 품에 들어앉아 외부의 모든 진입과 간섭을 최대한 차단 하고 살아가는 불교 수행자이자 장의사입니다. 그런데 그는 스스로 행복한 사람이라고 말합니다. 이해가 되질 않습니다. 척박한 환경과 모든 것이 부족한 삶의 조건들 속에서 매일 시체를 어루만지는 비위생적 일을 하는데 어떻게 행복할까요?

떠나간 자를 기억하는 방법

한동안은 그 친구를 잊지 않기 위해서 이 글을 쓰고 있는 것인지도 모르겠습니다. 글로 남겨 두는 것이 무언가를 잊지 않기 위한 가장 유효한 방법 중의 하나라고 생각합니다. 매미가 본격적으로 울기 시작하던 2014년 8월의 여름, 한 통의 문자를 받았습니다. "○○○ 사망. 신촌 세브란스병원 장례식장. 삼가 고인의 명복을 빕니다." 순간 얼굴이 벌개지면서 나는 아무 말도 하지 못한 채 한동안 손에 쥐어진 핸드폰만 보고 있었습니다. 그렇게 크고 시원하게 들리던 매미 울음소리도 들리지 않았습니다. 제 생에 처음으로 제 친구가 죽었습니다. 이따금씩 친구들의 부모님 혹은 나와 사회적 관계를 맺고 있는 사람들의 어르신들(친인척 포함)이 임종을 맞았다는 소식을 듣고 그 건조한 사회적 인간관계를 유지하고자 자의반 타의반 병원을 찾은 경험은 있지만, 나와 대학생활을 같이 했던 친구의 죽음 소식을 들은 것은 처음입니다. 한동안은 아무것도 집중할 수 없었습니다. 책상 앞에서도 집에서도 식당에서도 한동안은 내시경 검사를 하기 전 목구멍에 털어 넣은 고약한 마취제를 머금고 침을 질질 흘리며 불편해하는 사람처럼 그렇게 지냈습니다. 동기들이 같이 가자는 연락을 해 왔지만 장례식장은 결국 가지 못했습니다. 아니 솔직하게 말하자면 가지 않았습니다. 마음 한구석에 너무도 미안한 기억이 있어서 더욱 갈 수가 없었습니다. 한때 친했지만 구체적으로는 알 수 없는 마음의 앙금과 간극으로 멀어진 대학 친구. 어느 날 그 친구가 백혈병에 걸렸다는 소식과 항암치료 그리고 기적 같은 골수이식 수술로 희망이 있다는 이야기를 듣고 병문안은 잠시 접어 두었습니다. 충분히 서울로 병문안은 갈 수 있었지만 그 친구는 여전히 얄밉고 미운 구석의 잔영이 남아 있어서 보란 듯이(?) 가지 않았습니다. 뭐 저러다 나을 거야! 하는 반쯤 희망어린 기도를 하면서 잊어버렸습니다. 친구가 죽을병이 걸려 항암주사를 맞고 아프리카의 난민 아이처럼 말라간다는 소식을 들었는데도 그 친구에 대한 이전의 미움의 감정은 여전히 남아 있었습니다. 오히려 집으로 돌아가는 차 안에서 '어쩌면 벌 받은 거야. 거봐, 내가 그랬잖아. 친구와 사람들을 그렇게 개무시하고 상처 주고 돈만 밝히더니 대가를 받는 게지. … 독화살은 언젠가 스스로에게 부메랑처럼 돌아온다니까.' 하는 생각을 하기도 했습니다. 그리고 나의 삶은, 나의 하루는 그렇게 흘러가고 있었습니다. 모두 다 그러하겠지만 하루의 삶 속에서, 일주일의 시간 속에서, 한 달의 기간 속에서 우리 모두는 현실과의 암묵적인 전쟁과 타협 그리고 또 갈등과 마찰 끝에 오는 아주 짧은 환희와 기쁨을 맛보면서 살아가기 때문에 정말 시간이 어떻게 가는지 모를 지경입니다. 먹고 살기 위해서 말입니다.

친구가 죽은 지 얼마 뒤, 화장을 하고 유골이 안치돼 있다는 납골당을 혼자 찾아갔습니다. 파주에 위치한 '서현추모공원'이었습니다. 떠들썩하고 어수선한 장례식장의 분위기 속에서 '남겨진 마누라와 애는 어쩌지?' 하는 공허한 심경을 다른 친구들과 나누고 싶지 않았습니다. 아니, 사실은 저만이 가지고 있는 불편한 마음, 그런 궁색한 오래된 사연을 품고 그 친구의 아내와 어린 아들을 볼 수가 없었습니다. 그냥 혼자 조용히 찾아가서 저만의 작별 인사를 하고 싶었습니다. 파주로 가는 차 안에서 저는 이런저런 생각을 했습니다. '가서 뭐라고 할까? 어떤 식으로 작별 인사를 해야 하나?' 그런데 이상하게도 도착도 하기 전에 가는 차 안에서 눈물이 마구 흐르기 시작했습니다. 차 운전을 못할 정도로 말입니다. 도착해서 유골함을 보고 또 남겨진 몇 개의 유품을 보면 그때 눈물이 날 거라 생각했는데 정작 가는 내내 눈물이 났습니다. 왜 그랬을까요? 가만히 생각해 보니 지난날 그와의 별별 추억들이 새록새록 기억나면서 눈물이 나기 시작했습니다. 마치 사진속의 필름들이 연속해서 눈앞에 펼쳐지는 느낌이었습니다. 그 친구와 같이 했던 봄, 여름, 가을, 겨울의 시간들. 같이 꽃을 보고 바다에 가고 산에 오르고 탁구를 같이 쳤던 그 시간들이 새록새록 떠올랐습니다. 울음은 길고 깊었습니다. 아이의 울음과 어른 울음의 차이점이 무엇일까요? 아마도 어른 울음은 비밀에 부쳐지기를 원하지 않을까요.

일층에 마련된 인포메이션 센터에서 천국으로 보내는 편지를 쓰고 2층으로 올라갔습니다. 먼저 화장실에 가서 손을 씻고 거울을 보았습니다. 운전하면서 흘린 눈물의 흔적이 보입니다. 차가운 물로 눈언저리와 눈알을 몇번 성의없이 씻은 후 유리관 속으로 보이는 친구의 유골함을 찾아갔습니다. 아, 여기 그의 가족사진이 있습니다. 매우 오랜만에 보는 이 친구. 사진 속의 얼굴은 건강해 보입니다. 울컥 하며 또 다시 눈물이 나기 시작했습니다. 이번에는 소리도 나고 어깨도 들썩일 정도로 말입니다. 이유는 모르셨습니다.

사랑할 때와 죽을 때의 공통점이 있다면 무엇일까요? 그것은 아마도 안 되는 줄 알면서도 포기 못하는 미련한 마음 아닐까요. 친구도 병원에서 골수 이식 수술을 받으며 살기를 얼마나 원했을까요. 식구들과 유전적으로 맞지 않아서 항암제를 맞아 가며 이식의 조건에 맞는 사람이 나타나기를 얼마나 힘들게 기다렸을까요. 살기 위해 위해 최선을 다했지만 결국 친구는 죽음을 맞았습니다. 생각해 봅니다. 몸은 재가 되어 사라졌지만 그의 영혼은 사라지지 않았을 겁니다. 그의 영혼은 밝고 빛나는 영계(靈界)로 갔을 겁니다. 그곳에서는 우리가 사는 세상을 언제나 볼 수 있고 올 수 있습니다. 그러나 우리는 그곳을 볼 수 없고 그를 확인할 수 없습니다. 왜냐하면 그곳은 우리와 차원이 전혀 다른 곳이기 때문입니다. 그곳은 그 친구와 영적 수준이 비슷하고 유사한 성향을 가진 또 다른 친구들끼리 만나는 곳입니다. 그곳에도 유유상종의 법칙이 있는 곳입니다. 그곳에서는 신경 쓸 몸이 없습니다. 따라서 육신 대 육신으로 대상을 만나는 일은 없을 겁니다. 재물과 신분으로 대상을 접촉하고 만나는 일도 없을 겁니다. 우리가 사는 물질계와는 전혀 다른 곳이기 때문입니다. 그곳에서 기분 좋게 머물기 바랍니다. 그리고 때가 되면 인간으로 다시 태어나 주길 기원합니다. 내 주위의 다시 생명체로 태어나 나와 인연을 다시 맺기를 바랍니다. 나에게 다시 한 번 기회를 주길 바랍니다. 친구 ○○○는 현생에서 사라졌지만 나는 그 친구가 완전히 없어지고 소멸됐다고 생각하지 않습니다. 봄의 나비가 되어, 여름의 매미가 되어, 가을의 코스모스가 되어 겨울의 눈이 되어 저의 곁에 올 수도 있다고 생각합니다. 바람이 될 수도 있겠지요. 그러니 이제 나는 가끔 그 친구가 생각나면 나의 주변을 바라볼 생각입니다. 혹시 무엇으로 환생하여 나를 찾아왔는지 모르니까요. 그리고 앞으로는 내 삶에서 발견되는 죽은 혹은 죽어 가는 생명체를 보면 모른 척 하지 않을 생각입니다. 쉽지는 않겠지만 죽어 가는 생명체에 관심을 갖는 것 또는 최소한 외면하지는 않겠다는 것은 산 사람이 죽어 가는 생명체를 위해 할 수 있는 일이 많지 않기 때문입니다.

해부 수업

문득 잠에서 깨어납니다. 아직 어떤 생명체도 울지 않는 컴컴한 새벽입니다. 히말라야의 찬바람은 밤하늘을 날카롭게 날다 말고 수직으로 낙하하여 방을 구석구석 핥아댑니다. 춥습니다. 설레고 떨리는 마음 탓에 더 이상 잠을 잘 수가 없습니다. 사방은 아직 어두운 신새벽입니다. 시계가 없어 지금이 언제인지 정확히 알 수는 없지만 하루를 시작하기에는 아직 이른 시간입니다. 그러나 문을 나섰습니다. 오늘은 천장(天葬)의식에 참여가 허락된 첫 날이기 때문입니다.

어젯밤 스승님(천장사 스님)이 나와 두 명의 친구들을 한 자리에 부르셨습니다. 우리는 천장 수업에 임하는 그의 제자들입니다. 평소와는 다른 얼굴표정으로 차를 한잔씩 주시면서 말씀하셨습니다. "내일은 시체가 아침부터 네 구가 올 예정이다. 이제 너희를 현장에 데려가도 좋다는 주지스님(활불)의 허락도 있었다. 하여 내일은 너희들과 같이 천장을 진행하고자 하니 마음의 준비를 하도록 해라. 그동안 배운 것들을 되새겨보길 바라며 일찍 자고 내일 보도록 하자." 내 가슴은 두근거렸습니다. 이미 현장에 다녀온 선배들 혹은 스승님의 이야기로만 듣던 영혼의 전송식, 즉 천장을 직접 참여하고 현장실습을 직접 참여하는 날이 온 것이기 때문입니다. 그동안 이론으로만 배웠던 해부학의 이론들 예를 들면 『시체부분(屍體部分)』 『활체급시체측량(活體及屍體測量)』 『사부의전(四部醫典)』 『남유리(藍琉璃)』 『해부명등(解剖明燈)』 『사부의전계열괘도(四部醫典系列掛圖)』 들을 배우고 외우고 상상하기를 몇 년이던가요. 과연 배운 대로 될까요. 시체들은 어떤 형상일까요. 종종 선배들이 현장에 참여하고 돌아오는 날이면, 나는 그들에게 달팽이처럼 들러붙었습니다. 그들의 이야기를 듣고 있노라면 비릿한 피 냄새가 나는 것 같았고 시체가 정갈하게 손질되어 내 앞에 놓인 거 같은 환영이 보일 정도였습니다. 어떻게 같은 인간의 몸을 칼과 도끼로 해부한단 말인가요. 하지만 여기서는 그 말도 안 되는 일이 매일 벌어지고 있습니다.

그간의 수업들이 떠올랐습니다. 첫 수업은 천장이 치러진다는 터(공간)에 대한 공부였습니다. 현장답사는 친구들과 같이 갔습니다. 스승님이 엄숙하면서도 간결하게 말씀하셨습니다: "이곳이 천장 터야. 처음 보지? 죽음을 맞이한 시체는 이곳에서 새로운 삶을 맞이한단다. 여기서는 독수리들이 새로운 삶을 연결시켜 주는 매개자 역할을 한다. 이곳에서 독수리들은 죽은 망자에게 새로운 몸을 찾아주는, 즉 환생의 연결자인 것이다. 독수리들은 신조(神鳥)야. 성스러운 새지. 공행모(空行母)의 화신!"

그 이후의 수업들도 비슷한 내용이었습니다. 스승님께서는 천장과 관련된 거의 모든 것들에 대해서 세세히 가르쳐주셨습니다. 시체를 처음 맞이하는 것부터 시작해서 장례의 절차와 우리가 나서야 할 때, 해부학적 지식 그리고 그 모든 과정에서의 마음가짐 등입니다. 심지어 수업이 끝나면 반드시 천장의 도구들(칼 도끼 망치 가늠자 가위, 줄, 기름)을 꼼꼼히 챙겨야 하는 것들까지도 일러주셨습니다. 하지만 현장에 나가게 된 오늘까지도 가르쳐주지 않으신 것이 있습니다. 그것은 '죽음'이었습니다. 내심 궁금했지만 스승님은 죽음에 대한 어떤 적확한 해답을 하신 적이 없으십니다. 참다 못해 몇 번 물어보았지만, 도리납작한 면상을 한 스승님은 죽음에 대하여 어떤 해답도 주시지 않았습니다. 이런저런 생각을 하다 보니, 시신이 올 시간이 되어 갑니다. 설레면서도 두려운 마음을 안고 조급히 천장터로 향했습니다. 집합장소는 사원 뒷길에 있는 언덕입니다. 도착했습니다. 터 중앙에서 차분하게 움직이는 스승님이 보입니다. 오감이 긴장하기 시작했습니다. "아, 저기 저거 시체 아닌가? 흰 보자기에 싸여 사람들이 둘러매고 올라오는 거. 그래 맞아. 시체다.

시체." 올라오고 있는 시체를 나와 친구들은 똑같이 뚫어져라 쳐다보았습니다.

터의 중앙에 시체가 일렬로 놓이고 그 주위를 망자의 식구들처럼 보이는 사람들이 제각기 묘한 표정을 짓고 있습니다. 어떤 이는 소리를 내지 않고 울고 있었고, 누군가는 고통스러운 듯 인상을 쓰고 있었습니다. 또 누군가는 무표정하였으며, 그 옆에 불편하게 서 있는 누군가는 이 모든 표정이 섞여 있는 것 같은 얼굴을 하고 있었습니다.

갑자기 스승님의 움직임이 바빠지기 시작했습니다. 시간이 촉박한 모양입니다. 그의 손에는 긴 갈고리와 작은 도끼가 들려 있습니다. 그의 갈고리가 허공을 가르며 가볍고 능숙하게 흰 보자기를 동여 맨 끈을 풀어냅니다. 한 덩어리의 몸이 태아의 자세로 웅크려 있습니다. 아, 듣던 대로입니다. 다시 인간으로 환생하라는 바람의 표현입니다. 다시 엄마 뱃속으로 들어가고자 하는…. 익히 들어 알고는 있었지만 스승님이 시체를 토막 내고 잘게 부스는 광경은 기이하다 못해 예술입니다. 다리가 턱턱 떨어져 나오고 팔이 뭉툭 잘려 나갑니다. 몸통이 분리되고 머리가 잘렸으며, 피가 튀고 내장이 바닥으로 흘러넘칩니다. 지켜보는 사람들은 냄새가 역한 듯 코를 막기도 했고 보는 것 자체가 고통스러운 듯 고개를 돌리기도 합니다.

"죽은 시체를 만지는 건 다 산 인간들이잖아." 친구가 내게 말을 건넸습니다. 그의 눈은 목뼈가 척추와 분리되지 않아 같은 곳을 반복적으로 내리치고 있는 다른 친구를 바라보고 있으면서 말이죠. "살아 있는 인간들이 죽은 인간을 가지고 저러는 이유가 뭘까?" "잠나, 짜증나네. 수업시간에 배운 거잖아. 환생을 기원하는 거지, 뭐." "그러니까 왜 다시 태어나기를 기도하는 거냐고." "시끄러워. 스승님께 배웠잖아, 여기서 이렇게 떠드는 건 망자에 대한 예의가 아니라고." 의문에 가득 찬 친구의 심드렁한 얼굴을 보니, 나도 궁금해지기 시작했습니다. 왜 산 인간들은 죽은 이를 기리며 그가 또 다른 생을 잇기를 기원하는 걸까요? 다시 태어나도 이 생은 역시 죽음을 맞이해야 할텐데요.

바로 그때 더 이상 인간이라고 할 수 없는 모양새의 시신의 토막들을 조용히 응시하는 무리가 새롭게 눈에 띄었습니다. 날개를 활짝 펴고 눈과 부리에 힘이 들어간 독수리들이었습니다. 아, 저것이로구나. 망자의 환생을 도와준다는 신조. 공행모의 화신! 스승님께서는 시체 해부가 다 이루어지지 않았을 때, 독수리들이 달려들어 시체를 가져가거나 혹은 부리로 먹으면 죽은 이가 온전히 환생할 수 없다고 말씀하셨습니다. 정말일까요? 흉하게 얼굴에 핏 자국이 튀었는데도 불구하고 우리의 스승님은 그저 묵묵히 시체를 만지고 계십니다. 소임일까요? 고집일까요? 몸이 노동의 고단함을 탐하는 것은 약속된 휴식이 보장되어 있기 때문일 텐데, 벌써 몇 시간째인데 수유차 한 모금 마시지 않고 저러고 계십니다. 천장사는 천장 과정을 수행의 일부로 삼아야 한다고 수업 중에 말씀하신 것이 생각납니다. 물론 중생을 돕고자 하는 뜻도 있겠지만, 근본적으로는 자아의 구원에 그 뿌리가 있을 겁니다. 여기에는 산 자가 죽은 자를 통해 생의 힘을 얻는 것도 포함되지 않을까요? 어쩌면 속(俗)과 성(聖)의 경계에 발을 담고 있는 구도자로서 그는 야수와 같은 직감과 긴장감을 놓치지 않고 세상에 존재할 이유를 찾고 있는 것일지도 모릅니다.

독수리의 입장에서 생각해보면, 사실 인육은 중요한 먹이 중의 하나일 겁니다. 척박한 이 땅에서 살아남아 먹을 수 있는 것들이 얼마나 있을까요? 제법 영양가도 있을뿐더러, 힘들여 날아다니며 부리로 쪼고 발톱으로 공격하여 사냥할 필요도 없는, 인간 시체만큼 좋은 식량이 없을 겁니다. 사랑하는 고인의 환생을 믿으며 살아갈 힘을 얻고, 죽은 중생을 도우며 속세에서의 존재 이유를 찾고, 죽은 시신을 먹으며 생명을 유지하고, 이곳 티베트의 생명체는 이렇게 서로 유기적으로 도우며 살아갑니다. 죽음이 있는 덕분에 삶이 있는 것일까요. 그렇습니다. 그래요, 아마도 죽기 때문에 다시 태어나는 것이겠지요. 스승님께서 끝까지 말씀해주지 않으셨던 죽음에 관한 답을 찾은 것 같습니다. 죽음은 곧 삶입니다. 죽음과 사라짐을 생각하면 지금의 삶은 더 진하고 소중해질 수 있습니다.

행복한 이유

우리는 어떤 환경속에서 어떤 시간 속에서 행복감을 느낄까요? 편안한 소파에 누워 티브이 리모콘을 손에 꼭 쥐고 자유로이 돌릴 때일까요. 맛있는 음식을 마음껏 먹을 때일까요. 쾌적한 공기와 적당한 조명으로 무장한 백화점 안에서 기분 좋게 소비할 때일까요. 심지어 복권이라도 당첨될 때일까요. 맞습니다. 이런 삶의 조건들은 인간이라는 사회적 동물에게 필요한 행복하고 만족스러운 삶의 조건들 일 수 있습니다. 그렇다면 이런 조건들이 부족하거나 아예 없는 환경 속에서 살아가는 사람들은 불행할까요. 요컨대 삶의 조건들이 제한적인 티베트에서 매일 시체를 다지며 살아가는 장의사는 불행하고 불쌍할까요. 아닙니다. 알고 보면 그는 행복한 장의사입니다. 우리가 간과했던 행복의 요소들이 그에게는 있기 때문입니다. 예를 들면 다음과 같은 것들입니다. 첫 번째 그는 '몰입'할 수 있는 일이 있습니다. 정신적 수행과 육체적 노동(천장)이 매일 그에게는 주어집니다. 그는 티베트불교 사원에 정식으로 출가한 수행승이지만 천장사라는 상장의례를 수관하는 육체적 노동자이기도 합니다. 그는 거의 매일 올라오는 비릿내나는 시체를 거부하지 않고 묵묵히 자신의 임무를, 즉 시체를 해부하여 유가족들이 신성시하는 독수리에게 보시합니다. 그는 아침과 저녁에는 수행에 정진하며 오전과 한 낮에는 천장의식을 주관합니다. 이 모든 일에 그는 몰입합니다. 몰입은 시공을 잊게 하고 온전히 자신을 들여다보는 힘이 있습니다. 두 번째 그는 사람들이 꺼려하는 장의사일을 하면서 스스로에게 의미를 부여하고 보람 있는 일을 한다고 생각합니다. 사실 거의 매일 들어오는 시체 때문에 몸은 고되고 설명하기 힘든 스트레스도 있지만 그래도 장례의식이 순조롭게 끝나면 그는 기분이 매우 좋습니다. 특히나 망자의 식구들이 흡족한 표정을 지으며 손수 준비해온 약간의 차와 빵을 건네받을 때는 뿌듯한 감정을 느낌입니다. "나는 오늘도 의미 있는 일을 했구나." "내 삶의 가치가 실천으로 옮겨지니 뿌듯하다."면서 말이죠. 스스로가 일을 반갑게 맞아들이고 자부심을 가지고 하다 보니 그는 주위 사람들로부터 신뢰와 존중을 받고 살아갑니다. 그가 탐욕을 자제하는 수행자이기 때문이기도 하지만 타자의 행복을 위해 수양하고 몸의 실천을 구현하는 사람이기 때문입니다. 그는 사원의 친구들과 스승과도 깊은 인간적 신뢰를 구축하고 있습니다. 그가 신뢰할 수 있는 인적관계망이 일반인에 비해서 제한적이기는 하지만 서로 존중하고 배려해주는 인간관계는 질적으로 풍부합니다. 비록 출가한 몸이라 가족은 아니지만 그를 옆에서 항상 애정과 존경의 몸짓으로 도와주는 제자들도 있습니다. 수행의 깨우침과 구도자의 길을 챙겨주는 정신적 스승도 있고 같은 길을 걸어가는 친구들도 있습니다. 그리고 고집스럽게 자기를 찾아주는 마을 사람들도 있습니다. 그들은 언제나 그를 신뢰한다는 표정과 몸짓을 보내줍니다. 그가 단지 천장사라는 시체 처리의 전문가이기 때문에 그런 것이 아니라 그의 윤리적 도덕성을 믿기 때문입니다. 여기에는 그가 재물을 밝히지 않음도 포함됩니다. 타인에게 마음으로 존중을 받으며 삶을 살아간다는 것, 이것은 행복의 중요한 조건중의 하나입니다.

그는 벌써 10년째 장의사의 일을 하고 있습니다. 같은 일을 반복하고 있지만 그는 지루하거나 답답하다고 생각하지 않습니다. 오히려 나날이 스스로가 내면적으로 성장하고 있다는 느낌을 받습니다. 인간의 삶과 죽음, 윤회, 전생, 몸의 구조에 대해서 나날이 새로운 공부가 누적되고 있는 것입니다. 매일 새로워진다는 느낌, 이것은 아침에 눈을 뜨고 설레게 만드는 즐거운 요소 중의 하나입니다. 아마도 이것은 그가 자신의 가치관과 결부된 삶의 목표를 설정하고 그것에 몰입하며 살고 있기 때문에 가능할 것입니다.

그는 자신만의 하루의 리듬이 있습니다. 이 자연스러운 리듬은 철저히 지켜지는 자신만의 라이프스타일이 있기에 가능합니다. 생활의 리듬이란 것은 삶의 동선이 단순할수록 가능합니다. 눈뜨기 - 명상 - 아침공양 - 공부(혹은 천장) - 점심 - 산책(또는 남의 이야기 들어주기) - 명상 - 경전공부(스승과 일대일) - 눈감기, 이것이 그의 하루입니다. 그의 하루는 심플해 보이지만 그 안에서도 빠르고 느린 것, 급하고 덜 하고, 먼저 해야 할 것과 나중에 해야 할 것의 시간의 순서가 있습니다. 하지만 그는 일정에 쫓겨 허둥지둥 해 본 적이 없습니다. 탐욕스러운 일과 싸가지없는 인간관계가 없기 때문입니다.

그는 객관적인 삶과 잣대보다 주관적인 일상의 감정을 우선으로 생각합니다. 그는 자신의 주관적인 경험이 삶의 객관적인 조건보다 더 중요하다고 생각합니다. 그것은 곧 내가 내 삶의 주인공인가? 내 삶에 대해서 만족하는가? 지금 이 순간의 기분이 좋은가? 의 문제이기도 합니다. 달리 말하자면 "나의 오늘 하루는 만족스럽고 기분이 좋았나?"라는 개인적 경험과 느낌이 뭔가 거창한 국가의 정치나 정부의 정책 그리고 물질의 축적보다도 소중하다는 것입니다.

정리하자면 그는 기본적인 의/식/주를 스스로 해결하고 있으며 주변을 둘러싼 친밀한 인간관계(자연, 제자, 마을 사람들 그리고 친구)를 형성하고 있으며 성취감과 몰입을 주는 일(단순한 돈 벌이가 아니고)을 하고 있고 생활의 규칙적인 리듬이 있습니다. 무엇보다 그는 물질의 축적보다 자신을 둘러싼 인간의 삶과 죽음에 대한 내면적 깨달음을 더 소중하게 생각합니다. 그는 객관적인 외부의 시선과 평가보다는 주관적인 신념을 믿습니다. 이런 그를 통해 알 수 있는 것은 행복은 어쩌면 외부의 평가보다는 '삶에 대한 태도와 주관적 경험'일 수 있습니다. 척하는 연기하며 살아가는 우쭐한 심리상태나 몸의 폼이 아닌 주관적인 자기만족도 말입니다. 사실 행복한 느낌은 사회적 지위나 경제적 영향력이 한계가 있다는 것을 우리가 모른 바가 아닙니다. 그러함에도 불구하고 우리들은 어떤 편안한 공간에서 어떤 대우를 받으며 무엇을 먹느냐가 중요합니다. 그리고 사람들로부터 자신이 행복하고 즐겁다는 것을 인정받는 것이 매우 중요하다고 생각합니다. 남들로부터 인정받고 부러움을 받는 객관적 시선이 정말 행복할까요. 행복할 겁니다. 최소한 길 바닥에 누워 거지의 꼴로 구걸하며 살아가는 사람들보다는 행복할 겁니다. 그러나 행복은 스스로가 능동적으로 타인에게 알리고 보여주는 것이 아니라 반대로 타자들이 자연스럽게 알아봐 주는 것이 아닐까요. 아무리 돈이 풍족하고 높은 자리에 앉아 있어도 사람들로부터 신뢰는커녕 밥도 같이 먹기 싫은 사람이 된다면 그는 결국 소외감과 고독감을 떨쳐버릴 수 없을 겁니다. 외로움의 끝은 소통을 향한 몸부림으로 발광(发光)하지만 더욱 비참한 것은 그런 사람은 겉으로는 폼을 잡고 있지만 주위의 사람들도 자신을 꺼려한다는 것을 직감적으로 안다는 사실입니다.

행복은 많은 것을 소유하고 누군가를 부리며 사는 것이 아닐 겁니다. 행복은 그저 철저하게 개인의 생활과 시간의 문제입니다. 즉 내가 하루를 어떻게 보내고 어떤 의미 있는 일을 하고 있는가의 문제입니다. 무언가를 내 것으로 축적하려고 항상 눈알을 굴리고 머리는 뜨겁고 발걸음이 빠른 사람들, 그런 이들이 사회와 국가로부터 축하와 상을 받고 여기저기 불려 다니며 사람들과 악수한다고 행복과 즐거움은 오지 않습니다. 온다고 해도 그것은 순간적인 '쾌감'일 겁니다. 곰곰이 생각해보면 아주 사소한 즐거운 느낌과 감정들이 빈번이 찾아올 때 그 순간이 행복할 수 있습니다. 즉 커다란 쾌락보다 사소하지만 빈번한 즐거움 말입니다. 예를 들면 여행, 운동, 산책, 의미 있는 일에 자원봉사, 가치관이 투영된 종교적 활동, 아이스크림을 먹을 때, 사랑하는 사람과 손을 잡고 걸어갈 때, 자식을 품에 안을 때 등의 순간들 말입니다. 자식을 품에 앉고 책을 읽는 것이 국가로부터 상을 받는 것보다 더 행복하다면 믿을 수 있을까요? 행복합니다. 그 순간만큼은 무얼 바라는 강력한 목적의식이 없기 때문입니다. 하늘 위의 장의사가 행복한 이유가 여기에 있습니다. 그리고 그는 일찍부터 죽음에 대한 준비와 공부가 풍부합니다. 이것은 우리와 가장 큰 차이점이기도 합니다. 인간의 고통과 죽음 그리고 새로운 생명에 대한 그의 깊은 사유와 성찰은 그가 한 사람의 구도자이기 전에 따뜻한 인간임을 알게 해주는 대목입니다. 그는 생명체를 보살피고 들여다보는 삶의 자세가 중요하다는 것을 일찍부터 알았습니다. 그래서 그는 자신의 보살핌과 노력이 쓸모없고 어리석어 보일지라도, 그 영향력이 미래의 어딘가에 이르게 됨을 믿습니다.

종종 지상에서 올라온 이방인들의 눈에 그는 무정한 표정으로 돼지나 소를 잡는 백정으로 보일 수 있습니다. 칼과 도끼로 몇 번씩이나 시체의 같은 곳을 쳐대는 그는 너무나도 비위생적이며 살벌해 보일 겁니다. 그것도 모자라 독수리에게 시체를 내던진다니요. 세상에 이 무슨 짓이란 말인가요? 저긴 또 다른 살인입니다. 사람들은 토악질을 하면서 그렇게 말하곤 합니다. 그러나 그는 우리들이 생각하는 것처럼 비인간적이거나 불행한 사람이 아닙니다. 오히려 그 반대의 경우입니다. 몸과 돈에 집착하는 우리들과 몸과 물질을 버리는 그 중 누가 더 불쌍할까요.

'더할 나위 없이 좋은 상태(nothing better)'란 어떤 느낌일까요? 여기에 관하여 하늘위의 장의사는 다음과 같은 자신의 경험을 이야기 해줍니다. "나는 남의 문제에 진정으로 마음을 쓸 때 나 스스로의 고통과 번뇌가 잊혀지는 경험을 합니다." 그런데 그때의 기분은 너무 좋아서 믿어지지 않을 정도의 기분(incredible feeling)입니다. 즉 나에게도 정신적 고민과 육체적 고통은 늘 있지만 천장을 하면서 타인의 기분과 바람을 이루어주고자 애쓸 때 나의 고민은 사라짐을 느낍니다. 나에게는 이 기분이 더할 나위 없이 좋은 감정입니다. 상황은 매일 없어지는 것과 들어오는 것으로 꾸려가지만, 삶은 베푸는 것으로 이어나가는 것이기 때문입니다. 따라서 나에게 천장을 하는 일은 돈을 벌어 생계를 목적으로 하는 직업이 아니라 의미와 가치를 늘 타인에게 건네는 더할 나위 없이 좋은 상태를 유지하는 상태라고 할 수 있습니다.

사실 우리들 삶의 조건들(돈, 종교, 기후, 건강, 거주환경, 가족)이 주는 행복감은 한계가 있습니다. 건강하다고 돈이 풍족하다고 모두 다 행복하지는 않습니다. 그 보다는 우리 스스로가 매일 자발적으로 선택하는 삶의 조건들이 중요합니다. 사실 인간적으로 꼬인 용서는 그 사람을 위해서 하는 것이 아닙니다. 그와는 무관하게 나를 위해서 하는 것입니다. 따라서 용서는 이타적이지만 나에 대한 선물입니다. 객관적으로 멋진 사람보다 자신의 삶이 행복한 사람은 실제보다 더 매력적으로 보인다고 합니다. 이것은 사람은 행복하면 실제보다 더 근사하게 보일 수 있다는 것을 의미합니다. 상황에 따라 거짓말을 하고, 자신을 유리하게 포장하고, 계산적으로 악수를 하며, 건조한 미소를 흘리고, 질투하지만 점잖은 척 하고, 모함하고, 뒤에서 비난하는 그런 이중적인 사람들은 존중 받을 수 없으며 결코 행복할 수 없을 겁니다. 이런 면을 기준으로 삼는다면 하늘위의 장의사는 행복한 사람이라고 할 수 있습니다. 그는 연기하지 않은 사람이기 때문입니다. 수행할 때와 시체를 대할 때,

밤과 낮의 몸가짐, 스승과 제자를 대할 때의 마음, 별과 태양을 바라보는 눈, 수명을 다한 어른의 시체를 대할 때와 객사한 어린아이의 눈을 쳐다볼 때, 성과 속의 경계에 두 다리 걸치고 앉아 있을 때, 그는 두 사람으로 연기하지 않는 사람입니다. 언제나 하나인 사람입니다. 이러니 그가 행복하지 않을 수 있을까요.

더 읽어 볼 만한 글

- 정준영 외, 『죽음, 삶의 끝인가 새로운 시작인가』, 운주사, 2011.
- 툴구 퇸듑, 『평화로운 죽음 기쁜 환생』, 도솔 옮김, 청년사, 2000.

화장

장법의 선택과 삶의 의미에 대한 탐색

정 일 영

조선시대 사람들과는 달리 오늘날의 우리는 장법으로 화장을 선택할 수 있습니다. 이젠 매장보다도 화장을 하는 사람이 더 많은 상황에 이르렀습니다. 모든 문화가 변하기 마련이고, 변하지 않는 전통이란 없습니다. 죽은 사람을 떠나보내는 방식, 그들이 남기고 간 유체를 처리하는 방식도 변할 수밖에 없는 것일 테지요. 하지만 정부와 몇몇 시민단체가 그토록 바라왔던 높은 화장률이 현실로 다가온 지금, 다시 뒤를 돌아보고 생각할 때가 온 것 같습니다. "우리가 화장을 '선택'하는 이유는 무엇인가?" 자발적인 것 같지만, 어찌 보면 강제적이기도 한 이 선택 속에서, 혹시 우리는 어떤 중요한 '의미'를 잃어버리고 있는 것은 아닐까요?

화장과 여의도

기억하실지 모르겠지만, 1990년대 중반부터 각종 언론이 주도하여 일반 대중들에게 화장을 권하는 일종의 캠페인이 꽤 크게 벌어진 적이 있습니다. 놀랍게도 이 '문화' 캠페인은 각 언론의 정치적 성향과는 무관하게 동일한 방식으로 진행되었습니다. 한 신문사는 아예 "묘지강산을 금수강산으로"라는 표어를 내걸고 '화장 유언' 혹은 '화장 서약'을 받기도 했습니다. 또 자신이 죽으면 화장을 선택할 거라는 유명 인사들의 인터뷰를 연속으로 게재하여 화장을 권하기도 했지요. "아인슈타인, 인도의 네루 총리, 중국의 저우언라이(周恩來), 한국의 최종현 SK 회장, 성악가 마리아 칼라스"의 "공통점을 단 한마디로 표현한다면 죽을 때 화장을 택했다는 점"을 꼽기까지 했으니 더 말이 필요 없을 것 같습니다("장묘문화 현황과 문제점 진단", 〈매일경제〉, 1998년 11월 26일자 기사). 실제로 당시 서울시장을 비롯하여 시민단체 및 종교계 대표가 모여 "화장 유언 남기기" 범국민 운동을 선포하기도 했습니다("고건 서울시장 등 27명 '화장 유언 남기기' 서약 범국민 운동 펼치기로", 〈경향신문〉, 1998년 9월 17일자 기사).

어찌 보면 기괴하게 느껴지는 이 캠페인은, 결과를 놓고 보면 매우 '성공적'이었다고 할 수 있을 것 같습니다. 보건복지부의 공식통계에 의하면, 2012년 현재 한국의 화장률은 74.0%, 서울의 경우에는 81.5%에 이르렀으니까요. 1955년에는 5.8%, 1991년에도 17.8%에 그쳤던 전국 화장률이 2005년에

50%를 넘어섰고, 그 이후 불과 7년 만에 70%를 넘어선 것입니다. 물론 이런 급격한 화장률 증가가 당시 벌어졌던 캠페인 덕분이라고만 할 수는 없을 겁니다. 하지만 어쨌거나 이렇게 화장이 급증한 나라는 여태껏 없었을 겁니다. 죽음에 대한 인식의 변화는 그 속도가 매우 느리기 때문에 천 년 이상의 시간을 통하여 살펴봐야한다고 주장했던 프랑스의 역사학자 필립 아리에스(Philippe Ariès)가 한국에서 벌어진 이 현상을 봤다면 아마 깜짝 놀랐을 테지요.

그런데 장묘 문화를 개혁, 개선한다는 명목으로 진행했던 이 캠페인에서 재미있는 현상을 발견할 수 있습니다. 이 땅에 묘지가 너무 많다는 문제의식을 드러낼 때에, 꽤 많은 글이나 기사에서 특정 지역을 언급하는 표현을 반복해서 사용하고 있다는 점입니다. 어떤 지역이 어떻게 등장했을까요? 수많은 사람이 모여 화장을 한 재를 흘려보내는 인도의 바리나시일까요? 죽어서도 나라를 지키겠다는 문무왕의 유언대로, 화장한 그의 유골을 바다에 뿌렸다는 경주의 대왕암일까요? 아니면 매년 사망자의 99.9%가 화장을 한다는 일본의 도쿄일까요? 흥미롭게도, 매번 등장하는 곳은 화장과는 별 상관이 없을 것 같은 그런 장소입니다. 당시 신문 기사의 일부를 직접 보는 게 좋겠습니다.

> 우리나라 장묘문화가 아주 심각한 지경에 이르렀다는 것은 누구나 알고 있다. 해마다 20만기씩 묘지가 새로 생겨 여의도 넓이에 해당하는 국토를 잠식해가고 있으며 이미 전국토의 약 1%가 묘지로 변한 상태다.
>
> ("묘지 국토잠식 문제 심각 종교단체 화장 앞장서야", 〈동아일보〉 1996년 10월 9일자 기사)

> 이번 집중호우로 경기도 북부에서만 5,000여 기의 묘지가 유실되는 바람에 후손들이 발을 구르고 있다는 소식이다. 2천만 기의 분묘 면적이 전국토

의 1%에 이르고 매년 여의도의 3배에 가까운 면적이 묘지가 되고 있는 가운데 이런 뜻밖의 사건이 발생해 장묘 문제가 다시 제기되고 있다.

("여적: 장묘문화", 〈경향신문〉 1998년 8월 16일자 기사)

서명에 동참한 한 의원은 "해마다 여의도의 1.2배에 해당하는 국토가 묘지로 잠식되는 실정에서 장묘문화를 묘지 중심에서 화장 중심으로 바꾸는 의식의 대전환이 필요하다는 호소에 많은 의원들이 공감했다"고 말했다.

("서울시의원 40명 '화장 유언' 동참", 〈한겨레〉 1999년 7월 14일자 기사)

그렇습니다. '묘지난'이나 화장과 관련하여 자주 등장한 지역은 뜻밖에도 여의도입니다. 여의도에 화장장이나 납골당이 있다거나 화장에 관련된 역사적 사건이 있어서가 아니라, 매년 무덤이 추가로 "잠식"하는 면적을 비유하기 위해 등장했던 것입니다. 화장과 여의도라니, 좀 생뚱맞지 않습니까? 도대체 왜 화장 관련 논의에 여의도가 등장하게 된 것일까요?

한때 저는 이것을 두고 그냥 재미있는 현상 정도로 생각하고 넘어갔습니다. 누군가가 별 생각 없이 이 표현을 사용했는데, 상용구처럼 쓰였을 수도 있을 테지요. 하지만 언젠가부터 이게 단순한 우연이 아닐 수도 있겠다는 생각을 하게 되었습니다. 왜 여의도가 한국 장묘문화의 문제점을 지적하는 사람들에게 매력 있는 표현으로 받아들여졌을까요? 비슷한 면적의 섬이나 지역이 수없이 존재할 텐데 다들 굳이 여의도를 언급했던, 조금은 이상한 이 사실에 대해서 저는 조금 더 고민해보기로 했습니다. 이게 혹시 오늘날 죽음과 죽음 의례에 대한 우리의 생각에 대하여 무엇인가 말해주고 있는 것은 아닌가 하는, 조금은 엉뚱한 생각이 들었기 때문입니다.

일제 식민지기의 화장률

잠시 화제를 바꿔서, 조금은 장황하지만 제가 박사 학위 논문을 준비할 때의 경험을 얘기해볼까 합니다. 제 전공은 역사학입니다. 세부 전공은 한국사, 그 중에서도 일제 식민지기의 사회사 및 문화사입니다. 저는 죽음이라는 주제에 관심이 많기 때문에, 박사 논문 주제를 일제 식민지기 장묘 제도의 변화로 잡았습니다. 학위 논문을 쓰기 위해 이런 저런 자료를 뒤적거리다가 흥미로운 사실을 발견했습니다. 일제 식민지기, 정확히는 1912년에 일명 〈묘지규칙〉이라고 불리는 제도(〈墓地火葬場埋葬及火葬取締規則〉)가 만들어지면서 화장이 '합법화'되었다는 사실이었습니다.

조선시대에는 화장이 엄격히 금지되었습니다. 유교적 관점에서 볼 때 시신, 특히 부모님의 시신을 태우는 것은 매우 불경한 일이었기 때문입니다. 게다가 화장은 불교식 장법이라고 생각했기 때문에 조선 중기까지 국가적 차원에서 화장을 금지하고 매장으로 유도하려 했다는 것을 『조선왕조실록』 등을 통해 확인할 수 있습니다. 화장을 시행한 사람만 처벌하는 것이 아니라 화장을 권한 사람, 더 나아가 그 행위를 검거하지 못한 관리나 가까운 이웃까지 처벌하라는 왕명이 있기도 했으니까요. 그러던 것이 일제 식민지기가 되어, 화장도 선택이 가능한 장법 중 하나가 된 것이지요. 위생 및 행정적 관리에 관련된 몇 가지 사항만 준수한다면 누구든지 화장을 할 수 있게 된 것입니다.

하지만 법적인 제한이 사라졌다고 해서 당시의 많은 한국인들이 화장을 선택했을까요? 상식적으로 500년 간 지속된 조선왕조의 유교 문화 속에서 살아온 사람들이 일제에 의해 화장 금지법이 사라졌다고 해서 앞다투어 화장을 선택하지는 않았을 겁니다. 실제로 1915년 경성부의 한국인 화장률은

4.6%에 불과했습니다. 한국에 들어왔던 일본인들이 모두 화장했던 것에 비하면 초라하기 그지없는 수치입니다. 저는 역시 한 사회의 장례 문화가 쉽게 변하기는 어려운 일이라고 생각했습니다. 여기까지의 역사적 사실은 저의 '상식'에서 벗어나지 않았습니다.

그런데 계속 자료를 찾아보니 변화가 나타나기 시작했습니다. 1920년대를 지나면서 각종 신문에 화장률이 '급증'했다는 기사가 눈에 자주 띄었고, 실제 집계된 통계를 통해서도 확실히 한국인의 화장이 증가했음을 확인할 수 있었던 것입니다. 경성부의 경우 1927년에 한국인 화장률이 25%가 되었고, 1935년에는 무려 76.1%의 놀라운 화장률을 기록했습니다. 이쯤 되니 제 머리 속에는 두 가지 의문점이 떠올랐습니다. 우선 이렇게 갑자기 화장률이 증가한 이유는 무엇인가 하는 점이었습니다. 그리고 또 하나의 의문은 이렇게까지 높이 치솟았던 화장률이 왜 해방 후에 다시 원래의 수준으로 급락했는가 하는 것이었지요.

저는 이 두 가지 의문을 해결하기 위해, 몇 가지 가설을 세우고 자료를 찾기 시작했습니다. 당시 한 사람 한 사람이 화장을 선택한 이유를 직접적으로 보여줄 수 있는 자료, 즉 화장률과 특정 변수의 인과관계를 명확하게 증명할 수 있는 자료는 당연히 없습니다. 따라서 화장이 증가할만한 원인을 몇 가지 생각해서 그것과 화장률의 상관관계를 검증해보기로 했습니다.

제가 생각하기에 화장률 증가에 영향을 미칠 수 있는 요인은 크게 네 가지였습니다. 첫 번째 요인은 지역차입니다. 오늘날 한국 사회와 마찬가지로, 지역마다 화장률이 다를 수 있겠다는 생각이있지요. 2012년 보건복지부 통계자료에 의하면, 부산의 화장률은 87.8%에 달합니다만, 충청남도의 화장률은 55.9% 밖에 되지 않습니다. 또 대도시에 비해 소도시 혹은 농촌 지역의 화장률은 현저히 떨어집니다. 따라서 일제 식민지기 경성부의 비교적 높은 화장률은 전국의 화장률을 대변하지 않는다는 생각을 했던 것이지요.

두 번째 요인은 전염병입니다. 과거부터 전염병이 돌면 가장 쉽게 선택하는 방역 방법은 불을 지르는 것이었습니다. 전염병 사망자가 사용했던 물건이나 옷, 거주지는 물론이고 시체 또한 태워버림으로써 전염병의 병원(病原)을 없애버리려 한 것입니다. 즉 전염병이 유행했던 기간에 화장률이 유독 높아진다면, 전염병의 유행이 화장률에 어느 정도 영향을 주었다는 증거가 될 수 있겠지요.

세 번째 요인은 묘지 이전입니다. 일제 식민지기 도시가 점차 커지면서 도시 외곽에 위치했던 공동묘지를 더 외각으로 옮겨야 하는 문제가 발생합니다. 이 과정에서 무연고 분묘를 다수 처리해야 하는 일이 생겼습니다. 요즘도 신문 하단 박스 광고를 유심히 살펴보면, 무연고 분묘를 정해진 기일까지 신고하지 않으면 임의로 처리한다는 내용의 공고를 찾아볼 수 있습니다. 여기서 "임의로 처리한다"는 것은 보통 유골을 꺼내서 화장을 한 뒤, 특정 장소에 보관하는 것을 의미합니다. 일제 식민지기도 마찬가지였습니다. 일제는 묘지를 이전하면서 무연고 분묘의 유골을 다수 화장 처리했습니다. 그뿐만 아니라 묘지 신고자 중 빈곤한 이들에게 무상 또는 지원비를 제공하여 화장을 유도하기도 했지요. 여기서 발생한 화장도 통계에 포함되어 화장률을 높이는 데 일조하지 않았을까 하는 것이 제 생각이었습니다.

마지막 요인은, 저는 이것이 결정적이라고 생각합니다만, 비용 문제입니다. 일제 식민지기 이전에는 공동묘지와는 다른 북망(산)이라는 공간이 존재했습니다. 이 공간은 소규모의 마을 공동체에서 죽은 자가 자연스럽게 가는 죽음의 공간이었습니다. 이 북망산은 개인 소유일 경우도 있었고 아닐 경우도 있었습니다. 하지만 많은 경우 그 공간의 소유권과는 관계없이 그 마을에서 암묵적인 공동의 합의가 이루어진 공간이었기에, 가진 재산이 없을지라도 마을 공동체의 일원이라면 그 공간에 묻힐 수 있었습니다. 제대로 된 분묘나 묘비를 마련하지 못하더라도 죽어서 묻힐 공간이 있었던 것이지요. 그러나 일제 식민지기 대도시에서 북망이라는 공간은 존재할 수가 없었습니다. 무엇보다 소유권이 분명했고, 도시 거주자는 공동체의 일원이 아니었으니까요. 대부분의 도시 거주민은 '뿌리가 없는 사람들'이었습니다. 그렇기 때문에 집안에서 대대로 사용한 선산을 소유하지 못한 사람들은 공동묘지에 묻혀야 했습니다. 그러나 이 공동묘지도 사용료가 있었습니다. 반면 화장 비용은 일제의 장려 정책에 의해 공동묘지 사용료보다 저렴했고, 심지어 가정형편이 좋지 않다고 인정될 경우에는 무료로 화장을 해주기도 했습니다. 또 납골당을 따로 만들지 않았던 당시의 관습을 생각하면, 화장은 이후의 유지비도 들지 않는 경제적 이점이 있었습니다. 이럴 경우 가난한 사람이 화장을 선택하게 될 가능성은 높아질 수밖에 없었겠지요.

제가 세웠던 매우 상식적인 수준의 가설에는 공통점이 있습니다. 기본적으로 저는 일제 식민지기에 급증한 화장률이 과장된 수치, 좀 더 적극적으로 표현하자면 '허수'였다고 생각하고 있었습니다. 즉, 한국인의 장묘문화나 인식이 근본적으로 변화해서 높은 화장률이 나타난 것은 아니라고 생각했던 것입니다. 그렇기 때문에 해방 후에는 다시 화장률이 급락했을 거라고 추측했습니다. 아니, 이렇게 본다면 급락이 아니라 거품이 사라졌다고 표현하는 것이 더 적절할 수도 있겠습니다. 하지만 정작 인식의 변화는 전혀 다른 곳에서 일어나고 있었습니다.

미개인의 매장, 문명인의 화장

제 나름의 가설을 세워놓고 자료를 검토하던 중에 신문이나 잡지 자료에서 이상한 현상을 발견하게 되었습니다. 화장률 증가를 보도하는 언론의 태도 및 분석이 바로 그것입니다. 당시의 언론도 제가 그랬던 것처럼 한국인의 화장률이 증가한 나름의 이유를 찾으려 했습니다. 그런데 대부분의 기사에서 한국인 화장률 증가 원인을 분석한 결과는 저의 상상력을 훌쩍 뛰어넘는 것이었습니다. 제가 생각지도 못했던 이유를 화장률 증가의 원인으로 꼽고 있었던 겁니다. 그것은 바로 '문명화', '근대화'였습니다. 거의 모든 신문이 "사상이 열린 결과", "문명의 지식이 보급됨을 따라", "미신도 요즘은 점점 적어져서", "차차 개화가 되어", "사상이 진보하여" 등의 표현을 사용하여 한국인 화장률 증가를 설명하고 있었습니다. 일제의 기관지라고 할 수 있는 〈매일신보〉는 물론이고, 민족 신문으로 꼽히는 신문들도 모두 비슷한 태도를 보였습니다. 반대로 얘기하자면, 증가하는 화장률은 한국인, 한국사회가 문명화된 근대 사회로 진입하고 있다는 증거라고 생각했던 셈이지요.

앞서 제가 생각한 화장률 증가의 원인도 가설에 불과합니다. 직접적인 인과관계를 증명하기에는 턱없이 부족한 것이 사실입니다. 그러나 화장률 증가와 문명화 및 근대화는 얼마나 관련이 있을까요? 당시에 화장을 선택한 사람들이 정말 문명인, 근대인이 되었기 때문에 화장을 선택한 것일까요? 이 또한 확실치 않습니다. 아니, 제 생각에 문명화와 근대화는 화장률과 별 상관이 없는 것 같습니다. 그것을 증명하는 구체적인 증거가 있을 리 만무하니까요. 그런데도 당시의 언론들은 매우 확신에 찬 어조로 화장률의 증가는 문명화 및 근대화 때문이라고 주장했습니다.

여기서 우리가 눈여겨봐야할 것은 장법 사이에 위계가 생기고 있었다는 점입니다. 화장률 증가가 문명화 및 근대화의 증거라면, 매장은 전근대적인 것일 수밖에 없습니다. 근대화, 문명화가 지상 최대의 목적이자 지향점이었던 당시 사회의 분위기를 생각해보자면, 화장은 매장보다 더 '좋은' 장법이 되는 셈입니다. 그래서 점차 매장은 미개한 것으로 여겨지고, 죽음 의례의 복잡한 절차도 모두 허례허식이라며 비난의 대상이 되었습니다. 한국인의 풍수관념을 비롯하여, 죽은 자를 좋은 곳에 모신다는 관념이 모두 '미신'으로 치부되었던 것입니다. 반대로 화장은 계몽의 상징이 되었습니다.

풍수지리가 비문명적인 것이라는 비난 외에, 화장이 매장보다 도덕적으로 우월한 위치를 점할 수 있는 더욱 중요한 근거, 강력한 무기가 있었습니다. 바로 경제 논리입니다. 한국인이 좋은 자리에 넓게 묘지를 만드는 행위는 쓸데없이 공간을 낭비하는 일이었던 것입니다. 일제의 위정자들은 물론 한국의 지식인 엘리트들까지, 저 묘지만 아니면 그곳에 나무를 심을 수도 있고 광산을 개발할 수도 있고 집을 지을 수도 있다는 생각이 팽배했습니다. 즉, 산 사람도 자리가 없는데 죽은 자들이 자리를 차지하고 있는 꼴을 볼 수 없었던 것이지요. 1940년의 신문 기사들을 살펴보도록 하죠.

> 1937년 말 묘지 면적은 공동묘지가 49,207,315평, 계출[신고]묘지가 146,683,798평, 허가묘지가 15,549,106평, 합계 211,440,819평이 되어서 조선 전 면적의 0.3%라는 "경이적 숫자"를 보여주고 있다.
>
> ("묘지규칙 개정에 대하여", 〈동아일보〉 1940년 2월 17일자 기사)

> 최근의 통계인 소화 12말년[1937년] 현재로 조선의 묘지 면적은 공동묘지(共同墓地)가 25,989개소에 49,207,315평, 계출묘지(屆出墓地)가 94,020개소에 146,683,798평, 허가묘지(許可墓地)가 8,830개소에 15,549,106평, 합계 128,959개소에 211,440,890평에 달하여 조선 전 면적에 대하여서는 3리, 충청북도의 약 1할이나 되는 엄청난 땅을 차지하고 있다.
>
> ("명산의 묘지화 방지", 〈조선일보〉 1940년 3월 23일자 기사)

사실 이 기사가 제시하는 통계는 정확한 수치가 아닙니다. 위 두 기사 속의 숫자도 서로 다를 뿐 아니라, 다른 자료와 비교하더라도 이 시기 묘지나 화장률에 관련된 정확한 수치는 없다고 해도 과언이 아닙니다. 그럼에도 두 기사에서 묘지가 차지하는 면적이 "조선 전 면적의 0.3%"라는 숫자는 일치합니다만, 이 수치가 과연 "경이적 숫자"일까요? 그렇다면 적정 수준의 묘지 면적은 그렇다면 얼마가 되어야 한다는 말일까요? 애매하기 그지없습니다만, 확실한 것은 있습니다. 기사에 나열된 숫자들이 독자들을 협박하고 있다는 사실 말입니다. "이렇게 엄청난 면적을 묘지로 버리고 있는데, 당신도 묘지를 만들 건가?"라는 경고, 협박.

'여의도'라는 은유

다시 처음에 제가 이야기를 꺼냈던 '여의도'로 돌아가 봅시다. 일제 식민지기의 신문 기사에도 1990년대의 신문 기사처럼 묘지로 아까운 땅이 낭비되고 있다는 비판 또는 안타까움이 이어지고 있지만, 여의도는 등장하지 않았습니다. 저는 1990년대에 유독 집중적으로 언급된 여의도가 우연의 산물이라고 생각하지 않습니다. 1970년대에 대대적으로 개발되기 전까지, 여의도는 모래벌판에 불과했습니다. 그랬던 여의도가 이제는 두말할 필요가 없는 정치, 경제, 언론, 문화의 중심지가 되었지요. 제가 부동산 시세에 대해 아는 바는 전혀 없습니다만, 여의도가 한국에서 가장 비싼 땅 중 하나라는 것 정도는 알고 있습니다.

그렇습니다. 각종 기사에서 묘지에 의해 '잠식'되는 면적을 굳이 여의도에 비유한 이유가 바로 여기에 있습니다. 그 면적이 여의도의 면적과 우연히 일치한다는 것은 그리 중요하지 않습니다. 매년 그렇게 똑같은 면적이 넓어질

리도 없거니와, 넓어진 면적이 여의도의 면적과 다를 때엔 1.3배, 1.5배, 3배 등으로 비유하기도 했으니까요. 매장보다는 화장을 선택해야 한다는 논의에서 중요한 것은 여의도와 같은 금싸라기 땅이 묘지로 버려진다는 점을 강조하는 것입니다. 마치 돈을 쓰레기통에 버리는 것만큼의 낭비. 그 낭비를 강조할 수 있는 은유가 바로 여의도였던 것입니다.

여기에서 여의도는 단순한 은유로 그치지 않습니다. 앞서 살펴보았던 1940년대의 신문에 나열된 수많은 숫자들처럼, "여의도 면적만큼의 국토가 잠식되고 있다"는 표현은 일종의 경고이자 협박입니다. 그렇게나 경제적으로 엄청난 가치를 지닌 국토가 버려지고 있다는 협박은 우리 문화에 깊숙이 내재된 자본주의적 협박의 다른 모습인 셈입니다. 1940년대에 나열된 숫자와 1990년대에 소환된 여의도 사이의 거리는 그리 멀지 않았던 셈입니다. 그리고 매장에서 화장으로 유도하려 했던 사람들에게 여의도가 그토록 매력적이었던 이유는 바로 여기에 있습니다. 우리는 이미 모든 가치의 최상위에 경제적 가치를 올려놓고 있는 사람들이기 때문입니다.

잃어버린 의미 찾기

화장을 권하는 캠페인이 벌어지던 그 당시에, 재미있는 설문조사를 봤던 기억이 납니다. 2~30대의 젊은이들을 대상으로 한 설문조사였던 것으로 기억합니다. 설문 중에 이런 질문이 있었습니다. "당신이 죽으면 매장과 화장 중 어떤 방법을 택하겠습니까?" 이 질문에 화장을 택한 사람이 당시의 화장률을 훨씬 상회했던 것으로 기억합니다. 반면 다음의 질문에는 화장을 선택한 사람이 현저히 줄어들었습니다. "당신의 부모님이 돌아가신다면 매장과 화장 중 어떤 방법을 택하겠습니까?"

화장의 사전적 의미는 "시체를 불에 살라 장사 지냄"입니다. 하지만 이 사전적 의미의 화장은 죽음 의례로서 화장의 의미를 모두 포함하지 못합니다. 매장이 단순히 시체를 묻어버리는 것이 아닌 것처럼, 화장 또한 그러합니다. 화장장 안에도 나름의 절차가 있고 법도가 있습니다. 또 그러한 절차를 거치는 나름의 이유가 존재합니다.

너무나 당연한 말이지만 화장도 의례입니다. 효율로서만 의례를 바라본다면 우리의 모든 의례는 무의미한 것, 아니 한 마디로 낭비라고 할 수 있을 것입니다. 일제 식민지기에는 신식 화장장의 효율성을 강조하면서 더 빠르게 시신을 태워버릴 수 있다는 점을 강조하기도 했습니다. 여기서 말하는 화장장은 죽음 의례를 치르는 곳이 아니라, 좀 더 빠르게 더 많은 시신을 효율적으로 태우는 장소였습니다. 새로운 연료와 시설을 사용한, 일종의 공장이었던 것입니다. 그러나 화장장이 결코 공장 혹은 폐기장은 아니라는 것을 우리 모두가 잘 알고 있습니다. 공장은 경제적 가치를 지닌 상품을 생산하는 곳이고 폐기장은 경제적 가치가 없는 것을 파기하는 곳이지만, 화장장은 죽은 이를 떠나보내는 곳입니다. 화장장에서 시신을 태운다는 것은 누구나 알고 있는 사실이지만, 역설적이게도 시신을 태워 부피를 줄이는 것은 화장장에서 중요한 문제가 아닙니다.

2014년 4월 16일, 한국 사회는 큰 비극을 맞았습니다. 희생자의 가족 중 일부는 아직도 바다 주변을 맴돌고 있습니다. 그들은 지금 사고를 당한 가족이 살아서 돌아오길 기대하고 있는 것이 아닙니다. 그들은 가족의 시신을 기다리고 있는 것입니다. 매장보다는 화장이 '효율적'이라고 말하는 관점에서 이야기하자면, 실종자의 가족들은 비효율적인 행동을 하고 있는 것입니다. 그러나 그런 실종자의 가족들을 두고 어리석다고 말하지는 쉽지 않습니다. 아니, 이런 상황에서 효율적으로 행동하는 것은 오히려 이상한 일일 겁니다.

우리는 왜 이렇게 생각하는 걸까요? 그건 '죽은 몸'이 살아있는 누군가에는 개인적이자 사회적인 의미를 가지고 있기 때문입니다. 그래서 우리는 이미 온기가 빠져나간 시신이라도 훼손하는 것을 금기시하고, 죽음이 일상화된 전장에서도 비효율적으로 시간과 인력을 동원해서 시신을 수습하는 것입니다.

매장이나 화장 같은 시신 처리 방법은 단순히 시신을 물리적으로 처리하는 것에서 그치는 것이 아닙니다. 그것은 시신이 가지고 있는 개인적, 사회적 의미를 또 다른 차원으로 옮기고 바꾸는 사회 문화적 행위이자 일종의 소통인 것입니다. 그렇다면 일제 식민지기나 1990년대에 너무 쉽게 이야기했던 것처럼, 매장이나 화장 중에 어떤 것이 더 '나은' 방법이라고 너무 쉽게 단정 지어서는 안 된다고 생각합니다. 더군다나 판단의 기준이 오로지 경제적인 이유일 뿐이라면 더욱 그러합니다.

누군가는 화장이 고대부터 지속된 우리의 전통이라고 이야기합니다. 그러나 저는 전혀 그렇지 않다고 생각합니다. 고대인들의 화장은 '의미'를 가지고 있었습니다. 예를 들어, 고려시대의 화장은 불교라는 종교의 차원에서 많은 의미를 가지는 것이었지, 결코 편하거나 비용이 적게 들기 때문에 택했던 장법이 아니었습니다. 하지만 우리가 경험한, 매장에서 화장으로의 전환 과정은 어떠했나요? 경제적인 효율성 이외에 어떤 의미를 가지고 있습니까? 경제적 효율성만으로 매장보다 화장이 도덕적 우위를 점하고 있는 것처럼 이야기하는 태도가 과연 옳은 것일까요?

화장을 '선택'한다는 말에 대해 한 번 생각해봅시다. 냉정하게 이야기하면, 화장은 내가 선택하는 것이 아니라 남아있는 사람들이 결정하는 것입니다. 화장을 해달라고 유언을 남긴다고 해도, 살아있는 사람들이 내 바람을 들어주지 않으면 어찌할 도리가 없습니다. 그렇다면 이미 죽고 사라진 존재의 바람을 들어주는 행위는 경제적이고 효율적인 행위일까요, 아니면 '의미 있는' 행위일까요?

1930년대 춘원 이광수는 자신의 묘지명을 어찌할 것이냐는 질문에, 묘나비 따위는 필요 없고 화장을 하여 공중에 뿌려주면 좋겠다는 말을 한 적이 있습니다. 그런 그도 자신의 어린 아들이 죽었을 때, 묘비에 자신이 직접 쓴 문구를 새겨 묘를 만들었습니다. 어찌 보면 앞뒤가 맞지 않는 그의 행동을 비난하고 싶지 않습니다. 그는 다만 어린 아들의 죽음에 의미를 부여하고 싶었을 겁니다. 또 공중에 자신의 유골을 뿌려달라는 그 유언에도 나름의 의미가 있다고 봅니다.

캠페인 때문이든 경제적 이유 때문이든, 어쨌거나 화장률은 증가하여 매장보다 많아졌습니다. 그렇기 때문에 더 이상 여의도는 비유의 대상이 되지 않습니다. 이런 현실에서 이제와 화장에서 매장으로 다시 돌아가야 한다고 주장하려는 것은 결코 아닙니다. 다만 우린 그동안 여의도만큼의 경제적 가치를 아꼈을지는 모르지만, 어쩌면 그보다 더 큰 어떤 의미를 잃어버리는 중일지도 모른다는 생각을 합니다. 이제 중요한 건 죽은 자와 이별을 하는 의례와 형식, 그리고 그들을 기념하는 상징에 우리가 어떤 의미를 부여할 것인가 하는 고민입니다. 앞으로도 우리는 많은 가슴 아픈 이별을 하게 될 것이며, 나 스스로도 이 세상과 이별을 해야 할 테니까요. 그리고 저는 그 이별이 무의미한 것이 되는 것을 바라지 않습니다. 이별의 과정이 모두 돈으로만 환산되는 것은 더욱 바라지 않습니다. 아마 많은 분들이 저와 비슷한 생각을 하시리라 생각합니다. 그렇다면 내가 왜 어떤 특정한 장법을 '선택'하려고 하느냐에 대한 진지한 고민이 필요하다고 생각합니다. 이것이 곧 삶의 의미를 탐색하는 것이라고 한다면 무리일까요?

더 읽어 볼 만한 글

- 천선영, 『죽음을 살다』, 나남, 2013.
- 노베르트 엘리아스, 『죽어가는 자의 고독』, 김수정 옮김, 문학동네, 2012.
- 사토 히로오, 『일본열도의 사생관』, 성해준 옮김, 문, 2011.
- 에드가 모랭, 『인간과 죽음』, 김명숙 옮김, 동문선, 2000.
- 필립 아리에스, 『죽음 앞의 인간』, 고선일 옮김, 새물결, 2004.

재해

큰 죽음 속에서 망각되는 작은 죽음

배 관 문

21세기는 복합재해의 세기입니다. 현대의 재해는 단순한 자연재해로 끝나는 경우가 거의 없습니다. 인류문명의 규모가 비대해진 만큼 원자력발전소든 신종바이러스든 간에 우리는 하나의 재해가 순식간에 거대한 복합재해로 바뀌는 시대를 살고 있습니다. 대지진과 쓰나미와 같은 자연의 압도적인 위력 앞에 인간은 그저 무력할 뿐입니다. 가혹한 상황에 직면한 인간은 그 고통을 초월적 존재에 의한 운명 같은 것으로 받아들이려 합니다. 바로 옆에서 너는 죽고 나는 살아남은 현실에 대해 도저히 설명할 수도 납득할 수도 없기 때문입니다. 전쟁이나 폭격, 대학살 등의 인재의 경우는 더욱 그러합니다. 동일본대지진은 후쿠시마 원전 사고로 이어지면서 사태가 복잡해지고 사실상 수습이 불가능한 지구적 재난이 되었습니다. 인간의 사고와 이해를 넘은 재난이 다름 아닌 인간에 의해 초래된 이상, 똑같은 일을 두 번 다시 겪지 않기 위해서라도 우리는 그에 대한 고통스러운 통찰을 계속해가지 않으면 안 될 것입니다.

아톰의 시대

2011년 3월 11일 수십 미터의 거대한 쓰나미가 동일본의 해안 마을을 집어삼키는 순간은 2001년 9월 11일 뉴욕의 세계무역센터 빌딩이 폭발하던 순간만큼이나 충격적인 영상으로 선명하게 남아있습니다. 3.11과 9.11은 직접적 인과관계가 없는 사건임에도 불구하고 많은 사람들이 감정적으로 연상작용을 일으켰다고 말합니다. 그것은 인류 문명에 대한 총체적 파국의 예감과 윤리적 의미에서의 불안 탓이리라 여겨집니다.

3.11 지진 발생 초반에는 무엇보다 쓰나미의 공포가 컸습니다만, 후반에는 후쿠시마 제1원자력발전소 폭발로 인한 방사능 누출에 대한 공포로 집약되었습니다. 일본 역사상 네 번째 피폭입니다. 주지하다시피 일본은 1945년 8월 패전 직전에 히로시마와 나가사키 원자폭탄 투하로 인류 최초의 피폭국이 되었습니다. 그리고 1954년 미군의 수소폭탄 실험지역이었던 비키니 환초에서 어선이 피폭 당함으로써 또 한 번의 핵 재앙을 겪었습니다. 그런데 후쿠시마 원전 사고로 또다시 핵의 공포를 절감하는 상황을 맞이한 것입니다. 더구나 이는 일본 스스로에 의한 피폭이었습니다.

일본열도 이상으로 방사능 소문에 곤혹을 치러야 했던 한국에서는 애당초 일본이 미국과 프랑스에 이어 세계 3위의 원전 보유국이라는 사실이 의외라고 했습니다. 상식적인 차원에서 일본은 세계에서 유일한 피폭국이므로 당연히 세계 어느 나라보다도 반핵 분위기가 강하지 않겠냐는 것입니다. 먼저 이 의문부터 풀고 가야 할 것 같습니다.

일본 정부의 공식 입장은 1971년의 국회 결의 이래 지금까지 고수하고 있는 '비핵 3원칙'으로 볼 때, 확실히 핵을 증오하고 비판해왔다고 할 수 있습니다. 이른바 핵무기를 '보유하지 않는다, 만들지 않는다, 들여오지 않는다'는 것입니다. 정확히 말하면 '반핵'은 전후 일본의 국가적 아이덴티티라 해도 좋을 정도입니다. 그런 나라가 어떻게 원자력 대국으로 성장하고 그 상황을 용인할 수 있었는가 하는 물음에, 일본의 국민 만화 〈철완 아톰〉이 하나의 답이 될 수 있습니다.

1952년에 만화잡지 『소년』에 연재된 데즈카 오사무의 〈철완 아톰〉은 1963년에 애니메이션으로 제작되었습니다. 한국에서 소개된 〈우주소년 아톰〉이라는 제목은 미국판 애니메이션 〈아스트로 보이〉에서 가져온 것입니다. 천재과학자 덴마 박사가 만들어낸 소년로봇 아톰은 심장이 초소형 원자력 엔진으로 되어 있어, 그것을 에너지원으로 하여 10만 마력의 힘을 발휘하는 '마음씨 착한 과학의 아이'입니다. '아톰'이라는 이름은 글자 그대로 원자(atom)에서 유래한 것입니다. 뒤에 만들어진 아톰의 여동생 '우란'은 우라늄으로부터 파생한 이름이며, 남동생 '코발트' 역시 방사성원소의 이름입니다.

하지만 아톰은 원자폭탄의 은유는 절대 아닙니다. 아톰의 원자력은 전자두뇌에 의해 제어됩니다. 아톰의 몸은 몇 번이나 부서지기도 하지만 결코 폭발해버리는 일도 없고 방사능을 뿌리는 일도 없이 안전하게 설계되어 있습니다. 즉 아톰은 원자력 에너지의 전자공학적인 제어를 상징합니다. 나아가 원자력이야말로 지구를 구할 수 있는 평화의 에너지라는 인식이 이 만화에 깊이 반영되어 있습니다. 동시대 주요 애니메이션에 등장하는 로봇 가운데 원자력에 의해 움직이는 것은 아톰만이 아닙니다. 도라에몽도 기동전사 건

담도 모두 원자로를 내장한 로봇입니다. 이들 전후 일본을 대표하는 로봇 이미지는 원자력과 불가분의 관계를 맺고 있으며, 아톰은 그 계보의 원점에 있는 것입니다.

1950년대에서 1960년대에 일본에서 아톰과 같은 히어로가 탄생하는 배경에는 미국의 존재가 있습니다. 제2차 세계대전 후 소련이 핵개발에 성공하자 더 이상 핵무기를 독점할 수 없게 된 미국은 원자력 정보에 관한 철저한 비밀주의를 포기하고 핵개발 관련 기술을 수출하려고 했습니다. 즉 '평화를 위한 핵(Atom For Peace)'이라는 명목 아래 미국의 원자력 정책 전환이 이루어졌고, 아이젠하워 대통령은 원자력으로 장삿길을 열기 시작했습니다. 당시 미국은 핵탄두 수를 약 1천발에서 약 2만발로 늘리는 등 실제로는 소련에 대해 대량보복전략이라는 강경한 대응을 내세웠지만, 이 때문에 동맹국의 지지를 얻기 위해서라도 '원자력의 평화적 이용'과 같은 보완적 외교정책이 필요했다는 분석도 있습니다.

어쨌든 일본은 이에 적극 가담하여 원전 도입을 시작합니다. 원전 개발 초기의 미국 사회가 원자력이라는 새로운 에너지에 열광했던 것과 마찬가지로, 1960년대의 일본에서도 원자력 평화이용이라는 슬로건 아래 거의 광신적인 원자력 붐이 일었습니다. 원자력은 값싼 비용으로 대량의 에너지를 안정적으로 공급할 수 있는, 게다가 환경오염이 없는 최고의 이상적인 에너지원이라는 인식으로 각광을 받은 것입니다. 1970년대가 되면 일본에서도 원자력에 대한 과잉의 기대는 사라졌으나, 이 시기에 원자로의 발주와 가동이 본격적으로 이루어집니다.

요컨대 일본은 핵알레르기가 있음에도 불구하고 원전을 적극적으로 도입한 것이 아니라, 정반대로 핵알레르기가 있기 때문에 원자력에 매료되었다는 것이 이미 여러 논자들이 지적하는 바입니다. 이는 히로시마와 나가사키의 피폭자 중에 원자력 평화이용에 대한 지지자들이 의외로 많다는 사실로도 방증할 수 있습니다. 핵의 공포와 핵의 매력이 대체 어떻게 연결되는지, 얼핏 반전인 듯 보이지만 그 논리는 쉽게 추측할 수 있습니다. 일본인은 패전 시 미국의 과학기술에 압도되었습니다. 원폭에 강렬하게 각인된 일본으로서는 과학기술의 상징인 핵을 내 것으로 만들어 그것을 자유자재로 쓰는 것이야말로 무너진 자존심을 회복하는 가장 확실한 방법이었던 셈입니다.

한편 〈철완 아톰〉과 대조적인 작품으로 1954년의 영화 〈고지라〉가 자주 거론됩니다. 태평양에서 수소폭탄 실험 중 유출된 방사능으로 인해 쥬라기 시대의 생물이 돌연변이 진화하여 탄생한 고지라는 도쿄 시내를 불바다로 만듭니다. 아톰이 '꿈의 원자력' 이미지를 대변한다면, 괴수 고지라는 일본이 경험한 원자력의 공포와 피폭의 비참함을 그대로 표현했다고 볼 수 있습니다. 〈고지라〉는 사실 1950년대 할리우드 영화에서 공룡 내지 거대화된 문어나 개미 등의 괴물 모습을 빌려 핵을 표상하는 방법을 따온 것입니다.

거기에는 미국과 같은 수준의 원폭을 보유하게 된 공산주의의 위협이 배경에 있습니다. 히로시마와 나가사키 원폭 투하 후 미국의 대중문화에서 구가된 원자력의 이미지는 '건방진' 일본인 내지 공산주의를 때려눕히는 '위대한' 신의 은총이었습니다. 그렇기 때문에 미국은 신의 대행자가 되어 히로시마와 나가사키를 괴멸시켰다고 생각했고, 맥아더 장군에게 한반도에도 제발 '은총'을 떨어뜨려 달라고 했던 것입니다. 한국전쟁 때 맥아더는 무려 핵무기 26발을 북한과 만주에 투하하자고 했고, 자신이 그때 해임되지 않고 원폭만 투하했으면 벌써 통일이 되어 있을 거라고 안타까워하기도 했습니다.

〈고지라〉는 무엇보다 일본이 미국에 대해 처음으로 핵을 자신의 문제로 이야기했다는 점에서 획기적이었습니다. 그러나 이 영화에서는 정작 중요한 문제, 즉 핵을 개발한 주체에 대해 말하지 않습니다. 고지라의 표상이 미국인가 일본인가, 혹은 과거의 기억인가 미래의 공포인가조차 그저 애매할 뿐입니다. 일본에서 핵이 이야기될 때 항상 뒤따르는 이 애매모호함은 전후 일본 특유의 지정학적 위치 때문에 비롯되는 것입니다. 사회의 표층에서 원자력에 대한 기대에 부푼 이미지가 확대되어 가면 갈수록, 다른 한편으로는 파괴력으로서의 핵 이미지가 내면화되어 일본인의 자의식 안으로 침투해갑니다. 특히 서브컬처의 영역에서 작가들은 핵전쟁 이후의 세계를 즐겨 그렸습니다. 〈우주전함 야마토〉에서 〈아키라〉를 거쳐 〈신세기 에반게리온〉과 〈20세기 소년〉에 이르기까지, 1960년대 이후 1990년대까지 계속 이어지는 서브컬처 속 파괴적 '종말'이미지는 외부세계보다도 오로지 주인공들의 내면에서 진행되어가는 특징이 있습니다.

핵은 반대하지만 원자력은 찬성이다

일본은 그 동안 북한의 핵에 대해 매우 민감하게 반응해왔습니다. 어떤 면에서는 오히려 한국보다 훨씬 더 예민하게 대응했다고 해도 과언이 아닐 것입니다. 일본은 플루토늄을 50톤 보유하고 있습니다. 북한은 고작 45킬로그램입니다. 그런데도 북한의 경우는 이 45킬로그램이 무엇을 위한 것인가에 대해 해명해야만 했습니다. 북한은 원전을 만든다고 답했으나 국제적으로 신용을 얻지 못했고, 원폭을 만들고 있으리라는 이유로 조사를 받고 있는 셈입니다. 일본은 50톤이나 가지고 있는데도 아무도 문제 삼지 않습니다. 일본의 플루토늄은 대부분 영국과 프랑스에 있습니다. 일본에서는 플루토늄 재처리를 할 수 없기 때문입니다. 핵병기는 플루토늄이 없으면 제조할 수 없습니다. 플루토늄은 원전에서 사용하고 난 연료의 재처리를 거치지 않으면 만들 수 없습니다. 다시 말해 핵연료 사이클이라는 이 고도의 기술을 일본이 포기한다면 적어도 원자력을 평화이용에 한한다는 원칙은 지키는 셈입니다.

일본의 핵연료 사이클 정책은 기술 억제라는 표현으로 정당화되고 있습니다. 즉 일본은 핵 억제가 아니라 기술 억제라고 하는 보다 세련된 어감의 정책을 내세웠던 것입니다. 여기에는 미묘한 차이가 있습니다. 핵 억제란 '핵을 갖고 있지만 쓰지 않겠다. 감추고 있지만 쓰려면 언제라도 쓸 수 있다.'는 것인데, 기술 억제란 '만들려면 언제라도 만들 수 있다. 그러나 만들지 않겠다. 단 무슨 일이 생기면 만들 것이다.'는 뜻입니다.

일본은 일체의 핵을 보유하지 않겠다고 선언했습니다. 단 평화이용은 예외라고 말합니다. 이것이 비핵국가로서 평화를 구가하고 있다는 나라에서 한편으로 원전 개발에 힘을 쏟을 수 있었던 논리입니다. 그러나 원자력발전소의 메커니즘은 원폭과 똑같아서 원전 기술은 곧바로 군사적으로 전용될 수 있습니다. 예외로서 평화이용의 외연을 확장해가면, 핵연료 사이클을 포함하는 원전을 갖고 있는 이상 일본은 이미 잠재적인 핵무장 국가나 다름없습니다.

단적으로 일본에서는 보통 '핵'이라는 말과 '원자력'이라는 말을 구분하여 사용합니다. 전자는 군사이용, 후자는 어디까지나 평화이용에 해당하는 것으로 간주합니다. 영어로는 물론 어느 쪽도 'nuclear'입니다. 결국 "일체의 핵에는 반대한다. 단 원자력은 별개다."라는 문장은 "모든 nuclear에는 반대하지만 nuclear만은 예외다."라는 난센스에 불과합니다.

위와 같은 아이러니는 평화헌법이라 불리는 헌법 제9조 문제에도 해당됩니다. 미군정 시절 미군의 주도로 초안이 입안된 일본국 헌법 제9조는 "일체의 전쟁을 포기하고 군대(전력)를 보유하지 않으며 국가의 교전권을 인정하지 않는다."라고 명기하고 있습니다. 그렇지만 예컨대 자위를 위한 전력은 군대가 아니라고 하여, 누가 봐도 군대임이 자명한 자위대를 예외로 두고 있습니다. 또한 세계에서 가장 큰 전력을 보유한 나라와 군사동맹을 맺고 있어도 일본은 전력을 갖지 않는다는 원칙을 지키고 있다고 말합니다. 현재 전쟁의 후방지원까지는 전쟁이 아닌 것이라고 합니다만, 그 후방의 해석은 앞으로 점점 더 커질 것이 분명합니다. 다시 말해 어느 순간 일본은 통상적으로 군대를 갖고 통상적으로 전쟁을 할 수 있는 나라도 될 수 있는 것입니다.

군대는 안 되지만 자위대는 된다는 말은 핵무기는 안 되지만 원자력은 된다는 말과 똑같은 구조입니다. 예외가 보편의 원칙을 집어삼키는 매우 역설적인 논리입니다. 말하자면 전후 일본 정치사는 이 논리를 철저히 활용하여 보편적 규정에 예외를 덧붙여가는 역사였다고 하겠습니다. 이 논리가 대단히 편리한 것은 아무리 보편성을 무시하더라도 모든 것은 예외이며 여전히 원칙을 엄수하고 있다는 주장이 가능하다는 점에 있습니다. 그러므로 이 논리에 따르면 보편의 원칙을 소홀히 했다는 양심의 가책으로부터 자유로울 수 있습니다. 거액의 군사비가 국가 예산으로 나가도 또는 미일안보조약에 기초하여 군사기지를 영토 내에 두어도 '평화를 사랑하는 국민'이라고 계속해서 생각할 수 있고, 원전을 50기 이상 보유하고 핵연료 사이클까지 시도해도 '핵에는 단연코 반대하고 있다'고 변함없이 믿을 수 있는 것입니다.

실제로 많은 일본 국민들이 일본은 평화헌법과 비핵 3원칙을 유지하는 덕분에 1945년 이후로 전쟁도 하지 않았고 현재까지 핵무장을 하지 않은 것이라고 생각합니다. 일본에는 평화헌법과 비핵 3원칙이 있었기 때문에, 바로 그러한 국가적 방침을 내걸었기 때문에 오히려 원전 건설이 성행할 수 있었습니다. 다음과 같이 말할 수도 있습니다. 평화헌법과 비핵 3원칙이 있었기 때문에 대다수의 일본 국민은 안심하고 원전 개발에 주력할 수 있었다고 말입니다. 적어도 전후 일본의 국민들은 일본이 평화국가라고 스스로 믿어 의

심지 않았습니다. 현실적으로 그것은 미국의 핵우산 아래에서 유지되는 평화였으나, 자신들은 절대로 핵 보유를 하지 않는다는 방침을 계속해서 지켰다고 자부해온 것입니다.

후쿠시마에는 전후 일본의 역사가 응축되어 있습니다. 일본의 원전은 냉전과 미일안보체제의 산물입니다. 또한 거기에는 자민당 장기정권, 특히 자민당을 지탱해온 중앙과 지방의 관계가 밀접하게 얽혀있습니다. 그러한 역사적 배경 없이는 태평양 해안에서 지진을 무시하고 설계된 원전이 가동하고 있었던 사실이나 애당초 지진 대국 일본이 원전 대국이 된 이유를 설명할 수 없습니다. 이처럼 원전이 과학기술도 경제도 아니라, 기본적으로 정치 문제라는 점은 이전부터 지적된 바입니다. 원전은 단순한 시장경제의 산물이 아닙니다. 투자가들은 반원전 운동에 뒤지지 않을 만큼 원전에 대해 회의적이며, 원전이 리스크를 동반한 기술이 아니라 위험하기 짝이 없는 도박이라는 사실을 알기에 쉽게 투자하지 않습니다. 그래서 어느 나라나 원전은 국책으로서의 조성금이나 보조금 없이는 존재하기 어려운 법입니다. 일본에서는 '원자력 마을' 내지 '원자력 마피아'로 불리는 정치가, 엘리트관료, 전력회사의 이해관계가 얽혀 있는 철의 트라이앵글 구조를 어용학자, 어용언론이 뒷받침하는 형태로 국가의 원전 정책이 이루어지고 있습니다.

후쿠시마의 충격으로 독일을 비롯한 유럽의 여러 나라들이 탈원전 방침을 선포할 때, 정작 일본 당국은 그리 하지 못했습니다. 사실 원전 사고가 일어났을 당시의 정부에는 정치가로서는 드물게 탈원전의 기치를 표명했던 간 나오토 총리를 포함하여 오랫동안 일본의 원자력 산업에 비판적이었던 사람들이 포함되어 있었습니다. 원전 대국을 만든 책임은 사고 당시 야당이었던 자민당 쪽에 보다 무겁게 있었습니다. 하지만 간 총리는 대지진 이후의 지지율 하락으로 결국 2011년 8월에 조기 퇴진했습니다. 또 2014년 2월 도쿄도지사 선거에서는 '원전 즉시 제로'를 내걸고 입후보했던 호소카와 모리히로 전 총리가 역시 참패하고 말았습니다. 한편 현재 오사카 시장인 하시모토 도루는 간사이 지역에 있는 원전 재가동에 대해 신중해야 한다고 주장하고 있습니다. 탈핵론자의 발언처럼 들리지만, 사실 그는 일본이 하루빨리 핵무장을 해야 한다고 공언하는 대표적 인물입니다. 핵은 반대하지만 원자력은 찬성한다가 아니라, 그 반대로 원전은 중단할 수 있어도 핵무장은 포기할 수 없다는 주장이 공공연히 등장한 것입니다. 그리고 전후 평화주의의 이중성이 불만스러운 사람들에게 하시모토 시장 같은 노골적인 주장은 오히려 굉장한 지지를 얻고 있습니다.

핵의 딜레마

핵을 둘러싼 일본의 기묘한 논리를 비판하는 것은 차라리 쉬운 일일지도 모릅니다. 일본이 평화국가가 되기 위해 일본 밖으로 밀어낸 핵무기를 떠안은 것은 분단국가 한국이었습니다. 냉전체제 하에서 미군이 1970년대 중반까지 한국에 배치한 핵무기는 1000여기에 달한다고 추정되고 있습니다. 들어올 때도 심지어 그것을 사용할 때도 한국 정부에게 통보하거나 허락 받을 필요는 없다고 합니다. 이리하여 한국은 스스로의 의지와 상관없이 핵 전진기지가 되었습니다. 우리는 미국에 말 그대로 생존권을 위임하고 있었던 것입니다. 그런 상황에서 아무도 반핵이라는 말을 꺼낼 수 없었을뿐더러, 정부의 원전 도입에 반대하는 목소리도 거의 없었던 가운데, 현재 한국의 원자력 의존도는 일본보다 훨씬 더 심한 상태입니다.

원자력 에너지가 갖는 딜레마는 결코 단순하지 않습니다. 원전은 전기를 생산하는 장치이면서 전기가 끊기면 상상을 초월하는 대재해를 일으킨다는 모순을 가지고 있습니다. 후쿠시마 제1원전의 경우 전원상실은 쓰나미가 원인이었습니다. 지구 온난화 방지의 기치를 걸고 건설했던 친환경 에너지 발전소가 온난화 현상으로 발생하는 쓰나미로 인해 위협 당한 것입니다. 그러나 쓰나미가 아니었어도 직하형 지진, 미사일 공격, 테러, 그 어느 것이라도 똑같은 사태가 벌어질 수 있었습니다. 우리들 대부분은 원자력의 수혜자이면서도 그 잠재적 위험성에 대해 스스로 눈을 돌리고 묵인해왔던 것입니다. 일종의 자기기만입니다.

우리는 정부의 공식 명칭으로 '원자력발전소'라는 말을 사용하지만, 사실 세계에서 '핵발전소(Nuclear Power Plant)'를 원자력발전소라고 부르는 나라는 한국과 일본뿐이라고 합니다. 여하튼 지구상에는 현재 수백 개의 핵발전소가 건설 중이거나 가동 중입니다. 핵발전소를 만든 사람들은 사고가 없는 기계라고 선전했습니다. 있다 해도 확률 백만분의 일의 사고라고 했습니다. 그러나 1979년 미국의 스리마일 원전, 1986년 체르노빌 원전, 그리고 이번 후쿠시마 원전에서 '절대 안전' 신화를 깨고 사고가 일어났습니다. 체르노빌 원자로가 터지기 직전까지 세계에서 제일 안전한 원전이라고 자부하던 소련이었습니다. 사고만 아니었다면 체르노빌은 1988년까지 세계에서 첫째가는 원자력 기지를 완성할 예정이었으며, 폭발 직전까지만 해도 전 세계가 최고라고 경의를 표했던 곳입니다.

체르노빌 사고를 몸소 겪었던 사람들조차 이번 후쿠시마 사고를 지켜보기 전까지만 해도 여전히 원전은 관리만 잘 하면 안전하다는 생각을 했었다고 말합니다. 체르노빌의 후유증을 앓고 있는 우크라이나에서도 원전을 운영 중이며, 심지어 정부에서는 이를 확대하려는 계획을 중단하지 않고 있습니다. 체르노빌에 이은 후쿠시마 대참사는 백만분의 일이라는 확률이 어느 날 갑자기 현실화될 수 있다는 사실을 전 세계에 알렸고, 현재로서는 그에 대한 적절한 대응방법이 없다는 것을 다시 한 번 깨닫게 하는 계기가 되었습니다. 이처럼 원전의 안전에 관한 근본적인 의구심을 갖게 만들었음에도 불구하고, 유감스럽게도 기존의 원자력 의존에 대한 대대적인 방향 전환은 현실적으로 이루어지지 않고 있습니다.

한국은 세계 5위의 원자력 대국입니다. 국토면적 대비 원전 용량의 크기를 나타내는 원전 밀집도로 보면 세계 1위입니다. 체르노빌 사고로 전 세계가 방사능의 공포에 떨었을 때, 당시 전두환 정권의 한국은 그해에 유일하게 미국과 신규 원전건설 계약을 맺은 나라였습니다. 후쿠시마 사고 후 독일이 7개의 원전 가동을 중지시켰을 때, 이명박 대통령은 아랍에미리트 원전수출 기공식에 참여하여 일본의 원전이 정지된 이 기회에 원자력 수출에 박차를 가해야 한다고 발언했습니다. 그는 한국의 원전 21기 중 12기를 짓는 데 직접 관여한 건설회사의 CEO 출신으로 한국원자력산업회의 부회장을 지낸 적도 있습니다. 대개의 국가에서 정치인들이 원자력 마피아의 대리인 역할을 수행한다면, 한국에서는 그 정점에 대통령이 있었습니다.

한국과 마찬가지로 원전 정책을 강력히 추진 중인 중국의 경우 2020년까지 미국에 이어 세계 2위의 원전 대국이 되는 것이 목표라고 합니다. 베트남 등 동남아시아 국가들도 새로이 원전 국가가 되려는 욕망을 포기하지 않고 있으며, 인도도 원자력 확대 정책을 재천명했습니다. 다시 말하면 지금 전 세계에서 새로 건설되고 있는 핵발전소의 절반 이상은 여기 아시아를 둘러싸고 집중되어 있는 상황입니다. 게다가 한국의 원전은 기존 운영체제가 부패와 부정으로 뒤틀려 있다는 사실이 폭로되었고, 그 결과 가까운 장래에 대규모 원전 사고 가능성이 가장 높은 곳으로 예측되고 있습니다.

한국에서 가장 오래된 고리 1호기는 1978년 상업운전을 개시한 이래 2011년까지 총 128회의 크고 작은 사고를 기록했습니다. 연평균 3.76회의 잦은 고장을 일으키는 핵발전소가 지금까지 폭발하지 않은 게 오히려 이상할 정도입니다. 30km 반경 안에 울산과 부산을 포함하여 340만 명이 밀집한 고리 1호기가 폭발할 경우, 피해 예상도는 급성사망 최대 4만 8천여 명, 암사망 85만 명, 경제피해액 최고 628조원에 달한다고 합니다. 고리 1호기는 이미 30년의 설계수명이 다한 노후 시설이지만, 2007년부터 10년간의 '계속 운전'을 승인받았습니다. 발전소 폐쇄에 따른 경제적 부담이 추가 가동을 결정한 가장 큰 요인이었습니다. 2006년 수명 연장을 위해 이루어진 정밀검사 보고서의 전문은 공개되지 않았고, 2011년 발견된 부품 결함에 대한 내용은 보고조차 되지 않았습니다. 우리의 안전불감증은 결국 효율성과 비용의 다른 이름이었습니다.

후쿠시마 사고 당시 일본 정부와 도쿄전력이 원자로 냉각을 위한 해수 주입을 신속하게 결정하지 못한 이유는 1971년 운전을 개시한 1호기가 설계수명 40년이 다하고 2011년 2월에 10년 수명 연장을 결정했던 터라 가동만으로 높은 순이익을 낳고 있었기 때문입니다. 따라서 그들은 어떻게든 '고쳐서' 재가동할 생각에 폐로라는 판단을 바로 내리지 못한 것입니다. 3월 11일 지진 발생 후 약 2시간 만인 오후 4시 36분에 후쿠시마 핵발전소의 모든 전원이 꺼졌습니다. 오후 7시 3분에는 제1발전소의 비상전력조차 정지되었습니다. 밤늦게 전원차가 도착했지만 전원 연결은 성공하지 못했습니다. 냉각 시스템이 기능하지 않는 원자로의 노심 온도는 제어할 수 없이 계속 상승하여 증기 압력이 치솟고 있었지만, 할 수 있는 일은 거의 없었습니다. 이튿날 오후 3시 36분 후쿠시마 제1발전소 1호기 폭발을 시작으로, 3호기와 2호기에 이어 4호기까지 연쇄 폭발의 위험이 감지되었습니다. 해수 주입이 결정된 것은 12일 저녁 8시 20분의 일이었습니다. 원전 내부에서 당사자들이 사고를 무마하고 축소 은폐하기에 급급했던 가운데, 결국 가장 먼저 피했어야 할 주민대피가 늦어지고 말았습니다. 또한 피난의 범위를 반경 300km까지 확대해야 한다는 의견도 있었지만, 이 범위에는 도쿄와 수도권이 포함되어 있기에 받아들여지지 않았습니다. 현실적으로 피난을 포기한 것이나 다름없었습니다. 일본 정부가 취한 조치라고는 역으로 '방사능 피폭 허용 기준치'를 상향 조정하는 일이었습니다. 사고는 계속 진행되고 방사능은 끊임없이 유출되고 있는데도 대체 어디로 어떻게 언제까지 피해야 할지 그 누구도 알 수 없었습니다.

인류의 현재 기술 수준으로는 거대한 핵에너지를 결코 제어할 수 없음을 생각하면 후쿠시마는 우연이 아닙니다. 한반도는 일본처럼 지진 발생의 위험은 없지 않느냐고 할지 모릅니다. 확률적으로는 상대적으로 가능성이 낮을지 모르겠습니다. 하지만 아직 인간은 지진의 원리도 정확히 알지 못하며 지진의 발생장소나 규모를 정확히 예측할 수도 없습니다. 현재 지진학계의 수준은 어떻게 일어나는가를 조사할 뿐, 왜 일어나는가를 조사하는 단계까지는 이르지 못했습니다. 지진, 쓰나미, 태풍, 화산, 그 어느 재해에서도 우리가 안전하다고 단정할 수는 없습니다. 아니 북한의 핵미사일을 먼저 걱정해야 하는지도 모릅니다. 설령 한반도에서 다행히 대규모 재해가 일어나지 않더라도 전 지구가 재해에 직간접적으로 연동되어 있다는 사실은 고스란히 드러났습니다. 지구상의 어떤 지역에서 재해가 발생해도 그 대책이나 사후처리를 국민주권에 위임하는 일도, 어느 하나의 시민사회에 한정하는 일도, 일국의 영토 내에서 수습하는 일도 모두 불가능합니다. 더구나 핵으로 인한 재해의 피해자는 잠재적으로 전 인류, 그리고 인류 이외의 생물 전체라는 사실을 직시하지 않을 수 없습니다.

핵발전소는 건설과 운영상의 안전 문제에 그치지 않고, 뒤처리 문제 또한 심각합니다. 지구상 어디에도 핵폐기물의 완벽한 최종 처리장은 존재하지 않습니다. 경주에 건설 중인 핵폐기물 처리장에 묻히는 소위 중저준위 폐기물의 방사능 반감기는 300~400년 정도라고 합니다. 중저준위 폐기물이란 핵발전소에서 나온 부품이나 노동자들이 착용했던 작업복 같은 쓰레기를 말합니다. 이것들을 압축 밀봉하여 땅에 묻었을 때 방사능의 위험이 절반으로 감소하는 데 걸리는 시간이 몇 백 년이라는 것인데, 그래도 위험이 완전히 사라졌다고 할 수 있는 수준은 아닙니다. 고준위 폐기물의 반감기는 안정화 단계에 접어드는 데까지 대략 10만~100만 년입니다. 방사성 물질의 종류에 따라서는 반감기가 1억 년 이상이라는 상상을 뛰어넘는 시간을 필요로 합니다.

또한 2012년 2월 16일 밀양 송전탑 건설 반대를 외치던 70대 노인의 분신자살은 핵발전소 운영이 필연적으로 수반하는 불평등의 문제를 보여줍니다. 핵폭발이라는 최악의 시나리오 외에도 우라늄 광산, 핵폐기물, 온배수와 송전탑, 지역민들의 정신적 스트레스까지 핵발전소는 매우 포괄적인 문제라는 사실을 깨닫게 해준 것입니다. 핵발전소를 가동하여 에너지를 만들어내는 한, 미래의 생명뿐만 아니라 지금 이 순간 누군가의 희생을 반드시 담보로 하지 않으면 안 됩니다. 더 이상 우리는 그 정체가 무엇인지 얼마나 위험한지 아무도 알려주지 않았다고 모른 척할 수만은 없습니다. '콘센트 너머에 원전이 있다'는 말이 한동안 유행했는데, 그 '콘센트 너머'에서 안락한 삶을 누렸던 것은 바로 우리들 자신이기 때문입니다.

죽음을 망각하기

체르노빌의 망각이 후쿠시마의 재앙을 잉태했듯이, 우리는 부디 그것이 우리의 미래가 아니기를 바랄 수밖에 없는 것일까요. 여기서 무엇보다 생각하고 싶은 것은 재해로 인한 죽음, 그것도 죽음의 망각에 대해서입니다. 일본에서는 흔히 '지진은 항상 잊을 만하면 찾아온다'고 말합니다. 인간은 망각의 동물이기에 같은 재해가 반복된다는 경고의 메시지입니다. 하지만 역사적 사실의 망각보다 더 무서운 것은 인간이 감당하기 어려운 충격적 사건에 조우했을 때 그것을 직시하지 않고 도리어 스스로 망각하고자 회피해버리는 심리입니다.

일본의 저명한 평론가 가토 노리히로 씨는 처음에 원자로 노심용해(멜트다운) 사실이 보도되었을 때는 전율했지만, 이윽고 내부피폭과 방사능 물질에 관해 감추어왔던 정보가 공개되어도 점점 경악조차 하지 않게 되었다고 고백합니다. 이에 대한 자기진단의 결과, "나는, 그리고 우리는 아마도 지금 집단적인 '방위' 반응에 빠져있다. 충격이 너무 커서 그것에 적응하지 못하고 그것을 이른바 '없었던' 것으로 하려는 것이다."라고 분석합니다. 차라리 현실을 외면하고 싶은 심정에 기대어 사고를 정지시켜버리는 것입니다. 사고 직후부터 너무나도 많은 것들이 이야기되었지만, 어중간한 담론들은 안이한 해석으로 진실을 덮어버리거나 진실에 다다르는 길을 막을 수도 있습니다. 미디어의 경솔한 보도 자체가 문제라는 말은 아닙니다. 평소 정부와 언론에 비판적 입장을 견지했던 사사키 다카시 씨 같은 지식인조차 사태가 갈수록 악화되고 장기화되자 방사능 오염의 위험성이나 원전 반대를 지적하는 소리에 그야말로 짜증이 날 뿐이고, 실은 별거 아니니 괜찮다는 말에 솔직히 위안을 받는다고 했습니다. 그는 후쿠시마 제1원전에서 25km 떨어진 자택에서, 노모와 치매에 걸린 아내를 데리고 피난을 거부한 채 살고 있습니다.

또 다른 차원의 망각이 있습니다. 후쿠시마 원전 사고 당시 보도에서 가장 이른 단계에 사망이 확인된 4명에 대해서입니다. 도쿄전력 이바라기현 도카이무라 히타치나카 화력발전소에서 3월 11일에 사망자로 보도된 가네시로 가즈노리(43세), 아사지마 다카히로(40세), 오리타 히로시(29세), 모토시게 류야(20세)입니다. 4명은 모두 동북지역에는 연고도 없는 멀리 히로시마시에 거주하는 히로시마 미쓰비시 중공철강 엔지니어링 하청 인부로, 이 날 도카이무라까지 작업을 나갔다가 화력발전소 철탑 위에서 목숨을 잃었습니다. 그중 모토시게는 실제 나이가 17세로 미성년이었을 뿐만 아니라, 한 명은 한국국적, 또 한 명은 조선국적으로 밝혀졌습니다. '원전 집시' 또는 '원전 철새'라 불리는 이들 지방출신 용역 노동자들의 죽음을 통해 원전 노동현장의 악명 높은 열악한 현실도 재확인할 수 있었습니다. 히로시마 출신의 음악평론가 히가시 다쿠마 씨는 이들 4명을 '히로시마4'라고 명명하며 주의를 촉구하기도 했지만, 이들의 죽음은 곧 묻혀버렸습니다. 때마침 해외 미디어들은 제1원전에 남은 사람들을 '후쿠시마50'이라 명명하며 그들을 영웅시하는 분위기였습니다. 자위대를 위시하여 살수 작업을 중계하는 보도진들은 그들의 '결사의 각오'를 특공대의 유서처럼 다루었습니다. 마치 9.11 당시 여러 미디어에서 금융자본주의자들과 대비되는 듯이 소방관들의 사투에 집중했던 것과 연장선상에 있는 보도였습니다. 그러나 중장비로 무장한 공무원들이 영웅 대접을 받았던 반면, 피폭 정도가 가장 심한 민간 하층노동자들의 희생에 주목하는 미디어는 없었습니다.

3.11 쓰나미가 휩쓸고 간 동북지역의 해안은 과거에도 1896년에 메이지 산리쿠 대쓰나미, 1933년에 쇼와 산리쿠 대쓰나미가 되풀이되었던 곳입니다. 그 당시 중국 전선에 신경을 곤두세우고 있었던 일본육군의 발표에 의하면 전장에서도 최전선에 출병한 것은 주로 이와테현 출신의 병사들이었다고 합니다. 쓰나미로 졸지에 부모를 잃거나 집을 잃은 어린 아이들이 대거 전선으로 나선 것입니다. 약하고 가난한 사람들이 재난에 취약할 수밖에 없는 구조적 문제는 예나 지금이나 변하지 않은 것 같습니다.

25년 전 체르노빌에서도 그랬습니다. 폭발의 여파로 산란한 방사능 덩어리들을 제거하기 위해 사고 현장에 투입되었던 것은 갓 스무 살의 병사들이었습니다. 로봇이 동원되었지만 전자회로가 터져버리거나 고장나버렸습니다. 기계조차도 접근을 거부하는 공간에 들어가 삽질했던 이들 바이오로봇은 '청소'의 대가로 100루블과 소련의 '영웅' 칭호를 받았습니다. 또한 인근 마을의 농부들은 처음에 사태의 심각성을 전혀 모르고 발전소에서 화재가 났다고 해서 자발적으로 달려가 진화를 돕다가 피폭되어 즉사하거나 혹은 서서히 죽어가고 있습니다. 대부분이 농부 아니면 발전소의 노동자였던 피해지역 주민들은 임시 피난처에서 도시 빈민으로 떠돌다가 다시 돌아와 지금도 청소 인력으로 투입되는 경우가 많다고 합니다.

지금 후쿠시마에도 방사능으로 오염되어 사람들이 떠나버린 통제구역에 매일같이 들어가는 사람들이 있습니다. 핵발전소는 원자로를 폐쇄한다고 해서 바로 가동을 멈출 수 있는 것이 아닙니다. 발전기만 돌리지 않을 뿐, 거의 똑같이 설비를 계속 돌려야 하고 그러려면 사람이 들어가서 일해야 합니다. 남은 핵연료봉을 식히는 데 10년 이상, 발전소를 해체하는 데 30년 넘게 걸린다고 합니다. 후쿠시마 원전 폐로를 위한 로드맵에서도 녹아버린 핵연료 수거와 발전소 해체까지 40년가량 걸릴 것으로 예측했습니다. 물론 그 뒤에도 안전을 장담할 수는 없지만 말입니다. 쓰나미와 원전 사고로 집을 잃고 일자리를 잃은 많은 사람들이 현장수습 요원으로 투입되어, 고농도 피폭 위험을 무릅쓰고 제염 작업을 하고 있습니다. 제염이라고 해도 단순히 물로 닦아내고 도양을 긁어내고 방사능을 측정하는 일을 반복하는 것입니다. 앞으로 최소한 10년간 냉각수를 주입하는 작업도 한시라도 멈추면 안 되니 계속해야만 합니다. 더욱 가혹한 것은 이들이 피폭도 무섭지만 앞으로 핵발전소에서 일할 수 없게 되는 것이 더 무섭다고 말한다는 사실입니다. 일본노동안

전위생법에 근거하여 개인의 피폭량이 100밀리시버트를 넘으면 4년간 핵발전소 노동이 제한되기 때문이라고 합니다. 도쿄전력 정직원은 다른 부서로 옮길 수 있을지 몰라도, 실업이 예상되는 일용직 노동자들은 '피폭 선량이 높은 노동자의 처우를 배려하라'는 후생노동성의 지시 대상에 포함되지도 않습니다.

본디 재난이 모든 사람들에게 균등하게 타격을 가하는 일은 없습니다. 환경이나 상황의 아주 사소한 차이로 인해 살기도 하고 부상당하기도 하고 죽기도 하는 것이 보통입니다. 간신히 살아남은 사람들이 바로 자신이 살아남았다는 사실 하나 때문에 죄책감을 갖는 일은 드물지 않습니다. 희생자와 생존자가 갈리는 것은 계속 파헤쳐가 보면 결국 우연에 불과하여, 생의 절대적 부조리에 맞닥뜨리지 않을 수 없습니다. 왜 그 사람이 죽고 내가 살아남지 않으면 안 되는가는 아무리 물어도 답을 찾을 수 없습니다. 사람은 이유 없이 살고 이유 없이 죽기 때문입니다. 재난은 삶과 죽음의 우연성에 직면하게 함으로써 사람들에게 생존자의 죄책감이라는 형태로 심적 외상(트라우마)을 남깁니다.

대량의 죽음, 그리고 생이 부조리하다는 감각을 많은 사람들이 동시대적으로 경험한 것은 일본에서는 아시아 태평양 전쟁과 그 직후의 시기였습니다. 그러므로 일본인들이 이번 재난을 문득문득 총력전의 기억과 중첩시키는 것도 이상하다고 볼 수만은 없습니다. 3.11을 '두 번째 패전'이라고까지 말하는 사람들도 있습니다. 종종 전쟁과 군사적 은유가 쓰인 것도 사실입니다. 그것은 물론 단순히 자위대나 미군이 구조대 역할을 맡았다는 뜻이 아니라, 재해를 둘러싼 사람들의 사고방식에 관한 것을 의미합니다. 일례로 원전사고 직후인 3월 14일에 기술진들을 사고현장에서 철수시키려 했던 도쿄전력에 대해, 간 총리는 "철퇴 따위 있을 수 없다. 각오를 정하라."라고 분노했다고 보도되었습니다. '철퇴'라는 군대용어가 사용된 것입니다. 또 경제산업성 원자력 안전 보안원이 제공하는 정보에 기초한 공식발표는 정보조작이라는 의미에서 '대본영발표'라는 야유를 받기도 했습니다.

재해가 전쟁의 일종인 것처럼 이해되면 그 원인이나 리스크는 외부로부터의 적으로 간주되고, 아군 쪽이 되는 사회는 국가 주도하에 오로지 일치단결하여 싸워야 하는 것이 당연시되어 버립니다. 3.11 이후 급속도로 일본 사회에 번졌던 전 국민 자숙모드는 무서울 정도로 전쟁 시의 사회 분위기와 오버랩 되기도 했습니다. 모든 사람에게 책임을 묻는 것은 직접 가담하고 원인을 제공한 사람들의 책임을 철저히 추궁하지 않고 그들에게 면죄부를 허용할 우려가 있습니다. 복구와 부흥을 우선하는 목소리에 호도되어 시간이 갈수록 책임 소재를 애매하게 만드는 것입니다. 1945년 패전 직후 일본의 국민공동체가 전쟁과 식민지 폭력에 대해 전범을 적출하여 심의하고 처벌하는 일을 하지 못한 채 전후가 시작된 것처럼, '일억총참회(一億總懺悔)'와 같은 무책임의 체계를 재삼 낳아서는 안 될 것입니다. 원폭 2세들의 몸에서는 아직도 제2차 세계대전이 진행 중임을 생각하면, 그들에게는 전후라는 말이 성립할 여지조차 없습니다.

지금 이 시간에도 후쿠시마 원전 주변에서는 십 수만 명의 사람들이 피난을 하거나 주거지를 옮겨 힘겹게 생활하고 있습니다. 이러한 피난생활 가운데 사고 전에 비해 자살자나 병사자의 수도 급증했습니다. 통계에 따라 수치는 다르지만 6백 명 이상의 사람들이 사고관련사로 판단된다고 합니다. 애초에 대피소 생활을 생각할 수도 없는 늙고 병든 사람들 중에는 행정편의주의로 결정된 30km 이내의 피난권고지역에서 스스로 죽음을 택하거나 아니면 '필사'적으로 살고 있는 경우도 있습니다. 이제 슬슬 피난민 문제가 골칫거리로 여겨지기 시작한 정부의 일률적인 귀환 요청으로, 남아있던 주민들도 돌아온 주민들도 다시 반발하고 있습니다. 수 년 뒤에 또 수십 년 뒤에 더 많은 사람들이 매우 천천히 죽어갈 것입니다. 그렇다 해도 그것이 전적으로 방사선 피해라는 인과관계를 입증하기는 아마 곤란할 것입니다. 히로시마와 나가사키의 원폭증 소송이 그러했듯이, 전문가들은 흡연이나 음주의 발암 리스크보다 낮은 발병률을 들이댈 것이 분명합니다.

소련에서 줄곧 '체르노빌 전투'로 일컬어졌던 사태가 일단락된 것은 사고 후 6개월이 지나 콘크리트 '석관(石棺)'을 완성하면서입니다. 이른바 원자로 '봉인' 작전으로 적과의 전투에서 승리했다고 믿은 그들은 붉은 깃발을 내걸었습니다. 그런데 당초 30년 수명으로 설계하여 씌웠던 석관은 예상보다 빠르게 부식하여 전 유럽의 골칫덩이가 되었습니다. 머지않아 유럽연합의 지원으로 수명이 100년인 강철 지붕으로 덧씌워질 예정이랍니다. 하지만 100년 후에 또다시 뭔가 새롭게 씌우는 일을 반복해야 합니다. 핵연료가 녹아서 정상적으로 분리수거를 할 수 없으므로 대략 800년은 우선 덮어놓고, 그 후 핵연료의 속성상 10만년 정도는 격리해야 합니다. 체르노빌의 죽음은 쉽게 사라지지 않을 것입니다.

후쿠시마는 이제 겨우 1호기에 외벽을 씌우는 임시조치에 성공했습니다. 공식적으로 노심 손상을 인정한 나머지 3개 발전소는 아직 내부를 정리하지 못해 덮개를 씌우지도 못하는 상황입니다. 핵으로 인한 이 지구적 재난에는 필경 끝이 없습니다. 바꿔 말하면 이 시대에 살아남을 수 있는 비법 같은 것이 있을 리 없습니다. 인류는 이것이 과연 어느 정도의 피해인지 가늠할 수조차 없습니다. 우리에게 짙게 드리워져 있는 이 새로운 죽음의 그림자는 너무나도 완만하여 좀처럼 실감하기 어렵습니다. 다가오고 있음은 분명한데 절박하지 않습니다. 그래서 우리는 힘이 빠져버리고, 그냥 잊어버리고 오늘을 살아갑니다. 그래서 더욱 무서운 것입니다.

망각에 저항하기

조금 다른 맥락에서 접근해보겠습니다. 일본 역사상 최대 사망자수를 기록했다고 하는 1923년의 간토대지진 당시 신문보도를 보면 '사체(死體)', '사해(死骸)', '사인(死人)' 등 즉물적인 용어가 빈번하게 쓰입니다. 오늘날 미디어에서는 이처럼 노골적인 표현은 그다지 쓰지 않지만, 당시로서는 오히려 일반적이었던 것으로 보입니다. 어쩌면 이는 역으로 현대사회가 물(物)로서의 사체를 얼마나 교묘히 감추는가, 또 그것을 볼 기회를 배제하는가를 보여주는 예일지도 모릅니다. 그리고 이러한 인간의 사체가 다 처리되고 나면, 사자는 곧바로 또 다른 이름으로 불리곤 합니다. 예컨대 '영(靈)'이라는 이름으로 소환되는 식입니다.

그런데 이러한 명칭에는 이때의 사자가 죽임을 당한 자라고 하는 시점이 결여되어 있습니다. 지진뿐만 아니라 전쟁으로 죽은 자도 마찬가지입니다. 실제로는 죽임을 당한 것인데도 불구하고 예를 들어 영어의 'killed'와 같이 명확하게 표현하는 말은 일본어에는 없는 듯합니다. 아니 애초에 그런 말을 기피하는 것인지도 모릅니다. 기껏해야 '희생자' 또는 '피해자' 정도입니다. 그러나 그러한 표현들은 죽임을 당한 것인지 부상을 입은 것인지조차 애매합니다.

일본에서 일반적으로 쓰이는 용어는 '대지진'이 아니라 '대진재(大震災)'라는 사실에서도 알 수 있듯이, 그것은 천재와 인재가 더해진 개념입니다. 지진이 어디까지나 자연현상이라고 한다면, 이에 대해 진재는 천재지변에 의해 인간 생활에 지장을 초래한 재해를 일컫는 것입니다. 거기에는 잘 알려진 대로 조선인 학살이라는 의도적이고 명백한 범죄까지도 포함되어 있습니다. 우리는 그것을 간토대지진으로 10만 명이 넘는 사람이 죽었다는 식으로,

세부에는 별로 주목하지 않은 채 단지 사망자수로 뭉뚱그려 이야기합니다. 그들은 군이 분류한다 해도 건물의 붕괴로 압사하거나 질식사한 자, 불에 타 죽은 자, 익사한 자 등으로 범주화하여 기억할 뿐입니다. 대규모 재해나 전쟁에서 사망자수를 정확히 산출하는 것, 사인을 파악하여 분류한다는 것 자체가 극히 어려운 일임을 감안하더라도, 사자에 대한 기억의 기제는 너무나 생자의 편의대로 작용합니다.

히로시마와 나가사키에서 피폭 당한 사람들 중에도 일본인만 있는 것이 아니라 강제 징용되어 그곳에 있다가 방사능에 노출되어 자취도 없이 사라진 조선인들이 있었습니다. 그러나 히로시마 3만, 나가사키 1만 명이라고 이야기될 뿐, 그 정확한 수를 아는 사람은 한국에도 일본에도 없습니다. 당시 거주 조선인의 명단도, 죽은 사람 또는 살아남은 사람의 명단도 없기 때문입니다. 한편 미국에서 원폭 투하를 전쟁의 승리로 정당화했듯이, 한국 내에서는 '고마운 원폭' 덕분에 식민지 지배에서 벗어날 수 있었다고 하여 미국보다도 강력한 지지 논리가 펴졌습니다. 그런 까닭에 한국 역시 수만 명의 피폭자가 있는 피해 국가라는 인식은 받아들여질 여지조차 없었습니다. 결국 핵으로 죽임을 당한 사람들은 일본에서도 한국에서도 버림받은 채 잊히고 말았습니다.

간토대지진 이후 도쿄라는 도시가 경험한 대량사의 경우에도 여전히 죽임을 당한 자의 시선은 빠져 있는 것 같습니다. 1930년대 이후 중일전쟁이 시작되고 나서부터 전사자 수가 급속도로 증가하는데, 그들을 '전사자(戰死者)', '전몰자(戰歿者)', '영령(英靈)'이라 부른다 해도 그들이 죽임을 당했다는 의미는 전면에 드러나지 않습니다. 게다가 공습의 경우에도 종종 '전재(戰災)'라는 말을 사용함으로써 결국 전쟁으로 인한 사망자와 재해로 인한 사망자의 경계를 모호하게 만들어버립니다. 도쿄대공습으로 인한 사망자는 총 10만

명에 달한다고 하는데, 그 수치만으로 볼 때 간토대지진 다음의 대량사에 해당합니다. 1930년 간토대지진 직후 신원불명 유골을 수습하여 사자들의 영을 위로하기 위해 세운 진재 기념당(震災記念堂)에는 전쟁이 끝나고 1948년부터 도쿄대공습의 사망자도 합사하게 됩니다. 따라서 그곳은 더 이상 진재기념당일 수 없게 되어 도쿄도 위령당(東京都慰霊堂)으로 이름을 바꿉니다. 그와 동시에 기념물의 성격도 바뀐 것은 물론입니다.

한편 히로시마의 평화공원 중심에는 원폭사망자위령비가 있고, 거기에는 "편히 잠드소서. 잘못은 되풀이하지 않을 테니."라는 유명한 문구가 새겨져 있습니다. 그러나 사자는 잠들게 하고 생자들만이 잘못을 반복하지 않도록 한다는 것은 지나친 낙관론 같습니다. 과연 생자의 기억의 계승만으로 사자를 계승한다는 것이 가능한가, 생자의 힘을 그 정도로 신뢰해도 좋은가, 혹은 사자는 온전히 과거 속에 묻어도 좋은가 하는 의문이 듭니다. 생자들만의 기억으로 새로운 미래를 만들 수 있다고 생각하는 것은 생자들의 오만에 불과할지도 모릅니다.

최근 일본에서는 후쿠시마에 대한 오해를 없애는 동시에 잊혀가는 기억의 풍화를 막기 위한 목적으로 젊은 철학자들이 추진하고 있는 "후쿠시마 제1원전 관광지화 계획"이 화제가 되고 있습니다. 체르노빌 '다크 투어리즘'에서 착안한 구상인데, 아우슈비츠나 히로시마와 같은 역사적 비극의 장소를 찾는 새로운 여행스타일에 주목하여 원전 관광 프로젝트를 제안한 것입니다. 후쿠시마 제1원전을 어떻게 하면 역사에 남기고 미래에 계승할 수 있는가, 이들은 자발적이고 실천적인 투어는 벌써 이루어지고 있다는 사실을 전제로 피해지의 현실을 공개하고 제대로 이해하며 나아가 원전 폐로작업과 마을 재건과정을 관광객들이 함께하는 것을 목표로 하고 있습니다. 처음에 이 계획을 제안했을 때만 해도 죽은 자들을 전시용으로 쓸 생각이냐고 불손하다는 비난이 쇄도했지만, 지금은 서서히 지지층이 늘고 있다고 합니다. '관광'이라는 표현에서 생기는 오해 이상으로 이들의 절실한 문제의식에 공감하는 사람들이 그만큼 많아졌다는 것으로 판단됩니다. 비록 무책임한 듯 보이지만 때로는 자유롭고 솔직한 관광의 시선이 포착할 수 있는 현실도 있을지 모릅니다. 실제로 2020년 도쿄 올림픽 개최에 열을 올리며 마치 후쿠시마의 상처는 아문 것처럼 낙관하는 소리들이 벌써부터 나오고 있습니다. 후쿠시마를 죽음의 땅으로 묻어버리고 더 이상 꺼내고 싶어 하지 않는 분위기가 이미 시작된 것입니다. 그런 죽음의 망각과 이미지의 폭력에 저항하고자 하는 젊은이들의 움직임이 원전 추진과 탈원전의 이분법을 넘어 새로운 가능성을 제시할 수 있을지 지켜보고자 합니다.

3.11 동일본대지진과 후쿠시마 원전 사고를 겪은 일본에서는 이제 전후는 끝났다, 오로지 재난 이후가 있을 뿐이라는 말이 유행했습니다. 작년에 4.16 세월호 침몰사고를 겪고 나서 한국에서 모든 것을 세월호 이전과 세월호 이후로 나누어 생각하려는 것과 비슷하다고 하겠습니다. 그러나 이러한 주장은 누가 무엇을 얼마나 바꾸었는지 알 수 없게 만들뿐더러, 여기서 살아남기 위해 무엇을 얼마나 바꾸어야 하는지도 알 수 없게 만들기도 합니다. 재난으로 모든 게 바뀌었다, 세상이 바뀌었다고는 하지만, 실제로 우리들 대부분은 충격적인 죽음을 다 잊은 듯 여전히 무감각하게 일상을 살고 있습니다. 포스트 재난의 시대를 말하는 것이 어쩐지 공허한 울림으로 끝나는 것만 같습니다.

철완 아톰은 원래 덴마 박사가 교통사고로 죽은 자신의 아들과 꼭 닮은 로봇으로 제조한 것입니다. 누군가가 죽은 아이와 똑같은 모습의 로봇을 만들어줄 테니 슬퍼하지 말라고 제안한다면 당신은 그 로봇으로 행복을 되찾을 수 있을까요. 당신은 로봇을 사랑하기는커녕 꼭 닮은 로봇에게 증오감을 느낄 것이 분명합니다. 덴마 박사도 끝내 아톰으로는 만족하지 못하고 버리고 말았습니다. 왜 로봇이면 안 되는지, 죽은 자의 무엇이 우리를 이리도 구속하는 것인지, 죽음의 망각 속에서 사는 우리가 기억할 것은 무엇인지 생각하고 싶습니다. 그것은 아직 끝나지 않은 이야기가 아니라 언제까지나 끝날 수 없는 이야기이기 때문입니다.

더 읽어 볼 만한 글

- 강은주, 『체르노빌 후쿠시마 한국』, 아카이브, 2012.
- 사사키 다카시, 『원전의 재앙 속에서 살다』, 형진의 옮김, 돌베개, 2013.
- 사사키 아타루, 『이 치열한 무력을』, 안천 옮김, 자음과모음, 2012.
- 한홍구 · 서경식 · 다카하시 데쓰야, 『후쿠시마 이후의 삶』, 이령경 외 옮김, 반비, 2013.
- 히로세 다카시, 『원전을 멈춰라: 체르노빌이 예언한 후쿠시마』, 김원식 옮김, 이음, 2011.

테러

죽음의 소리와 사라지는 죽음

이 창 익

언제부턴가 테러라는 말이 매일같이 언론의 지면을 장식하고 있습니다. 전쟁은 없고 오로지 테러와의 전쟁만 존재하는 것 같습니다. 마치 테러는 지상에 남은 마지막 악처럼 묘사됩니다. 이 글은 테러 개념이 만드는 환상을 해체하기 위해 쓰여졌습니다. 특히 테러 가운데 가장 공포스러운 행위는 자살폭탄 공격입니다. 자살폭탄 공격은 자신의 생명과 타인의 죽음을 교환하는 행위입니다. 보통 자살은 자신을 죽이는 행위이지만, 자살폭탄 공격은 타인을 죽이기 위해 자신을 죽입니다. 게다가 살인이 일어났지만 살인자가 죽어버렸기 때문에 처벌할 수 없는 것이 자살폭탄 공격입니다. 자살폭탄 공격에 겹쳐진 여러 죽음의 층위를 분석해 보려 합니다. 이를 위해 우리는 테러, 전쟁, 사형, 도살, 고문, 노화, 자살 같은 여러 층위의 죽음을 통과해야 합니다.

테러, 전쟁, 사형: 보이지 않는 죽음

이 글을 쓰게 된 동기는 단순합니다. 2014년 7월과 8월에 이스라엘의 가자지구 폭격으로 50일 동안 교전이 벌어지면서, 언론에 따르면 팔레스타인 측에서 2,140여 명, 이스라엘 측에서는 70여 명이 숨졌다고 합니다. 비슷한 시기에 언론에 의해 테러단체로 지목되는 '이슬람 국가(IS)'에 의해 미국인과 프랑스인이 연이어 참수를 당하는 사건이 벌어졌으며, 참수 장면이 담긴 동영상이 인터넷에 유포되면서 많은 사람들을 경악케 했습니다. 2004년 한국인 김선일 씨 역시 비슷한 참수의 희생자였습니다. 그리고 이러한 사건의 배후에서는 항상 종교의 그림자가 떠돌고 있습니다. 언제부턴가 이러한 형태의 죽음이 미디어라고 하는 장치에 담겨 늘 우리 곁에 있었던 것 같습니다.

우리는 가자지구 폭격을 '전쟁'이라고 부르며, 참수 사건은 '테러'라고 부릅니다. 비슷한 맥락에서 발생한 죽음의 모습을 가리키는 언어가 어느새 달라져 있습니다. 사실 테러와 전쟁은 혼란스러운 죽음 양상을 기록하는 분류어 가운데 하나입니다. 우리는 불투명한 것을 잘 참지 못합니다. 사물의 투명성은 우리를 편안하게 합니다. 죽음 역시 그렇습니다. 투명하게 지칭되어 분류된 죽음은, 그래서 그렇게 명료하게 설명되고 기억되는 죽음은 더 이상 문제를 일으키지 않거나 작은 문제만을 일으킵니다.

세월호 침몰 사고에서 보았듯이 정연하게 설명되지도 않고, 누구도 책임의 주체로 등장하지 않는 집단 죽음은 많은 사회적 혼란을 수반할 수밖에 없습니다. 일각에서는 재난의 언어로 읽히거나 과실의 언어로 읽히고, 또 다른 일각에서는 살해의 언어로 읽히고 있기 때문입니다. 그리고 구원파와 관련된 '종교적 언어'는 멀든 가깝든 그처럼 설명할 길 없는 사건의 당혹감을 일부 줄여주는 역할을 했습니다. 종교는 국가 내부에 존재하는 외부로 읽히기 때문에 정상적인 인간이라면 감히 상상할 수 없는 일을 벌일 수도 있다고 여기는 것입니다. 그 종교가 '사이비'나 '이단'으로 낙인 찍힌 종교라면 더욱 그런 혐의를 받기 쉽습니다. 사실 나치 전범 재판도 대량 학살에 대한 책임을 전가할 대상을 만드는 작업이었다고 할 수 있을 것 같습니다.

이 글에서 저는 언론에서 보도되는 테러와 전쟁의 분류학에 먼저 이의를 제기하고자 합니다. 언론조차도 이스라엘의 가자지구 폭격을 테러라고 부르지 않습니다. 이미 한쪽이 하는 것은 전쟁이나 공습이나 폭격이고, 다른 쪽에서 하는 것은 테러라는 분류법이 정착해 버린 것 같습니다. 팔레스타인은 테러를 저지르고 이스라엘은 보복 공격을 합니다. 그러나 예컨대 팔레스타인이 이스라엘에서 처음으로 자살 폭탄 테러를 감행한 것은, 1994년에 이스라엘이 하마스 관계자를 살해하면서 이에 대한 보복 공격의 차원에서 이루어졌습니다. 여전히 설명이 필요하지만 테러나 전쟁에 의한 죽음은 '미디어가 전달하는 죽음' 가운데 하나입니다. 테러나 전쟁은 죽음을 수식하는 매우 '정치적인 술어'입니다. 테러는 공동체를 파괴하는 야만적 살인 행위이고, 전쟁은 공동체를 수호하기 위해 어쩔 수 없이 수행하지 않을 수 없는 행위라고 인식되는 것입니다.

자동차들이 질주하는 거리를 파란 신호등 하나에 의지한 채 건너가는 우리는 참으로 무모할 정도로 사회적 약속을 신뢰합니다. 예컨대 음주운전은 그러한 사회적 약속에 대한 위반입니다. 모든 사람이 음주를 하고 운전하고 있다는 가정을 하면 우리는 어떤 횡단보도도 마음 놓고 건너지 못합니다. 사회적 약속이 제거될 때 길거리는 곧장 '죽음의 공간'으로 변모하고 말 것입니다. 사실 국가라는 그림자를 제거할 때 우리의 시간과 공간은 항상 죽음의 그림자로 뒤덮히고 맙니다. 그러므로 우리가 사는 근대 공간의 배후에는 항상 국가가 놓여 있습니다.

사형 제도의 존폐 여부와 관련된 논란에서 알 수 있듯이 사형은 국가가 승인하는 유일한 살해 행위입니다. 사형은 일상 공간에서 모든 살해 행위를 제거한 뒤에 남는 유일한 살해 행위이면서도, 다른 모든 살해 행위를 제거하기 위해 존재해야 한다고 주장되는 공식적인 살해 행위이기도 합니다. 그러므로 사형 제도는 살해를 통한 살해의 방지라는 자기 역설에 빠져 있습니다. 한국에서도 1995년 11월 '지존파' 사형은 많은 논란을 낳았습니다. 그러나 사람들은 무차별적 살인이라는 공포심을 이겨내지 못했습니다. 이유 없는 죽음과 살해는 일상 공간을 마비시키기 때문입니다. 그러나 여기에도 역설은 존재합니다. 예컨대 사형 제도를 반대하는 사람들도 죄수를 감방에 가두고 하루에 2시간 정도만 마당에서 하늘을 보게 하는 처벌 방식에 대해서는 비판하지 않습니다. 감금은 사람의 손으로 죄수의 생명을 빼앗는 것이 아니라, 시간이 죄수를 서서히 죽음의 시간 쪽으로 끌고가게 하는 형벌입니다.

이 글에서 우리는 전쟁, 테러, 자살폭탄 공격의 예를 통해 현대 사회의 죽음문화를 재성찰해 보고자 합니다. 여전히 한국사회는 6.25전쟁의 자장 안에 놓여 있습니다. 근대 국가는 대부분 그 형성기에 혹독한 내전을 치릅니다. 한국도 마찬가지였습니다. 내전의 결과로 국가와 민족이 형성된다는 것이 근대 국가의 역설인지도 모릅니다. 물론 내전이 없던 나라는 다른 나라를 침략함으로써 국가와 민족을 만들었습니다. 타민족을 살해하여 자민족의 정체성을 획득한 것입니다. 우리는 현재 우리의 사회가 그러한 전쟁의 토대

위에 서 있는 불안하고 위태한 존재라는 것을 기억할 필요가 있습니다.

테러와의 전쟁: 다리 없는 사람들

다시 맨 처음 이야기로 돌아간다면, 전쟁과 테러의 차이점은 하나입니다. 어떤 국가든 전쟁은 국가가 하는 공식적으로 승인된 살해 행위입니다. 테러는 '국가도 아닌 것'이 하는 승인할 수 없는 살해 행위입니다. 적어도 언론에서 그려지는 전쟁과 테러의 차이점은 이러합니다. 근대 국가 체제하에서 개인은 '생몰 연대'에 의해 표기됩니다. 주민등록증은 내가 세상에 출현한 날을 기록하고 있고, 사망진단서는 내가 세상에서 사라진 날을 기록할 것입니다. 국가의 맥락에서 누가 태어났고 누가 죽었느냐는 매우 중요한 문제일 수 있습니다. 그러나 더욱 중요한 것은 근대 국가가 모든 폭력과 살해의 독점 속에서 태어났다는 사실입니다. 이것은 국가의 치안 체계에 의해 우리의 공적 공간과 일상 공간 속에서 폭력과 살해가 증발되었다는 것을 의미합니다. 즉 누가 나를 해칠 것인가를 끝없이 고민해야 하는 심적 경계를 풀고 다른 일에 몰두할 수 있는 것입니다. 국가는 '안전'을 제공하고, 그 대신 불안에 떨지 않고 자기 할 일을 하는 개체를 얻습니다. 그렇다면 국가는 테러, 즉 공포심을 제거하는 장치입니다. 물론 '공포의 정치학'은 우리에게 또 다른 문제를 제기합니다.

이미 한국사회는 역사 속에서 그러한 '공포의 정치학'을 깊이 경험한 바 있습니다. 전쟁은 일상공간에서 회수된 폭력과 살해를 국가가 외부를 향해 발산하는 형태를 취합니다. 그러나 '공포의 정치학'은 그러한 독점적인 폭력과 살해를 내부를 향해 발산합니다. 언제라도 누구든 고문과 죽음의 대상이 될 수 있다는 공포심을 정치적으로 이용하는 것입니다. 그렇다면 공포, 즉 '테러의 정치학'은 한때 우리의 일상이었습니다. 다만 그 주체가 국가였다는 점이 다를 뿐입니다. 근대 국가는 국가의 존재 자체를 위협한다고 여겨지는 모든 행위에 대해 극단적인 폭력을 행사하기 때문입니다.

그러나 1990년 이래, 특히 2001년 9.11 사건을 전후하여 유럽과 미국을 기점으로 확산된 테러는 외부 세력, 특히 이슬람교도에 의한 테러라는 점에서 그 차이점이 존재합니다. 9.11 사건은 피랍된 항공기 4대 가운데 3대로 세계무역센터와 펜타곤을 공격한 자살 공격이었습니다. 이 사건으로 납치범 19명을 포함하여 2,996명이 사망했습니다. 이때부터 테러는 문명 국가를 파괴하는 야만적 행위, 특히 타인을 살해하기 위해 자살도 마다하지 않는 극악한 행위로 인지되었습니다. 테러 안에서 자살, 살인, 전쟁, 고문, 복수 같은 모든 죽음의 언어가 유통되기 시작한 것입니다.

9.11 사건 이후 미국이 선포한 '테러와의 전쟁'은 사실 테러와의 전쟁이 아니었습니다. 예컨대 미국은 9.11 이후 오사마 빈 라덴의 알카에다 조직을 후원한다는 이유로 아프가니스탄의 탈레반 정권을 붕괴시켰습니다. 아프가니스탄 전쟁은 2001년부터 2014년까지 14년 동안 이어졌고, 18,000~20,000명의 민간인이 살해되었습니다. 미군을 비롯한 연합군과 아프가니스탄 방위군의 사망자는 20,000명 이상이었고, 알카에다, 탈레반, 하카니 네트워크의 사망자는 25,000~40,000명입니다. 지난 10여 년 동안 거의 8만 명의 사람이 아프가니스탄에서 죽었습니다. 우리는 여기에서 '테러와의 전쟁'이 어떻게 '전쟁을 위한 전쟁'이 되어 버렸는지를 알게 됩니다. 2003년 미국의 이라크 침공에서도 수만 명의 이라크 병사와 수천 명의 민간인이 살해되었습니다.

그러나 미국이 아프가니스탄에서 전쟁을 벌이기 이전에 이미 그곳은 20년 이상 동안 내전을 벌이고 있었습니다. 우리는 30년 이상 전쟁을 벌이고 있는 나라를 감히 상상할 수 없습니다. 내전으로 인해 그곳에서는 5분마다 난민이 발생했고, 전체 인구 2,000만명 가운데 30%가 난민이 되었다고 합니다. 또한 전쟁과 기아로 1분마다 1명씩 죽어갔다고도 합니다. 모흐센 마흐말바프(Mohsen Makhmalbaf)의 영화『칸다하르(Kandahar)』(2001)를 보면 내전으로 피폐해진 아프가니스탄의 일상을 적나라하게 실감할 수 있습니다. 마흐말바프의 영화가 만들어진 시점은 2000년 11월 중순 이후입니다. 당시에 아프가니스탄에서는 매일 5~6명이 지뢰로 부상을 당했고, 그때까지 터진 지뢰만 1,000만 개 정도였다고 합니다.

가장 인상적인 장면은 잘 맞지도 않는 의족을 구하기 위해 적십자사 캠프 앞에 줄지어 늘어선 다리 없는 사람들의 모습입니다. 하늘에서 작은 낙하산에 매달려 구원의 상징처럼 떨어지는 의족을 차지하기 위해, 목발에 의지한 채 한 발로 질주하는 사람들의 모습은, "아, 전쟁이란 저런 거구나!"하는 생각을 하게 합니다. 아프가니스탄에서는 무언가를 간절히 원하면, 그것이 하늘에서 떨어진다는 속설이 있다고 합니다. 영화에서는 의족이 바로 그런 간절한 희구의 대상이 됩니다. 한쪽 다리가 없는 어떤 사람은 여주인공에게 아프가니스탄에서 살면 언제 다리를 잃게 될지 모르니까 의족 하나 정도는 가지고 있어야 한다고 말합니다. 미국이 아프가니스탄에서 일으킨 전쟁은 이 영화 이후의 또 다른 현실입니다. 이때 또 다시 지뢰가 얼마나 많은 사람의 다리를 잘라냈는지는 알 길이 없습니다. 전쟁은 다리 하나쯤 없어도 이상할 것 하나 없는 세상, 다리가 없는 사람이 마치 정상인처럼 활보하는 세상, 조잡한 의족 하나를 얻기 위해 한 발로 뛰어야 하는 세상을 만듭니다. 지뢰는 사람을 죽이지는 않되 불구로 만드는 무기, 즉 사람을 절반만 죽이는 무기입니다.

베트남 전쟁에 참전했던 미군 병사의 다음 이야기는 전쟁의 상황이 어떻게 사람을 정신의 존재가 아니라 몸의 존재로 만드는지를 보여줍니다.

내게는 사진 한 장이 있습니다. 내가 사람 머리 두 개를 들고 있는 사진입니다. 머리카락을 잡고 머리 두 개를 들고 서 있는 사진입니다. 믿을 수 있나요? 음, 오랜 옛날 야만인들처럼 막대기에 머리를 꽂고 이리저리 걸어다니는 다른 녀석들도 있었습니다. … 그리고 그런 일은 비정상적인 일이 아니었어요. 그런 일이 정상적이고 현실적이고 용인된다는 것, 그게 비정상적인 거겠죠. 그들이 내 사진을 찍었습니다. 사진이 있기 때문에 나는 그 일을 기억합니다. 그래서 나는 지금도 당시를 떠올려주는 그 사진을 갖고 있습니다. 평화로운 시기에 사진이 없다면 내 스스로도 그런 일이 있었다는 것을 믿지 못할 겁니다. (Theodore Nadelson, *Trained to Kill: Soldiers at War*, Baltimore: Johns Hopkins University Press, 2005, pp. 68-69)

인공적인 죽음: 사자의 국가

길 엘리엇(Gil Elliot)은 『20세기 사자의 서(Twentieth Century Book of the Dead)』(1972)라는 흥미로운 책에서 20세기에 전쟁을 통해 죽은 사람들에 대한 연구를 시도합니다. 그는 전쟁에 의한 죽음을 자연적인 죽음과 구별하여 '인공적인 죽음'이라고 범주화합니다. 특히 그는 20세기에 전쟁에서 죽은 자에 대한 기록이 역사 연구에서 각주로 처리되거나 무의미한 통계학으로만 처리되고 있다는 사실을 비판합니다. 엘리엇에 따르면 20세기에 전쟁으로 죽은 사람의 수는 대략 1억 명이며, 오차 범위를 감안해도 최소 8천만 명에서 1억 5천만 명입니다. 대략적인 사망자 수는 제1차 세계대전에서 1,000만 명, 러시아 내전에서 1,000만 명, 러시아 전체주의 국가에서 1,000만 명, 20세기 중국에서만 2,000만 명, 제2차 세계대전 당시 러시아에서만 민간인 1,000만 명과 군인 1,000만 명, 제2차 세계대전의 나머지 국가에서 1,500만 명, 유럽의 유대인이 500만 명, 그리고 다른 20세기 전쟁들에서 1,000만 명 정도였습니다. 이 통계가 1970년대 이전의 것이라는 것을 기억할 필요가 있습니다. 엘리엇은 '인공적인 죽음'의 통계학은 대략 ±20%의 오차범위를 감안해야 한다고 말합니다.

제2차 세계대전 당시에 독일인 사망자는 500만 명 정도였습니다. 1945년 이전까지 200만 명 정도의 독일군이 사망했고, 마지막 6개월 동안 대략 50만 명이 더 죽었고, 100~150만 명 정도의 전쟁 포로가 러시아 강제노동수용소로 보내져 죽었습니다. 또한 200만 명 정도의 독일인이 고국을 떠났고, 그 가운데 50만 명 정도가 사망했습니다. 폭격으로 사망한 민간인이 50만 명이었습니다. 폴란드에서만 300만 명이 죽었고, 유대인을 포함하면 500만 명이 죽었습니다. 폴란드 전체 인구가 3,500만 명이었으므로, 7분의 1이 사라진 것입니다. 전쟁에서 죽은 일본인은 50만 명 이상의 민간인을 포함하여 약 250만 명입니다. 히로시마와 나가사키에 떨어진 원자폭탄의 희생자는 20~30만 명이었습니다. 독일에 강력하게 저항했던 유고슬라비아에서는 170만 명이 죽었습니다. 20세기에 일어난 다른 전쟁의 경우에 러일 전쟁에서는 약 10만 명, 1914년 전후 터키에서 일어난 아르메니아인 대학살에서는 100만 명, 1910~20년의 멕시코 혁명과 내전으로 200만 명, 1931년 일본의 만주 침략으로 30만 명, 1947년 인도와 파키스탄의 분할로 인해 100만 명, 한국전쟁에서 100만 명, 1967~69년에 나이지리아 내전으로 100만 명, 베트남 · 캄보디아 · 라오스의 전쟁과 내전으로 민간인 46~250만 명을 포함하여 100~400만 명이 사망했습니다.

베트남 · 캄보디아 · 라오스의 전쟁에서 알 수 있듯이, 전쟁에 의한 죽음에서 병사의 죽음은 어느 정도 정확히 통계에 잡히지만, 민간인 사상자 수에 대한 정확한 통계를 내기는 쉽지 않습니다. 즉 전쟁은 많은 민간인의 죽음을 확인할 수 없게 만듭니다. 많은 사람들의 생사 여부나 존재 여부를 확인할 수 없게 하는 것입니다. 한국전쟁에서도 많은 사람들이 죽음이 아니라 실종으로 처리되었습니다. 시신의 행방을 찾기 힘들다는 것, 그리고 온전한 시신을 발견하기 어렵다는 것도 전쟁이 어떻게 죽음을 죽음으로 존재하지 못하게 하는지를 보여줍니다. 전쟁은 숱한 죽음을 낳지만, 역으로 죽음을 사라지게도 합니다. 전쟁은 죽음을 죽음이 아니게 하며, 출생은 있지만 죽음은 없는 사람들을 만들어냅니다. 전쟁으로 인해 마치 존재한 적이 없는 것처럼, 태어난 적이 없는 것처럼 사라진 무수한 사람들이 있습니다. 그러므로 현대전은 죽음 개념 자체의 위기를 초래합니다. 과거에는 사람들이 결코 이런 식으로 죽지 않았기 때문입니다. 죽음보다 더 중요한 것이 죽음의 방식입니다. 사람들이 사후세계를 어떻게 생각하느냐가 아니라, 사람들이 죽음 자체를 어떻게 바라보고 있느냐가 아니라, 당대 사람들이 어떻게 죽어가고 있느냐가 바로 당대의 죽음 개념의 핵심 요소이기 때문입니다.

특히 현대전의 무기는 단순한 죽음이 아니라 몸의 완전한 파괴를 지향합니다. 그러므로 시신의 해체와 유실은 전쟁이라는 '인공적인 죽음'이 낳은 20세기 죽음의 독특한 양식이기도 합니다. 인간을 죽이는 것이 아니라 인간의 존재 자체를 완전히 소멸시킨다고 말해야 더 합당할 것 같습니다. 예컨대 일상의 공간에서도 교통사고로 죽는 사람들, 각종 재해로 죽는 사람들, 치명적인 질병으로 인해 의료 기술의 도움으로 죽음을 계속 지연시키다가 끝내 죽음을 맞이하는 사람들이 늘어나고 있습니다. 전쟁에 의해서든, 질병이나 치료나 수술에 의해서든 현대의 죽음은 '몸의 훼손'과 맞물려 있습니다. 병상에 누워 현대인은 몸속에 한줌의 생명도 남아 있지 않을 때까지 모든 생명을 소진하다가 죽습니다. 병상 옆에 놓인 모든 의료 기계는 생명의 잔여를 측정하는 도구처럼 보입니다. 병원에는 최소한도로만 생명의 양이 보존되어 있는 신체가 즐비합니다. 생명의 소실 정도는 몸의 축소와 훼손으로 가시화됩니다. 어찌 보면 현대 사회에서 화장률의 증가는 그만큼 현대인의 시신이 훼손되어 있다는 기호일지도 모르겠습니다. 매장할 토양의 부족 못지않게 시신의 상태 문제도 화장 선호의 급격한 증가 이유 가운데 하나일 수 있을 것 같습니다. 시신의 손상 문제는 의외로 심각한 죽음의 위기를 초래합니다. 삶뿐만 아니라 죽음에서도 몸의 의미는 중심을 차지합니다.

엘리엇은 숫자는 진실을 전달하지만, 통계학으로는 하나의 죽음이 갖는 도덕적 가치나, 1만 명의 죽음과 2백만 명의 죽음 간의 도덕적 차이를 전달하지 못한다고 주장합니다. 그는 "모든 사람이 그런 행동을 할 수 있어. 인간은 본질적으로 야만적인 존재야."라고 말하는 데 그쳐서는 안 된다고 말합니다. 그래서 그는 20세기에 인공적인 죽음을 맞이한 사람들의 죽음 방식에 대한 세밀화를 그려야 한다고 말합니다. 그는 1억 명은 한 국가의 인구와 맞먹는 숫자이므로 '인공적인 죽음'을 맞이한 사람들 전체를 가리켜 '사자의 국가(nation of the dead)'라는 표현을 써도 될 것 같다고 말합니다. 그러므로 엘리엇이 쓴 '사자의 서'는 20세기가 만든 이 '사자의 국가'에 대한 연구서입니다. 그는 '사자의 국가'에 대한 지리학적, 인구학적, 역사적, 문화적 연구를 수행해야 한다고 주장합니다. 이 사자의 국가는 근대적인 국가이며, 세계 시민으로 구성돼 있고, 1914년부터 본격적으로 인구가 증가한 국가입니다. 1920년대 초반에 이미 인구수는 2천만 명이었고, 제2차 세계대전이 발발하는 1940년까지 4천만명으로 성장합니다. 1940년 초반에 인구수는 두 배로 급증합니다. 그리고 1945년 이후로 인구 성장률이 이전 수준 아래로 떨어집니다.

이 '사자의 국가'는 우리에게 현대 세계가 발명한 '총체적인 죽음(total death)'의 가능성을 제시합니다. '총체적인 죽음'은 하나의 도시, 나라, 지역이 순식간에 사라지면서 일어나는 집단적인 죽음을 가리킵니다. 과거에 '총체적인 죽음'은 대홍수나 대화재에 의해 일어나는 신의 작품으로 여겨졌습니다. 그러나 특히 핵폭탄의 발명 이후에 '총체적인 죽음'은 언제라도 일어날 수 있는 '인공적인 죽음'이 되어 버렸습니다. '사자의 국가'라는 개념을 통해 우리는 삶의 세계가 죽음의 세계를 기반으로 하여 탄생한 위태로운 것임을 알 수 있습니다. 엘리엇의 이야기 가운데 매우 주목할 만한 부분이 있습니다. '사자의 국가'의 국민은 모두 전쟁으로 인해 때 이르게 죽은 사람들입니다. 그러므로 그들은 현재 우리가 누리는 '시민적 죽음'이나 '사적인 죽음'을 맞을 기회를 갖지 못한 사람들입니다. 우리는 누구나 자기가 죽을 것을 알고 있습니다. 그러므로 우리가 두려워하는 것은 죽음 사건 자체가 아닙니다. 우리는 죽음이 일어나는 방식이나, 생자가 사자의 시체를 처리하는 방식을 두려워합니다. 엘리엇이 말하는 '사자의 국가'는 총을 맞거나 폭격을 당하거나 칼에 찔려 죽은 사람들로 이루어진 나라입니다. 엘리엇은 대량학살과 전투에 의한 이러한 죽음을 '사적 죽음'과 구별하여 '공적 죽음'이라고 부릅니다.

개인은 누구나 자기 죽음과 관련하여 자기 구미에 맞는 생각들을 탐닉할 수 있습니다. 죽음에 대해 생각할 수 있는 충분한 시간을 갖고 있는 사람들이 죽음에 대한 하나의 해석에 지배당할 필요는 없습니다. 오늘날 우리의 죽음이 그렇습니다. 사고를 당하거나 자살하거나 큰 병에 걸리지 않는다면, 근대 의학과 공중 보건의 도움으로 사람들은 거뜬히 70세 이상을 살 수 있습니다. 그러므로 이때 죽음은 끊임없이 우리의 삶을 위협하는 적이 아니라 '삶의 끝'으로 인식됩니다. 전쟁에서는 그렇지 않습니다. 전쟁에서 죽음은 삶의 끝이 아니라 언제라도 일어날 수 있는 삶의 가능성입니다. 현재 우리가 '삶의 끝'이라는 관점에서 죽음을 바라본다면, 이러한 생사관 자체는 매우 현대적인 것입니다. 그러나 엘리엇이 말하는 '사자의 국가'에 살고 있는 국민들은

'삶의 끝'을 관조할 만한 여유가 없었던 사람들, 즉 인간이 만든 전쟁 기계 안에서 죽어간 사람들입니다. 그러나 세계 도처에는 여전히 우리처럼 죽지 않는 많은 사람들이 있습니다. 죽음이 '삶의 끝'일 수 없는 많은 사람들이 있습니다.

도살장, 늙음, 처벌: 사라지는 죽음

조르주 프랑주(Georges Franju)가 1949년에 만든 『짐승의 피(Le sang des bêtes)』라는 22분짜리 다큐멘터리 영화가 있습니다. 이 영화는 파리 근교에 있는 도살장을 촬영한 것으로, 말 · 소 · 양이 도축되는 장면을 여과 없이 보여줍니다. 살아 있는 동물이 도살장에서 목이 잘려 금세 고깃덩이로 변하는 모습을 보면서, 우리는 끈질긴 생명력이 칼 한 자루에 허망하게 사라지는 모습을 보게 됩니다. 이 영화의 장면은 어떤 공포 영화보다 공포스러울 수 있습니다. 삶의 진실, 즉 삶의 이면에 놓인 일상이 얼마나 공포로 물들어 있는지를 알게 된다고 해야 할지 모르겠습니다. 매일 먹는 고기가 어떻게 만들어졌는지, 죽음이 고기가 되고, 이 고기가 다시 인간의 생명으로 변할 거라는 진실이 드러날 때, 우리는 몸을 움찔거릴 수밖에 없습니다.

그러나 도살장에서 죽어가는 동물의 죽음을 죽음이라 불러야 할지 망설여지는 것도 사실입니다. 인간은 고기가 되기 위해 죽지 않습니다. 아니 인간을 살해하는 것도 고기를 만들기 위한 것은 아닙니다. 이것이 인간의 죽음과 도살장의 죽음 간의 가장 극명한 차이일 것입니다. 죽음의 방식, 그리고 시신의 처리가 바로 죽음 개념의 핵심 요소라면, 도살장에서 목이 잘리고 가죽이 벗겨지고 몸이 분할되는 말 · 소 · 양의 죽음은 죽음이 아니라 '죽음의 증발'에 가깝습니다. 바로 여기에서 우리는 전쟁의 죽음과 도살장의 죽음의 가느다란 연결선을 발견합니다. 우리는 동물을 먹기 위해 그들의 죽음을 빼앗습니다. 도살은 생명을 빼앗는 것이 아니라 차라리 죽음을 빼앗는 행위라고 해야 옳습니다. 죽음의 강탈, 죽음의 실종, 죽음의 죽음입니다. 이와 비슷하게 인간도 전쟁에서 죽음의 사라짐을 경험합니다.

살아가면서 우리는 누구나 조금씩 늙어갑니다. 늙은이와 젊은이는 정태적인 모습으로 존재하지 않습니다. 어디까지가 젊은이고 어디부터가 늙은이인지 알 수 없습니다. 오로지 '늙어가는 이'와 '젊어지고자 하는 이'가 존재할 뿐입니다. 모든 사람은 늙어가지만, 누구도 젊어지지는 않습니다. 그러므로 젊은이와 늙은이라는 개념은 대립적인 개념일 수 없습니다. 누구나 늙어가기 때문입니다. 늙음은 몸과의 관계에서 인지되는 문제입니다. 어느 날 거울을 보면서 우리는 "내가 많이 늙어 버렸구나!"하고 생각합니다. 내가 기억하는 과거의 내 몸이 아닌 어색하고 낯선 몸이 거울 안에 있습니다. 나는 거울 속의 내 얼굴을 보면서 나의 젊음을 떠올립니다. 현재의 늙은 내 얼굴과 과거의 젊은 내 얼굴이 겹쳐지면서 내가 인식됩니다.

그러므로 젊음과 늙음은 내가 내 몸 안에서 인지하는 공존의 범주입니다. "나도 한때 저런 때가 있었지"라는 말은 타인의 젊음을 통해 나의 젊음을 회고하는 말일 뿐입니다. 늙음은 자기와 몸의 점진적인 분리 현상입니다. 늙어간다는 것은 기억이 현재를 조롱한다는 것을 의미합니다. 시력, 청력, 기력이 떨어집니다. 점점 더 타인에게 의존적이 됩니다. 생명이 점점 비생명으로 쇠퇴해 갑니다. 그러므로 늙음은 과거의 회고이자 동시에 미래의 예상이기도 합니다. 늙음은 그렇게 서서히 우리를 조여옵니다. 그러니 늙음 속에서 예상되는 죽음은 서서히 찾아오는 '삶의 끝'입니다. 도살장의 동물은 이러한 죽음을 모릅니다.

조르주 바타유는 『에로스의 눈물(The Tears of Eros)』이라는 책에서 1905년에 찍힌 사진 한 장에 대해 이야기합니다. 이 사진은 젊은 중국인이 의례적인 처벌을 받고 있는 모습을 담고 있습니다. 사진은 젊은이를 알몸으로 나무 기둥에 묶은 상태에서 칼로 사지를 하나씩 잘라내고 가슴을 도려내면서 공개적인 처벌을 집행하는 장면을 보여줍니다. 그런데 이해할 수 없는 것은 사지가 잘리고 있는 젊은이가 알 수 없는 웃음을 짓고 있다는 점입니다. 바타유의 설명에 의하면, 고문과 처벌의 시간을 늘리기 위해 아편을 투여했기 때문이라고 합니다. 극한의 고통 속에서 웃음을 짓고 있는 이 사진을 통해 바타유는 진정한 '공포'는 이런 것이라고 말합니다. 희생자의 몸에 존재하는 두 가지 표정, 즉 죽음의 표정과 환희의 표정이 공포를 자아낸 것입니다. 죽음은 두렵습니다. 그러나 누군가가 죽음을 기뻐한다면 그 장면은 우리에게 공포스럽게 다가올 것입니다. 앞에서 우리는 도살장에서 죽음이 사라지는 장면을 이야기했습니다. 그와는 다르게 바타유의 사진에서 우리는 또 다른 형태로 '죽음의 소멸'을 만납니다. 죽어가는 자가 자신의 죽음을 인지하지 못하는 상태, 죽이기 위해 고문하는 것이 아니라 고문하기 위해 죽음을 지연시키는 기이한 현상을 만나게 됩니다. 죽어가는 자에게도 죽이는 자에게도 이미 죽음은 없습니다. 우리가 공포를 느끼는 것은 바로 '죽음의 사라짐'입니다.

자살폭탄 공격: 죽음의 소리

미국의 9.11 사건을 전후하여 '자살폭탄 테러(suicide bombing)'에 대한 공포심이 세계적으로 확산되었습니다. 자신의 몸에 폭탄을 매달고 상점에 들어가 폭탄을 터뜨리는 테러범, 항공기를 폭탄 삼아 다른 승객들과 함께 세계무역센터와 함께 사라진 테러범의 모습은 언제라도 일상의 평화로운 공간을 파괴할 수 있는 잠재적인 위협으로 인식되었습니다. 죽음과 죽음을 맞교환하는 이러한 방식의 테러는 교전수칙을 준수하지 않는 야만 행위로 그려졌습니다. 언제부턴가 모든 테러리즘에 자살폭탄 공격의 이미지가 덧씌워진 것 같습니다. 보통 테러는 민간인을 살상한다는 점에서 악한 행위로 여겨지며, 팔레스타인처럼 '국가 없는 자들'이 다른 국가를 상대로 벌이는 문명 파괴 행위로 간주됩니다. 또한 테러는 이슬람교의 지하드, 즉 성전 개념의 산물이라고 말하기도 합니다. 그러나 이 글에서 우리는 테러보다는 테러를 부추기는 전쟁을 더 많이 보았습니다. 그리고 테러보다는 '테러와의 전쟁'이 더 많은 인명을 살상하고 있다는 것도 보았습니다. 뭔가 잘못된 것 같다는 생각을 하지 않을 수 없습니다.

『자살폭탄 공격에 대하여(On Suicide Bombing)』라는 책에서 탈랄 아사드(Talal Asad)가 말하는 것처럼, 근대 세속국가는 생명과 죽음에 대한 모순적인 관점을 동시에 가지고 있습니다. 근대 국가는 인간의 생명이 무엇보다 소중하다고 하면서도, 국가를 지키기 위해서는 얼마든지 생명을 바쳐야 하고 살인할 수 있어야 한다고 주장합니다. 또한 모든 인간의 생명은 동등한 가치를 갖는다고 주장하면서도, 자국민의 죽음이 타국민의 죽음보다 더 소중하다고 주장합니다. 우리는 미디어를 통해 팔레스타인의 하마스, 레바논의 헤즈볼라, 오사마 빈 라덴의 알카에다, 아프가니스탄의 탈레반이 벌인 테러에 대해 많은 이야기를 들었습니다.

그런데 우리는 테러리즘이 국가 없는 자들, 또는 국가로서의 존재를 위협받는 자들이 벌이는 저항 수단이라는 점을 인식해야 합니다. 1948년 이스라엘 건국 이전에 이스라엘의 시온주의 군사 조직은 이스라엘의 독립을 위해 많은 테러 행위를 벌였습니다. 이르군(Irgun), 레히(Lehi), 하가나(Haganah) 같은 이스라엘 무장 단체들이 이스라엘 건국의 초석이 된 것입니다. 이스라엘 건국 이전에 이러한 무장 단체들은 지금의 하마스나 탈레반과 별반 다를 바 없이 민간인을 살상하는 테러 단체였습니다. 어쩌면 이스라엘은 테러 단체였던 자신의 과거를 분명히 기억하고 있기 때문에, 이슬람교 테러 단체를 두려워하는지도 모릅니다. 그렇다면 테러는 이슬람교 지하드의 산물이 아닙니다. 테러는 국가가 되지 못한 민족과 이미 국가가 된 민족이 벌이는 싸움이거나, 국가로서의 존재를 위협받는 국가가 다른 강대국을 상대로 벌이는 투쟁입니다.

1980년부터 2001년까지 전세계적으로 일어난 자살폭탄 공격은 188건이라고 합니다. 그런데 이 통계는 자살 테러와 이슬람교 근본주의의 연관성, 또는 자살 테러와 종교의 연관성을 부정합니다. 왜냐하면 자살 공격의 발명자는 힌두교도 출신이지만 종교에는 반대하는 스리랑카의 마르크스-레닌주의 집단인 '타밀 호랑이(Tamil Tigers)'이기 때문입니다. 188건 가운데 그들이 저지른 자살폭탄 공격이 75건입니다. 그러므로 자살폭탄 공격이 이슬람교의 극단적인 종교성과 관계 있다고 보는 것은 종교적 편견에 불과합니다. 자살폭탄 공격의 원인은 종교가 아니라 '국가의 위기'나 '국가 없음'이기 때문입니다. 중요한 것은 전체 테러 가운데 자살 공격은 3%에 불과하지만, 모든 테러 사망자의 절반이 자살 테러의 희생자라는 사실입니다. 그러므로 자살 테러는 빈약한 군사 자원이 낳은 강력한 정치적 진술입니다. 2006년에는 이라크의 자살폭탄 공격이 수치상으로 '타밀 호랑이'의 자살 테러를 넘어서게 됩니다.

모든 테러는 국가라는 상상의 공동체를 만들고 지키려는 근대적 열망 속에서 작동합니다. 테러리즘으로 표상되는 민족과 종교는 야만인이 아니라 근대인이 되고자 하는 충동 속에 놓여 있습니다. 근대 국가가 벌인 수많은 전쟁은 국가라는 집단적 불멸성을 위해 수많은 개인의 생명을 희생시켰습니다. 자살폭탄 공격은 그러한 근대성의 집약적 상징인지도 모릅니다. 자살폭탄 공격은 자신의 몸을 파괴하면서 집단적 불멸성에 봉사하는 행위, 자살을 통해 타인을 살해하고 그 안에서 국가를 존재하게 하는 행위입니다. 우리는 테러리즘이 '테러 집단'이나 '테러 종교'에 대한 무자비한 살상과 보복을 허용하는 개념으로 이용되지 않게 해야 합니다. 그동안 테러리즘은 테러를 벌이는 사람, 테러를 벌일 것 같은 사람은 모두 죽여야 한다는 주장을 지지하는 개념으로 활용되었습니다.

한국사회는 지난 10여 년간 경제협력개발기구(OECD) 회원국 가운데 부동의 자살률 1위를 고수하고 있습니다. 보통 유서, 일기, 메모, SNS 글 등을 통해 자살의 이유를 추측하기도 하지만, 자살의 가장 직접적인 이유를 분명히 제시하기는 어렵습니다. 그저 짐작할 뿐입니다. 사실 죽음의 원인은 보통 몸에서 찾아집니다. 자살이든 아니든 어떤 형태로든 신체적 타격을 통해 죽음이 이루어지기 때문입니다. 그러나 우리는 자살의 '사인(死因)'을 몸에서 찾지 않습니다. '죽음의 방식'은 별로 중요하게 생각되지 않습니다. 물음은 항상 그 사람이 왜 죽었는가, 즉 심리적 동기의 문제로 귀착됩니다. 그런데 자살은 자신의 죽음으로 끝나지 않습니다. 자살의 원인이 분명하지 않기 때문에, 자살자 주변 사람들은 누구든 심리적 압박을 겪습니다. 혹시 내가 한 행동, 말, 부주의, 무관심이 그의 자살을 방조한 것은 아닌지 하는 죄책감에 휩싸이게 되는 것입니다. 그러므로 모든 자살은 가까운 친척들이나 사랑하는 사람들을 더불어 어느 정도 살해하는 행위가 됩니다. 겉보기엔 혼자 죽는 것처럼 보이지만, 사실은 주변 사람들을 조금씩 죽이는 것이 자살입니다. 자살은 사실 사회적 타살이라고들 말합니다. 자살자는 결국 사회가 죽인 것이라는 말입니다. 그러나 역으로 자살은 정말 타살이기도 합니다. 나의 자살을 통해 내가 타인을 일정 부분 죽일 수 있으며, 나아가 정말 타인을 완전히 죽일 수도 있기 때문입니다. 우리는 흔히 '자살의 원인'에 대해 묻습니다. 그러나 마찬가지로 중요한 것은 '자살의 결과'입니다.

우리는 '자살폭탄 공격'에 대해서도 같은 질문을 던져야 합니다. 자살폭탄을 터뜨린 자의 죽음은 타인을 직접적으로, 물리적으로 살해합니다. 일반적인 자살은 다른 사람을 부분적으로 죽이지만, 자살폭탄은 실질적으로 죽입니다. 또한 자살폭탄은 전쟁의 맥락에서 작동합니다. 우리는 전쟁에서 적군의 전기적 이력에 관심을 갖지 않습니다. 그리고 자살폭탄은 살인입니다. 그러나 범죄자가 죽었기 때문에 처벌할 수 없는 살인, 그래서 근대 국가의 법체계를 무력화시키는 살인입니다. 자살 폭탄을 온몸에 감고 있는 사람은 죽음을 '삶의 끝'이라고 생각하지 않습니다. 그는 자신의 개별적 죽음이 또 다른 집단적 생명의 씨앗이 될 것이라고 생각할 것입니다. 그에게 죽음은 이미 죽음이 아닙니다. 자살폭탄 공격은 '죽음의 증발' 속에서 이루어집니다. 자살폭탄 공격은 자살자의 온몸을 산산조각냅니다. 시신의 훼손은 전형적인 근대적인 죽음을 상징합니다. 마치 그는 뇌사자의 장기가 다른 이에게 이식되어 다른 사람을 살리듯이, 즉 뇌사자의 시신이 훼손되면서 다른 사람이 살아나듯이, 그렇게 자신의 몸을 잘라 집단의 몸으로 이식합니다. 우리는 자살폭탄이 얼마나 우리의 죽음과 멀면서도 가까운지를 깨달아야 합니다.

중세의 마녀 사냥이든, 이교도에 대한 화형이든, 십자군 전쟁이든, 종교적 박해에 대한 저항으로서의 순교든, 종교는 항상 폭력과의 무난한 친연성을 보여주었습니다. 기독교는 예수가 십자가에 못박힌 사건에 대한 해석을 중심으로 하여 성장했습니다. 누군가 말하듯 십자가에 못박힌 예수의 죽음은 '자살의 징후' 속에서 일어났습니다. 인류를 구제하기 위해 '스스로 죽음을 선택한' 예수의 죽음에 대한 신비적 해석은 기독교의 동력이었습니다. 발터 부르케르트(Walter Burkert) 같은 학자는 인간을 정의하면서 '호모 네칸스(homo necans, 죽이는 인간)'라는 표현을 사용합니다. 그는 살해 행위 속에서 인간이 비로소 시작되었다고 말합니다. 육식을 통해 비로소 현생 인류가 가능해졌다는 주장과도 일맥상통합니다. 인간은 살기 위해 누군가를, 무언가를 살해하여 먹지 않으면 안 된다는 역설에 대한 사색이 인간의 문화를 가능하게 했다는 것입니다. 고대 신화든 고대 의례든 대부분의 종교적 행위나 이야기는 신화화되거나 의례화된 살해 행위에 대한 기억을 담고 있습니다. 살해된 거인의 몸을 분할하고 절단하여 세계가 건축되었다는 신화가 그러하고, 신과 만나기 위해 동물이나 인간을 제물로 바쳐 생명과 죽음을 교환했던 희생제의가 그러하고, 누군가의 죽음을 견디지 못해 다른 사람의 머리를 자르는 '헤드헌팅(headhunting)' 행위가 그러합니다. '살해에 대한 해석'과 '실제 살해 행위'는 항상 종교의 유용한 도구였습니다.

그러나 종교사가 지닌 이러한 '살인의 추억'만이 종교와 죽음을 근접시키는 것은 아닙니다. 종교는 죽음을 해석하고 이해하기 위해 동원되는 가장 강력한 해석학입니다. 나아가 종교는 '죽음 없음'이나 '죽음 극복'을 주장하기도 합니다. 그러므로 차마 정상적인 인간이라면 저지를 수 없는 죽음의 현장에서, 죽음의 사건에서 종교의 연루를 의심하는 것은 매우 손쉬운 상상력입니다. 그런데 오늘날 참으로 종교는 오로지 테러 담론 속에서만 존재하는 것처럼 보이기도 합니다. 인간이든 집단이든 정상적인 상황에서는 도저히 할 수 없는 무엇이라도 할 수 있는 '순간'이 있습니다. 그것은 개체나 집단의 '생존'이 걸린 때입니다. '나의 생존'은 '타자의 죽음'을 불사합니다. 그러므로 만약 종교가 테러리즘과 연관되었다면, 그것은 '종교의 생존'이 문제되었을 때입니다. 종교의 생존을 위해서라면 '자살폭탄 공격'조차도 순교로 읽히며, 참수조차도 '종교적 행위'로 읽히게 됩니다. 테러는 순교의 또 다른 이름입니다. 순교 역시 테러의 또 다른 이름입니다.

우리는 천주교의 유입 당시에 조선에서 일어난 많은 박해 사건, 수많은 참

수 사건을 알고 있습니다. 그렇게 참수당한 이들이 얼마 전에 광화문 시복식에서 '복자'가 되었고 머지않아 '성인'이 될 것이라는 것도 알고 있습니다. 그렇다면 역으로 우리는 이렇게 물어야 합니다. 신주를 불태워 그 재를 땅에 묻은 윤지충의 행위는 '영혼의 화형식'을 거행함으로써 조선사회에 일종의 테러를 자행했던 셈입니다. 그는 조상을, 영혼을, 집단 과거를 불태운 자였습니다. 조선사회는 이러한 공포심에 대항하여 참수와 효수의 정치학을 동원했습니다. 종교사는 이처럼 피로 얼룩져 있습니다.

이 글을 통해 테러리즘뿐만 아니라 테러의 의미에 대해 물으려 했습니다. 특히 폭력적인 살해나 죽음이 낳는 공포심이 우리에게 어떠한 의미를 갖는지를 묻고자 했습니다. 그것은 '죽음의 의미'에 대한 물음이기보다 '죽음의 영향'에 대한 물음입니다. 테러에 의한 죽음은 아직 우리에게 '나의 죽음'도 '너의 죽음'도 아니지만, 그래도 우리는 '그들의 죽음'을 지나칠 수 없습니다. 크든 작든 멀든 가깝든 모든 죽음의 기록은 우리에게 보이지 않는 흔적을 남기는 것 같습니다. 멀리 떨어진 곳에서 전해지는 '죽음의 소식'이 미세한 먼지처럼 우리 곁에 쌓이면서 우리의 죽음에 대한 인식과 태도에 영향을 미친다고 해야 옳을 것 같습니다.

우리에게 가장 문제가 되는 죽음은 나의 죽음, 가족의 죽음, 친척의 죽음, 지인의 죽음입니다. 그러한 죽음과 함께 나는 내가 시간 속에서 건축한 삶의 공간 어느 한 켠이 무너지는 경험을 하게 됩니다. 죽음의 원근과 강약에 따라 굉음이 되기도 하고 잡음이나 소음이 되기도 하지만, 우리는 늘 '죽음의 소리'를 들으며 살아갑니다. 그러므로 살아간다는 것은 '죽음의 소리'를 견디는 과정일 수밖에 없습니다. 또한 우리는 왜 '좋은 것'에 머물러야 할 종교가 '나쁜 짓'을 하게 되는지를 묻지 않을 수 없습니다. 이슬람교와 유대교가 가장 좋은 예입니다. 종교가 전쟁 기계, 살인 기계가 되어 버린 것은 아닌지 염려하지 않을 수 없습니다. 그러나 이 글을 통해 테러가 특정 종교의 문제가 아니라, 근대 세계를 살아가는 우리 모두의 문제라는 것이 조금은 더 선명히 이해되었으면 좋겠습니다. 우리는 현재 우리의 죽음 개념이 아니라 죽음 방식에 대해 지속적으로 물어야 합니다.

더 읽어 볼 만한 글

- 브루스 링컨, 『거룩한 테러: 9.11 이후 종교와 폭력에 관한 성찰』, 김윤성 옮김, 돌베개, 2005.
- 수전 손택, 『타인의 고통』, 이재원 옮김, 이후, 2004.
- 정진홍, 『지성적 공간 안에서의 종교: 종교문화에 대한 비판적 인식을 위하여』, 세창출판사, 2015.
- 제임스 캐럴, 『예루살렘 광기: 왜 예루살렘이 문제인가?』, 박경선 옮김, 동녘, 2014.
- 찰스 킴볼, 『종교가 사악해질 때』, 김승욱 옮김, 에코리브르, 2005.

근사체험

사후세계의 존재가 삶에 미치는 영향

양 정 연

우리는 보통 죽음을 삶의 끝이라고 정의합니다. 현재 살아가는 세계는 삶의 세계이고 죽음은 '저 너머'라는 용어로 표현되듯이, 이 세계와는 구분된 다른 영역이라고 말합니다. 우리 대부분이 살고자 하고 죽음을 두려워하는 이유는 지금까지 익숙하게 여겨졌던 내 몸과 마음이 없어진다는 소멸의 두려움과 경험해보지 못한 저 너머에 있는 죽음 세계에 대한 두려움 때문일 것입니다.

죽음 세계는 일반적으로 우리가 직접 경험할 수 있는 세계가 아니기 때문에 보통 종교에서 말하는 죽음 세계, 죽음 이후의 세계를 통해 그 세계를 이해해왔습니다. 그러나 죽음 세계를 경험했다고 하는 사람들의 증언이 소개되면서 이를 하나의 연구 범위에 넣고 연구하려는 분위기도 확산되고 있습니다. 대표적으로 현대 신생학문인 생사학은 삶과 죽음을 하나의 생명과정으로 인식하면서 죽은 뒤의 세계를 이해함으로써 현재의 삶을 더욱 잘 이해할 수 있다고 합니다.

근대시기 이후로 과학적 세계관에서는 이성의 작용만이 강조되고 경험 세계 안에서 진리를 추구하려고 했지만, 죽음의 세계는 이성적인 판단과 경험을 초월했다는 점에서 또 다른 설명을 요구해왔습니다. 종교가 지역과 문화에 따라 혹은 그러한 경계를 넘어 보편적으로 수용되어 왔던 이유 가운데 하나는 이러한 물음에 대해 직접적인 답을 제시하고 있기 때문입니다. 물론 철학에서도 영혼 불멸과 사후 세계를 논의합니다. 그러나 죽음을 논의한다는 것과 죽음 세계, 사후 세계를 논의한다는 것은 다른 관점을 요구합니다. 우리가 익숙하게 '저 세계'라고 표현하는 것보다 우리의 학문은 더욱 굳건하게 이곳에 발을 디디고 저곳을 바라보고 있기 때문입니다.

죽음 세계에 대한 경험을 우리는 보통 '근사체험'(Near-Death Experience) 혹은 '임사체험'이라고 말합니다. 죽음은 '삶이 끝난 상태'로 표현되기 때문에 다시 삶으로 돌아온다는 것은 맞지 않을 수도 있겠지요. 그래서 죽음 세계를 경험했다는 것보다 그 문턱까지 갔다가 온 경험이라고 말합니다. 그동안 근사체험을 했다는 사람들의 경험은 약물에 따른 현상이거나 심리적인 문제, 환상 심지어는 정신질환에 따른 것으로만 여겨지기도 했습니다. 그러나 의학기술과 의료기기들이 발달로 빈사상대의 환자들에 대한 구급치료가 보편화되면서 근사체험을 했다고 증언하는 환자들의 사례가 더욱 많이 보고되고 있습니다. 이들의 경험은 임상과정에서 부정할 수 없는 사례로 인정되면서 철학박사이면서 의사였던 레이먼드 무디(Raymond A. Moody Jr.)는 이들의 경험을 모아 『삶 이후의 삶(Life after Death)』(Mockingbird Books, 1975)으로 출간했습니다. 이 책은 임상적으로 죽음 판정을 받았다가 다시 살아난 환자들의 경험을 토대로 출간되었다는 점에서 당시 미국사회에 큰 반향을 불러일으켰습니다. 이 책이 출간되면서 '근사체험'이라는 용어가 대중적으로 사용되기 시작했습니다. 미국에서는 1981년, 근사체험을 연구대상으로 하는 국제근사체험학회(International Association for Near-Death Studies, IANDS)가 설립되어, 전 세계적으로 관련 자료를 수집하고 근사체험에 관한 학술 활동을 전개하고 있습니다.

근사체험을 바탕으로 인간 죽음의 문제를 육체만이 아니라 정신적, 영적 문제로 파악하고자 했던 사람은 엘리자베스 퀴블러 로스(Elisabeth Kübler-Ross, 1926~2004)입니다. 현대생사학을 이끌었던 그녀는 임상적으로 죽었다가 다시 살아난 사람들의 경험을 의료 현장에서 직접 접하면서 죽음 이후의 문제를 신앙의 문제가 아니라 앎의 문제로 이해했습니다.

미지의 세계로 떠난다는 것은 보통 설레임과 함께 두려움을 동반합니다. 이제까지 익숙했던 환경에서 벗어난다는 것은 지금의 관계가 단절된다는 것과 저 세계에서 예상치 못한 새로운 상황들을 맞이하게 된다는 것을 의미하기도 합니다. 그런데 죽음은 이제까지 내게 속했던 것들이 소멸해버리는 한계 상황을 경험하는 것입니다. 죽음이 여행에 비유되기도 하지만 두려움으로 다가오는 것은 이러한 이유 때문입니다.

근사체험을 경험한 사람들의 증언에 따르면, 죽음 이후의 세계에서 그들은 두려움이 아니라 평화와 행복을 경험했다고 말합니다. 로스는 미국을 포함해서 세계 각국 사람들을 대상으로 종교나 문화적 배경이 다양한 사람들로부터 근사체험의 사례를 수집하고 연구한 결과, 그러한 체험이 인간의 고유한 경험이라는 것을 확신하게 되었습니다. 그 사람들은 대부분 이전과는 다른 변화된 삶을 살아간다는 연구결과가 보고되었습니다. 현실을 긍정적으로 받아들이고 남들을 배려하며 생명을 존중하고 영적으로 성숙한 생활태도를 보였으며, 죽음에 대한 공포와 두려움을 느끼지 않았습니다. 근사체험이 사후세계에 대한 명확한 증거가 될 수 있는가에 대해서는 의문을 제기할 수도 있습니다. 또한 사후세계가 행복이 아니라 고통과 두려움으로 경험되었던 사람들도 있다는 점에서 사후세계를 행복의 세계로만 규정할 수는 없을 것입니다. 종교에서는 삶의 태도와 방식에 따라 사후세계를 인과론적으로 연결지어 설명하지만 근사체험의 경험에서는 이러한 관계를 논리적으로 제시하기가 어렵습니다. 그러나 체험자들의 경험은 사후세계를 살펴볼 수 있는 하나의 통로를 제공해준다는 점에서 죽음과 죽음 이후의 세계를 폭넓게 이해하는 데 도움이 될 수 있습니다.

로스는 근사체험의 내용을 통하여 과학적 영역을 넘어선 죽음의 세계를 이해하고자 했습니다. 그녀는 죽음의 과정을 고치에서 나비로 탈바꿈하는 것에 비유하고, 육체적인 단계에서 영적인 단계로 변화하는 과정이라고 표현했습니다. 이러한 점은 인간 존재의 의미를 육체뿐만 아니라 정신적이고 영적인 측면들까지 종합적으로 검토되어야 한다는 것을 의미합니다.

죽어보지 못한 사람은 살아가지 말라는 말을 하기도 합니다만, 우리는 죽음을 통해서 삶의 의미를 살펴볼 수 있습니다. 의료현장에 있는 사람들은 임종과정에 있는 환자들이 일반인보다 훨씬 내적인 자각이 풍부하다고 말합니다. 죽음을 이해함으로써 우리는 의식의 경계를 확장시켜 인간의 의미를 생각해볼 수 있습니다. 왜냐하면 죽음은 삶의 목적과 의미를 알려주는 가르침이기 때문입니다.

근사체험을 통해 살펴보는 사후세계

미국에서는 1970년대에 무디와 로스, 죠지 릿치(George Ritchie), 켄네스 링(Kenneth Ring) 등이 임사체험을 공론화하고 학술적인 연구를 진행하기 시작했습니다. 이들은 국제근사체험확회를 구성하고 전 세계적으로 근사체험과 관련된 자료를 수집하고 연구했습니다.

근사체험에 대해서는 많은 책들이 출간되어 있지만, 초기 성과물로는 앞에서 소개한 무디의 저서와 함께 링 교수가 출간한 『Life at Death』(William Morrow & Co, 1982)가 자주 소개됩니다. 특히 링 교수의 책은 근사체험에 대한 자료를 과학적으로 분석하고 최초로 수량화를 시도했다는 점에서 학문적 평가를 받고 있습니다. 이외에도 최근에 출간된 제프리 롱(Jeffrey Long)과 폴 페리(Paul Perry)의 『죽음, 그 후』(Evidence of the Afterlife: The Science of Near-Death Experiences, HarperOne, 2010)는 10년간 1,300여명의 근사체험 사례를 객관적인 연구기준에 따라 분류하고 기록한 연구성과물이라는 점에서 주목받고 있습니다. 이외에도 다치바나 다카시(立花隆)의 『臨死體驗』(文藝春秋, 1997)은 NHK에서 방송되었던 내용을 중심으로 서구는 물론 일본의 근사체험 자료와 관련 연구자료들을 소개하고 있습니다.

무디는 이들의 체험담을 토대로 근사체험의 전형적인 형태를 다음과 같이 구성했습니다. 의사의 죽음 선언을 들으면서 환자는 길고 어두운 터널을 통과하는 느낌을 갖습니다. 그리고 육체에서 의식이 분리되는 느낌을 경험하게 되는데 주위 모습들은 그대로 보이게 됩니다. 그 뒤에 다른 영혼들을 보게 되는데, 죽은 가족이나 친지들을 만나게 되고 빛의 존재를 느끼게 됩니다. 그 앞에서 그는 삶을 순식간에 회고하게 되고 현세와 내세를 구분짓는 장벽이나 경계를 느끼게 됩니다. 그리고 다시 원래의 몸으로 돌아와야 한다는 사실을 느끼게 되면서 자신의 의지와는 상관없이 이전의 몸으로 돌아오게 됩니다. 켄네스 링은 새롭게 근사체험의 사례들을 조사하고 체험 요소들을 분석했는데, 경험의 내용이 무디가 제시한 내용과 거의 같았습니다. 그런데 이러한 체험내용은 성별이나 사회적 계층, 인종, 종교, 근사체험에 대한 예비적인 지식에 관계없이 보편적으로 일어났다는 점을 알게 되었습니다. 이러한 연구결과는 과학적으로 분석된 자료를 통해 무디의 발표내용을 뒷받침했다는 점에서 주목받았습니다.

근사체험을 통해 인간의 인식능력이 확장되고 어떤 문제점에 대해서 새로운 관점에서 접근할 수도 있다고 생각하는 사람들이 있습니다. 시각장애인으로서 근사체험을 했던 비키 노라투크(Vicki Noratuk)의 사례는 육체적인 시각정보를 제공하지 않더라도 다른 형태의 시각작용이 있을 수도 있다는 점을 말해줍니다.

비키는 갓 태어났을 때 시신경에 손상을 입어 근사체험을 하기 전까지 전혀 시각적인 이미지를 경험해본 적이 없습니다. 22세이던 어느 날, 교통사고로 인해 머리에 심각한 외상을 입어 응급실 치료를 받을 때였습니다. 그녀는 갑자기 몸에서 분리되는 느낌을 받으면서 체외이탈의 경험을 합니다. 주위 응급실의 상황이 눈에 들어오고 의료진들의 긴박한 움직임과 소리들이 들렸습니다. 의사들에게 소리를 질렀지만 자신의 소리가 들리지 않는다는 것을 알았습니다.

그녀는 천장을 통해 밖으로 나갈 수 있었는데 아무런 장애를 느끼지 못했습니다. 빛이 보였고 풍경소리와 같은 아름다운 소리가 나는 곳을 향했습니다. 어두운 터널을 빠져나오자 빛은 밝아졌습니다. 그리고 많은 사람들이 노래를 부르는 소리를 들을 수 있었습니다. 그곳에는 꽃들과 나무, 새들과 함께 사람들이 있었는데, 모두 빛나고 있었습니다. 그리고 어렸을 때 친했던 친구들과 어렸을 때 자신을 돌봐줬던 이웃사람도 만났습니다. 친구들이 다가왔을 때, 가까이 갈 수 없는 경계를 느꼈습니다. 그리고 그리스도가 나타나서 서로 가까이 다가서는 것을 막았습니다. 모든 것이 아름다운 곳이었지만, 아직은 그곳에 올 때가 아니라는 말을 들었습니다. 그 앞에서 과거의 사건들이 보이고 그때의 감정들까지도 모두 느낄 수 있었습니다. 사랑과 용서를 배우고 가르치라는 가르침과 함께 그녀는 갑자기 무거움과 고통을 느꼈고 원래의 몸으로 돌아오게 되었습니다.

제프링 롱의 연구자료에 따르면, 어린아이들의 근사체험 역시 일반인들의 경우와 거의 일치하는 형태를 띠는 것으로 나타났습니다. 그가 수집한 자료 가운데 5세 미만인 경우는 26건이 보고되었는데, 나이가 어리다고 해서 체험이 단순해지지는 않았고 나중에 말의 표현이 늘어났을 때에는 상당히 복잡한 체험의 내용까지도 표현했습니다. 이러한 점에서 근사체험의 형태는 문화나 신념, 삶의 체험 등으로부터 큰 영향을 받지는 않는 것으로 나타나고 있습니다.

근사체험을 어떻게 이해할 것인가?

근사체험의 형태가 거의 모든 사례에서 유사하게 나타나지만 구체적으로 미국과 일본, 인도의 사례가 비교된 것은 다치바나 다카시의 책에서 나타납니다.

일본 도쿄도 마치다(町田)시에 사는 히라세 마사코(平瀨正子)는 30대 후반에 위독한 상태에 빠지면서 근사체험을 경험했는데, 선녀와 같은 사람이 나타나서 자신을 데리고 하늘로 올라갔다고 합니다. 고통도 없어지고 편안한 느낌이 들었는데, 하늘로 올라가는 도중에 아직은 아이를 돌봐야 하는 임무가 있으니 돌아가라는 소리가 들렸고 이후 의식을 되찾게 되었다고 합니다.

일본에서 조사된 근사체험을 보면, 부처보다 오히려 선녀나 천사가 등장하는 경우가 많습니다. 체험의 유형은 비슷한 것으로 나타났는데, 서구에서는 빛과 기독교의 하나님이 밀접한 관련을 갖고 경험되었으나 일본에서는 종교적 신앙과 연결되는 경우가 적었습니다. 이러한 점은 인도의 경우에도 발견됩니다. 인도에서 조사된 근사체험에서는 야마(염라대왕)가 보이는 경우가 많습니다. 그리고 사자가 와서 저승으로 데려가는데, 이러한 경우는 일본과 인도의 사례에서 자주 보이는 특징입니다. 특히 인도의 경우는 명부를 들고 죽을 때가 맞는지 확인하는 야마가 등장하는데, 저승사자와 염라대왕은 우리의 전래 이야기에도 자주 등장한다는 점에서 흥미를 끕니다.

위의 사례를 보면 문화적인 영향이 세부적인 근사체험의 내용에 영향을 미치고 있다는 점을 알 수 있습니다. 이러한 점에서 근사체험은 뇌 속에서 일어나는 이미지에 불과하거나 생활에서의 체험이 투영된 것에 불과하다는 주장이 대두되기도 합니다. 그런데 종교적 신앙이나 문화적 배경이 전혀 다른 사람이 다른 지역에서 근사체험을 하는 경우, 해당 지역의 근사체험과 비슷한 형태를 띠거나 반대로 지역과 상관없이 자신의 신앙이나 문화적 배경과 연관된 근사체험을 하는 경우가 보고되고 있다는 점에서 단순히 그 관계를 특정하기는 어려울 것 같습니다.

근사체험을 과학적으로 입증하려는 시도는 오래전부터 많이 있었습니다. 빈사상태에 있지 않아도 체외이탈이 일어나는 경우가 있기 때문에 체외이탈을 자주 경험한다는 사람들을 대상으로 하거나 실험대상자에게 수파수 패턴 등의 변경을 통해 다양한 의식 상태를 변화시키는 실험을 하기도 했습니다. 여러 실험 가운데 1965년에 이뤄졌던 캘리포니아대학 데이비스 분교의 타트(C. T. Tart) 교수 실험은 실험결과에 대해 의미있는 내용을 얻을 수 있었습니다. 그는 실험실에 체외이탈을 경험한다는 대상자를 눕히고 체외이탈이 일어나는 경우, 구분된 모티터실에 적어 놓은 숫자를 읽도록 했습니다. 여덟 번의 실험이 이뤄졌고 마지막 실험에서만 체외이탈이 일어났습니다. 숫자를 알아맞히지는 못했지만, 실험관계자의 가족이 방문한 사실과 그 외면적인 모습을 묘사했는데 거의 일치했습니다.

그렇다면 이러한 자료들과 결과에 대해 어떻게 이해해야 할까요? 뇌에 산소가 부족할 때나 특정 성분의 약물을 투여했을 때에도 근사체험과 비슷한 현상이 나온다는 의견도 제시되고 있고 꿈이나 환상이라고 심리적인 측면에서 해석하는 경우도 있습니다. 그러나 근사체험을 경험한 사람들에게서 발견되는 특징은 그 경험이 삶에 지속적으로 긍정적인 영향과 변화를 일으켰다는 점입니다. 죽음이 미지의 세계일 때는 공포감을 느꼈지만 이들은 근사체험을 통하여 오히려 평화와 행복을 느꼈고 죽음이 모든 것의 소멸과 끝은 아니라는 확신을 갖게 되었습니다. 근사체험에서 그들은 자의나 타의에 의해서 아직 할 일이 남아 있다는 말을 듣거나 느끼면서 원래의 몸으로 돌아오게 됩니다. 그것은 각 개인에 따라 다양하게 경험되는 부분들이지만 이들은 이러한 경험을 통하여 분명한 목적의식을 갖게 되고 이타적인 삶을 사는 경우가 많은 것으로 조사되었습니다.

죽은 뒤의 세계가 평화와 행복을 느낄 수 있는 곳이라면 이 세상에서 경험되는 고통을 빨리 끝내고 죽음을 선택하는 것이 더 좋은 것이 아닌가라는 생각을 하는 사람들도 있습니다. 그런데 이들은 근사체험을 통하여 오히려 현재의 삶에 더욱 충실하게 되었다고 합니다. 그들은 근사체험을 통하여 이 세상에 자신의 역할과 임무가 남아있다는 것을 깨닫습니다. 따라서 삶을 적극적으로 살게 되고 매순간 삶의 소중함을 느낀다고 합니다. 이러한 삶의 태도가 죽음에 대한 인식 전환과 함께 삶을 더욱 의미있게 만드는 것이겠지요.

애플을 창립하며 테크놀로지의 혁신을 선도했던 스티브 잡스(Steve Jobs)는 2005년, 스탠포드대학 졸업식에서 죽음에 대한 인식이 자신의 삶을 어떻게 변화시켰는가에 대해 연설했습니다. 그는 매일 아침 거울 앞에 서서, "오늘이 내 인생의 마지막 날이라도, 오늘 하려는 일이 내가 하고자 하는 것일까?"라고 물었습니다. 그리고 "아니요."라는 말이 여러 날 이어진다면 변화해야 한다고 생각했습니다. 그는 자신의 삶에서 큰 결정을 할 때마다 자신이 곧 죽을 수 있다는 생각을 함으로써 방향을 결정지었습니다. 죽음을 통해서 그는 가장 진솔한 답을 이끌어냈던 것입니다.

우리가 죽음을 생각하고 인식한다는 것은 결코 삶을 부정하기 위한 것이 아닙니다. 태어남이 있으면 죽음이 있듯이 삶과 죽음은 성장하고 늙어가는 생명의 한 과정에서 자연스럽게 경험되는 것입니다. 죽음이 부정될 때 우리는 죽음에 이르게 되는 늙음 또한 부정적인 것으로 생각하게 됩니다. 그렇다면 우리의 삶은 결국 부정적인 방향으로 이어지는 것일 뿐입니다. 죽음을 이해하고 안다는 것은 죽음 자체를 있는 그대로 수용하는 태도를 요구합니다. 죽는다는 것은 공포가 아니라 삶의 한 과정에서 경험하게 되는 단계일 뿐입니다. 이 과정에서 우리는 의식의 폭을 넓힐 수 있는 기회를 얻고 정신적으로 영적으로 성숙한 삶을 살아가는 경험을 하게 됩니다.

우리 사회에서 사후세계는 종교적 교의와 신앙의 테두리 내에서만 설명되거나 과학에 대한 신념 속에서 철저히 배제되어 왔습니다. 문화와 종교적 배경, 신념의 다양성이 존중되는 현대사회에서 죽음을 이해하려는 태도는 서로 그 간극을 확인하는 시도에 불과할 수도 있습니다. 그렇다면 근사체험이 이러한 간극을 좁힐 수 있는 경험으로 이해될 수도 있지 않을까요? 근사체험이라는 것이 죽음의 문턱이라는 극한 상황에서 경험될 수 있는 것이라면 일상적인 우리의 경험세계와 비경험세계가 함께 우리의 의식과 인식 범위로 들어오게 되는 것이니까요.

종교에서 바라보는 사후세계

우리가 '종교'라고 번역하는 영어의 'religion'은 라틴어 'religio'에서 유래된 말로, '신들에게 바치는 제사, 의례'와 관련된 말입니다. 신을 향한 찬탄, 신과 인간의 관계를 다시 묶는다는 의미가 포함되어 있습니다. 그런데 '종교'란 말은 불교경전에서 '진리에 대한 가르침'이란 의미로 사용되는 말입니다. 근대시기 서양의 문물이 아시아에 전파될 때, 일본에서 'religion'의 번역용어로 사용하기 시작했습니다. 용어에서 알 수 있듯이, 각 종교의 신앙체계와 구조는 다르다는 점을 알 수 있습니다.

일반적으로 우리는 삶의 세계에서 죽음의 세계를 설명합니다. 그런데 종교는 죽음과 그 세계를 직접적으로 설명함으로써 죽음의 세계에서 삶의 세계를 바라볼 수 있도록 합니다. 기독교 전통에서는 종교적인 완성의 길을 신과의 관계성 회복으로 말하지만, 불교 전통에서는 자각을 통한 깨달음으로 제시합니다. 그러나 모두가 죽음 세계를 포함하는 종교적 세계관을 통하여 현재의 삶에 대한 의미와 목적을 환기시켜 줍니다. 죽음 세계를 이해함으로써 우리는 다른 종교와 문화적 배경을 이해할 수 있을 뿐만 아니라 우리 자신의 삶에 대해서도 더욱 폭넓게 인식할 수 있는 틀을 지니게 됩니다. 그렇다면 기독교와 불교에서는 사후세계의 문제가 종교적 완성과 어떻게 연관되어 설명될 수 있을까요?

기독교의 성경을 보면, 의외로 죽음 이후의 세계에 대한 언급이 많지 않습니다. 하나님의 백성으로서 야훼와의 친교가 강조되는 구약에서는 그 관계를 회복하지 못하는 것이 바로 죽음이라고 표현됩니다. 구약에서는 인간의 탄생을 하나님이 자신의 형상대로 흙을 빚어 그 코에 생기를 불어넣은 것으로 설명합니다. 여기에서 흙이나 생기는 인간 존재를 구성하는 실체적인 것이 아니라 하나의 측면일 뿐입니다. 기독교에서 인간은 몸을 지닌 생명이라는 전체적인 측면에서 설명되며 육체와 영혼은 생명의 외면적 측면과 내면적 측면으로 설명됩니다.

고대 히브리 사람들은 사람이 죽으면 '스올(Sheol)'이라는 지하세계로 내려간다고 생각했습니다. 스올은 캄캄하고 어둠으로 덮인 무덤과 같은 곳으로서 원래 선악의 구분이 없이 죽은 이들이 가는 곳입니다. 성경에는 점차 부활에 대한 인식이 결합하면서 죽은 자들이 머무는 중간 상태인 곳으로 묘사되기도 하지만, 장소나 시간적 개념이 아니라 죽음 그 자체를 의미하는 것으로 표현되기도 합니다. 스올에서는 살아있는 사람들과 교통이 이뤄지지 않으며 하나님을 찬양할 수도 없습니다. 구약에서 죽음은 바로 하나님과 단절된 것을 의미합니다. 신약에서는 구약의 예언서에서 보이는 부활에 대한 인식이 예수의 부활을 통해 증명되고 확신됩니다. 따라서 신약에서는 예수에 대한 믿음과 그를 따라 실천하는 삶이 구원의 길로 제시됩니다.

죽은 자들은 부활하여 자신들의 행위에 대한 최후의 심판을 받게 됩니다. 판단의 기준은 예수에 대한 태도로 설명되며 그것은 바로 이웃사랑으로 표현됩니다. 심판을 받은 자는 자신의 행위에 따라 천당이나 지옥으로 가게 됩니다. 천국은 영원한 안식과 평화가 있는 세계입니다. 하나님과 천사들이 함께 살고 더 이상 죽음이 없는 세계이며 종교적 완성을 이룬 사람들의 세계란 점에서 구원의 세계입니다. 고통의 세계인 지옥은 불의 지옥으로서 불바다나 유황불 연못이라고 요한계시록에는 표현되어 있습니다.

가톨릭에서는 중간적 세계인 연옥세계를 신앙하지만 개신교에서는 성경에 근거가 없다는 점에서 부정합니다. 연옥은 세상에서 죄에 상응하는 벌을 받는 곳이기도 하지만 그 죄의 사면 가능성이 있는 정화의 장소이기도 합니다. 현대 신학자들은 연옥을 장소적 개념보다 죄로부터 자유로울 수 없는 인간이 정화되어 가는 과정으로 이해하기도 합니다. 천국이나 지옥은 영원하지만 연옥은 시간적으로나 공간적으로 중간적인 곳이며 불에 의해 고통을 경험하는 곳입니다. 가톨릭에서 죽은 이들을 위한 기도를 하는 이유는 이들의 죄를 정화하는 데 도움이 될 수 있다고 믿기 때문입니다.

불교에서는 금생에 태어나서(生有) 살아가고(本有) 죽음을 맞이한 뒤(死有), 다음 생에 이르기 전 단계인 중음에서의 존재(中有), 이렇게 네 가지로 존재의 형태 변화를 말합니다. 불교 전통에 따라 중음세계에 대한 인식이 다르기는 하지만 동아시아에서는 보편적으로 중음세계를 인정합니다.

『유가사지론』에서는 죽는 순간에 지니는 마음의 상태에 따라 그 다음 단계에서 경험하는 현상을 다르게 말합니다. 선한 마음을 갖고 죽는 경우는 안락하게 죽는 것이기 때문에 괴로움을 느끼지 않아 어지러운 형상을 보지 않지만, 악한 마음을 갖고 죽는 경우는 심한 괴로움을 느끼기 때문에 어지러운 형상을 보게 됩니다. 그리고 선하지도 않고 악하지도 않은 마음으로 죽는 경우는 평소에 익숙하던 마음이 강하게 작용하고 나머지 것은 잊어버리게 됩니다.

중음세계는 선한 업을 지은 사람에게 흰 옷의 빛깔과 같거나 청명한 밤과 같이 나타나고 악한 업을 지은 사람에게는 검은 양의 빛깔과 같거나 캄캄한 어둠과 같은 것으로 나타납니다. 이곳에서는 감각기관이 장애를 받지 않고 작용하기 때문에 업력에 따라 자신이 장차 태어날 곳을 보고 찾아갑니다. 악업을 지은 중생은 아래가 청정하고 좋다고 여겨서 고개를 숙이면서 가고, 천상으로 가는 중생은 위를 쳐다보면서 가고, 인간세상에 태어날 중생은 옆을 향해서 갑니다. 이곳에 머물 수 있는 기간은 최대 49일입니다. 다시 태어날 조건이 맞게 되면 7일 안에 재생하고 만약 재생하지 못하면, 다시 7주간 죽고 태어나기를 반복하게 됩니다. 인간으로 태어날 중유는 이 기간에 남녀가 성적으로 결합하는 모습을 보고 그 상대를 좇아 자신이 애착하는 전도된 마음을 일으키게 됩니다. 정신분석학에서 설명하는 이론과 유사한 형태이지만, 중음세계에서 이 모든 작용은 과거 업력에 따르게 되며 재생처에 대한 애착의 결과로 중유는 모태에 들어가 재생의 과정을 거치게 됩니다.

불교 경전에 따라 약간의 차이는 있지만, 죽을 때 다양한 현상을 경험했던 것처럼 재생할 때에도 비슷한 현상을 경험하게 됩니다. 복이 없는 자는 여러 가지 어지러운 소리를 듣게 되고, 숲이나 대나무, 갈대 속으로 들어가는 환상을 보게 되고, 복이 많은 자는 고요하고 아름다운 소리를 들으며 궁궐에 올라가는 듯한 환상을 보게 됩니다. 그러나 이러한 현상들은 선하고 악한 업을 지은 범부들이 그 업에 따라 전도되어 경험하는 것일 뿐입니다. 따라서 불교에서는 현재의 상황을 명확하게 파악하는 '정지(正知)'를 강조합니다. 전륜왕은 정지를 지니고 태 안에 들어가고, 독각의 경우는 정지를 지니고 태 안에 들어가서 머물게 되며, 보살의 경우는 모든 상황에 대해 정지를 갖고 현재의 상황을 올바로 인식합니다. 업에 따라 중음세계에 들어가고 재생을 하는 범부와 달리 보살은 중생을 구제한다는 각자의 서원에 따라 스스로 윤회세계에 머물기 때문에 전도되지 않은 명확한 인식을 갖고 있습니다. 티벳불교에서 환생제도가 이뤄지고 달라이라마가 관세음보살의 화신으로 인식되고 있는 것도 이러한 윤회관에 따른 것입니다.

티벳불교라 하면 중음세계와 관련해서 『티벳 사자의 서』를 떠올릴 것입니다. 원래의 제목은 『바르도퇴최』(Bar-do thos-grol)로서 중음세계인 바르도에서 들음을 통하여 해탈이 가능하다는 뜻입니다. 그런데 이 가르침은 티벳불교의 닝마빠(sNying-ma pa) 전통에서 전해지는 것으로서 밀교수행과 관련되어서 이해되어야 합니다. 닝마빠는 티벳의 토속신앙인 뵌교(Bon)를 수용한 불교형태로서 티벳불교의 여러 종파들 가운데 가장 오랜 전통을 갖고 있습니다. 원래 이 책은 8세기, 티벳에 불교를 전한 빠드마삼바바(Padmasambhava)가 저술하고 후에 가르침이 전파될 수 있기를 기원하면서 숨겨놓았던 것을 14세기 까르마 링빠(Karma gLing pa)가 발굴했다고 전해집니다.

『바르도퇴최』를 이해할 때 주의할 점은 전통적인 불교관과 다르게 설명되는 부분들이 있다는 점입니다. 몇 가지 중요한 내용만을 언급하자면, 먼저 중음세계에 대한 이해입니다. 이 세계에서는 오로지 업력만이 작용합니다. 전생의 업에 따라서 이미 다음 생이 결정되기 때문에 조건에 맞을 때 다음 생을 맞이하게 되는 것입니다. 그리고 중유세계에서는 이 세상에서 염송하는 소리를 들을 수 없습니다. 이러한 점에서 이 책을 올바로 이해하기 위해서는 닝마빠의 전통과 밀교수행 등 불교의 전반적인 이해가 전제되어야 한다는 점을 알 수 있습니다.

밀교에서는 죽음의 기준을 단순히 육체의 죽음 판단 기준에 따르는 것이 아니라 외적 호흡과 내적 호흡으로 나누고 있습니다. 『바르도퇴최』는 외적인 호흡이 멎게 되는 순간에 임종자의 곁에서 읽어줍니다. 이때는 임종자의 마음이 집중되어야 하기 때문에 그 마음을 어지럽히는 가족의 울음소리나 곡소리 등은 금지됩니다.

『바르도퇴최』에서는 죽음의 순간부터 죽은 자를 영원한 자유로 이끄는 투명한 빛이 나타난다는 점을 상기시킵니다. 이렇게 순차적으로 세 차례 빛이 나타나게 되는데 처음 단계에서 인식하지 못하면 다음 단계에서 인식할 수 있도록 인도합니다. 세 번째 빛에서는 업에 따른 환영들이 나타납니다. 이 세 차례의 빛을 인식하지 못하고 깨닫지 못한다면 이제는 육도윤회에 들어가게 됩니다. 먼저 적정(寂靜)의 신들이 나타나는 바르도, 분노의 신들이 나타나는 바르도, 육도의 환영이 나타나는 재생의 바르도가 순차적으로 이어집니다. 그런데 이러한 모습들은 실체가 아니라 환영일 뿐입니다. 그런데도 자신의 업 때문에 올바로 보지 못하고 실체인 것으로 생각하여 그 대상을 두려워하거나 애착하게 됩니다.

이 책에서 강조하는 점은 당연히 윤회세계에서 벗어나는 해탈입니다만, 윤회를 하는 경우는 천상세계가 아니라 인간계에 다시 태어날 수 있도록 집중할 것을 권합니다. 윤회하는 세계는 보통 '육도윤회(六道輪廻)'라는 말을 사용합니다. 지옥, 아귀, 축생, 수라, 인간, 천의 세계로서 지옥에서 축생까지는 삼악도(三惡道), 수라에서 천의 세계는 삼선도(三善道)라고 합니다.

윤회세계는 경에 따라서 조금씩 다르게 설명되지만, 대체로 다음과 같이 설명됩니다. 지옥세계에서는 살생과 도둑질 등 각종 죄에 따라 그에 합당한 형벌을 받게 됩니다. 몸에 각종 형벌이 가해지고 뜨거운 불덩어리 속에서 고통을 받기도 하고 날카로운 칼이나 창에 찔리기도 합니다. 아귀세계는 배고픔의 세계로서 목구멍은 바늘과 같이 가늘고 배는 산만큼 크기 때문에 늘 배고프고 음식을 먹을 수 없는 고통을 받습니다. 축생세계는 짐승들의 세계로 자신보다 더 큰 짐승들에게 잡혀먹는 두려움에 떨고 도망 다니는 세계입니다. 수라는 천신이기는 합니다만 싸움을 좋아해서 몸에 상처가 나거나 죽는 고통을 받습니다. 천상세계는 원하는 모든 것이 이뤄지는 세계로서 행복한 과보를 받는 곳입니다. 그러나 그 안락과 행복이 영원히 지속하지는 않습니다. 언젠가는 다른 세계로 떨어지게 됩니다. 인간세계는 태어나고 늙고, 병들고 죽는 고통과 괴로움을 겪기도 하지만 행복감도 느끼는 세계입니다. 행복과 고통을 경험하면서 순간순간 느끼고 경험하는 것들이 항상하는 것이 아니란 것을 알게 되고 궁극적으로 윤회세계에서 벗어나려는 수행을 하고자 합니다. 다른 세계에서는 이러한 수행을 하기가 어렵습니다. 삼악도에서는 매일 고통과 두려움 때문에 수행할 수 없고 천상세계에서도 행복을 향유하느라 수행할 필요성을 느끼지 못합니다. 티벳의 『바르도퇴최』에서도 윤회의 길을 가게 되는 경우 인간세계로 인도하고자 하는데, 그 이유는 바로 인간일 때 이러한 수행이 가능하기 때문입니다.

『바르도퇴최』의 내용에서 보이는 빛이나 환상 등의 설명이 앞에서 살펴보았던 근사체험의 경험 내용과 비교되거나 약물 등에 따른 특이한 경험으로 받아들이는 사람들도 있는 것 같습니다. 물론 이러한 특별한 경험들을 영적인 경험으로 연결짓는 종교 전통도 있습니다. 그러나 불교의 범주에서 설명되는 이 책의 내용은 분명히 불교 수행의 전체적인 체계 속에서 설명되어야만 합니다. 바로도의 가르침은 불교수행의 범위를 죽음의 영역으로까지 확장시키는 것입니다. 죽음을 준비하고 수행을 충실하게 했을 때 마지막까지 삶의 완성을 이룰 수 있는 기회가 주어진다는 것을 의미한다는 점에 주의해야 합니다.

이런 점에서 인간으로 태어난다는 것은 특별한 의미를 가질 수밖에 없습니다. 그렇다면 금생에 이루지 못한 것을 다시 인간으로 태어났을 때 이루면 되겠다고 느긋하게 생각해도 되지 않을까요? 문제는 윤회세계에서 인간으로 태어난다는 것이 너무나도 어렵다는 것입니다. 『잡아함경』에는 눈 먼 거북이의 비유를 통하여 그 희귀함을 다음과 같이 설명합니다.

> 비유해서 이 넓은 대지가 모두 큰 바다로 되었다고 하자. 무량겁동안 살아온 어떤 눈 먼 거북이가 백년에 한 번 머리를 물 밖으로 내미는데, 바다에는 나무판자가 떠있고 구멍이 하나 뚫려 있을 뿐이다. 이 거북이가 백년에 한 번 머리를 내밀 때 그 구멍으로 머리를 내밀 수 있겠는가? 눈 먼 거북이와 떠있는 나무는 서로 어긋날 수도 있고 서로 만날 수도 있다. 어리석은 범부는

오취를 떠돌다가 잠깐이나마 인간의 몸을 받기는 그보다도 훨씬 어렵다.

이렇게 어려운 기회를 갖고 태어난 존재가 바로 우리들입니다. 인간은 자신의 업과 번뇌 때문에 윤회세계를 방랑하며 벗어나지 못하는 불안한 존재입니다. 윤회세계에서는 아무리 좋은 곳이라도 영원하지 않습니다. 따라서 윤회세계에서 벗어나 궁극적인 길로 나아가고자 하는 것입니다. 인간으로 태어났을 때 이루지 못한다면 언제 이루게 될지 모릅니다. 인간으로 태어난다는 것은 바로 그러한 소중한 기회를 얻었다는 것을 의미합니다.

우리는 중음세계가 어떤지 사후세계가 어떤 세계인지 알고 싶어 합니다. 그런데 그 세계에 대한 관심은 반드시 지금의 '나'의 실천 문제로 연결되어야만 합니다. 기독교의 사후관은 지금의 나의 삶이 하나님과 교통할 수 있을 때, 인간 존재로서의 유한성이 극복될 수 있다고 합니다. 죽음 이후의 삶은 하나님의 결정에 따르는 것일 뿐입니다. 불교에서는 이러한 문제를 궁극적인 완성의 길인 열반에 이로운 것인지 아닌지에 근거를 두고 판단합니다. 말룽키야풋타라는 제자가 "열반에 이른 뒤에도 존재하는가?" 등의 의문이 해결되지 않으면 자신은 수행을 할 수 없다고 말합니다. 이에 대해 부처님은 '독화살의 비유'를 통하여 가르침을 전합니다. "지금 그대가 독화살에 맞았는데, 그 화살의 재질이 무엇인지, 누가 쏘았는지, 어디에서 왔는지 등을 알아야만 뽑겠는가?" 불교에서는 '지금' '이 자리'에 있는 '나'의 실천을 강조합니다. 죽음과 사후세계의 문제는 결국 삶의 문제일 수밖에 없습니다. 우리에게 중요한 것은 그 세계가 존재하는가의 문제가 아니라 "그렇다면 나는 어떻게 해야 할 것인가?"라는 실천입니다.

분량의 제한으로 참고문헌들과 보다 심도 있는 내용들에 대한 소개가 이뤄지지 못하는 점이 아쉽습니다만, 부족한 부분은 관련 서적을 통해서 채워 주시기 바랍니다. 사후세계나 근사체험에 관한 내용을 통하여 우리는 보다 생생하게 죽음의 경험을 미리 삶 속에서 체험해볼 수 있을 것입니다. 종교의 가르침은 죽음의 억념을 통하여 일상적인 삶을 종교적 삶의 완성으로 변화시킵니다. 진정한 의미와 가치를 찾을 수 있는 방향과 방법을 제시해줍니다. 종교에서 말하고자 하는 가장 핵심적인 내용은 결코 죽음 이후의 세계가 아닙니다. 바로 내가 발을 디디고 있는 지금 "그렇다면, 나는?"이라는 물음입니다. 종교 신앙이 없는 경우에도 우리는 삶속에서 죽음을 미리 끌어들이는 경험을 함으로써 어떻게 나의 죽음을 맞이할 것인가를 생각해보는 소중한 기회를 얻을 수 있습니다. 죽음을 생각함으로써 우리는 삶의 방향과 의미를 보다 풍성하게 가꿔나갈 수 있습니다. 왜냐하면 죽음의 방법은 결국 삶의 방법이기 때문입니다.

더 읽어 볼 만한 글

- 엘리자베스 퀴블러 로스, 『생의 수레바퀴』, 강대은 옮김, 황금부엉이, 2012.
- 제프리 롱 · 폴 페리, 『죽음, 그 후』, 한상석 옮김, 에이미팩토리, 2010.
- 최준식, 『종교학자가 쓴 사후 세계 가이드 북 죽음의 미래』, 소나무, 2011.
- 최준식, 『죽음, 또 하나의 세계』, 도서출판 동아시아, 2006.
- 파드마삼바바, 『티벳 死者의 書』, 류시화 옮김, 정신세계사, 1995.

찾아보기

[ㄷ]

[ㅁ]

[ㅂ]

[ㅇ]

[ㅈ]

[기타]

타나토스총서08

죽음의 풍경을 그리다

등록 1994.7.1 제1-1071
1쇄 발행 2015년 5월 29일

엮은이 한림대학교 생사학연구소
지은이 임현수 김옥랑 이욱 강상순 김헌선 박종천 차장섭 세키네 히데유키
정진홍 이미애 박형국 심혁주 정일영 배관문 이창익 양정연
펴낸이 박길수
편집인 소경희
편 집 조영준
관 리 위현정
디자인 이주향
펴낸곳 도서출판 모시는사람들
110-775 서울시 종로구 삼일대로 457(경운동 88번지) 수운회관 1207호
전 화 02-735-7173, 02-737-7173 / 팩스 02-730-7173

인 쇄 상지사P&B(031-955-3636)
배 본 문화유통북스(031-937-6100)
홈페이지 http://modl.tistory.com/

값은 뒤표지에 있습니다.
ISBN 979-11-86502-08-2 94100
SET 978-89-97472-87-1 94100(세트)

이 도서의 국립중앙도서관 출판예정도서목록(CIP)은 서지정보유통지원시스템 홈페이지(http://seoji.nl.go.kr)와 국가자료공동목록시스템(http://www.nl.go.kr/kolisnet)에서 이용하실 수 있습니다.(CIP제어번호: 2015014770)